제2판

아동권리와 복지

김재환 · 최진원 · 곽미정

창지사

머리말

현대사회와 미래사회는 날로 조직화하며 물질가치와 효율성을 강조하는 경쟁사회이자 다원화된 사회로 말미암아 아동권리가 위협받고 한부모가족 아동, 학대아동가족, 이혼가족 아동 등 주어진 환경에서 특성적이고 체계적인 아동복지실천의 중요성이 증대하고 있는바 변화를 이끄는 아동복지와 아동복지정책의 필요성이 크다 볼 것이며, 이는 보호와 양육이 절실한 영유아기에서 아동기를 거치며 발달하고 성장하도록 아동의 권리를 존중하고 아동복지를 실천적으로 돕는 일이기도 하다.

2018년 『아동권리와 복지』 교재를 출간한 이후 불과 3년여 만에 우리 사회는 많은 변화가 생겼다. 코로나 19라는 강력한 바이러스로 인해 전국의 학교가 원격강의와 같은 비대면수업으로 바뀌며 전에 없던 수업 형태가 이루어지고 있다. 이중에도 '아동권리와 복지'는 대면수업을 해야 하는 필수교과목으로 지정되어 있어서 줌(zoom)을 통한 실시간 동영상 강의 및 여러 형태로 강의가 이루어지고 있다.

책의 구성은 총 3부로 제14장으로 구성되었으며, 제1부 아동권리와 복지의 이해와 제2부 아동권리와 복지의 실천, 제3부 아동권리와 복지의 과제 및 전망으로 이루어져 있다.

제1부는 아동권리와 복지의 이해 측면에서 아동복지와 인권, 아동복지의 발달과정, 아동의 권리와 국제협약, 아동권리 모니터링, 아동복지의 원칙과 기능, 아동권리와 복지의 제도적 접근을 살펴보았다. 제2부는 아동권리와 복지의 실천 측면에서 보육아동을 위한 아동복지, 유형별로 한부모가족 아동과 이혼가족 아동, 빈곤가족 아동, 다문화가

족 아동, 학대아동 가족, 장애아동과 아동복지, 입양아동과 가정위탁보호아동, 아동과 건강가정지원 정책을 살펴보았고, 마지막인 제3부에서는 아동권리와 복지의 과제와 전망, 그리고 미래를 포함하였다.

이번 개정판에서는 14장에서 아동과 건강가정 지원정책을 추가로 살펴보았으며, 각종 현황과 통계를 최신자료로 업데이트하였다.

코울리지(S. T. Coleridge)는 "경험(經驗)은 선체의 후단부에 매단 등(燈)과 같으며, 배가 지나간 길만을 비출 뿐이다."라고 했다. 이 책은 경험을 바탕으로, 저자들의 현장의 목소리(Track not Table)를 담아서 아동복지의 이해는 물론이거니와 유형별 실천 분야까지 아우르는 내용을 담았다. 특히, 사례를 다수 포함하고 이슈를 학문적으로 정리하였다. 따라서 본서는 아동복지, 유아교육, 사회복지 분야를 넘어서 영유아보육학, 청소년학, 아동학 전공의 학생은 물론이거니와 복지시설의 사회복지사, 어린이집과 유치원의 유아교사, 기타 아동 및 가족복지 실무자 등에게 유용하게 적용될 것으로 사료된다.

사랑을 주는 것은 사랑을 받는 것보다 아름다우며 사람을 행복하게 한다.

산고를 치르며 본서가 세상에 나오기까지 여러 도움을 주신 분들을 떠올리면 가슴 뭉클하다. 그동안 성원해 주신 창지사 김기섭 대표님과 직원들에게 심심한 감사를 표하고, "세상을 밝히라."라는 무한한 하나님의 은혜에 감사를 드린다.

2021년 2월

공동 저자 대표

김재환

차례

제2부 아동권리와 복지의 실천

제3부 아동권리와 복지의 과제 및 전망

제1부

아동권리와 복지의 이해

아동복지와 인권

제 1 장

'복지'는 행복에 대한 사회과학 분야의 용어로, '아동복지'는 법과 제도의 정책적 접근과 프로그램 및 전문가에 의한 전문적 접근에 의해 아동의 행복을 추구한다. 과거에는 보호가 시급한 아동을 대상으로 하였으나 점차 모든 아동을 대상으로 아동의 권리를 보장하여 아동복지를 증진시키고자 한다. 본 장에서는 아동의 특성 및 복지의 개념을 이해하고, 아동의 권리보장이 아동복지와 어떤 관련이 있는지 이해하고자 한다.

1 아동의 범위

아동은 성인을 기준으로 아직 성인이 되지 않은 자라는 뜻의 '미성년'이라고 구분되거나 아이, 영유아, 아동, 소년 · 소녀, 청소년, 십 대, 청년 등 다양한 호칭으로 불린다. 아동을 구분하는 기준은 목적에 따라 시대적으로 변화되기도 하였고, 사회 · 문화적 관점에 따라 발달적 구분과 법적 구분에서 사용하는 연령의 범위나 용어도 다소 차이를 나타내고 있다. 다음에서는 아동기 특성이 발달적 구분과 법적인 구분에 따라 어떠한 차이가 있는지 살펴보겠다.

1) 발달적 구분

발달 시기에 따라(Havighurst, 1972), 테내기(수정~출생 전), 영아기(0~2세), 유아기(2~6세), 아동기(6~12세), 청소년기(12~20세)로 구분할 수 있다. 이를 나타내면 다음과 같다.

<표 1-1> 발달 시기별 아동의 과업

구분	연령	과업
영아기	0~2세	인간과 사회에 대한 기본적인 신뢰감을 바탕으로 애착 형성
유아기	3~5세	언어습득, 개념 발달 및 사회화와 성역할 획득
아동기	6~12세	또래관계를 통해 사회성 발달, 집단 정체감 형성
청년기	12~18세	자아정체감 형성, 사회적 역할 획득, 독립 과업 성취

영아기는 부모를 통해 욕구를 충족하는 의존적인 특성을 갖는다. 유아기는 언어발달을 통해 의사소통을 시작하며, 자신의 성별 및 남녀의 차이에 관심을 갖는다. 아동기에는 논리적이며 추상적인 사고가 시작되며, 사회적 규칙을 이해하고 또래와의 관계를 통해 사회성이 발달한다. 청소년기는 육체적 성숙기로 제2차 성징이 나타나는데, 이러한 신체적 변화는 정서적 긴장과 갈등을 유발하며, 자아정체감을 형성한다.

아동은 성인을 기준으로 볼 때 출생과 더불어 신체적, 정서적, 지적, 사회적 발달이 타인에 의해 이루어지는 의존적 시기를 지나 독립된 인격체로 성장·발달하게 된다. 발달 시기별로 과업을 성취하게 되면 정상적인 발달을 이룰 수 있으나, 그렇지 못하면 문제가 발생하게 된다. 영아기에 부모와 애착관계가 형성되지 못하면 아동 유기나 학대가 발생할 가능성이 크며, 유아기에 언어습득이나 아동기의 또래관계 형성이 이루어지지 못하면 학습장애라든지 따돌림의 대상이 될 수 있다. 청소년기에 자아정체감이 형성되지 않을 경우 정체감 혼미로 비행이나 일탈의 문제가 발생하기 쉽다.

2) 법적 구분

법은 일정한 행위를 왜 해야만 하는지를 나타내는 기준이 되며(규범적 기능), 억지하거나 촉진하거나 해결하거나 배분하기 위한 기준이 된다(사회적 기능). 또한, 법은 인간이 지닌 권리와 의무를 명확히 하여 분쟁을 방지하며, 각각의 선택한 목표를 실현하도록 돕는다. 즉, 아동복지 구현을 위해 필요에 따라 법이 제정되다 보니 법의 목적과 취지에 따라 아동의 연령 범위와 호칭은 다양하다. 국가법령정보센터(2017)에 나타난 아동 관련법의 호칭 및 연령을 나타내면 다음과 같다.

<표 1-2> 관련법에 나타난 아동의 연령

관련법	연령
아동복지법	아동(18세 미만)
영유아보육법	영유아(6세 미만)
유아교육법	유아(3세부터 취학 전)
모자보건법	영유아(6세 미만)
한부모가족지원법	아동(18세 미만, 취학 중인 경우 22세 미만)
국민기초생활 보장법	아동(18세 미만)
청소년기본법	청소년(9세 이상 24세 이하)
청소년활동 지원법	청소년(9세 이상 24세 이하)
청소년 복지지원법	청소년(9세 이상 24세 이하)
학교 밖 청소년 지원에 관한 법률	청소년(9세 이상 24세 이하)
청소년보호법	청소년(19세 미만)
아동 · 청소년의 성보호에 관한 법률	아동 · 청소년(19세 미만)
소년법	소년(19세 미만)
근로기준법	소년연소자(18세 미만)
민법	미성년자(20세 미만)

「민법」에서는 20세 미만을 아동 · 청소년이라 칭하고 '미성년자'라고 규정하고 있다. 아동 · 청소년은 성인처럼 자신의 의사를 정확하게 표현하지 못하기 때문에 자신을 스스로 책임질 수 없다는 의미에서 성인과 구분하여 보호하고 있다. 「아동 · 청소년의 성보호에 관한 법률」에서는 '아동 · 청소년'을 19세 미만으로 제시하며, 「청소년보호법」에서는 '청소년'을 19세 미만으로 제시하나, 「청소년기본법」에서는 '청소년'을 9세 이상에서 24세 이하로 제시하고 있다.

이와 같이 법의 목적에 따라 대상 및 연령을 규정하므로 다양한 용어와 호칭의 연령 구분이 나타나게 되었다.

2 권리와 복지

아동복지는 이론적 · 실제적 측면에서 아동의 행복을 증진시키기 위한 정책적 측면의 노력과 전문적 측면의 노력이 지속되는 실천적 학문 분야이다. 넓은 의미에서 아동복지는 아동과 그 가족을 포함하여 제공하는 서비스로 볼 수 있으며, 좁은 의미에서 아동복지는 부적절한 가정환경에서 특수한 문제를 지닌 아동에게 필요한 특정 서비스로 볼 수 있다.

1) 욕구와 복지

아동의 행복을 증진시키기 위해서 전제할 것으로 인간의 욕구를 생각해 볼 수 있다. 모든 인간은 욕구를 지니며 매슬로우(Maslow, 1954)는 인간이 갖는 욕구를 위계적으로 나타내었다. 욕구위계설에 의하면 하나의 욕구가 충족되면 위계상 다음 단계에 있는 다른 욕구가 나타나서 지속적으로 욕구를 충족하게 되며 궁극의 단계에서 자아실현을 추구한다. 가장 기본적으로 생리적 욕구를 지니며, 안전의 욕구, 사랑의 욕구, 존경의 욕구, 자아실현의 욕구 순으로 제시하였다.

<표 1-3> 인간의 욕구 유형

유형	내용
생리적 욕구	인간의 욕구 중 가장 기본적이고, 강한 생물학적 유지와 직접 관련된 욕구
안전의 욕구	생리적 욕구가 충족되면 개인은 안전에 대한 욕구를 갖게 됨. 정돈되고 예측할 수 있는 환경에서 불만이나 강박 없이 생활하고 싶은 욕구
소속과 사랑의 욕구	생리적 욕구 및 안전의 욕구가 충족되면 건전한 사랑의 관계에 대한 욕구가 나타남. 개인은 한 집단 속에서 고립되거나 무가치함을 느끼지 않고 타인과의 애정적인 관계, 사회적 관계를 갈망함
존경의 욕구	사회적으로 사랑받고 남을 사랑하려는 욕구. 즉, 스스로 열등감이나 무능력감을 느끼지 않고 타인으로부터 존중받고자 하는 욕구
자아실현의 욕구	이상의 모든 욕구가 충족될 때 자신이 원하는 유형의 사람이 되고자 하는 욕구

예를 들면, 배가 고프면 먹고 싶고, 잠이 오면 자고 싶다. 배가 고픈데 아무것도 먹지 못한다면 욕구불만의 상태가 된다. 생리적 욕구가 충족되면 만족감과 행복감을 느낄 수 있으나 충족되지 못한 욕구가 많을수록 불행하다고 느끼기 쉬우며, 충족된 욕구가 많을수록 행복감을 느끼기 쉬울 것이다.

심리학에서는 만족스러운 상태 또는 개인이 행복하다고 느끼는 정도를 '만족감' 또는 '주관적 안녕감' 등의 용어로 정의하였고, 사회과학에서는 잘 지내는 상태라는 의미로 '웰빙(well-being)', '웰페어(welfare)', '복지'라는 용어로 정의하였다. 복지는 아동복지와 장애인복지, 청소년복지, 노인복지 등 인간발달을 중심으로 대상을 구분하거나, 사회복지와 문화복지, 교육복지, 산업복지, 의료복지 등 분야별로 구분하기도 한다.

2) 아동과 복지

복지는 행복의 주관적이고 심리적인 측면을 객관적이고 학문적인 용어로 정의하여 사회과학 분야에서 사용하고 있다. 복지는 일상에서 웰빙(well-being)이라는 말로 사용하기도 하며 '평안히 잘 지내는 상태'를 의미한다. 복지라는 말은 처음에 영국의 대주교인 윌리엄 템플(William Temple)이 사용한 사회복지(social welfare)라는 말에서 시작되었다. 사전적 의미로 '웰페어(welfare)'는 '잘 지내는 상태'라는 의미의 웰빙(well-being)과 같은 뜻이다. 한자로는 '복지(福祉)'로 나타내며 '행복을 누릴 수 있는 상태'를 말한다.

프리드랜더(Friedlander, 1980)는 복지 대상과 관련해 "보호가 필요한 아동뿐 아니라 모든 아동이 신체적 · 정서적 발달 및 안전하고 행복한 생활을 유지하도록 위험으로부터 보호하기 위한 공적 · 사적 제반 기관에서 실시하는 모든 활동"으로 정의하였다.

카두신(Kadushin, 1980)은 "모든 아동이 심리적 · 사회적 · 신체적 발달을 위한 각종 방법으로 특수한 문제를 가진 아동뿐 아니라 모든 아동과 그 가정을 대상으로 한 서비스"라고 정의한다.

사전적으로 '아동복지(兒童福祉, child protection)'는 미성년자 아동 및 청소년을 보호하고 가족의 안정성을 증대하기 위해 정부가 시행하는 서비스로 정의된다.

법적으로는 「아동복지법」에 의해 아동이 건강하게 출생하여 행복하고 안전하게 자랄 수 있도록 어떠한 종류의 차별도 없이 안정된 가정환경에서 아동의 이익을 최우선적으로 고려하여 아동의 권리보장을 위한 보호와 지원으로 정의한다.

아동복지의 범위는 넓은 의미로 접근하는지, 좁은 의미로 접근하는지에 따라 정책지원이나 대상자 선정에서 차이가 나타날 수 있다. 다음에서는 광의와 협의의 아동복지 정의를 살펴보겠다.

(1) 광의의 아동복지

아동복지는 보호가 필요한 아동뿐 아니라 모든 아동과 그 가족을 대상으로 하며, 모든 아동의 행복 및 사회적응을 위한 각종 활동을 말한다. 아동복지는 모든 아동의 행복을 위해 신체적 · 사회적 · 심리적 발달을 촉진하려는 모든 대책이라 할 수 있다. 즉, 아동과 가족의 욕구를 고려해 아동의 잠재 능력을 발전시키기 위한 법과 제도 및 다양한 서비스를 포괄한다.

(2) 협의의 아동복지

아동복지는 특수한 욕구를 가진 아동과 가족을 대상으로 특정 기관에서 제공하는 서비스를 말한다. 예컨대, 부모가 아동에 대한 책임을 이행할 수 없을 때 국가나 사회가 아동에게 제공하는 서비스이다. 즉, 구조적으로나 기능적으로 부적절한 양육환경에서 자라나는 아동의 발달상 문제나 장애를 가진 보호가 필요한 아동을 대상으로 제공하는 특수한 서비스를 말한다.

3) 아동의 권리와 아동복지

아동은 발달과정에 있으므로 정확한 판단력과 사리분별을 할 수 없는 미성숙하고 열등한 존재로 인식되었다. 아동은 도덕적으로 미완성된 존재에 불과하고 성인의 보호가 필요하다고 보았으므로 아동은 훈육의 대상이 되었다. 따라서 아동은 부모나 사회적 권위에 복종해야 하며 훈육의 목적에서 이루어지는 체벌이나 폭행도 당연한 것으로 받아들여야 했다. 미성숙하고 성인보다 열등한 아동은 사회화되기 위해 성인으로부터 무엇인가를 배워야 하고 성인에게 복종해야 하며, 성인의 기준에 맞도록 훈육이라는 이름의 체벌과 폭행이 자행되었다. 아동은 부모의 소유물로 인식되어 부모에 의해 생사화복이 결정되는 수동적 존재였다.

그러나 제2차 세계대전 이후 인권침해에 대한 반성과 인간의 기본적인 권리를 인식하게 되면서 1948년 유엔 '세계인권선언'이 채택되었다. 권리란 '어떤 일을 주체적으로 자유롭게 처리하거나 타인에 대하여 당연히 주장하고 요구할 수 있는 자격이나 힘'을 말한다. 세계인권선언에서는 인류가 추구해야 할 보편적 권리로 인권을 천명하고 세계가 자유와 평등을 추구하고 정의를 유지하기 위해서는 인간의 존엄성이 인간의 삶의 바탕이 되어야 함을 강조하였다.

이러한 영향은 1989년 「유엔 아동권리협약(UN Convention on the Rights of Child : CRC)」에 따라 아동도 인간이므로 권리를 갖는다는 점과 아동의 권리를 생존권, 발달권, 보호권, 참여권의 4가지 측면에서 보장할 것을 국제사회가 합의하게 되었다. 아동의 권리를 나타내면 〈표 1-4〉와 같다.

<표 1-4> 아동의 4대 권리

권리	내용
생존권	적절한 생활 수준을 누릴 권리, 안전한 주거지에서 살아갈 권리, 충분한 영양을 섭취하고 기본적인 보건서비스를 받을 권리 등
발달권	잠재 능력을 최대한 발휘하도록 교육받을 권리, 여가를 즐길 권리, 문화생활을 하고 정보를 얻을 권리, 생각과 양심과 종교의 자유를 누릴 권리 등
보호권	모든 형태의 학대와 방임, 차별, 폭력, 고문, 징집, 부당한 형사처분, 과도한 노동, 약물과 성폭력 등 유해한 환경으로부터 보호받을 권리
참여권	자신의 생활에 영향을 미치는 일에 대해 의견을 말하고 존중받을 권리, 표현의 자유, 양심과 종교의 자유, 의견을 말할 권리, 평화로운 방법으로 모임을 자유롭게 열 수 있는 권리, 사생활을 보호받을 권리, 유익한 정보를 얻을 권리 등

아동의 권리는 아동의 이성적 선택 능력이나 책임 능력에 초점을 맞춘 것이라기보다는 아동의 특성을 고려해 아동의 이익과 관련하여 권리를 보장하고 있음에 주목해야 한다. 아동은 무능하고 미성숙해서 성인의 보호가 필요하다는 것은 능력을 기준으로 본 것이므로, 비록 의무이행 능력이 부족할지라도 아동은 인권을 지닌 존재이므로(Harris, 1985) 아동의 권리가 보장될 때 아동복지를 구현할 수 있다.

세계인권선언(1948)에서 제시하고 있는 바와 같이, 권리는 인간의 존엄성을 기초로 하며 모든 인간은 권리를 갖는다. 아동의 권리는 출생과 더불어 누리게 되는 천부성과 보편성에 근거한다. 천부성은 태어날 때부터 가지는 권리이며, 보편성은 누구나 가지는 권리이다. 즉, 인간이면 누구나 태어날 때부터 권리를 갖는다. 아동도 인간이므로 아동도 권리를 갖는다. 유엔 아동권리협약(1989)에서 제시하는 아동의 권리보장을 위한 원칙은 다음과 같다.

<표 1-5> 아동권리 보장을 위한 4대 원칙

4대 원칙	내용
무차별 원칙	모든 아동은 부모의 어떠한 조건에 상관없이 차별받지 않고 권리를 누릴 수 있어야 한다.
아동이익 최우선 원칙	아동의 이익과 부모의 이익, 국가의 이익이 충돌할 때 아동의 이익이 최우선적으로 우선시되어야 한다.
생명존중과 발달 보장의 원칙	아동의 생존과 발달을 위해 최선의 환경을 제공해야 한다.
아동 의사존중의 원칙	아동은 자신의 문제에 관해 의견을 표현할 수 있고, 자기결정권 및 참여권을 가진다.

아동복지는 아동의 이익을 위해 아동의 권리를 보장할 때 가능하다. 우리가 아동복지를 공부하는 이유는 교사로서 또는 복지사로서 또는 부모로서 아동을 인격체로 존중하고 아동의 권리를 침해하는 외부 압력으로부터 아동을 보호하며, 아동의 권리를 보장하여 아동복지를 증진시키려 함이다.

제2장

아동복지의 발달과정

고대사회에서 아동은 부모의 소유물로 인식되어 부모가 아동을 버리거나 살해하기도 하였다. 산업혁명 이후부터 아동에 대한 일차적 책임이 부모에게 있으므로 부모가 없거나 그 역할을 다하지 못하는 가정의 아동은 국가의 책임으로 보호하였다. 20세기 들어 아동은 성인과 다른 특성을 지닌 인격체로 인식되기 시작했으며, 부모라 할지라도 아동의 권리를 침해하면 친권이 제한된다. 본 장에서는 아동권리에 대한 인식의 변화를 중심으로 아동복지 발달과정을 이해하고자 한다.

1 아동관의 변화

과거에 아동은 강한 생명력을 지닌 경우에만 생존하게 되었고, 장애나 허약아는 살해되거나 버려지기 쉬운 존재였다. 아동은 종족보존의 수단으로 또는 노동력 및 군사력의 수단으로 보호되었다. 19세기 후반부터 아동이 단지 작은 성인이 아니라, 성인과 다른 특성을 지닌 존재임을 인식하면서 모성을 강조하였다. 현재는 권리를 지닌 인격체로 인식하고 아동의 권리보호 및 증진을 위해 노력하고 있다. 다음에서는 시대별로 아동을 바라보는 관점의 변화를 살펴보고자 한다.

1) 고대사회

고대사회는 가족이나 씨족에 의해 형성된 원시 공동사회로 원시사회에서는 생존을 위해 의식주의 해결이 급선무였다. 따라서 아동은 생산에 참여할 수 있을 때만 생존이 보장되었으며, 종족보존을 위해 모계 중심의 사회에서 부권이 확대되어 갔다.

카두신(Kadushin, 1974)에 의하면, 아마존강 유역의 인디언은 아기가 태어나면 강물에 넣어 생존시험을 했다고 기록한 바 있고(이소희, 2002), 오스트레일리아의 한 부족은 허약아나 장애아는 양육에 부담이 되면 방치하여 살해하거나 유기하였다. 또한, 피임에 실패하여 원하지 않는 아기를 출산했을 경우 집 앞에 내다 놓고 팔거나 시체 안치소에 버렸으며, 결국 아이는 노예가 되거나 생명을 잃고 버림받게 되었다.

한편, 로마에서는 아기를 바구니에 담아서 강이나 광장에 버리면 자녀가 없는 사람이 주워서 아기를 기르는 관습 등 아동 유기 행위가 만연하였다고 한다. 죽이는 것보다는 버리는 것이 더 낫다고 생각한 콘스탄티누스 황제(Constantinus I)는 315년에 "아동을 살해할 수 없다."라고 선포하였다(한성심 외, 2014). 이후 534년 제정된 『유스티니아누스 법전(*Justinian Code*)』에는 "극빈한 아버지는 자식을 출생과 동시에 팔 권리를 가진다."라고 나타나 있다. 즉, 아동을 죽이지 말고 필요한 사람이 데려갈 수 있도록 아동매매를 합법화한 것으로 볼 수 있다.

그럼에도 불구하고 영아 살해는 18세기까지 계속 이루어졌다. 부모가 자녀를 데리고 자다가 깔아 죽이거나 이불 등을 머리까지 덮어 숨을 못 쉬게 만드는 등 우발적 사고를 가장하여 질식사시키는 등 영아 살해가 만연하였다. 그러자 피솔(Fisole) 교황은 부모와 아기가 한 침대에서 자는 경우에 벌금을 부과하였다(정옥분 외, 2016). 하지만, 아동의 생존은 일차적으로 부모에 의해 결정되었으며 사회적으로 영아 살해나 유기가 자연스럽게 용인되었다.

2) 중세사회

중세사회는 신분직 계급을 중시하며 종교적·사회적 영향이 강한 봉건제였다. 봉건제는 임금이 신하에게 땅을 주고 그 지역을 통치하도록 계약함으로써 영주와 영민, 국왕과 신하는 엄격한 주종관계를 형성하게 된다. 엄격한 신분사회에서 신분이 높은 계급의 아동은 신분상 혈통 승계자로 도제훈련이 이루어졌고, 신분이 낮은 계급의 아동은 농노로서 노동력이 활용되었지만, 존재 가치가 없는 경우에는 무가치한 생명이므로 살해되었다(이소희, 2002). 아동은 귀족이나 사원이 소유한 토지를 중심으로 노동력과 군사력의 중요한 자원이 되었다. 하지만 장애아동은 장원(귀족이나 사원이 소유한 토지)에서 노동력과 군사력에 도움이 되지 않기 때문에 유기되거나 살해되었다. 종교단체에서는 이러한 문제를 인식하고 버려지거나 가난하거나 의지할 곳 없는 일부 아동을 보호하기 시작했다. 중세의 가장 큰 특징은 그리스도교의 영향으로 버려진 아동을 교회나 수도원에서 돌보거나, 농노와 자식이 없는 가정에서 양육하거나, 빈집에 따로 모아 장원의 공동체 노동력으로 활용하였다.

중세는 계급사회로 제1신분 성직자, 제2신분 귀족, 제3신분 평민으로 왕은 신분을 초월한 권력을 가졌다. 제2신분인 영주 및 무사계급의 아동은 보통 5~6세가 되면 가업을 이어받기 위해 특별한 기술을 배워 수공업자나 상인이 되도록 엄격한 도제훈련을 받았다. 그러나 버려진 아동은 고아이므로 특별한 기술 없이 길드에서 양육하였다.

3) 산업혁명 이후

산업혁명으로 작업의 분업화와 대량생산이 이루어지게 되어 도제식 아동의 노동력은 점차 사라지게 되었다. 아동은 도제식 훈육 대신 대량화·분업화가 가능한 공장에 고용되어 장시간 노동에 시달리고 위험하고 열악한 환경에 놓이게 되었다. 영국에서는 빈곤을 개인의 문제라기보다는 사회구조의 문제로 인식하고 '엘리자베스구빈법(The Elizabeth Poor Law)'을 제정하였다. 구빈법(1601년)은 국가가 빈곤의 문제를 인식하여 일반 빈곤자뿐 아니라 보호가 필요한 아동에 대한 규정을 제시하고 있다.

기존에는 빈민, 노인, 장애아 등과 혼합하여 수용했으나, 다양한 문제가 발생하게 되자 아동을 성인과 분리해서 보호해야 한다고 인식하게 되었다. 집단수용시설에서 아동의 높은 사망률은 집단 수용의 시설 중심 보호에서 가정 중심 보호로 변화의 필요성이 제기되는 기회가 되었다. 또한, 사생아에 대한 구빈법을 제정(1834)하여 자녀양육의 책임이 있는 모성보호를 강조했으며, 자녀를 양육하는 어머니의 역할과 의무를 강조하여 별거 후에도 무책임한 남편으로부터 어머니가 자녀를 보호하고 양육하도록 유아보호법을 제정(1839년)해서 가정 중심의 보호가 이루어지도록 하였다(이소희, 2005; 정옥분 외, 2016).

4) 20세기 이후

20세기는 아동의 세기라 불린다. 스웨덴의 여성학자이며 아동학자인 엘렌 케이(Ellen Karolina Sofia Key, 1849~1926)는 『아동의 세기』에서 모든 아동의 권리보장과 필요한 경우 공공부조에 대한 권리까지도 보장해야 함을 강조했다. 이제 아동은 더 이상 성인의 종속물도, 성인의 축소판도 아닌 인격을 지닌 독립된 존재로 인식하게 되었다. 1924년 국제연맹의 '아동권리선언'이나 1924년 '아동권리에 대한 제네바선언'을 시작으로 아동의 권리 인식 및 보장을 위한 노력이 현재까지 지속되고 있다.

산업혁명 이후부터 유럽 국가를 중심으로 취업모는 지속적으로 증가하여 20세기 후반부터 전 세계적으로 맞벌이 가족 및 자녀 육아문제는 중요한 사회문제가 되었다. 각국에서는 취업모를 지원하기 위한 보육시설을 확충하고 정부의 지원을 확대하는 한편 취업모를 위한 유급휴가제도 등을 만들게 되었다. 이로 인해 유럽 대부분의 국가에서 취업모 가정은 공보육을 추진하였으며, 어머니는 물론 아버지도 원한다면 휴가를 통해 자녀를 돌볼 수 있는 정책을 제시하였다.

모성보호를 통해 아동의 발달권을 보장하려는 시도에서 출발하여 1960년대 헤드 스타트 프로그램(head start program)은 부모의 계층에 따른 교육기회 박탈을 최소화하여 아동의 교육권 보장을 위해 진행되었다. 또한, 국가별 차이는 있으나 아동수당이나 가족수당 제도를 통해 국가책임이 확대되기 시작했다(한성심 · 송주미, 2014; 정옥분 외, 2016).

2 우리나라의 아동복지 발달과정

고대에 아동은 대를 잇기 위한 수단으로 중시되었으나, 점차 아동을 독립된 인격체로 인식하며 아동복지가 발달되었다. 이를 시대별로 구분하여 살펴보면 다음과 같다(김연진 · 이상희, 2012; 이재연 · 박은미 · 황옥경 · 김형모 · 이은주, 2013; 정옥분 · 정순회 · 손화의 · 김경은, 2012; 서보준 · 김우호 · 박선태 · 이정미, 2013).

1) 삼국시대

아동은 가계 계승자로서, 아들을 딸보다 더 가치 있는 존재로 여겼으며, 동성동본 내에서 양자를 들여 대를 잇고자 하였다. 삼국시대 백제는 온조왕 33년(15), 고구려는 태조왕 56년(108)에 재해를 당한 사람에게 아동을 포함하여 배급한 기록이 있다(구자헌, 1961). 또한, 신라 제3대 유리왕 5년(28)에는 병든 사람(환자), 남편이나 아들 없는 여자(과부), 부모 없는 아이(고아), 자활하지 못하고 혼자 사는 사람(독신)에게 왕명으로 무료급식과 양육이 이루어졌다는 기록이 『삼국사기(三國史記)』에 남아 있다(이소희, 2005; 정옥분 외, 2016; 한성심 · 송주미, 2014). 즉, 홀아비, 과부, 독거노인과 함께 부모가 사망한 고아와 자연재해를 당한 기아 등을 요보호대상자로 구분하여 급식 등의 구제가 이루어졌다.

2) 고려시대

고려시대에는 불교가 융성함에 따라 불교의 자비사상에 입각하여 고아 및 기아와 빈곤아동이 사찰에서 위탁 형태로 보호되었다. 고려시대는 엄격한 계급사회였으므로 고아는 주로 가정에서 노비로 삼거나 민가에서 수양할 것을 빙자하여 인신매매, 유괴, 약탈 등 인권침해가 이루어졌다(이소희, 2002, 2005). 하지만 사원에서는 자비를 실현하기 위해 전쟁이나 흉년, 재해 발생으로 버려지는 아동, 굶는 아동, 가난한 아동을 모아 수용 · 보호하였다.

제6대 성종 13년(994)에는 왕명으로 부양할 부모나 친족이 없는 어린 고아를 10세까지 관에서 수용 · 양육하고, 10세가 지나면 본인의 희망에 따라 거주하게 한 기록이 『고려사』에 기록되어 있다(이소희, 2005). 이후 충목왕 3년(1347)에는 관설 영아원이라 할 수 있는 해아도감(孩兒都監)을 설치하였으며, 전쟁과 흉년으로 걸식하는 아동을 수용하여 양육한 후 승려 또는 사역승으로 양성하였다. 한편, 자녀가 없는 민가에서는 양자녀나 노비로 삼기 위해 아동을 수양하였다.

3) 조선시대

우리나라의 입양관습은 삼국시대 고아수양의 관습과 고려시대의 가계계승을 위한 양자제도에서 시작하여, 제19대 숙종(1696) 때는 입양(수양)과 관련된 수양임시사목(收養臨示事目)을 제정 · 실시하였다. 친동생, 친형, 사촌 형제의 아들이나 항렬이 같은 친척의 아들을 양자로 들이고 족보에 올리기도 하였는데, 아동을 수양하기 원하는 사람은 아동의 연령과 용모를 적어서 신고하면 공인을 얻어 관에서 정해 주는 대로 수양관계를 확정했다. 수양을 통해 자녀로 삼을지, 노비로 삼을지, 그 대에 한하여 사역할지, 연수를 정해 사역할지 등은 수양을 원하는 희망자의 의견을 참고하여 사목의 규정에 따라 관에서 결정하였다(정옥분 외, 2016).

정식으로 수양관계가 성립된 후에는 그 아동이 원래 공사의 노비였다면 공사의 옛 주인이 아동을 다시 찾아가지 못하도록 수양관계를 특별히 보호하였으며, 부모나 친척일지라도 3개월 이내에만 아동을 다시 찾아갈 권리를 인정하였다. 만약 그 기간 이외에 수양자를 찾아갈 경우에는 그동안 아동을 돌보며 제공한 양곡전량의 배를 갚도록 하였다. 수양관계는 새 주인과 노비와의 관계 및 수양부모와 자녀와의 관계를 통해 아동의 약탈, 유괴, 수양을 빙자한 인신매매 등을 방지하였다(김연진 · 이상희, 2012).

한편, 조선시대에는 고려시대보다 진일보한 고아, 기아, 빈곤아동에 대한 법령을 제정하였다. 제22대 정조 7년(1783)에 반포된 '자휼전칙(字恤典則)'은 유기 및 부랑걸식 아동에 관한 보호법이라 할 수 있다. 자휼전칙은 친족부양의 책임을 원칙으로 하며, 고아나 기아는 대를 잇기 위해 양자로 들이거나 관가 및 민가에서 수양하였다. 자휼전칙은 모든 백성에게 알리도록 한글로 기록된 대표적인 조선시대 아동복지 법이다. 주요 내용은 다음과 같다(하상락, 1989).

유기아를 발견할 경우 진휼청 직원과 관리, 일반 백성의 소임으로, 급여와 수양관리 실무는 진휼청 낭관(6품관)이 맡는다. 낭관(조선시대 각 관아의 당하관)은 매달 그믐에 아동의 발육과 성장 상태를 점검하여 비리가 있을 경우 진휼청 고직이(창고를 지키는 사람)와 젖어미를 문책하는 기능을 수행하게 되어 있다. 유기아, 행걸아 외에 의복이 없는 경우는 지어 주고, 의료는 진휼청 혜민서에서 구료하도록 하였다.

입양은 수양, 유양, 솔양으로 구분한다. 유양은 진휼청 유접소에서 수용 · 보호한다는 의미로 행걸아의 시설보호라 할 수 있다. 수양은 오늘날의 입양과 비슷해 주로 자식으로 삼기 위한 것이며, 유양은 유기아를 대상으로 젖어미를 활용해 양육하는 것이다. 솔양은 주로 노비나 고공으로 삼기 위한 입양으로 추측되고 있다.

보호가 필요한 아동을 유기아(0~3세)와 행걸아(4~6세, 7~10세)로 구분하고 보호가 없으면 생존이 어려운 아동을 대상으로 하였다. 행걸아의 구제는 민가수양과 진휼청 유양으로 구분하였는데, 유양은 읍집을 진휼청 외창문 밖에 마련하여 간이 주거시설로 사용하였으며, 민가수양은 자신의 관가노비 또는 노비로 수양하였다.

0~3세의 유기아 및 젖어미에게는 매일 쌀 1되 4홉과 장 3홉, 미역 3잎을 제공하였고, 4~6세 행걸아에게는 매일 쌀 5홉, 장 1홉, 미역 2잎을 제공하고, 7~10세 행걸아에게는

매일 쌀 7홉과 장 2홉, 미역 2잎을 제공하였다. 유기아를 돌보는 수양모가 가난한 경우는 매일 쌀 1되, 장 2홉, 미역 2잎을 제공한다. 젖어미는 걸식여인 중에서 젖이 있는 여인으로 유기아동과 걸식아동을 결합해 구제한 지혜로운 방책이다.

지방에서는 지방관의 책임 아래 구휼업무가 행해졌으며, 수령은 매달 그믐에 이를 감사에 보고하고, 감사는 왕과 진휼청에 보고하였다. 지방의 경우 행걸아는 흉년이 들어 진휼을 베푸는 경우에만 구휼하고 유기아는 어느 고을에서나 구휼하도록 하였다.

아동구휼의 재정은 중앙의 경우 진휼청의 곡식으로 충당하였고, 지방은 상진곡과 자비곡으로 충당하였다. 장과 미역은 지방의 경우 수령이 마련하는 것으로 보아 재정적으로 지방관의 책임인 것으로 생각해 볼 수 있다.

4) 근대사회(조선 말~대한제국)

근대적 아동복지사업은 1855년 프랑스의 메스트로 신부에 의한 고아구제사업을 시작으로 갑오경장 이후 외국 선교사들은 포교를 목적으로 육아 및 구호사업을 실시하였다(박정란 외, 2001). 조선시대 말부터 대한제국까지는 정치적 격동기에 있었으므로 정부의 구제사업은 거의 이루어지지 못하였다. 조선 말 고종 25년(1888) 3월에 프랑스 교회가 서울 명동에 천주교회 고아원을 설립하였다. 이후 인천에 천주당 부속 고아원, 평양의 감리교계 맹아학교 등을 설립하였고, 광무 10년(1906) 이필화가 우리나라 최초의 경성고아원을 설립하였다. 그러나 이후 1910년 조선총독부는 경성고아원을 인수하여 '재생원'으로 개칭하였으며, 조선총독부 산하에 재생원은 빈곤아동과 맹아의 교육과 자활을 지원하였다.

1921년 미국의 감리교 선교사에 의해 태화사회관이 설립되었으나, 일제의 종교적 탄압으로 선교사의 추방과 재산몰수 등의 시련을 겪으면서 일제의 완전중지 명령에 의해 더 이상 운영할 수 없게 되었다. 공립시설이었던 감화원은 아동보호보다는 사회질서를 유지하기 위해 설치 · 운영되었으며 해방 전까지 유기된 아동을 격리 · 수용하는 집단 수용시설이 되었다.

1923년 5월 1일 제1회 '어린이날'에 우리나라 최초의 아동권리선언이라 할 수 있는 '어린이권리 공약 3장'을 발표했다. 천도교의 소년운동은 '아동'이란 뜻을 지닌 순우리말의 『어린이』라는 잡지를 창간하고, 소파 방정환은 '어린이날'을 제정하여 아동의 인권을 강조하며 계몽하는 데 힘썼다. 어린이를 종래의 윤리적 억압에서 벗어날 수 있도록 만 14세 이하 아동에 대한 유상 또는 무상의 노동을 금지할 것과 어린이에게 안심하고 즐겁게 뛰놀 수 있는 가정 및 사회시설을 설립할 것을 제시하였다. 하지만 1930년부터 일제의 탄압과 어용소년단체의 출현으로 소년운동은 위축되며 사라졌다.

1944년에 우리나라 최초의 공적 부조 관련법에 해당하는 '조선구호령'이 제정되어 13세 이하의 아동, 임신부, 노동 능력이 없는 65세 이상의 노약자를 대상으로 구호하였다. 이 시기는 공적 차원의 아동복지보다는 민간 차원의 운동이 이루어졌으며, 일제 강점기에는 아동이 병력이나 노동력으로 취급되어 최소한의 보호와 구제만 제공되었다.

5) 해방 이후(1945~1960년)

1948년 8월 15일 대한민국 정부수립 이후 육아시설은 급증하였으나 보호 수준은 낮았으므로 정부는 1950년 2월 27일 후생시설 설치기준을 제정하여 충실한 운영을 촉구하였다. 시설은 100명 이내로 하며, 한 집에 20여 명 이하를 수용하고 보모 1인당 영아는 5명, 유아는 10명, 학령기 아동은 20명을 담당하도록 하였다. 원장과 보모의 자격을 규정하고 치료실과 촉탁의사를 두도록 하였으며, 소숙사제도를 마련하였다. 소숙사제도는 보호자 1인당 연령층이 다른 여러 아동을 함께 생활하게 하여 가정적인 분위기를 제공하는 제도로, 수용아동의 심신건강을 보장하고 개별지도 및 영양, 수면, 의류 및 침구의 청결, 교육 등을 철저히 하도록 규정하였다(장인협 · 오정수, 2001).

한국전쟁을 거치면서 수많은 전쟁고아 및 기아와 부랑아가 급증하자 해외 및 국내외 민간단체에서 많은 아동보호시설을 설립하여 수용시설을 중심으로 한 아동보호사업이 주를 이루었다. 정부는 전쟁고아 등 긴급구호 대상자가 증가하자 아동시설을 영아원, 육아원, 감화원 등으로 구분하고, 18세 미만 아동의 노동을 금지하였으며, 아동시설을 인가하여 지원 · 감독을 강화하였다.

미군정의 아동노동법규(1946)에 따라 상공업체 고용 금지(14세 미만), 중공업체 또는 유해업체 종사 금지(16세 미만), 위험직종 또는 유해직종 종사 금지(18세 미만), 1일 노동시간의 제한(16세 미만 8시간 이내) 등이 규정되었다. 또한, 「20세 미만 비행소년의 보호를 위한 법률」이 제정되었으며, 반사회적 성향을 가진 20세 미만 소년의 생활환경 조성과 성행교정을 위한 보호처분을 행하고, 형사처분 특별조치를 위한 「소년법」이 제정되었다.

1950년대 말까지 계속된 요보호아동 대책은 민간 중심으로 이루어졌으며, 응급구호적이고 시설 중심의 수용정책이 일반적이었다. 일제 강점기와 한국전쟁을 겪으면서 고아, 기아, 미아의 발생이 매우 심각하였지만, 사회의 지원은 열악한 수준이었으며 민간을 중심으로 한 요보호아동의 구호가 주를 이루었다.

6) 현대사회

(1) 선별적 아동복지 시기(1960년대~1980년)

외국의 원조는 1960년대까지 지속되었으며, 이 시기 아동복지에 대한 국가책임은 미미한 수준이었다. 1961년 제3공화국은 국토방위와 조국의 근대화를 국정 목표로 아동복리법(1961), 생활보호법(1961), 미성년자보호법(1961), 모자보건법(1973), 입양특례법(1976), 소년원법(1977), 특수교육진흥법(1977) 등이 제정 · 공포되었다. 1961년 「아동복리법」이 제정되어 요보호아동에 대한 국가 책임이 처음으로 법제화되었다. 이 법에 의하면, '보호자로부터 유실, 유기 또는 이탈되었을 경우, 보호자가 아동을 양육하기에 부적당하거나 양육할 수 없는 경우'로 한정하여 요보호아동을 아동복지의 일차적 대상으로 선별하였다. 요보호아동은 무차별적으로 시설수용 · 보호하는 것이 아니라 아동의 개별적인 요구에 따라 탁아, 위탁보호, 입양 등으로 구분하여 시설 보호보다는 가정에서 보호받을 수 있도록 하였다.

또한, 1961년 「고아입양특례법」이 제정되어 아동을 원가정에서 보호할 수 없는 경우 다른 가정에서라도 아동을 보호하도록 하였다. 아동복지시설의 수와 수용아동 인구는 1960년대에도 계속 증가하였고, 1970년대부터 외국의 후원단체가 점진적으로 철수하면서 상대적으로 국가보조가 증가하기 시작하였다(공계순 외, 2013).

1960년대와 1970년대에는 국내입양의 어려움으로 국내입양 아동의 수는 정체된 반면, 국외입양은 계속 증가하였다. 1970년대까지 우리나라 아동복지는 보호를 필요로 하는 아동을 중심으로 하는 선별주의 원칙에 기초하여 잔여적 형태로 아동복지서비스가 제공되었다. 1970년대 후반부터 산업화, 도시화, 핵가족화와 여성의 사회참여, 가치관의 변화 등 가족구조의 변화로 인해 보육의 요구가 급증하였으며(정옥분 외, 2012), 저소득층 또는 일반가정의 아동문제 및 소년소녀가장 문제, 비행아동, 정서장애아동, 신체장애아동 등 광범위하고 다양한 아동문제가 등장하게 되었다.

(2) 보편적 아동복지 시기(1980년대 이후~1999년까지)

1980년대에는 아동복지법(1981) 및 생활보호법(1982)이 개정되었으며, 유아교육진흥법(1982), 청소년육성법(1987), 모자복지법(1989), 영유아보육법(1991)이 제정되었다. 개정된 「아동복지법」은 요보호아동을 대상으로 한 「아동복리법」(1961)과는 달리, 보편주의 원칙에 따라 모든 아동을 대상으로 하며, 예방적 접근에 의한 아동복지서비스를 지향하였다.

1980년대 중반 이후는 기혼여성의 사회참여로 보육 수요가 증가함에 따라 아동의 건전한 육성을 위해 보육시설 설치에 대한 관심이 높아졌다. 1989년 9월 「아동복지법 시행령」 중 일부가 개정되어 아동복지시설의 종류에 아동을 보호·양육하는 탁아시설이 추가되었으며, 저소득층의 생활자립기간 조성을 위하여 탁아시설의 장은 아동 입소 시에 생활보호법이 정하는 생활보호 해당자의 자녀를 먼저 입소하도록 했다. 탁아시설은 신고를 하면 아동을 보육할 수 있도록 하는 가정탁아제도를 신설하여 주민의 탁아시설 이용편의를 증진하도록 하였고, 간호사나 보육사 등 아동복지시설에 두어야 할 종사자의 수 및 자격을 현실에 맞게 조정하였다.

한편, 저소득층 밀집지역에 자생적으로 비영리 보육시설이 생기면서 저소득층 맞벌이 가정의 자립지원과 가정복지 증진을 도모하기 위해 1991년 1월「영유아보육법」이 제정되었다. 탁아와 관련된 내용은「아동복지법」에서 분리되었고, 보육을 지원하는 법체계를 갖추게 되었다.「영유아보육법」의 제정으로 보육사업의 체계화와 보육시설의 조속한 확충이 가능하게 되었으며,「아동복지법」에서 분리되어 청소년 관련 규정은「청소년보호법」(1997)으로 제정 · 공포되었다. 이 시기 시설수용보호 사업 위주의 서비스는 점차 감소하고 가정과 지역사회중심의 보육시비스, 국내입양, 가정위탁, 재가복지서비스가 활성화되었다.

(3) 권리적 아동복지 시기(2000년~현재까지)

1997년 IMF 이후 기혼여성의 급증과 영유아의 양육문제가 사회화되면서 시설을 이용하는 아동이 증가하였다. 1988년 영훈이 사건(부모가 남매를 굶기고 학대해 누나는 숨지고 영훈이는 등에 다리미 자국과 발등에 쇠젓가락으로 찔린 상처 등이 있었던 아동학대 사건)을 계기로 아동학대 심각성을 인식하면서 2000년 1월에「아동복지법」이 전면 개정되었다.「아동복지법」 개정에서는 아동학대와 아동안전에 관한 규정을 강화하여 아동학대 신고 의무와 절차, 아동학대 신고 · 접수 시의 응급조치 의무, 아동복지시설과 아동용품의 안전에 대한 규정이 제시되었다(정옥분 외, 2012).

정부조직법 개정으로 영유아보육 사무가 보건복지부에서 여성부로 이관되었고,「영유아보육법」에 근거해 보육시설 평가인증제도를 도입하여 공보육 체계를 구축하고자 노력하였다. 한편, 아동복지시설(아동복지법 제16조)에 공동생활가정(그룹홈)과 지역아동센터를 추가하여 아동에게 가정과 같은 주거 여건을 제공하고 보호자와 지역사회를 연계하고자 지역아동센터에 대한 국가적 지원이 시작되었다.

「성폭력 범죄의 처벌 등에 관한 특별법」(2016),「아동 · 청소년의 성보호에 관한 법률」(2016)을 제정해 학대아동보호 및 친가정 복귀지원 등 사후관리 서비스를 강화하였으며, 아동복지에서 청소년을 분리하여 「청소년활동진흥법」(2004), 「청소년복지지원법」(2016), 「학교 밖 청소년 지원에 관한 법률」(2017) 등을 통해 아동 · 청소년의 권리를 보장하고자 노력하고 있다.

3 주요국의 아동복지

영국, 미국, 스웨덴, 일본을 중심으로 아동복지 발달과정의 특징적인 점을 간략히 살펴보겠다(김연지 · 이상희, 2012; 장인협 · 이혜경 · 오정수, 2013; 박정란 · 서홍란 · 장수한, 2014; 배윤주, 2014).

1) 영국

영국은 1601년 구빈법을 제정해 세계에서 가장 먼저 빈곤아동을 보호하였다. 또한, 경제적 수준이나 기여 여부에 관계없이 모든 아동에게 주어지는 소득보장제도로 아동수당을 지급한 세계 최초의 국가이다. 1601년 영국의 엘리자베스 구빈법은 부랑자의 문제를 국가가 해결하고자 일반 빈곤자뿐 아니라 보호가 필요한 아동에 대한 규정을 제시하였다. 구빈법은 아동보호에 대한 국가의 책임을 인식한 최초의 법으로 종전의 비합리적 혼합 수용보호에서 나아가 분리 수용보호로 변화를 지향하고, 민간 주도의 자발적 보호사업과 가정위탁제도를 실시하는 세기를 마련하였다.

이 법은 가족책임 및 근로 능력의 유무를 기준으로 구제하는 원칙을 제시하고 있다. 산업혁명으로 빈곤가정과 결손가정 아동이 증가하게 되자 9세 이하 아동의 노동을 금지하고 13세 이하 소년의 노동을 주 48시간 이내로 제한하는 등 아동의 노동착취를 보호하였다. 이후 1780년부터 유아학교가 설립되면서 영국의 공교육 기틀을 마련하는 계기가 되었다. 1834년 구빈법을 개정하여 아동을 위한 지역학교와 육아원을 설립하고, 맹아와 농아를 교육하기 위한 특수학교를 설립하였다.

이후 1869년 아동학대 방지 및 보호법, 1889년 아동학대방지법 등 아동의 보호에 관한 법률이 제정되었다. 1906년에는 급식법이 제정되어 초등학교 빈곤아동에게 무료급식을 제공하였고, 1907년 교육법이 제정되어 모든 아동에게 의무교육 혜택이 제공되었다. 1945년에는 가족수당법이 제정되어 부모의 경제적 · 사회적 지위 등에 관계없이 자녀가 둘 이상인 16세 미만의 아동에게는 1인당 수당을 매주 지급하였다.

제2차 세계대전 이후 정상적인 가정생활을 박탈당한 아동의 복지정책으로 '커티스 위원회 보고서(1946)'를 채택하였다. 이 보고서는 보호받는 아동을 친부모에게 다시 보낼 것, 탈시설화할 것, 가정을 제공할 수 있도록 입양을 알선할 것 등을 원칙으로 제시하였다. 특히, 지방정부 행정체계에 아동국(Children's Department)을 두어 보호받는 아동을 다시 친부모에게 보내도록 하여 가족의 중요성을 강조하였다.

커티스 위원회 보고서를 기초로 1948년 아동법이 제정되자 부모가 없는 아동, 유기아동, 부모와 떨어져 사는 아동과 정신질환자, 정서적 문제가 있는 자, 알코올이나 약물중독자 등의 자녀는 지역사회와 공공단체가 부모의 역할을 담당해야 한다는 인식을 공유하게 되었다. 영국은 아동이 가정 안에서 보호받는 것을 원칙으로 아동복지정책을 추진하였고, 예방을 강화한 아동법을 통해 아동의 제문제를 예방하고자 적극적으로 노력하였다.

한편, '잉글비 보고서(Ingleby report)'는 청소년 비행문제를 다루면서 1963년 아동 및 청소년법을 제정하는 계기를 마련하였다. 아동 및 청소년법에 따라 비행과 박탈을 중재할 때 비행행동에 대한 행정적 처벌모델이 아닌 치료적 모델을 강조하였다. 사회복지서비스가 사법부의 법정 활동과 공동 협력함으로써 재판의 소송과정에 참여하는 효과를 보게 되었다. 또한, 아동 및 청소년 비행을 치료적 관점에서 접근하여 소년법정으로 기소하기보다는, 가능하면 자신의 집에서 처분받을 수 있도록 하였다. 그 결과, 기소는 복지적 보호 절차로 대체되었고, 법정은 최후의 수단이 되었다. 그 외에도 1962년 영아생명보호법, 1971년 미성년자를 위한 친권자법, 1980년 아동보호법, 1985년 아동유괴방지법 등의 제정과 함께 사회서비스법에 의해 지방정부의 행정체계인 아동국이 사회서비스국으로 새롭게 신설되어 사회복지 서비스 행정체계가 통합되었다.

2) 미국

청교도 윤리가 지배적이며 노동을 미덕으로 여기고 빈곤의 책임이 개인에게 있다는 생각에서 구빈법은 벌칙적인 성격을 갖는다. 미연합법에는 아동복지에 관한 단독법이 없고 사회보장법에 상세히 규정되어 있다. 미국은 중앙집권제가 아니고 기본법적인 법률도 주(州) 법으로 이루어진 경우가 대부분이며, 미국의 정책은 아동의 생존과 보호적 측면에 중점을 두고 이루어지고 있다(배윤주, 2014).

미국의 아동복지사업도 초기에는 종교단체에 의해 설립되었다. 최초의 양육원은 인디언에 의해 부모가 살해당한 고아를 양육하고자 1727년 뉴올리언스의 우슬린 수도원에 설립되었다. 한편, 최초의 보호시설은 1740년 조지아주에 세워진 베데스타 고아원이었다. 종교단체의 자선사업으로 보호시설이 발달하기 시작했으며 점차 시립 고아원도 설립되었다. 그러나 1850년대 이후 시설에 의한 보호가 아동의 건전한 발달에 도움을 주지 못한다는 점을 인식하고 가정적인 보호방법을 모색하기 시작했다.

1853년 뉴욕에 최초의 원외보호방법을 채택한 뉴욕 아동구제협회는 빈곤가정을 보호하기 위한 위탁사업을 실시하였다. 오하이오주를 중심으로 아동가정협회가 발족되어 빈곤가정의 아동을 보호하는 운동이 파급되어 1866년과 1873년 매사추세츠주와 미시건주에 각각 주립 아동구빈원이 세워졌으며, 1873년 최초의 공립 유아원이 설립되었다. 1895년 아동노동법이 제정되어 14세 이하의 아동은 근로시킬 수 없다는 금지조항과 야간작업 금지 및 노동시간의 제한 규정을 두어 아동의 교육권을 보장하고 학교에 출석할 수 있도록 하였다.

1909년 제1회 백악관회의 이후부터 아동문제에 대한 관심이 전국 수준으로 확대되기 시작했다. 제1회 백악관회의에서 루스벨트 대통령은 아동을 위한 부모역할의 중요성과 가정생활의 중요성을 언급하며 3가지 원칙을 제시하였다. 첫째, 가난하다는 이유로 아동이 가정에서 이탈되어서는 안 된다. 둘째, 가정을 떠나야만 할 충분한 이유가 있을 경우에는 차선책으로 잘 선정된 위탁가정이 바람직하다. 셋째, 필요에 의해 시설을 이용할 경우 소숙사제도가 좋으며 아동의 의존성이 나타나지 않도록 해야 한다. 이후 아동문제를 전담하는 아동국(Children's Bureau)에서는 아동복지, 아동문제, 아동발달, 아동의 노동, 비행 등 아동에 관한 모든 것을 연구하기 시작했다.

1911년 미주리주를 시작으로 빈곤아동에 대한 구제를 위해 모성연금제가 시행되었고, 각 주로 파급되어 1919년에는 39개 주에서 지속되었다. 이 연금제의 목적은 한부모이거나 보호자가 없어 양육될 수 없을 때 빈곤한 가정의 아동을 대상으로 가정에 머무르면서 보호받을 수 있도록 양육비를 지원하여 가정 안에서 아동을 보호하려는 것이다. 이것은 1935년 사회보장법에 의해 공적 부조의 형태로 발전하였다.

1933년 연방위기구호청(Federal Emergency Relief Adiministration)과 근로청(Works Project Adiministraion)을 통해 연방정부가 보육 프로그램에 공적 재정을 지원하면서 아동문제에 관심을 가지기 시작했다. 이때 세워진 유아원과 보육시설은 모두 국고의 지원금으로 운영되었으며, 유아교육시설의 필요성이 크게 부각되어 1930년 제3회 백악관회의에서는 19개조에 이르는 아동헌장을 채택 · 발표하였다. 전인적 아동관, 아동의 인격존중, 가정 안에서의 아동보호, 중앙과 지방에 아동복지기관 설치, 아동전문 사회복지사 도입 등을 규정하며 아동복지사업이 확립되는 계기를 마련하였다.

3) 스웨덴

13세기 들어 봉건제도가 무너지면서 빈민문제가 사회적으로 주목받기 시작했다. 체계적인 구빈제도의 시작은 1853년 구빈법으로, 영국의 영향을 받아 스웨덴의 구빈법도 발달과정과 형태가 영국과 비슷하다. 15세 이하 아동과 병자, 노동 무능력자를 대상으로 사회적인 보호가 이루어졌다. 1881년 노동금지법이 제정되어 저임금과 장시간 노동으로부터 아동을 보호하였으며, 사회보장의 선구적 법안으로 1901년 노동자화재보상법이 제정되어 청소년 비행에 관한 제도를 개선할 수 있는 계기를 마련하였다.

1902년 입양아동의 건강과 보건을 위해 입양법을 제정하였으며, 입양감독위원회는 반드시 부인 한 명이 포함되도록 규정하여 입양 관련 사항을 감독하였다. 또한, 1924년 구빈법의 대상이 되었던 아동을 독립시켜 아동복지법을 제정하였고, 아동복지위원회를 두어 아동과 청소년의 보호를 위한 사항을 관리 · 감독하였다.

1930년대 세계경제공황을 전후로 출산율이 급격히 저하됨에 따라 아동과 모성 및 학교급식에 대한 국가보조 등이 실시되었다. 1938년 이후 산전 · 산후에 따른 모자보건 대책이 수립되었으며, 1955년부터 모든 임부에게 출산수당을 지급하였다. 아동수당은 신체 장애인이나 연금 지급자의 자녀, 편부모 자녀에 한하여 부모나 보호자에게 현금으로 지급하였다. 또 이혼의 경우 부모 중 한 사람이 자녀의 양육비를 지급하지 않을 경우 국가가 이를 대신 지불해 주는 등, 아동 관련 복지대책 예산이 가족정책 예산으로 상당 부분이 투입되었다. 여기에는 임산부와 신생아에 대한 상담, 치료, 출산 전후의 휴양, 남편의 군복무 기간 중 지급되는 양육수당 등이 있었다.

이외에도 출산 후 신생아와 함께 지낼 수 있도록 9개월의 휴가제도와 생후 6개월부터 입학 전 6세까지 부모가 일하는 동안 아동을 맡길 수 있는 보육시설, 학령기 아동을 위해 방과 후 여가선용의 집, 자신의 집에서 아이를 맡아 돌봐 주는 가정보육시설, 아플 때 간호해 주는 아동간호사제도 등을 두어 모든 경비를 지자체에서 지원하였다.

한편, 장애아동을 위한 스웨덴의 교육적 조치는 1952년 장애아학교법에 의해 7세에서 16세의 모든 어린이에게 교육권을 보장하여 공립 학교에 출석하도록 규정하였다. 1963년 국민보험법의 제정으로 16세 이상의 모든 국민이 보험혜택을 받게 되면서 오늘날 사회복지의 근간이 되는 사회사업법을 시행하였다.

스웨덴은 여성노동력의 효율성을 높이기 위해 1974년부터 유급휴가를 확대하여 1980년에는 360일로, 1989년에는 450일로 연장하였다. 그러다가 1994년 다시 360일로 단축하고 휴가기간의 급여도 종전 월급의 90%에서 80%로 하향 조정하면서, 아동과 가족을 위한 복지서비스로 임신기간의 무상 건강검진, 19세까지 무료 건강검진과 치과검진 등을 제공하고 있다.

1995년부터 1~6세 아동을 위한 탁아소나 가정탁아서비스를 제공하고, 6~12세 아동을 위한 방과 후 보호서비스 제공을 의무화하는 등 취업모에게 필요한 각종의 대리양육제도를 제공하였다. 아동과 청소년을 위해 16세 이하의 모든 아동에게 주어지는 아동수당을 비롯해 부모보험 보조, 부양대출, 아동연금, 장애아동보호수당 등의 재정지원이 이루어지고 있다.

1993년에는 아동 옴부즈맨법(Children Ombudsman Act)를 제정하고, 아동과 청소년의 권리보장을 위해 민간단체인 아동권리보호협회에서는 '어린이집전화'를 운영하여 어려움에 처한 아동에게 상담창구의 역할을 하고, 정부는 옴부즈맨을 임명해 아동권리 모니터링 기구를 운영한다.

스웨덴은 복지국가의 전형이라 할 수 있을 만큼 복지 수준이 사회보장의 최소한의 기준선을 넘어선 나라로 평가받고 있다. 출산수당, 출산휴가제도, 아동수당과 같은 아동과 그 가족을 위한 아동 · 가족복지정책이 마련되어 있다. 특히, 스웨덴의 아동복지정책은 아동발달의 최적기인 영유아기에 집중되어 아동과 부모가 함께할 수 있는 시간을 국가가 최대한으로 보장하여 아동의 신체적 · 정서적인 성장과 발달을 배려하고 있다.

4) 일본

황실의 인자정신을 바탕으로 근대 자본주의 발달과정에서 사회복지가 성립되었다. 일본도 우리나라처럼 혈연 공동체로 상부상조하였으나, 명치유신을 계기로 봉건사회가 붕괴되고 근대 일본이 시작되면서 자본주의가 급속히 발달함에 따라 여러 가지 사회문제가 발생하였다. 시작은 황실이나 불교사원에서 고아를 보호하는 등 자선사업의 성격을 띤 구제가 이루어졌다.

1871년 정부는 기아양육미급여방(棄兒養育米給與方)을 정하고 2년 후 아기를 3명 이상 낳은 빈곤모에게는 쌀을 지급하는 급여방(給與方)을 정했다. 이후 전국적 규모의 구제책이 필요하게 되자, 1874년 공적 구빈법인 휼구규칙(恤救規則)을 제정하였다. 이 규칙에 따라 친족 및 공동체에 의한 상호 부조를 원칙으로 하며, 여의치 않을 경우 국가가

구제하였고 폐질자, 노약자, 중병자와 13세 미만의 고아인 극빈자를 지원하였다.

1886년 대용간이소학교제(代用簡易召學校制)를 인정하여 전국 빈곤아동을 위한 학교가 보급되었으며, 1887년 고아원이 설립되었다. 빈곤가정을 돌보기 위해 기독교 선교사에 의해 1900년 후다바 유아원과 1918년 공립 보육소가 설립되었다. 이후 1929년 공적 구빈법으로 구호법이 제정되어 휼구규칙에서 제시된 불분명한 구호방법을 구체화하고 구호기관을 제시하였으며, 임산부를 구호대상에 포함하여 구호내용을 제시하였다.

제2차 세계대전에서 일본이 폐망하자 여성이 일자리를 찾아 나서면서 보육수요가 증가하였다. 생활빈곤자의 아동, 취업모의 장애아, 고아 등을 보육소에서 수용하였다. 1947년 아동복지법을 시작으로 1948년 소년법 및 소년원법, 1949년 신체장애자복지법, 1950년 생활보호법, 1964년 모자 및 과부복지법 등 다양한 아동복지 관련법이 제정되었다.

특히, 1947년 아동복지법에 의해 보육소가 아동복지시설로 인정받으면서 보육사업이 시작되었다. 또한, 1947년 교육기본법 및 학교교육법을 통해 모든 아동의 의무교육제도와 장애아동의 특수교육 의무화를 입법화했으며, 1997년 아동복지법을 전면 개정하고 2000년에 아동학대금지법을 제정하였다.

일본의 아동복지정책은 아동수당제도와 보호가 필요한 아동을 위한 아동복지 및 건전한 아동육성대책으로 구분할 수 있다. 아동수당제도는 출산율 저하로 인해 1986년 대폭 개정한 결과, 지급대상이 종래의 두 자녀에서 세 자녀로 확대되었다. 이후 1997년 중학교에서 초등학교로 아동수당 지급기간이 단축되었으며, 만 3세 미만의 모든 아동에게 지급되고 있다. 또한, 보호가 필요한 아동과 모든 아동의 건전한 발달을 위해 아동상담소를 활성화하고 각종 아동 놀이와 문화시설 등을 확충하고자 노력하고 있다.

아동의 권리와 국제협약

제3장

아동은 수동적 존재가 아니라 권리를 가진 미래지향적 존재로 생존권, 발달권, 보호권, 참여권을 갖는다. 아동에게 최선의 이익이 되도록 아동의 권리를 보장할 때 아동의 행복을 추구할 수 있다. 아동권리는 '유엔 아동권리협약'을 통해 법직 구속력을 가지며, 협약의 당사국은 5년마다 아동권리 증진 이행사항을 담은 국가보고서를 제출한다. '유엔 아동권리협약'에 비준한 우리나라도 법과 제도를 개선하며 아동권리 모니터링 이행과 아동권리 교육 및 홍보를 지속하고 있다.

1 우리나라의 아동권리 운동

1) 어린이 권리 공약

우리나라에서 아동권리에 관한 운동은 1923년 '어린이 선언문'과 '아동권리공약 3장'에서 시작되었다(우남희, 1999). 방정환이 아동에게 사랑을 실천하던 당시는 가부장제도(家父長制度)에 의하며 장유유서(長幼有序)의 가치관을 중시하는 전통사회였다. 성인 중심의 전통사회에서 아동은 종족보존의 수단으로, 부모의 예속물이나 자산으로 여겼다. 성인은 다스리고 아동은 섬기는 수직적 관계에서 아동의 세계는 인정받지 못했고, 아동은 꾸지람과 훈계의 대상이었다. 이런 사회 분위기 속에서 방정환의 글은 아동이 무한한 가능성을 지닌 존재이며 부모의 소유물이 아닌 독립된 인격적 존재임을 보여 주고 있다.

"어린이는 모두 시인이다. 본 것, 느낀 것을 그대로 노래하는 시인이다. 고운 마음을 가지고, 어여쁜 눈을 가지고, 아름답게 보고 느낀 그것이 아름다운 말로 굴러 나올 때, 나오는 모두가 시가 되고 노래가 된다. (중략) 어린이는 그림을 좋아한다. 그리고 또 그리기를 좋아한다. 아무런 기교가 없는 순진한 예술을 낳는다. 어른의 상투를 재미있게 보았을 때 어린이는 몸뚱이보다 큰 상투를 그려 놓는다. 순경의 칼을 이상하게 보았을 때, 어린이는 순경보다 더 큰 칼을 그려 놓는다. 얼마나 솔직한 표현이냐! 얼마나 순진한 예술이냐!"

출처: 방정환(1974).

"우리가 종래에 생각해 오던 하느님의 얼굴을 여기서 발견하게 된다. 어느 구석에 먼지만큼이나 더러운 티가 있느냐? 어느 곳에 우리가 싫어할 것이 한 가지, 반 가지나 있느냐? 죄 많은 세상에 나서 죄를 모르고, 더러운 세상에 나서 더러움을 모르고 부처보다 예수보다도 하늘 뜻 그대로의 산 하느님이 아니고 무엇이랴!"

출처: 방정환(1924).

"어린이는 결코 부모의 물건이 되려고 생겨 나오는 것도 아니고 어느 기성사회의 주문품이 되려고 나오는 것도 아닙니다. 그네는 훌륭한 한 사람으로 태어나오는 것이고 저는 저대로 독특한 사람이 되어 갈 것입니다. (중략) 몇 곱의 위압과 강제에 눌려서 인형제조의 주형 속을 휩쓸려 들어가는 중인 소년들을 구원하여 내지 아니하면 안 됩니다."

출처: 방정환(1923).

"앞을 보고 살자. 앞을 향하고 나아가자. 30살에 아들을 낳았으면 아버지는 벌써 30년이 뒤진 사람이요, 아들은 30년 앞선 사람이다. 아무리 잘났어도 아버지는 발 뒤로 밀리우는 사람이요, 과거의 명부에 들어가는 사람이요, 아무리 아직 코를 흘리고 아무 것도 모르는 것 같아도 그는 일찍 이 아버지가 못하던 모든 일을 할 수 있는 앞사람이다. 어린이는 앞으로 나아가는 사람이요, 아버지는 뒤로 밀리는 사람이다. 조부가 아무리 잘났어도 램프 불밖에 켜지 못하고 자동차, 비행기란 몽상도 못하고 죽었다. 그러나 그 앞에서 코를 흘리며 자라던 어린이는 전등을 켜고 자동차를 타고 라디오를 듣고 있다. 사람은 어린이를 앞장세우고 어린이를 따라가야 억지로라도 앞으로 나아가지, 어른이 어린이를 잡아끌고 가면 앞으로 나갈 사람을 뒤로 끄는 것이다."

출처: 방정환(1974).

이와 같이 방정환은 어린이를 부처보다 예수보다도 하늘 뜻 그대로의 산 하느님으로 보았다. 어린이는 결코 부모의 물건이 되려고 생겨나오는 것이 아니고 어느 기성사회의 주문품이 되려고 나오는 것도 아니라, 그들은 훌륭한 한 사람으로 태어나는 것이고 저들은 저대로 독특한 사람으로 어린이의 존중과 개별성을 인정했다. 또한, 어린이를 앞으로 나아가는 사람으로 인정하며 독립된 인격체로 보았다. 방정환은 독립운동의 일환으로 아이를 잘 키우는 것이 국가의 희망이라고 생각했다.

방정환은 어린이의 억눌린 현실을 비판만 한 것이 아니라 아동의 삶을 개선하고 어린이의 권리를 찾아주기 위해 구체적인 행동을 한 실천가였다. 방정환은 자녀를 부모의 예속물로 보지 않았으며, 어린이가 미성숙하여 부족한 것이 아니라 성장하는 힘을 가진 독자적인 존재로 보았다. 한국 어린이 운동의 선구자인 방정환은 국제연맹의 아동권리에 대한 선언보다도 앞서 아동권리운동을 했다는 점에서 세계적인 선구자라 할 수 있다. '어린이권리공약 3장'은 우리나라 최초의 아동권리선언으로 1923년 어린이날에 낭독되었다.

아동권리공약 3장

- 어린이를 재래의 윤리적 압박으로부터 해방하여 그들에 대한 완전한 인격적 예우를 허하게 하라.
- 어린이를 재래의 경제적 압박으로부터 해방하여 만 14세 이하의 그들에 대한 무상 또는 유상의 노동을 폐하게 하라.
- 어린이에게 그들이 고요히 배우고 즐거이 놀 수 있도록 각양의 가정 또는 사회적 시설을 행하게 하라.

'어린이권리공약 3장'은 아동의 인격과 아동의 노동 금지 및 아동의 놀 권리를 주장하고 있다. 이뿐만 아니라 다음과 같이 어른에게 드리는 글과 어린 동무들에게 주는 당부의 말을 발표하였다.

어른에게

- 어린이를 내려다보지 말고 치어다 보아주시오.
- 어린이를 가까이 하시어 자주 이야기하여 주시오.
- 어린이에게 경어를 쓰되 늘 보드랍게 하여 주시오.
- 어발 또는 목욕, 의복 같은 것을 때맞춰 하도록 하시오.
- 잠자는 것과 운동하는 것을 충분히 하게 하여 주시오.
- 어린이를 책망하실 때는 쉽게 성만 내지 마시고 자세자세 타일러 주시오.
- 어린이들이 서로 모여 즐겁게 놀 만한 놀이터와 기계 같은 것을 지어 주시오.
- 대우주의 뇌신경의 말초는 늙은이에게 있지 아니하고, 젊은이에게도 있지 아니하고, 오직 어린이에게만 있는 것을 늘 생각해 주시오.

어른에게는 성인이 아동을 존중하기 위해서 일상생활에서 쉽게 할 수 있는 것을 중심으로 제시하고 있다. 눈높이를 맞추고 대화를 권하며, 경어를 통해 아동존중을 행할 것을 권고하였다. 또한, 이발, 목욕, 의복, 수면, 운동 등 일상에서 아동의 성장 및 발달권을 언급하였고, 바람직한 훈육방법 및 아동의 놀 권리를 인정하며 아동의 무한한 가능성을 인정하고 있다. 방정환이 살던 시대는 유교적 가치관이 지배하던 시대였기 때문에 사회의 모든 인간관계가 어른 중심이었다. 특히, 어린이는 어른으로부터 가르침과 훈계를 받아야 되는 존재로 인식되었으나, 방정환은 아동을 존중하며 아동 중심의 생활과 교육을 실천할 것을 권고하고 있다.

어린 동무들에게

- 돋는 해와 지는 해를 반드시 보기로 합시다.
- 어른들에게는 물론이고 당신들끼리도 서로 존대하기로 합시다.
- 뒷간이나 담벽에 글씨를 쓰거나 그림 같은 것을 그리지 말기로 합시다.
- 꽃이나 풀을 꺾지 말고 동물을 사랑하기로 합시다.
- 전차나 기차에서는 어른들에게 자리를 사양하기로 합시다.
- 입을 꼭 다물고 몸을 바르게 가지기로 합시다.

한편, 어린 동무들에게는 생명력을 지닌 존재로, 관계 속에서 존중이 일상의 기본이 되도록 하고 바람직한 품행을 기르며, 생명존중을 실천하고 웃어른을 공경하며 바른 몸가짐과 태도를 갖추도록 권고하였다.

2) 대한민국 어린이헌장

1957년 제33회 어린이날에 사회운동의 일환으로 대한민국 어린이헌장이 공포되었으며, 법률적 효력은 없더라도 아동의 인권을 인식하는 계기가 되었다. 이후 1988년 제66회 어린이날에 11개항의 대한민국 어린이헌장을 공포하였다(동아일보, 1988. 5. 4.).

대한민국 어린이헌장

대한민국 어린이헌장은 모든 어린이가 차별 없이 인간으로서의 존엄성을 지니고 겨레의 앞날을 이어 나갈 새 사람으로 존중되며, 바르고 아름답고 씩씩하게 자라도록 함을 지표로 삼는다.

- 어린이는 건전하게 태어나 따뜻한 가정에서 사랑으로 자라야 하며, 가정이 없는 어린이에게는 이를 대신할 수 있는 알맞은 환경을 마련해 주어야 한다.
- 어린이는 몸과 마음이 튼튼하게 자라도록 균형 있는 영양을 취하고 질병의 예방과 치료를 받으며 공해 없는 깨끗한 환경에서 살아야 한다.
- 어린이는 누구나 교육을 받을 수 있어야 하고, 어린이를 위한 좋은 교육시설이 마련되어야 하며, 개인의 능력과 소질에 따라 교육이 이루어져야 한다.
- 어린이는 빛나는 우리 문화를 이어받아 새로운 문화를 창조하고 발전시키도록 이끌어야 한다.
- 어린이는 즐겁고 유익한 놀이와 오락을 위한 시설과 환경을 제공받아야 한다.
- 어린이는 예절과 질서를 지키며 서로 돕고 스스로 책임을 다하는 민주시민으로 길러야 한다.
- 어린이는 자연과 예술을 사랑하고 과학을 탐구하는 마음과 태도를 길러야 한다.
- 어린이는 위협으로부터 먼저 보호되어야 하고 안전을 지킬 수 있는 지도를 받아야 한다.
- 어린이는 학대를 받거나 버림을 당해서는 안 되고, 나쁜 일과 짐이 되는 노동에 이용되지 말아야 하며, 해로운 사회환경으로부터 보호받아야 한다.

- 몸이나 마음에 장애를 가진 어린이는 필요한 교육과 치료를 받아야 하고, 빗나간 어린이는 선도되어야 한다.
- 어린이는 우리의 내일이며 소망이다. 겨레의 앞날을 짊어질 한국인으로, 인류의 평화에 이바지 할 수 있는 세계인으로 키워야 한다.

2 아동권리의 국제적 인식

1) 아동권리에 대한 제네바선언

제1차 세계대전으로 인한 빈곤, 기아, 영양실조 아동의 문제를 해결하고자 1923년 영국의 잉글란틴 제프(Eglantyne Jebb) 여사가 아동기금을 조성하면서 시작되었다. 식량 부족 사태를 지원하고자 아동기금을 마련하는 과정에서 아동의 권리에 대한 인식이 부족하기 때문에 기금 모금이 잘 이루어지지 않는 것을 보고, 아동권리 보장의 필요성을 강조하게 되었다. '아동권리에 대한 제네바선언(Geneva Declaration of the Rights of the Child)'으로 국제사회는 아동의 권리보호를 중요한 과제로 인식하는 계기가 되었으나, 아동에게 실제적인 변화는 가져오지 못했다.

아동권리에 대한 제네바선언

제1조 아동에게는 정상적인 발달에 필요한 물질적, 정신적 수단이 제공되어야 한다.

제2조 굶주린 아동에게는 먹을 것을, 병든 아동에게는 치료를, 발달이 늦은 아동에게는 도움을, 비행아동에게는 교화의 기회를, 고아와 부랑아에게는 주거와 원조를 제공하여야 한다.

제3조 아동은 위험에 처한 경우 가장 먼저 구제를 받아야 한다.

제4조 아동은 생계연명을 보장받아야 하며, 모든 형태의 착취로부터 보호받아야 한다.

제5조 아동은 자신의 재능을 인류에게 이바지해야 한다는 인식하에서 양육되어야 한다.

2) 유엔 아동권리선언

제2차 세계대전 이후 국제사회는 아동의 문제에 대한 국가적 책임을 명시하고자 제네바선언에 기초하여 1959년 11월 20일 제14차 유엔 총회에서 10개 조항으로 확장된 '유엔 아동권리선언(UN Declaration of the Rights of the Child)'을 채택하였다. 유엔 아동권리선언은 제네바선언에서 나아가 아동을 권리 주체로 인정하고 아동의 복지권을 보장하려는 국제사회의 합의를 마련하는 계기가 되었다.

유엔 아동권리선언

제1조 모든 아동은 선언에 명시된 권리를 보장받아야 한다. 아동은 인종, 피부색, 성별 등에 따라 차별을 받지 않을 권리를 갖는다.

제2조 아동은 법률에 의해 자유와 존엄성을 보장받으며, 건강하고 정상적으로 발달할 수 있도록 특별한 보호를 받을 권리를 갖는다. 이를 위해 법률을 제정함에 있어 아동에게 최상의 이익을 우선적으로 고려해야 한다.

제3조 아동은 출생 시부터 성명과 국적을 부여받을 권리를 갖는다.

제4조 아동은 사회보장 혜택을 받을 권리를 갖는다.

제5조 장애아동에게는 특별한 치료와 교육, 보호가 제공되어야 한다.

제6조 전인적 발달을 위해 아동은 사랑과 이해를 필요로 하므로 가급적 아동은 가정에서 부모에 의해 양육되어야 하며, 사회는 가정이 없는 아동에 대해 특별한 보호를 제공할 의무를 갖는다.

제7조 아동은 적어도 초등학교까지는 의무교육을 받을 권리를 가지며, 아동의 교육과 지도는 아동에게 최상의 이익이 되도록 이루어져야 한다. 또한, 아동에게는 교육뿐 아니라 놀이와 여가도 제공되어야 하며, 사회는 이러한 권리를 증진시키기 위해 노력하여야 한다.

제8조 아동은 모든 상황에서 우선적으로 보호와 구제를 받아야 한다.

제9조 아동은 모든 형태의 방임, 학대, 착취로부터 보호받아야 하며, 적절한 연령에 도달하기 전에는 고용이 금지되어야 한다.

제10조 아동은 모든 형태의 차별적 관행으로부터 보호되어야 하며, 자신의 재능을 이웃에게 이바지할 수 있도록 양육되어야 한다.

대체로 다른 사람에 의해 간섭받지 않을 개인의 권리만을 배타적으로 주장한 유엔 세계인권선언(1948)과는 달리, 새로운 종류의 권리를 포함하고 있다. 전통적으로 인간의 권리 개념은 '자유에의 권리(타인이 개인의 행동을 간섭하지 않을 상호 연관된 의무만을 갖는 권리)'로만 이해되었으나, 20세기에 와서는 '복지에의 권리(일정한 사회적 또는 경제적 위치에 있을 권리 또는 일정한 이익이나 편의를 받을 권리)'를 인식하게 되었다.

- 1923년 최초의 아동권리선언문 작성(Eglantyne Jebb)
- 1924년 아동권리에 관한 제네바선언
- 1945년 유엔 헌장
- 1948년 세계인권선언
- 1959년 유엔 아동권리선언
- 1979년 세계 아동의 해
- 1989년 아동권리협약 채택
- 1990년 9월 아동권리협약 발표
- 2002년 5월 유엔 총회에서 유엔 아동권리협약의 2개 선택의정서 채택

3) 유엔 아동권리협약

1989년 11월 20일 '유엔 아동권리협약'은 1990년 10월 2일부터 국제법적 효력을 갖게 되었다. '유엔 아동권리선언' 20주년이 되는 1979년에 '세계 어린이의 해'를 선포하였고, 이를 기념하여 아동권리가 단순히 선언문에 그치는 것이 아니라 법적 구속력을 가진 국제협약으로 발전시킬 필요성이 제기되면서 유엔 아동권리협약이 제정되었다.

우리나라도 유엔 아동권리협약에 비준하였고, 당사국은 협약에 명시된 모든 아동의 권리를 보장할 의무를 가지며, 협약의 이행 상황을 유엔 아동권리위원회에 보고할 의무가 있다. 이 협약은 세계 모든 국가의 아동에게 큰 변화를 약속하는 국제적인 문서로서 아동이 적절한 생활 수준을 누리도록 국제사회의 염원을 담고 있다.

1989년 유엔 아동권리협약은 최초의 법적 구속력을 갖춘 아동권리협약으로 전문 54개

조항으로 구성되어 있다. 아동권리는 영유아를 포함한 18세 미만의 아동과 관련한 권리를 규정하고, 아동의 실체적 권리내용과 당사국의 아동권리 보호의무, 아동권리위원회 설치 및 당사국의 협약 이행 보고의무 등을 규정하고 있다. 아동권리협약의 영역별 내용을 나타내면 다음과 같다.

<표 3-1> 아동권리협약의 내용

영역	아동권리내용과 조항
아동의 정의	아동의 정의(제1조)
일반 원칙	1. 차별금지 원칙(제2조) 2. 아동이익 최우선의 원칙(제3조) 3. 아동 의사표현의 권리(제12조) 4. 아동의 생명, 생존 및 발달권(제6조)
시민적 권리와 자유	1. 이름과 국적(제7조) 2. 신분의 유지(제8조) 3. 표현의 자유(제13조) 4. 사상 · 양심 및 종교의 자유(제14조) 5. 결사 및 집회의 자유(제15조) 6. 사생활의 보호(제16조) 7. 정보 접근권(제17조) 8. 고문 및 기타 비인도적 취급을 받지 않을 권리(제37조 1항)
가정환경 및 대안양육	1. 부모의 지도와 책임(제5조, 제18조 1항 · 2항) 2. 부모로부터 분리(제9조) 3. 가족의 재결합(제10조) 4. 아동을 위한 양육비 회수(제27조 4항) 5. 가정의 보호를 받지 못하는 아동(제20조) 6. 입양(제21조) 7. 불법 해외이송 및 미귀환(제11조) 8. 아동학대, 유기 및 신체적 심리적 회복과 사회복귀(제19조, 제39조) 9. 양육 및 보호기관에 대한 심사(제25조)

영역	아동권리내용과 조항
기초보건 및 복지	1. 생존 및 발달(제6조 2항) 2. 장애아동(제23조) 3. 보건서비스(제24조) 4. 사회보장 및 아동보호시설(제26조, 제18조 3항) 5. 생활 수준(제27조 1~3항)
교육, 여가 및 문화적 활동	1. 교육권(제28조) 2. 교육의 목표(제29조) 3. 여가, 오락 활동 및 문화적 활동(제31조)
특별보호조치	1. 법적 분쟁상의 아동 • 난민아동(제22조) • 무력분쟁하의 아동(제38조) • 소년사법(제40조) • 자유가 박탈된 아동(제37조 2~4항) • 아동에 대한 사형 및 종신형 금지(제37조 1항) • 사회복귀 지원(제39조) 2. 착취 상황하의 아동 • 경제적 착취(제32조) • 마약(제33조) • 성적 착취와 학대(제34조) • 기타 학대(제36조)
협약 이행을 위한 일반조치	1. 당사국의 이행의무(제4조) 2. 협약의 홍보(제42조) 3. 아동 관련 정책 조정 및 협약 이행사항의 모니터링을 위한 기관(제44조)

자료: 유니세프한국위원회(http://www.unicef.or.kr).

(1) 시민적 권리와 자유

이름과 국적(제7조), 신분의 유지(제8조), 표현의 자유(제13조), 사상, 양심 및 종교의 자유(제14조), 결사 및 집회의 자유(제15조), 사생활의 보호(제16조), 정보 접근권(제17조), 고문 및 기타 비인도적 취급을 받지 않을 권리(제37조 1항)이다.

18세 미만의 아동은 사형 또는 석방 가능성이 없는 종신형을 과하지 못하도록 하며(제37조), 어떠한 아동도 위법적 또는 자의적으로 자유를 박탈당하지 않으며 체포와 구금은 최후의 수단으로 적절한 최단 기간에만 사용되어야 한다. 자유를 박탈당한 모든 아동은 인도주의와 인간의 존엄성을 고려해 처우되며 성인으로부터 격리되어야 한다.

법률적으로 또는 적절한 체제에 의해 신속한 결정을 받을 권리를 갖는다(제37조). 아동에 대한 형사사법 절차상의 권리, 형사미성년자를 위한 별도의 소년사법 절차 및 보호상담 · 보호관찰 등 대체적 처분을 규정하고 있다(제40조).

또한, 자신의 의사를 형성할 능력이 있는 아동은 자신에게 영향을 미치는 모든 문제에 의견을 표시하고 사법적 · 행정적 절차에 진술할 기회를 가진다(제12조). 모든 정보와 사상을 추구하고 접수하며 전달하는 표현에 대한 자유(제13조)와 결사의 자유와 평화집회의 자유가 인정된다(제15조). 아동의 정신적 · 내면적 발달을 위해 사상, 양심 및 종교의 자유에 대한 권리(제14조)와 모든 아동이 가족 및 통신에 의해 자의적이거나 위법적인 간섭을 받지 않고 명예나 신망에 대한 위법적 공격을 받지 않을 사생활의 자유(제16조)를 갖는다. 아동의 권리와 관련된 대중매체의 역할로 아동의 사회적 · 정신적 · 도덕적 복지와 신체적 · 정신적 건강의 향상을 위한 정보와 자료에 접근할 권리를 갖는다(제17조).

(2) 가정환경과 대리보호

부모의 지도와 책임(제5조, 제18조 1항 · 2항), 부모로부터의 분리(제9조), 가족의 재결합(제10조), 아동을 위한 양육비 회수(제27조 4항), 가정의 보호를 받지 못하는 아동(제20조), 입양(제21조), 불법 해외 이송 및 미귀환(제11조), 아동학대, 유기 및 신체적 · 심리적 회복과 사회복귀(제19조, 제39조), 양육 및 보호기관에 대한 심사(제25조)이다.

가족은 기초적 사회집단이자 아동의 성장과 복지를 위한 자연적 환경으로, 아동은 가정에서 성장할 권리를 가지며, 여의치 못한 아동의 경우 대리보호를 받을 수 있다. 당사국은 아동의 의사에 반하여 부모로부터 분리되지 않도록 보장해야 하며 부모로부터 분리된 아동은 면접교섭권을 존중해야 한다(제9조). 이 규정은 아동이 부모 중 일방에 대하여 아동복지에 반하지 않는 한 인격적 관계와 직접적 접촉을 요구할 권리를 갖는다. 가족의 재결합을 위해 아동 또는 부모가 당사국에 입국 또는 출국 신청한 경우 긍정적이고 신속하게 그 신청을 다루어야 하며, 부모가 타국에 거주하는 아동은 정기적으로 개인적 관계 및 직접적인 면접교섭을 유지할 권리를 갖는다(제10조).

일시적 또는 항구적으로 가정환경을 박탈당하거나 가정환경에 있는 것이 아동의 최선의 이익에 적합하지 않은 아동에 대해서는 국가가 특별한 보호와 원조를 부여하고 대안을 확보해야 한다(제20조). 특히, 입양의 경우 아동에게 최선의 이익이 되도록 자격 있는 관계 기관을 허가하여 국제입양이 아동의 출신국에서 양육될 수 없는 경우에 최후적 대체수단으로 인정되어야 한다(제21조).

(3) 기본적 건강과 복지

① 장애

장애아동의 권리에 대해서는 협약 제23조에 규정되어 있다. 1항에서는 장애가 있는 아동의 존엄성이 보장되고 자립이 촉진되며, 적극적 사회참여가 조장되는 여건 속에서 충분히 품위 있는 생활을 누려야 한다는 점을 강조하고 있다. 2항에서는 장애아동에게 특별한 보호를 받을 권리가 있음을 인정하고, 양육책임자는 적합한 지원을 보장하도록 당사국의 의무를 부과하고 있다. 3항에서는 장애아동이 교육, 훈련, 건강관리지원, 재활지원, 취업준비 및 오락 기회를 효과적으로 이용하고 제공받을 수 있도록 계획되어야 함을 나타내고 있으며, 4항에서는 국제협력에 대해 언급하고 있다.

② 보건서비스

보건서비스는 협약 제24조에 규정되어 있다. 1항에서는 당사국이 도달 가능한 최상의 건강 수준을 향유하고 질병의 치료와 건강의 회복을 위한 시설을 사용할 수 있는 아동의 권리를 인정하고, 건강관리지원의 이용에 관한 아동의 권리가 박탈되지 않도록 노력할 것과 2항에서는 이 권리의 완전한 이행을 위해 당사국이 취해야 할 조치에 대해 제시한다. 3항에서는 아동의 건강을 해치는 전통관습의 폐지를, 4항에서는 국제협력을 언급하고 있다.

③ 신체적·정신적 건강증진

신체적 · 정신적 건강증진은 협약 제25조에 규정되어 있다. 당사국은 신체적 · 정신적 건강의 관리, 보호 또는 치료의 목적으로 관계 당국에 의하여 양육지정 조치된 아동이 제공되는 치료 및 양육지정과 관련된 여타 모든 사정을 정기적으로 심사받을 권리를 가짐을 인정한다.

④ 생활 수준, 사회보장 및 아동보호시설

생활 수준은 협약의 제27조 1항, 2항, 3항에 규정되어 있다. 이 조항은 모든 아동이 신체적 · 지적 · 정신적 · 도덕적 및 사회적 발달에 적합한 생활 수준을 누릴 권리가 있음을 당사국이 인정하고, 이러한 여건을 확보할 일차적 책임이 있는 보호자를 국가가 지원하여야 하며, 특히 의식주에 대해서는 물질적 보조 및 지원계획을 제공해야 한다는 내용이다. 협약 제26조와 제18조 3항은 사회보장 및 아동보호시설에 대한 규정이 제시되어 있고, 제26조는 모든 아동이 사회보장제도의 혜택을 받을 권리가 있으며, 당사국은 이 권리를 실현하기 위하여 필요한 조치를 취할 의무가 있음을 명기하고 있다.

(4) 교육 · 여가 · 문화적 활동

모든 아동은 차별 없이 교육받을 권리를 갖는다. 초등교육은 무상 의무교육으로 이루어지며, 중등교육의 발전을 장려하고 있다. 모든 아동이 이용 및 접근 가능하도록 교육에의 권리(제28조), 교육의 목표(제29조), 여가 · 오락 및 문화적 활동(제31조)이 보장되어야 한다. 학교 규율은 아동의 인간적 존엄성을 고려해 협약에 부합하도록 운영되어야 한다(제28조). 아동교육은 인격, 재능, 정신적 · 신체적 측면의 최대한 계발을 목적으로 인권과 기본적 자유, 문화적 주체성, 평화, 자연환경 존중 등을 지향하는 목표를 위해 이루어져야 한다(제29조). 아동은 교육권과 함께 휴가와 여가를 즐기고, 자신의 연령에 적합한 놀이 · 오락 활동에 참여하며 문화생활과 예술에 자유롭게 참여할 수 있는 권리와 기회를 보장받는다(제31조).

(5) 특별보호조치

'법적 분쟁상의 아동'과 '착취 상황하의 아동'으로 나뉘며, 법적 분쟁상의 아동은 난민 아동(제22조), 무력분쟁하의 아동(제38조), 소년사법(제40조), 자유가 박탈된 아동(제37조 2항 · 4항), 사회복귀지원(제39조)을 포함한다. 착취 상황하의 아동은 경제적 착취(제32조), 마약(제33조), 성적 착취 및 학대(제34조), 기타 형태의 착취(제36조)를 포함한다.

난민으로서의 지위를 구하거나 난민으로 취급되는 아동은 적절한 보호와 인도적 지원을 받을 수 있도록 적절한 조치를 취하여야 한다(제22조). 인종적, 종교적 또는 언어적 소수자나 원주민인 아동에 대해 그들의 고유문화, 종교, 언어를 존중하면서(제30조), 그들이 언어상 곤란을 겪지 않도록 대중매체를 통한 특별한 관심을 기울이도록 규정하고 있다(제17조).

협약의 당사국은 아동복지 측면에서 모든 형태의 착취로부터 아동을 보호하여야 하며(제36조), 경제적 착취나 아동의 건강, 신체적 · 지적 · 정신적 · 도덕적 · 사회적 발전에 유해한 노동의 수행으로부터 보호받을 아동의 권리를 인정한다(제32조). 마약과 향정신성 물질의 불법적 사용으로부터 아동을 보호하도록 하며(제33조), 당사국은 모든 형태의 성적 착취와 성적 학대로부터 아동을 보호해야 한다(제33조). 무력분쟁기간에도 아동권리는 아동이익 최선의 원칙을 고려해 보호되어야 하며, 15세 미만 아동의 징병 제한 및 무력분쟁 상태에 놓인 아동의 보호 및 배려 조치(제38조)와 분쟁지역에 있는 아동에 대한 원조를 보장하고, 무력분쟁에 영향받는 아동의 육체적 · 심리적 회복 및 사회적 재통합을 적극적으로 촉구해야 한다.

3 유엔 아동권리협약의 기본 원칙

아동권리협약의 4대 원칙으로 무차별 원칙(제2조), 아동이익 최우선 원칙(제3조), 생존 · 보호 · 발달 보장의 원칙(제6조), 참여의 원칙(제12조)은 누구의 관점에서 무엇이 아동에게 최선의 이익인지 판단하는 기준을 제시하고 있다.

1) 무차별 원칙

제2조에 의하면, 협약 당사국은 아동과 그 부모 또는 후견인의 인종, 피부색, 성별, 언어, 종교, 정치적 견해, 국가적 · 민족적 · 사회적 출신, 재산, 장애, 출생 또는 기타 신분과는 무관하게 법적으로 차별받지 않을 권리를 보장해야 한다.

즉, 아동이 그의 부모나 후견인 또는 가족 구성원의 신분, 활동, 표명된 의견 또는 신념을 이유로 하는 모든 형태의 차별이나 처벌로부터 보호되도록 보장하는 모든 적절한 조치를 취하여야 한다. 소년과 소녀의 동일한 대우, 난민아동, 소수민족아동, 다문화아동, 장애아동 모두 동일한 권리를 가지며, 정상적인 생활을 위한 동일한 기회가 제공되어야 한다. 국가는 아동의 권리를 인식하고 보호할 뿐 아니라 일체의 차별이 일어나지 않도록 조치해야 한다.

2) 아동이익 최우선 원칙

제3조에 의하면, 첫째, 공공 혹은 민간 사회복지기관, 법원, 행정당국이나 입법기관에서 실시되는 아동에 관한 모든 활동에서 아동의 이익이 최우선적으로 고려되어야 한다. 둘째, 협약 당사국은 아동의 부모, 법정후견인 혹은 아동에게 법적 책임을 지는 사람의 권리와 의무를 고려하여 아동에게 필요한 보호와 양육을 보장하고, 이를 위해 적절한 입법적 · 행정적 조치를 취하여야 한다. 셋째, 협약 당사국은 아동의 양육과 보호에 책임

이 있는 기관이나 서비스 체계, 시설에서 아동의 안전이나 건강, 교사의 인원수, 교사에 대한 감독면에서 소관 관청이 제시한 기준을 따르도록 보장해야 한다.

복지실천은 의사결정권자의 가치체계에 의존하므로 일반적으로 권리보호와 복지증진을 고려하게 된다. 최선의 이익은 의사결정 시 아동의 이익에 관한 어떤 결정을 할 때 아동의 권리보호와 아동복지 증진을 고려해야 한다. 아동이익 최우선 원칙은 협약의 가장 중심 기능으로 당사국의 국내법과 관행을 평가하는 기초가 된다. 아동의 이익이 부모의 이익 또는 국가의 행정 편의나 공익과 충돌할 때 우선적으로 아동의 이익이 고려되어야 한다. 또한, 아동의 이익 최우선 원칙은 의사결정권자가 아동에게 최선을 결정하기보다 아동의 의사를 반영해서 결정해야 한다.

3) 참여의 원칙

제12조에 의하면, 협약 당사국은 자기 의견을 형성할 능력이 있는 아동에게는 본인에게 영향을 미치는 모든 문제에 대해 자유로운 의사표현 권리를 보장하고, 아동의 나이와 성숙도에 따라 그 의견을 적절하게 수용해야 한다. 협약 당사국은 아동에게 영향을 미치는 사법적 · 행정적 절차를 시행함에 있어서 국내법 준수의 범위 안에서 아동이 직접 또는 대리인 및 적절한 기관을 통해 의견을 진술할 기회를 제공해야 한다.

즉, 아동의 자기결정권과 함께 아동에게 영향을 미칠 의사결정에 있어 아동의 참여를 의미한다. 성인보다 합리적 판단 능력을 갖추지 못한다고 가정하고 아동권리위원회에 제1차 보고서를 제출한 당사국은 아동의 자기결정권에 관해 일정한 연령에 달한 아동은 성명이나 국적의 선택 혹은 변경을 거부할 수 있는 권리를 가진다고 하였다. 하지만 아동의 학교, 가정, 정치적 생활에 영향을 미치는 아동의 의견존중 원칙에 접근방법을 시도한 당사국은 소수에 불과했다(한국청소년정책연구원, 2008).

4) 생존·보호·발달 보장의 원칙

제6조에 의하면, 협약 당사국은 모든 아동이 생명에 고유한 권리를 가지고 있음을 인정하고 아동의 생존과 발전을 최대한 보장하여야 한다. 생명권은 단순히 아동이 죽지 않도록 할 권리가 아니라 아동의 생존과 발달을 도모하며, 신체적 발달뿐 아니라 정신적 · 사회적 · 문화적 측면을 포함한 광범위한 개념이다.

4 아동의 4대 권리

아동은 모든 위험으로부터 보호받으며, 잠재 능력을 발휘할 수 있게 발달되어야 하며, 위험으로부터 보호되어야 하고 아동 자신의 성장과 미래에 대한 결정에 참여할 권리를 갖는다. 다음에서는 아동의 기본 권리를 생존권, 발달권, 보호권, 참여권으로 구분하여 살펴보겠다.

1) 생존권

아동이 생명과 건강을 유지할 수 있도록 충분한 영양섭취와 의료혜택을 받고, 적절한 생활 수준을 누릴 수 있는 권리이다. 또한, 무력분쟁에서의 아동보호, 아동의 군사력 동원 금지, 난민아동의 보호, 아동과 청소년의 살인, 유아살해, 아동 및 유아사망 예방을 포함한다. 생존권과 관련된 조항으로 총 17개 조항(제6 · 7 · 8 · 9 · 19 · 20 · 21 · 23 · 24 · 26 · 27 · 30 · 32 · 33 · 34 · 35 · 38조)을 들 수 있다.

2) 발달권

아동의 잠재적인 능력을 발휘하도록 보장하는 권리로, 교육받을 권리, 여가를 즐길 권리, 문화생활을 누릴 권리, 생각과 양심과 종교의 자유를 누릴 권리를 의미한다. 발달권과 관련된 조항으로 총 14개 조항(제5 · 6 · 9 · 10 · 11 · 12 · 13 · 14 · 15 · 17 · 24 · 28 · 29 · 31조)을 들 수 있다.

3) 보호권

아동이 학대와 방임, 차별, 폭력, 고문, 징집, 부당한 형사처벌, 과도한 노동, 약물과 성폭력 등 모든 형태의 유해한 환경으로부터 보호받을 권리를 의미한다. 보호권과 관련된 조항으로 총 18개 조항(제2 · 3 · 10 · 11 · 16 · 19 · 20 · 21 · 23 · 25 · 32 · 33 · 34 · 35 · 36 · 37 · 39 · 40조)을 들 수 있다.

4) 참여권

아동이 국가나 지역사회의 활동에 적극적으로 참여할 수 있는 권리로, 자신의 의견을 표현할 권리, 자신의 삶에 영향을 미치는 문제에 대한 발언권, 단체에 가입하거나 평화적인 집회에 참여할 수 있는 권리가 포함된다. 참여권과 관련된 조항으로 총 5개 조항(제12 · 13 · 15 · 17 · 18조)을 들 수 있다.

5 선택의정서

아동권리협약에 따라 아동의 권리가 보장되어야 함에도 불구하고 일부 아동은 심각한 인권 박탈의 상황에 처하게 된다. 아동권리협약을 보완하는 선택의정서는 아동권리협약을 보완·강화하기 위해 제시되었다.

아동에 대한 무력 이용과 성착취 행위가 지속되자 2000년에 아동의 무력 충돌 참여에 관한 아동권리협약 선택의정서(OPAC)와 아동매매, 아동성매매 및 아동음란물 규제에 관한 아동권리협약 선택의정서(OPSC)가 채택되었다. 2011년에는 아동청원권에 관한 제3선택의정서가 채택되었는데, 아동권리협약 제3선택의정서의 가장 큰 특징은 아동의 권리 침해에 대해 국가가 적절한 구제를 제공하지 못하거나 효과가 없을 때 권리의 주체로서 아동이 아동권리위원회에 직접 청원할 권리를 제시하였다.

국제기구에 대한 청원 가능성은 당사국이 아동권리를 침해하지 못하도록 아동의 권리보장과 아동인권 침해에 관한 국제적 감독 권한을 아동권리위원회에 부여하여 아동을 권리 주체로 인식하고 실제적인 권리를 부여하였다. 아동권리위원회는 모든 인간이 자신의 문제에 대해 자유롭게 책임감을 가지고 결정할 권리를 지니므로, 아동이라는 이유로 배제되어서는 안 되며 아동에게 영향을 미치는 모든 결정에 아동의 의사표현은 존중되어야 함을 강조하고 있다.

당사국의 조약 이행에 대한 국가보고와 심의제도 이외에도 조약 불이행으로 인권 침해를 입은 피해자가 규약위원회에 직접 청원할 수 있는 개인청원제도를 두어 국제 규약상 권리 구제 절차를 확보하고 있다. 유엔은 아동청원권에 대한 제3선택의정서를 채택하여 아동의 개인청원 절차를 인정하고 아동권리 침해 행위에 대한 실질적 구제 절차를 마련하고 있다.

아동의 견해존중 원칙은 모든 인간이 자신의 문제에 자유롭게 책임감을 가지고 결정할 권리를 지닌다는 것을 전제로 하며, 아동이라는 이유로 배제되어서는 안 된다는 점을 강조한 것이다. 당사국이 자신의 견해를 형성할 능력이 있는 아동 본인에게 영향을 미치는 모든 문제에 관해 아동이 견해를 자유롭게 표시할 권리를 보장하고(협약 제12조 1항), 아동의 연령과 성숙도에 따라 적정한 비중이 부여되어야 할 것으로 규정한다. 주목할 점은 제12조 2항에 의하면, 아동에게 영향을 미치는 모든 사법적 · 행정적 절차에서 아동이 직접 또는 대리인이나 적절한 기관을 통하여 진술할 기회를 국내법 절차에 합치되는 방법으로 부여할 것을 규정하고 있다. 아동 견해존중 원칙은 아동을 권리 주체로 인정하며 아동의 자기결정권이나 아동의 참여권을 보장한다.

또한, 아동청원권은 아동의 특성상 특정 이해관계를 가진 성인에 의해 왜곡될 가능성이 있으나, 아동권리 보장을 위해 아동권리협약에만 규정된 아동의 권리이다. 만약, 아동에게 최선의 이익보다 아동의 대리인이나 아동의 부모 이익을 목적으로 청원한다면, 아동권리위원회는 거부할 권한을 갖는다(제3조 2항). 아동의 자유로운 의사표현은 존중되어야 하며 아동에게 영향을 미치는 모든 결정은 존중해야 한다. 대부분의 국가에서 아동은 부모나 후견인에 의해 소송을 제기하는 국내법 체계를 가지므로 국내적 논쟁이 되는 문제를 국제 절차를 통해 해결할 수 있다.

6 국제협약에 비준한 당사국의 의무

협약의 실효성을 위해 당사국은 입법적, 행정적 모든 적절한 조치를 위하여 경제적, 사회적, 문화적 권리를 보장해야 한다(제4조). 이는 결과의무가 아닌 행위의무로 당사국이 협약의 이행을 위해 어떤 노력을 했는지에 주목한다. 따라서 일반 원칙을 구현하는 정책목표를 수립하고 현황을 분석하여 국가적 차원에서 노력해야 한다.

1) 모니터링

1991년 11월 아동권리협약에 비준하던 당시 우리나라는 협약에 명시된 모든 아동의 권리를 보장할 의무가 있었다. 협약의 당사국은 협약의 이행사항을 처음 비준한 후 2년, 그 후에는 5년마다 유엔 아동권리위원회에 보고해야 한다. 아동권리 모니터링 활동은 국제적인 차원에서 아동에 대한 국가의 책임이자 국제적인 책임을 이행하는 것이다.

아동권리 모니터링 과정은 국가의 아동 관련 정책 및 아동이 생활하고 있는 환경에 대한 평가, 분석, 제안 등의 모든 활동을 말한다. 아동권리 모니터링 활동은 생존에 필요한 기본 조건을 국가로부터 제공받을 권리가 있고, 국가는 이를 제공할 의무가 있으며, 아동의 권리는 근본적으로 성인과 동일하게 다루어져야 한다는 개념적 인식에서부터 출발한다. 아동은 자기의 권리 침해로부터 자신을 보호하기 어렵고 기회가 있어도 활용하지 못할 수 있다.

2) 교육 및 홍보

협약 제29조에 의하면, 당사국은 아동교육이 다음의 목표를 지향하여야 한다는 데 동의한다.

- 아동의 인격, 재능 및 정신적 · 신체적 능력의 최대한 계발
- 인권과 기본적 자유 및 국제연합헌장에 내포된 원칙에 대한 존중의 계발
- 자신의 부모, 문화적 주체성, 언어 및 가치, 현 거주국과 출신국의 국가적 가치 및 이질 문명에 대한 존중의 계발
- 아동이 인종적 · 민족적 · 종교적 집단 및 원주민 등 모든 사람과의 관계에 있어서 이해, 평화, 관용, 성의 평등 및 우정의 정신에 입각하여 자유사회에서 책임 있는 삶을 영위하도록 하는 준비
- 자연환경에 대한 존중의 계발

제41조에서는 "권리를 배우는 것 그 자체가 권리이다."라고 규정하고 있다. 인권에 대해 무지를 강요하거나 내버려두는 그 자체는 인권침해이다. 실제 모든 사람이 자신의 권리를 잘 알고 누리고 살지 못하기 때문에 인권교육은 사회적 약자에게 필요한 교육이며 권리이다. 그러나 아동의 권리가 성인에 의해 제한받기도 하며 부모가 임의로 아동의 의견을 반영하지 않고 결정하는 경우도 있다. 따라서 정부 부처별 교육, 홍보 및 아동정책조정위원회 등 관련 기관을 중심으로 종합 대책을 마련하여 아동권리 증진을 위한 구체적인 노력을 지속해야 한다.

제4장 아동권리 모니터링

우리나라는 아동권리협약에 비준하였으므로, 협약에서 정하는 바에 따라 유엔 아동권리위원회에 인권 상황과 인권증진 노력에 대한 국가보고서를 제출하고 있다. 유엔 아동권리위원회의 권고를 바탕으로 법과 제도의 개선 및 서비스 개선을 통해 아동권리 증진 및 아동복지 향상을 도모하고 있다.

1 아동권리 현황

우리나라는 1990년 9월 25일 아동권리협약에 서명하고 1991년 11월 20일 아동권리협약에 비준하여 12월 20일 아동권리협약의 당사국이 되었다.

협약 제44조에 의하면, 비준국은 최초 비준 후 2년 경과 및 그 후 5년마다 아동권리위원회에 국가보고서를 제출하도록 규정하고 있다. 아동권리위원회는 회원국의 협약 이행을 모니터링하기 위해 1991년에 설립되었으며, 당사국이 제출한 국가보고서를 심의하고 보고서에 대한 권고의견을 제시하고, 협약 이행에 대해 모니터링한다. 협약에 비준한 국가는 아동권리 보장의 의무가 있으므로 우리나라는 1994년 11월 아동권리협약 이행에 관한 대한민국 정부 최초의 보고서를 유엔 아동권리위원회에 제출하였다.

모니터링은 아동의 권리가 침해되는 상황은 없는지 권리보장에 대한 조사와 감시를 지속하게 된다. 초등학교 4학년부터 고등학교 3학년까지 1만여 명을 대상으로 인권실태 조사를 실시하여 결과를 공표하고(국가승인통계 제402001호), 주요 행정통계와 타 분야 통계자료 등을 보완적으로 활용하여 인권 현황을 종합적으로 분석하고 있다. 아동권리 모니터링은 6개 범주를 기초로 영유아권리지표를 통해 이루어진다. 국가보고서의 총 8개 범주(① 협약 이행을 위한 일반조치, ② 아동의 정의, ③ 일반 원칙, ④ 시민적 권리와 자유, ⑤ 가정환경 및 대안양육, ⑥ 기초보건 및 복지, ⑦ 교육, 여가 및 문화적 활동, ⑧ 특별보호조치) 중 7개 대분류 영역에 총 148개로 지표를 구성하고, 유엔 지침에 따라 매년 지표체계를 수정 · 보완하고 있다. 아동권리협약 이행 국가보고서는 2011~2016년까지의 통계자료를 기초로 인권 현황을 종합하고 권고사항을 점검하여 정책수립의 기초 자료로 활용한다. 이를 나타내면 다음과 같다.

1) 협약 이행을 위한 일반조치

아동복지법, 아동학대 범죄의 처벌 등에 관한 특례법, 청소년기본법, 청소년활동진흥법, 청소년복지지원법, 초 · 중등교육법 등의 개정을 통해 아동학대, 안전문제, 근로청소년보호, 사법과정 청소년 지원을 하며, 아동권리위원회를 신설하였다. 아동이 존중받는 정도는 가정(94.3%), 지역(90.0%), 학교(88.5%), 사이버공간(79.6%) 순이었으며, 유엔 아동권리협약(14.4%), 학생인권조례(7.7%), 국가인권위원회(15.5%)에 대한 인식은 낮은 상황이었다. 인권교육의 중요성에 비교하면 인권교육 경험률은 낮은 상태였으며, 학업성적 차별(22.2%), 외모 및 신체조건 차별(21.7%), 성 차별(21.5%), 연령 차별(21.4%) 순으로 차별을 경험한 것으로 나타났다.

2) 시민적 권리와 자유

시민적 권리와 자유는 의견표명권과 표현의 자유, 사상 · 양심 및 종교의 자유, 결사 및 집회의 자유, 사생활의 보호, 정보접근권 등이 포함된다. 의견표명과 관련해, 학급회의를 운영하지 않으며(32.4%), 학칙 제·개정 시 학생, 학부모, 교원의 참여가 없어(32.1%) 학교에서의 학생 참여가 낮은 상태였다. 또한, 평등권을 침해하는 차별 행위로 학생회임원 후보 자격을 성적으로 제한(23.8%)하는 경우에 대해 개선의 필요성을 학생 국가인권위원회가 권고한 바 있고, 정치적 참여와 관련해 투표 연령을 만 19세로 유지(53.3%)하는 의견과 투표 연령을 낮추자는 의견(24.7%)이 제시된 바 있다. 사상·양심 및 종교 자유와 관련해 종교재단학교에 재학 중인 학생 중 종교행사에 원하는 학생만 참여(26.7%)는 의무적 참여(73.3%)보다 낮았다. 부모나 형제와 관계없이 원하는 종교를 가질 수 있다(76.2%)는 응답은 매년 소폭 증가하고 있다. 학교에서 학교 규칙에 대한 공지 비율(83.8%)은 매년 증가하고, 아동참여권의 보장(54.2%)은 낮은 상태였다.

3) 폭력 및 학대

모욕적인 말이나 욕설 등 정서적 학대는 부모나 보호자(30.4%), 학교 교사(18.7%)로부터 경험하였다. 또래 문화 속에서 선배나 친구로부터의 폭력피해 경험은 정서적 학대 경험(13.4%), 폭행이나 구타(5.6%), 따돌림 피해 경험(4.7%), 성희롱이나 추행(2.9%) 순이었다. 학대 유형은 신체적 학대와 정서적 학대가 가장 많았고, 체벌경험은 부모로부터(24.1%), 학교 교사로부터(16.2%) 순으로 가정에서 더 많은 체벌이 이루어졌다. 아동학대 신고 건수는 지난 3년 사이에 73% 증가하였고, 신고는 비신고의무자(70.6%), 신고의무자(29.4%) 순으로 접수되었으며, 중복학대도 지난 2년간 82% 증가하였다. 한편, 학대 피해아동 보호 건수는 11,715건(전년도보다 16.8% 증가)으로 아동보호전문기관의 수는 2006년부터 10년간 12개가 늘어 미흡한 증가를 나타내었다. 학대 피해아동 보호는 가정 복귀율이 2011년 6.8%에서 2015년 10.5%로 증가하였다.

4) 가정환경과 대안양육

부모와 대화를 나누는 시간은 만 9~24세의 아동이 주중 1시간(2011년 45.2%, 2014년 53.1%로 증가), 부모와 전혀 대화하지 않거나 30분 미만(2011년 56.3%, 2014년 51.4%로 감소)이었다. 보호자 없이 아동 혼자 집에 있는 비율은 감소하였다(2011년 42.8%, 2014년 35.2%).

보육시설은 2013년까지 증가하였고(2004년 26,903개소, 2013년 43,770개소), 2014년부터 감소하였다(2014년 43,742개소, 2015년 42,517개소). 방과 후 학교는 2010년에서 2013년까지 증가하다가 2014년 이후 감소하였다. 지역아동센터는 2015년까지 증가하였고, 청소년 방과 후 아카데미는 2005년부터 2015년까지 이용 인원이 매년 증가하고 있다.

입양은 2013년 개정된 「입양특례법」 시행에 따라 가정법원의 허가 및 양친부모 자격 강화 등 입양절차가 복잡해지면서 2011년부터 2013년까지 감소하다가 2014년에 다소 증가하였다. 보호자가 없거나 보호자로부터 이탈된 아동 또는 보호자가 아동을 학대하는 경우 등 보호자가 아동을 양육하기에 적당하지 않아 보호자로부터 이탈된 요보호아동은 2011년 7,483명에서 2015년 4,505명으로 지속적으로 감소하고 있다. 가정위탁보호 유형별 아동 수도 2011년 15,486명에서 2015년 13,728명으로 감소하고 있으며, 가출경험도 2011년 5.5%에서 2016년 3.4%로 감소하고 있다. 가출의 주원인은 부모와의 문제(60.7%), 친구와 함께 하려고(12.8%), 학업부담(12.4%), 기타(10.6%), 학교문제(2.7%) 순으로 나타났다.

5) 장애, 기초적 보건과 복지

특수교육대상 학생 수와 특수학교 및 일반학교에 배치된 학생 수는 매년 증가하고 있다. 장애아의 고등학교 졸업 후 진학률이 증가하고 있지만 취업률은 매년 감소하는 실정이다. 아동의 생존 및 발달과 관련해 영아사망률은 2014년 현재 천 명당 3.0명이며, OECD 평균 4.1명과 비교했을 때 한국의 영아사망률은 낮은 수준이다. 학교급식의 안전과 관련해 2011년 이후부터 조사대상 90.4%가 안전하다고 응답하였으며, 자신이 거주하고 있는 지역이 범죄로부터 안전하다고 인식하는 비율은 66.5%였고 거주 지역에서 팔고 있는 음식물의 안전에 대해 80%가 안전한 것으로 인식하였다.

아동 · 청소년의 보건서비스와 관련해 2015년 기준 전체 학교 중 63.9%에 보건교사가 배치되었으며, 학교 유형별로는 특수학교 86.8%, 초등학교 69.1%, 고등학교 66.7%, 중학교 50.7%에 보건교사가 배치되었다. 2014년 기준 6~18세 비만율은 11.5%로 2013년 대비 증가했으며 12~18세 비만율은 15.5%로 전년 대비 2.8%가 증가한 것으로 나타났다. 소아 · 청소년의 질환별 유병률은 아토피 피부염과 폐렴의 유병률이 상대적으로 높았다. 인플루엔자 예방접종률은 47.8%로 소득 수준이 낮을수록 인플루엔자 예방접종률이 높았다.

청소년 흡연율(7.8%)과 음주율(16.7%)은 2009년 이후 매년 감소 추세를 보였고, 흡연예방교육과 음주 예방교육의 경험률은 학년이 올라갈수록 낮아지고 있다. 아침 식사를 하지 않는 청소년은 20.5%이며, 청소년 평균 수면시간은 7시간 15분이고, 일반계 고등학교 청소년의 평균 수면시간은 평균 5시간 58분이었다. 스트레스 인지율은 고등학교 3학년(41.4%)이 가장 높았고, 중학교 1학년(30.3%)이 가장 낮았다. 스트레스 원인은 학업문제(65.9%), 미래에 대한 불안(50.6%) 순이었다. 행복도는 전체적으로 83.7%의 청소년이 행복하다고 응답했으며, 청소년의 삶의 만족도는 10점 만점에 평균 6.85점으로 학년이 낮을수록, 학업성적이 높을수록, 경제적 수준이 높을수록 삶의 만족도 점수가 높았다.

6) 교육, 여가 및 문화

GDP 대비 학생 1인당 공교육비는 세계 30위 정도의 수준으로 교육과정이 상급으로 올라갈수록 국제적인 수준에 못 미치는 것으로 조사되었다. 교원 1인당 학생 수는 2010년 14.8명에서 2016년 8.7명으로 15.8%의 감소율을 보였고, 학업중단 학생은 현재 30만 명을 넘은 상태이다. 학업중단의 이유로 학업 스트레스가 41%였고, 학생은 5명 중

1명이 교사가 공정하게 학생을 대하지 않는다고 보았으며, 학교에 가는 것이 즐겁다고 응답한 학생은 전체의 77%였다.

대안학교는 25개, 대안교육 특성화 학교는 중학교 13개, 고등학교 25개, 미인가 대안학교 약 237개로, 2015년 기준 대안학교 재학 중인 학생은 전체의 0.3%인 175,000명 정도이다. 혁신학교는 교사, 학부모, 학생이 자발적으로 함께 만들어 가는 학교로서 운영의 의미를 가지며 아동권리협약에서 권고하는 교육목표에 가장 근접한 교육과정으로 2016년 기준 전국에 1,003개로 전년 대비 20.1% 증가하였다.

청소년수련시설은 전국에 2015년 기준으로 총 787개소가 있고, 경기도에 가장 많이 설치되어 있으며(154개) 청소년시설 이용은 1년에 한 번도 이용하지 않은 학생이 56.7%였다. 아동 · 청소년단체 활동 참여율을 보면, 전체의 83.6%가 청소년단체에 가입하지 않았으며, 하루 평균 여가활동 시간은 평일 2시간 미만(54.3%)이고 학교 정규수업 이후였으며, 평일 공부시간은 3시간 이상인 49.4%였다. 청소년시설 이용 시 불만족 학생은 전체의 9.6%였고, 청소년단체 활동에 대해 30.3%는 가정의 지지를 받지 못하는 것으로 응답하였다.

7) 특별보호조치

2015년 한국에 난민신청을 한 사람은 총 15,250명이며 이 중 18세 미만의 아동 · 청소년은 654명(4.3%)이었다. 난민신청을 한 만 18세 미만 아동 · 청소년 중 난민으로 불인정되거나 철회되는 청소년의 비중은 2013년 63.8%, 2014년 50.8%, 2015년 70.8%였다. 이주 배경 아동의 인권침해 경험률은 친구로부터 차별경험 77.9%, 교사로부터 16.0%, 이웃으로부터 22.8%, 모르는 사람으로부터 32.3%였다(여성가족부, 2015).

자유박탈 아동 수용률과 관련해 보호소년의 수용인원은 2013년 이후 감소하는 추세이며 평균 수용기간은 5.17개월에서 7.30개월로 증가하고 있다. 보호시설에 수용된 보호소년의 대다수는 2014년까지 1개월 미만인 8호 처분으로 2014년 9호 처분과 10호 처분을 받은 보호소년이 차지하는 비율은 증가하였다. 즉, 보호시설에 수용된 청소년의 수는 감소하고 있으나 평균 수용기간은 증가하고 있다.

소년교도소의 처우불복신청 건수는 행정심판과 행정소송이 지속적으로 증가하며 청원과 고소 · 고발은 감소하는 추이를 보인다. 청소년 대상 사회봉사명령 집행자 수와 수강 명령을 받은 청소년 수는 2013년 대비 2014년에 소폭 감소하였다. 전체 소년범죄자 대비 선도 조건부 기소유예청소년 비율은 2012년 이후 지속적으로 감소하고 있다. 보호관찰소 선도위탁 청소년 비율은 전체 기소유예자가 2010년 이후 감소하였지만, 보호관찰소 선도위탁 실시자 수는 전반적으로 증가하였고, 재범으로 위탁이 취소된 인원도 2012년 이후 감소하였다.

2014년 기준 청소년 근로자의 월평균 근로일수는 20.4일이었으며, 월평균 근로시간은 168.5시간이었다. 청소년근로자의 월평균 근로일수와 근로시간은 2009년 이후 점차 감소하였으며, 청소년 근로자의 임금 수준은 2010년부터 점차 증가하였다. 특히, 청소년을 포함한 29세 이하의 시간당 임금총액 증가율이 다른 연령대보다 상대적으로 낮게 나타났다. 청소년의 시간제 고용비율은 2014년 23.9%로 OECD 평균인 29.8%보다 낮았다. 아르바이트 피해경험 중 시간을 초과해서 일했거나 약속과 전혀 다른 일을 한 경우가 15.6%, 근로계약서를 작성하지 않은 경우가 69.7%였다. 여성보다 남성 청소년이, 학교 유형별로는 중학교에서, 지역 규모별로는 읍 · 면 지역에서, 가족 유형별로는 조손가정에서 상대적으로 근로계약서 미작성 사례가 많았다.

최저임금 이하의 피해경험은 조사대상 청소년 중 20.1%로 3회 이상이었고, 최저임금 이하 경험에 대한 응답 결과, 성별은 여성 청소년이, 학교 유형별로는 인문계 고등학교가, 지역 규모별로는 읍 · 면 지역이, 가족 유형별로는 한부모가정과 조손가정에서 상대적으로 최저임금 이하를 경험하는 비중이 높은 것으로 나타났다.

성폭력 피해 아동은 2015년 11,708명이었으며, 이 중 성폭력 피해자는 33.9%였다. 성적 피해 시 도움제공자와 관련해 도움제공자가 없는 경우(34.8%), 친구(34.4%) 순으로 나타났다. 성폭력 피해자의 재활을 위한 지원 실적은 2009년 이후 지속적으로 증가하고 있으며, 심리적 정서지원(53.8%), 의료지원(12.4%), 자립지원(9.9%), 학교문제 지원(6.9%), 수사 및 법적 지원(2.4%) 순이었다.

2 유엔 아동권리위원회 권고

1) 제1차 국가보고서 심의결과 주요 권고내용(1998. 1. 18.)

- 아동권리협약의 3개 유보조항 이행
- 아동권리협약 제2조 무차별 원칙에 근거해 우리나라 최저 혼인 연령 규정에 있어 남녀차별 폐지, 최소 고용 연령의 남녀평등, 장애아동의 권리 및 사생아에 대한 차별 금지
- 국내 거주 외국인 노동자 자녀 아동의 국내법 적용, 외국인과 결혼한 한국인 여성 자녀에 대한 국적 취득권 보장
- 특수한 상황에서 일부 제한되고 있는 표현의 자유 허용
- 폭력 · 학대 · 착취로부터의 아동보호를 위한 적극적 예방 · 치료 규정 제정
- 탈북아동 및 난민아동을 위한 특별보호규정 제정
- 근로기준법 미적용자에 대한 최대 근로시간의 규제, 최소 고용 연령의 상향 조정
- 아동권리협약 이행을 위한 업무 조정 및 모니터링 가능한 옴부즈맨 제도 제정
- 아동권리교육 등 다원적 체계의 정비
- 아동권리협약과 관련된 모든 분야의 효율적인 문제 대처를 위한 정보수집체계 개선 및 아동권리위원회의 권고사항에 대한 광범위한 배포 요구

2) 제2차 국가보고서 심의결과 주요 권고내용(2003. 1. 13.)

- 아동권리협약 제9조 3항(면접교섭권), 제21조 가항(입양허가절차), 제40조 2항 나호 (5)항에 대한 유보철회 촉구
- 국내, 국외 입양제도의 종합적 검토 및 헤이그 협약 국내 비준 강력 촉구
- 모든 아동의 인권 관련 정책과 프로그램 조정 책임을 갖는 상설 중앙기구 구성 권고
- 국가인권위원회 위원 중 적어도 한 명의 아동 전문가 상주

- 아동의 권리보장을 위한 정부 예산 할당의 우선순위 촉구
- 정책 수립 및 보고과정에 NGO 등 민간단체와의 협력 권고
- 인종, 피부색, 언어, 정치색 또는 기타의 의견, 민족적 또는 인종적 출신, 장애, 출생 또는 기타의 지위에 따른 차별을 명백히 금지하는 법률 제정 및 이주노동자와 그 가족의 권리에 관한 국제조약 비준 권고
- 아동에게 영향을 미치는 모든 문제에 아동 자신의 참여 조치 및 「아동복지법」 개정
- 학생회의 활동, 초 · 중등학교에서 교외 정치활동 보호 및 입시 중심의 교육제도 개선 · 강화
- 체벌 관련 모든 법 조항의 폐지 및 가정, 학교 등 모든 기관에서의 체벌 금지를 위한 법률과 규칙 제정
- 대리양육 체계의 보완 및 친가정과의 재통합 강구 제안
- 아동학대와 방임 관련 진정을 접수 · 조사하는 전국적인 시스템 구축
- 장애아동에 대한 차별 금지 및 지원 확대
- 중등교육의 무상교육 권고
- 상업적 목적의 아동 성착취 근절을 위한 국가 행동 계획 개발
- 모든 아동에게 변호인의 도움을 받을 수 있는 권리보장 요구

3) 제3·4차 국가보고서 심의결과 주요 권고내용(2013. 2. 20.)

제2차 국가보고서의 권고안을 계기로 국제적 수준의 아동권리 실현을 위해 법과 제도를 정비하고 제3 · 4차 통합 국가보고서를 제출했다.

- 제1 · 2차 권고안에서 지적한 유보사항 철회
- 협약의 국내법과의 조화, 재판과정에 국내법 반영
- 아동권리의 독립적 모니터링, 아동 예산, 아동에 관한 자료 수집, 홍보 및 교육 등
- 청소년 미혼모가 배제되지 않도록 지원

- 한 번도 개최하지 않은 아동정책조정위원회를 개최하고, 아동정책조정위원회의 인적 · 기술적 · 재정적 강화로 실효성 있는 기구 운영 권고
- 국가인권위원회 내에 아동권리 소위원회를 구성
- 보건복지부와 여성가족부 등 정부 부처 간의 아동권리 관련 업무부처 구분
- 한국 아동권리 모니터링센터 설립과 아동권리 옴부즈맨의 위촉 환영
- OECD 회원국 중 아동복지 예산 지출이 최하위임을 지적하며 경제발전 수준에 맞는 예산 확충 권고
- 국가 수준의 협약 이행을 감시할 수 있는 인적 · 기술적 · 재정적 자원 제공을 권고
- 현재 한국의 국외입양에 있어 아동 입양을 책임지는 주무당국의 부재를 우려
- 13세 미만 아동 입양 시 아동의 의사 청취가 이루어지지 않는 것을 지적, 아동 당사자 입장의 입양에 대한 의견을 존중해 줄 것을 권고
- 입양아의 대다수가 미혼모이므로 청소년 미혼모의 동의 없이 부모 또는 법적 후견인이 입양 여부를 결정할 수 있는 현 제도에 인권을 고려한 입양절차를 제시해야 함을 권고
- 입양 후 아동에 대한 서비스의 부족(특히, 국외입양 아동과 생물학적 출신에 대한 정보를 찾는 과정에서 겪는 언어문제 해결을 지적), 입양 아동의 종합정보망 구축으로 충분한 인적 · 기술적 · 재정적 자원 제공을 권고

4) 제5·6차 국가보고서 심의결과 주요 내용(2017. 3. 7.)

유엔 아동권리국제협약 비중에 따른 이행 상황 국가보고서를 유엔 아동권리위원회에 정기적으로 제출할 의무가 있다. 제1차 1994년, 2차 2000년 제출 후 유엔 아동권리위원회 자체심사 일정 지연 등을 이유로 제3 · 4차(2008년)부터 통합하여 제출하고 있다. 제3 · 4차 국가보고서에 대해 유엔 아동권리위원회 권고사항에 대해 관련 법령을 개정하는 등 98개 사항을 채택하였다. 이를 나타내면 다음과 같다.

- 일반 이행 조치: 협약 유보조항 철회, 법 조직 정책 예산 모니터링 등 입양허가제 도입, 아동권리 모니터링 전담기구 신설
- 아동에 대한 정의: 18세까지 아동권리 보장
- 일반 원칙: 비차별, 아동이익 최우선 원칙, 생존 · 발달, 의견 존중, 제1차 아동정책 기본 계획 수립, 아동영향평가 법적 근거 마련
- 시민적 권리, 자유: 출생신고, 사상, 표현의 자유, 사생활 보호 등
  ☞ (성과) 교육 과정상 종교과목 대안 편성, 학생자치활동 보장으로 의사결정 참여 독려
- 아동에 대한 폭력: 아동학대, 유기 및 방임, 체벌 등 체벌, 학대 관련 법령 제 · 개정, 아동학대방지 대책 등 포괄적 국가전략 추진, 아동보호전문기관 등 인프라 증설
- 가정환경 및 대안양육: 부모 책임 분리, 양육비 확보, 입양 등 무상보육 실시 및 육아휴직제 확대, 입양숙려제 도입 및 중앙입양원 설치, 국제아동탈취협약 이행에 관한 법률 제정
- 장애, 기초 보건 및 복지: 장애아동권리, 건강증진, 빈곤아동 등 장애아 특수교육기관 및 통합 교육 확대, 정신건강증진센터 내 아동전담팀 설치, 드림스타트 등 취약아동 지원 확대
- 교육, 여가 및 문화: 교육목표, 직업훈련, 문화 · 예술 활동 등 공교육 정상화 특별법 제정 및 관련 대책 수립, 창의성 및 진로 탐색을 위한 자유학기제 시행, 사이버폭력 대책 추진
- 특별보호 조치: 난민, 무국적, 소수민족, 착취, 소년사법 등 강제소환금지 등에 관한 난민법 제정 및 전담조직 설치, 다문화아동 지원 정책 추진, 아동성폭력 예방조치 강화
- 아동매매, 성매매, 포르노(제2선택의정서): 국내외 성매매 방지 조치 등 성매매 단속 및 처벌 강화, 공소시효 특례 적용, 해외 성매매 단속, 제재 강화
- 아동 무력분쟁 참여(제1선택의정서): 징집, 입대 최소 연령 등 무력충돌 관련 국제법규 준수를 규정한 「군인의 지위 및 복무에 관한 기본법」 제정

아동복지의 원칙과 기능

제5장

아동의 욕구와 문제해결 방식은 아동복지 관점에 따라 차이가 있다. 아동복지는 건강한 부모와 가정을 전제로 하며, 아동복지 원칙에 따라 보호가 시급한 아동뿐 아니라 모든 아동을 대상으로 한다. 아동복지서비스는 제공되는 장소, 대상자의 욕구 수준, 서비스가 수행하는 기능, 방어선의 위치 등으로 구분할 수 있다.

1 아동복지의 관점

아동을 보는 관점은 다양하며 아동의 욕구와 문제를 해결하는 방식도 시대와 문화에 따라 다양하다. 아동과 가족의 역할에 대해 어떤 가치체계를 가지고 있는가에 따라 아동복지 이념을 구분할 수 있다. 하딩(Harding)은 아동에 대한 국가와 부모의 역할 및 책임을 기준으로 4가지 유형으로 구분하였다. 다음에서는 가족과 국가의 아동에 대한 권리와 책임에 따라 아동복지의 관점은 자유방임주의와 가부장제 관점, 국가부권주의와 아동보호 관점, 가족중심주의와 부모의 권리옹호 관점, 아동권리 및 아동해방의 관점에 대해 살펴보겠다(한성심 · 송주미, 2014).

1) 자유방임주의와 가부장제 관점

가족과 가족생활은 사적인 장소로 간주되며 형사사건과 관련된 법적인 사건 외에는 정부가 관여하지 않아야 하는 장소로 본다. 가족은 사적인 단위로 가정의 권력이 남편과 아버지의 역할을 맡은 남성에게 주어지는 가부장제이므로 부모-자녀 관계의 신성성과 은밀성을 중시하여 아동보호에 있어 정부의 역할은 최소화한다.

국가는 부모가 아니며, 아동에 대한 우선적 책임과 권리는 부모에게 있다. 국가의 관여는 개인의 자유에 대한 억압이고 국가에 의한 어떠한 조치도 구속이나 통제가 될 수 있으므로 가정에 대한 국가의 역할을 최소화한다. 국가역할은 아동과 가정에 간섭하지 않으며 아동의 보호조건이 성립되지 않을 때에만 선별적으로 최소한의 개입을 한다.

정부가 약하고 가족이 강할 경우 개인은 더 자유로워지며 부모-자녀 관계는 생물학적 유대보다 심리적 유대를 강조한다. 자녀양육의 책임자로서 부모의 권리를 국가가 중시하며 아동에게 적어도 한 사람의 부모가 있어야 하고, 정상적인 가정에서 가족 구성원으로 존재해야 한다. 부모가 심리적 문제나 경제적 문제로 인해 부모역할을 할 수 없을 경우에만 국가가 개입한다.

2) 국가부권주의와 아동보호 관점

국가는 미래사회의 아동에게 관심을 갖고 아동의 보호에 특별한 의무를 갖는다. 부권주의(Paternalism)란 한 개인의 자유를 침해하는 타인의 간섭을 모두 지칭하며, 권위를 가진 사람에 의해 행해지는 간섭주의라 할 수 있다(김정래, 1999). 자유방임주의와 달리 부모는 신성불가침의 영역이 아니라 양질의 아동보호 의무를 다하지 못한다면 부모의 권리는 부여되지 않는다. 부모가 아동보호에 기능을 다하지 못할 때 국가는 가족과 아동에 개입하여 아동이 보다 나은 양육환경을 제공받도록 개입한다. 아동보호에 관한 국가의 개입을 광범위하게 인정하고, 부모의 보호가 부적절할 때 국가의 개입이 권위주의적이더라도 가족과 아동에게 개입할 수 있다고 본다.

부모의 부적절한 보호가 발생하였을 때 친부모가 아닌 새로운 양부모를 통해 영구적 가정에서 아동이 보호·양육되는 것을 선호한다. 부모의 권리와 자유의 우선권은 낮지만, 아동의 양육과 보호의 안정성에 관한 아동권리 보장이 가장 중시된다. 부모-자녀 간에 생물학적 유대보다는 양육자-아동 간의 심리적 유대를 강조하므로, 혈연관계보다 심리적 유대에 근거한 부모-자녀 관계를 중시한다. 입양이나 위탁보호 등의 대리 보호에 긍정적이며, 아동보호에 대한 전문가 판단을 강조한다. 국가는 아동양육에 관한 감시와 개입을 강조하며 국가의 권위적 간섭에 의한다.

3) 가족중심주의와 부모의 권리 옹호 관점

자유방임주의에서는 아동 개인의 견해는 강하게 제시되지 않고 아동복지는 부모를 통해 투입되는 것으로 여겼다. 국가부권주의에서 아동은 성인과 다른 욕구를 지닌 존재로 보고 부모가 그 역할을 다하지 못할 경우 국가가 책임져야 한다고 보았다. 한편, 가족중심주의에서는 아동에 대한 의사결정을 할 수 있는 의미 있는 성인이 주로 부모이므로 국가는 부모와 아동 간에 관계가 유지되도록 지지해야 함을 강조한다.

생물학적인 가족이 중요하므로 가능하면 친부모에게 아동이 양육받는 것을 중심으로 하며, 국가는 대리적 보호를 제공하기보다는 가족을 위한 지지적 서비스 제공을 강조한다. 국가부권주의와 같은 간섭주의도 아니고 자유방임주의와 같은 불간섭주의도 아니며, 국가는 생물학적 가족이 유지되도록 다양한 서비스를 제공하여 가족을 지지해 주는 것을 이상적인 국가의 역할로 본다.

심리적 부모-자녀 관계보다 생물학적 부모-자녀 관계의 유지에 관심을 두고 부모로부터 아동이 분리되어 대리적 보호를 제공하기보다는 국가가 가족을 지지할 수 있는 서비스를 제공하여 위기의 가족도 지원하고 국가는 아동이 속한 가족을 돕는 데 적극적이다. 그러나 국가가 아동과 부모에게 사회보장체제를 통한 가족수당을 제공하거나 취약가족에 대한 정부지급을 확대하는 등 많은 비용을 투입하는데도 불구하고, 효과를 얻지 못한다는 비난을 받기도 한다.

가족중심주의는 아동이 다시 가정으로 돌아갈 수 있도록 함을 전제로 한다. 부모가 역할을 다하지 못할 때 입양이나 위탁을 강조하는 국가부권주의와 달리, 아동이 다시 가정으로 돌아갈 수 있도록 가족을 돕고 유지시킨다. 아동에게 최선의 이익은 친부모와 함께 있는 것으로 보기 때문에 부모의 능력을 신뢰하며, 최악의 경우에만 대리보호를 하고 가능한 한 친부모의 가정에 있도록 친권을 우선시한다.

4) 아동권리와 해방 관점

아동권리에 관한 국제협약을 통해 전 세계적으로 아동복지의 과제는 권리보호에 초점을 두고 있다. 아동은 성인과 같은 자율권을 지닌 독립된 존재이며, 아동의 자기결정권을 극대화한다. 아동을 통제하는 권위적 간섭주의를 탈피하여 아동은 권리를 지닌 주체로 인식한다. 따라서 아동의 선택이 반영된 가족을 중시하고 대안적인 가족의 형태(집단가정, 지역사회보호 등)를 선호하며 아동의 견해가 배제된 부모-자녀 관계는 거부한다. 성인의 의무는 아동의 행동을 허락하고, 아동의 말을 듣고, 아동이 원하는 것을 존중하는 것으로 아동의 권리를 극대화한다. 또한, 아동이 성인으로부터 자유롭게 되도록 국가가 보장해야 한다. 정부는 아동을 연령으로 구분하지 말고 성인이 법적으로 할 수 있는 모든 것을 아동에게도 허용해야 한다고 주장하면서, 아동권리를 성인의 권리와 같은 권리로 본다. 권리는 나이와 상관없이 누구에게나 모두 부여되어야 하므로, 국가는 아동의 권리 확보를 위해 최소한의 개입을 한다는 입장이다.

2 아동복지의 전제

1) 건강한 부모와 가정

가정은 아동이 태어나 최초로 경험하는 생활환경으로 아동의 이익을 최우선적으로 고려해 아동은 가정에서 부모에 의해 양육된다. 아동은 그 의사에 반해 부모로부터 분리되지 않아야 하며(협약 제9조), 아동이 자신의 부모를 알고 부모에 의해 양육받을 권리가 있다(협약 제7조). 부모는 일차적으로 아동의 생존과 생리적 욕구를 충족해 주며, 정서적인 인간관계를 통해 사회화의 기초를 형성한다. 부모와 자녀 간의 상호작용의 질은 전 생애발달에 지속적인 영향을 미치므로 안정된 가정환경과 부모의 양육 및 지도는 아동복지의 기본이 된다. 부모나 보호자가 없는 경우에는 국가와 사회가 입양서비스를 통해 부모와 가정을 연결하며, 건강한 가정환경을 제공한다.

2) 경제적 안정

자본주의 사회에서 경제적 안정은 아동복지의 전제가 된다. 아동의 의식주 등 기본적 욕구와 질병 및 교육 등 경제적 수준은 일상생활에서 아동의 성장 · 발달에 긍정적 또는 부정적인 영향을 미치게 된다. 빈곤은 부적절한 영양, 주거문제, 의료서비스의 제한, 아동의 교육기회 박탈 등 학업부진과 사회적 · 정서적 행동 문제를 초래할 수 있다. 계층 간 소득격차가 심화되어 빈곤계층 아동에 대한 안전망 구축 및 빈곤의 되물림을 단절하기 위해 아동에게 직접 지원하거나 부모를 통해 가족을 지원하는 등 국가와 사회는 다양한 사회보장제도로 경제적 안정을 지원한다.

3) 보건

아동의 건강은 자신의 역량을 최대한 발휘할 수 있는 밑바탕이 된다. 아동은 최상의 건강을 유지하고 질병치료와 의료서비스를 누릴 권리가 있다(협약 제24조). 모유수유, 예방접종률, 아동의 영양상태, 건강상태 등은 아동복지의 주요 지표로 볼 수 있다. 이뿐만 아니라 임신 중 어머니에 대한 보건, 의료서비스 등 미숙아 출생 및 취약계층 임산부의 보건 · 의료 서비스 등 아동의 신체적 건강과 정신적 건강은 아동복지의 전제가 된다. 아동이 건강하게 출생하여 행복하고 안전하게 성장 · 발달하는 것은 국가와 인류의 존속과 관련한다. 따라서 국가와 사회는 아동의 건강증진을 위한 지원 및 안전한 환경 조성을 위해 지원한다.

4) 교육

국가는 아동의 교육받을 권리를 보장할 의무가 있다(협약 제28조). 또한, 모든 국민은 능력에 따라 균등하게 교육을 받을 권리를 가진다(대한민국 헌법 제27조). 모든 아동에게는 타고난 잠재력을 최대한 계발하여 능력을 발휘할 수 있도록 사회적 기회가 제공되어야 하며, 아동 개인의 흥미, 능력, 필요에 따라 적절한 교육이 제공되어야 한다. 무상교육은 해당 국가의 정치적 · 경제적 · 사회적 · 문화적 형편에 따라 차이는 있으나, 최소한 입학금과 수업료를 면제하고 있다. 초등학교와 중등학교를 의무교육으로 하며(초 · 중등교육법 제13조), 초등학교 취학 직전 3년의 유아교육은 무상으로 실시한다(유아교육법 제24조). 입시 위주의 교육, 사교육비의 과도한 지출, 공교육의 붕괴 등 다양한 사회문제가 나타나고 있지만, 교육은 아동복지의 기본이 된다.

5) 놀이와 여가

아동은 여가, 오락 활동 및 문화 활동에 대한 권리가 있다(협약 제31조). 아동은 휴식과 여가를 즐기고 자신의 연령에 적합한 놀이와 오락 활동에 참여하며 문화생활과 예술 활동에 자유롭게 참여할 권리가 있다. 놀이는 성장 · 발달을 촉진하며, 신체적 · 정서적 · 지적 · 사회적 발달을 최적화하므로 놀이와 여가환경의 기회를 제공해야 한다.

6) 노동으로부터 보호

모든 형태의 성적 착취와 학대로부터 아동을 보호해야 하며(협약 제34조), 국가는 아동에 대한 경제적 착취나 아동교육에 방해되는 일, 유해노동으로부터 아동을 보호해야 한다(협약 제32조). 아동의 노동은 교육받을 권리나 놀 권리를 침해할 수 있으므로 유해한 노동 및 착취로부터 보호되어야 한다.

7) 특수한 욕구를 가진 아동의 보호

장애를 지닌 아동에게 차별 없이 적절한 보호와 교육, 치료서비스를 제공해야 한다(협약 제23조). 아동은 교육, 훈련, 건강관리, 재활 등 효과적인 서비스를 제공받아야 하며, 사회 · 문화적으로 소수 집단 아동의 요구에 대해서도 국가와 사회는 관심을 가지고 이들의 권리를 보장해야 한다.

3 아동복지의 원칙

아동, 부모, 사회 및 국가가 권리와 책임을 다할 때 아동복지가 증진될 수 있으며, 아동복지정책을 수립 · 운영할 때 보편성과 선별성의 원칙, 예방과 치료의 원칙, 보호와 개발의 원칙, 개별성과 종합성의 원칙, 전문성의 원칙을 고려할 수 있다.

1) 권리와 책임의 원칙

아동복지의 주체인 아동, 부모, 국가와 사회는 모두 권리와 책임을 가지며 상호 협력하여 아동복지를 추구한다. 하지만, 아동, 부모, 국가와 사회의 권리와 책임이 상충하여 부조화와 갈등이 발생할 경우, 아동의 이익이 최우선적으로 고려되어야 한다. 다음에서는 아동의 측면, 부모의 측면, 국가의 측면에서 권리와 책임의 원칙을 살펴보겠다.

(1) 아동의 권리와 책임

아동은 권리를 지니며, 생존권, 발달권, 보호권, 참여권이 있다. 한편, 아동은 성인의 기대를 충족시켜야 하며, 부모나 국가의 요구와 기대에 부응할 책임을 가지고 있다.

(2) 부모의 권리와 책임

아동의 보호 · 육성을 위한 일차적인 권리와 책임은 부모에게 있다. 부모는 타인의 간섭을 받지 않고 자녀를 건전하게 육성할 자녀양육과 보호의 권리가 있다. 아동학대 시 친권이 박탈되기도 하며, 이혼 시 면접교섭권, 양육권에 대해 부부간 소송이 제기되기도 한다. 오늘날 아동복지에 대한 책임이 사회나 국가로 이양되고는 있으나, 일차적 책임은 부모에게 있다. 부모는 아동의 견해를 반영해 아동에게 최선의 이익이 되도록 아동의 의견을 수용해 아동이 생존 · 발달하도록 보호할 책임이 있다.

(3) 국가의 권리와 책임

국가는 아동의 권리를 보장하며 사회와 국가에 기여하도록 아동에게 요구할 권리가 있다. 한편, 국가는 아동의 권리보장과 아동복지 증진을 위해 정책을 개발하고 법과 제도를 정비하여 실효성 있는 아동복지 대책을 수립 · 운영할 책임이 있다.

2) 보편성과 선별성의 원칙

아동복지의 대상 범위를 결정할 때 고려하는 원칙이다. 보편성의 원칙은 일반아동을 위해 적용되며, 선별성의 원칙은 특수한 요구나 문제를 가진 아동을 중심으로 한다. 이를 구분하면 다음과 같다.

(1) 보편성의 원칙

보편성이란 전체 아동을 대상으로 한다. 보편성은 보호가 필요한 아동뿐 아니라 모든 아동을 대상으로 문제가 발생하기 전에 예방적 서비스를 제공하는 데 목적이 있다. 예컨대, 성별이나 지역, 부모의 사회·경제적 계층에 관계없이 동등한 수준에서 동일한 서비스를 제공한다. 따라서 보편주의는 선별주의와 비교하면 모든 대상에게 동일한 지원이 이루어지기 때문에 예산 및 정책 지원 범위가 선별주의보다 크고 넓다.

(2) 선별성의 원칙

과거 우리나라의 아동복지는 협의적이며 일부 선정된 특수대상을 위한 대책이 제시되었다. 선별성은 도움을 필요로 하는 아동, 보호가 필요한 아동을 대상으로 하며 가장 적은 예산으로 빠른 시간 안에 돕고자 할 때 고려된다. 즉, 선별주의는 요구가 있는 아동을 대상으로 하며, 시급한 대상을 선별하여 치료적 서비스를 목적으로 한다.

3) 예방과 치료의 원칙

아동복지는 아동문제를 예방하는 것이 일차적이나 문제가 발생된 후의 조치도 중요하다. 아동복지를 위한 모든 사업은 문제가 발생하지 않도록 미연에 방지하는 것이 바람직하다. 특히, 불의의 사고나 환경적 박탈로 인해 발생한 손상은 이후 발달에 부정적 영향을 미치게 되므로 손상의 정도를 경감하며 영구적 장애가 발생하지 않도록 빠른 시간 내에 최대한의 자원을 동원하여 치료해야 한다.

4) 보호와 개발의 원칙

아동은 어떠한 경우에시든지 우선적으로 보호와 구호를 받아야 한다. 아동은 생존을 위한 욕구가 충족되어야 하고 발달상의 위험으로부터 보호받아야 하며 사회적 차별로부터 보호되어야 한다. 아동학대 및 방임, 아동의 노동 착취 등을 규제하는 것은 아동을 보호하기 위함이다. 한편, 아동이 가진 능력을 최대한 계발할 수 있도록 장애아동이나 영재아동, 결손된 양육환경에서 자라는 고아나 빈곤가정의 아동 등은 아동에게 최선의 이익이 되도록 자신의 능력을 최대한 계발할 수 있도록 해야 한다.

5) 개별성과 종합성의 원칙

모든 아동의 생활이나 현재 상태, 주변 환경 등 발달적 특성뿐 아니라 문제의 발생 원인 및 문제를 해결하기 위해 개인적 특성을 고려해야 한다. 아동은 독립적 인격체이므로 아동이 처한 상황을 있는 그대로 수용하며 개별성을 인정하고 고유의 특성을 고려해 개별적으로 접근해야 한다. 한편, 아동발달은 서로 유기적이므로 문제 영역이 다른 영역에 파급되어 문제가 확산되기도 하고 복합 문제가 유발되기도 한다. 따라서 여러 가지 유형의 서비스를 다양하게 고려해 종합적으로 접근해야 한다.

6) 전문성의 원칙

전문성의 원칙은 아동복지사업의 성과를 좌우하는 중요한 원칙이다. 즉, 아동복지사업은 전문가와 전문기관에서 이루어져야 한다. 아동의 건전한 성장과 발달을 위해서는 전문직 인력과 전문 기구가 마련되어야 한다. 아동의 욕구나 사고 및 행동문제 등에 관한 전문적 지식이나 기술이 없이는 바른 문제 해결을 기대하기가 어렵기 때문에 관련 학문 분야의 전공자들이 체계적인 훈련을 통해 전문성을 발휘해야 한다.

4 아동복지의 대상

가족구조의 변화로 가정에서의 양육기능이 약화되자 국가와 사회의 책무가 더욱 강조되고 있다. 이는 아동의 특성에 기인한 것으로 아동은 발달심리학적으로 생존을 위해 성인의 보호에 의존하게 되며, 성숙의 과정에 있다. 아동은 욕구와 권리를 지닌 존재이며, 현재의 발달 상태가 이후에 큰 영향을 미치는 민감한 시기이다. 아동의 욕구를 고려할 때 아동복지서비스의 대상은 일반적으로 보호가 필요한 아동과 모든 아동으로 구분할 수 있다. 역사적으로 특별한 보호가 필요한 아동을 우선적으로 선별하여 선별적 복지를 시행하였으며, 이후 모든 아동을 대상으로 한 보편적 복지로 확대하였다. 이를 구분하면 다음과 같다.

1) 보호가 필요한 아동

보호가 필요한 아동, 즉 요보호아동이 경험할 수 있는 문제는 빈곤, 학대, 부모의 이혼 및 별거, 사별, 비행, 약물중독, 장애 등 다양하다. 아동이 처한 양육환경이 건전한 성장과 발달에 적합하지 않거나, 아동에게 신체적 · 정신적 문제 또는 장애가 있거나, 사회적 · 법적으로 보호가 필요한 아동의 경우에 일차적으로 아동복지서비스의 대상이 된다. 이를 나타내면 다음과 같다.

<표 5-1> 보호가 필요한 아동

부적절한 양육환경	빈곤가정 아동, 결손가정 아동, 부모 부재 아동
병리적 양육환경	가정폭력, 아동학대
사회적 · 법적으로 보호가 필요한 아동	가출 아동, 비행 아동
장애 · 행동문제로 교육 · 상담 · 치료가 필요한 아동	선천적 · 후천적 장애, 정서 · 행동적 문제 아동

2) 일반아동

보호가 필요한 아동뿐 아니라 일반아동까지 아동복지서비스는 모든 아동을 대상으로 한다. 일차적으로 보호가 시급한 아동과 달리 일반아동의 경우에는 문제를 예방하는 차원에서 아동복지서비스가 제공된다. 예컨대, 부모교육, 가족기능 강화 사업, 안전한 사회환경 조성, 아동교육 및 보육사업, 아동수당, 무상교육, 의무교육, 육아휴직, 놀이시설 확충 등 아동과 그 가정을 대상으로 예방적 차원에서 제공한다.

5 아동복지서비스의 목표 및 원칙

1) 목표

페코라 외(Pecora et al., 2000)는 아동복지서비스의 목표를 아동의 안전, 연속성, 아동의 복지, 가정의 복지로 제시하고 있다(오정수 · 정익중, 2011).

(1) 아동의 안전

아동학대나 유기 등 위해한 환경으로부터 아동을 보호하고 안전하게 양육하는 것이다. 따라서 아동은 안전한 환경에서 생활할 권리가 있고 모든 학대나 유기로부터 보호받아야 한다.

(2) 가정과 연계

아동의 안전만을 고려하는 것은 충분하지 않으며, 가정과의 연계를 고려해 영구적인 가정에서 성장할 수 있도록 충분히 고려해야 한다. 지속적인 사랑과 보호를 제공하는 부모(생물학적 부모, 위탁부모) 없이 위탁가정을 옮겨다니거나 아동보호시설에서 장기간 보호를 받는 경우에 대한 문제도 충분히 고려해야 한다.

(3) 욕구충족 최소 기준의 향상

기본적인 욕구가 충족되고 지속적인 양육과 지원, 자극을 제공하는 환경 속에서 성장할 수 있는 기회를 제공해야 한다. 아동복지서비스의 체계는 지원에 한계가 있음에도 불구하고 최소한의 기회와 최소한의 기준을 향상시켜 지원해야 한다.

(4) 부모 지지를 통한 가정복지 증진

부모가 역할을 다할 수 있도록 지지하며 아동발달, 건강, 교육, 주거 및 사회적 · 영적 · 문화적 욕구를 충족시킬 수 있도록 서비스를 제공한다.

2) 실천 원칙

다운즈 외(Downs et al., 2004)는 아동복지시비스의 실천 원칙으로 다음을 제시하고 있다(오정수 · 정익중, 2011).

(1) 가정은 아동을 위한 가장 최선의 환경

안전하고 영구적인 가정은 아동을 위한 가장 최선의 환경이다. 아동은 의존적이고 미성숙한 존재로 타인의 보호를 통해 생존이 가능하다. 또한, 사회화 과정에서 보호자의 관심과 지도가 필요하다. 성장과 발달을 위한 안전하고 영구적인 가정은 아동에게 최선의 환경을 제공한다. 아동의 욕구는 가정의 보살핌을 받으며 보호자와 안정된 관계를 제공하는 환경에서 성장 · 발달할 권리를 갖는다.

(2) 아동은 학대로부터 안전한 환경에서 성장

아동은 신체적 · 성적 · 정서적 학대로부터 자유롭고 안전한 환경에서 성장하여야 한다. 아동은 기본적인 욕구충족을 위해 사랑을 제공하는 보호자와의 관계를 통해 안전하게 성장 · 발달해야 한다. 아동의 가정이 안전한 환경을 제공할 수 없다면 가정은 아동에게 최선의 환경이 아닐 수 있다.

(3) 아동복지서비스는 가족기능을 강화 · 지지

아동의 욕구가 가족에 의해 충족되려면, 아동복지서비스는 가족의 기능을 강화하고 지지해야 한다. 아동의 욕구가 가족에 의해 충족될 수 있는 한 가족기능을 강화하고 지지해야 한다. 아동이 가족으로부터 분리되지 않고 연속성을 유지하는 것과 지역사회로부터 적절한 소득보장, 의료보호, 주거보호를 받을 수 있도록 하는 것은 아동양육을 위한 적절한 환경을 제공받을 아동의 권리이다.

(4) 아동을 분리 시 가족연속성에 대한 아동 욕구 존중

아동을 분리할 경우 가족의 연속성에 대한 아동의 욕구를 존중해야 한다. 만약 학대

아동의 보호, 가정위탁, 입양 등의 이유로 불가피하게 아동을 분리해야 할 경우, 아동의 배치는 가족에 대한 아동의 정서적 애착과 연속성에 초점을 두어 결정해야 한다. 혈연관계는 아동을 생물학적 부모와 분리시킬 때, 친밀한 친척에게 보내거나 형제 · 자매와 함께 거주하게 하거나 친구나 교사, 친척 등 가까운 사람과 접촉을 유지할 수 있도록 조치해야 한다. 영구적인 입양의 경우에는 공개입양 방법으로 생물학적 부모와 관계를 유지하는 것이 바람직하다.

6 아동복지서비스의 분류

아동복지서비스는 일반적으로 서비스가 제공되는 장소, 서비스 대상자의 욕구 수준, 서비스가 수행하는 기능, 방어선의 위치 등을 중심으로 분류할 수 있다(정옥분 외, 2012). 이를 나타내면 다음과 같다.

1) 장소에 따른 분류

가족 구성원이 함께 생활하면서 필요한 서비스를 제공받는 경우를 재가서비스라고 하고, 자신의 원가정이 아닌 가정 이외의 장소, 즉 타인의 가정이나 시설에 거주하면서 제공받는 서비스를 가정 외 서비스로 구분한다.

(1) 가정 내 서비스

가정 내 서비스는 원래 아동의 가정을 보호하면서 가정의 가족기능 중 현재 잘 수행되지 않거나 부족한 부분을 지원하여 가정의 해체나 붕괴를 예방한다. 예를 들면, 한부모가정이나 조손가정 등 가족구조의 결손에 따라 가족기능을 수행하기 어려운 경우, 아동이 속한 가족의 구조적 결손은 없으나 가족 내 스트레스나 역기능으로 인해 여러 가지 위험 요소가 있을 경우 서비스를 제공한다.

(2) 가정 외 서비스

아동이 원가정을 떠나 영구적으로 위탁가정이나 아동시설에서 생활하면서 양육 및 보호를 받는 서비스를 말한다. 예컨대, 한부모가정에서 보호자의 취업으로 아동이 어린이집에서 일정 시간 양육되거나 부모와 사별한 아동의 경우 영구적으로 가정을 떠나 시설에서 보호받는 서비스를 제공한다.

2) 기능에 따른 분류

아동은 가정 안에 있을 때 행복하다는 것을 전제로 카두신(Kadushin, 1988)은 가정의 역할을 중심으로 지지적 서비스, 보충적 서비스, 대리적 서비스로 구분하였다.

(1) 지지적 서비스

지지적 서비스란 아동복지의 제1차 방어선으로, 부모와 아동이 책임을 효율적으로 수행할 수 있도록 그들의 능력을 지원하고 강화해 주는 서비스이다. 다른 서비스와는 달리 아동이 자신의 가정에 살면서 받을 수 있는 서비스이며, 이때 서비스를 제공하는 아동복지기관은 부모나 아동의 역할 수행을 전적으로 대행하기보다는 역할기능이 제대로 수행되도록 돕는다. 즉, 아동이 가정에 머물면서 부모와의 좋은 관계를 계속 유지할 수 있도록 상담서비스를 제공하며, 가족들의 기능을 강화시키고 부모-자녀 관계의 긴장을 완화시켜 이혼이나 별거, 아동 유기 등의 문제를 예방하도록 지원한다. 개별상담, 집단상담, 가족치료, 지역사회 프로그램 등을 들 수 있다.

(2) 보충적 서비스

보충적 서비스란 아동복지의 제2차 방어선으로, 부적절하거나 부족한 부모역할이나 양육을 보충해 주는 서비스이다. 즉, 가정 및 가족의 형태는 그대로 있으나 부모의 역할이 매우 부적절할 때, 부모가 수행하기 어려운 역할에 대해 일부분만 가정 외부에서 도움을 받는다. 만약 이 서비스가 제공되지 않아서 어려움이 계속되면 아동은 가정에서 부모로부터 분리될 수밖에 없다. 소득 보완 프로그램과 같은 경제적 지원과 가사조력사업, 보육사업을 들 수 있다.

(3) 대리적 서비스

대리적 서비스는 아동복지의 제3차 방어선으로, 아동의 필요에 따라 부모 양육을 일시적 혹은 영구적으로 대행 · 대리하여 보호해 주는 서비스이다. 부모-자녀 관계가 임시적 또는 영구적으로 해체되었을 때, 아동을 다른 가정이나 시설에 있게 하여 아동을 보호하는 것이다. 가정위탁보호사업, 입양사업, 시설보호사업을 들 수 있다.

3) 방어선에 의한 분류

주커먼(Zukerman, 1983)은 아동복지서비스 체계를 방어선 개념으로 분류하였다. 지지적 서비스와 보조적 서비스를 1차 방어선으로 보았으며, 대리적 서비스 중 가정 형태의 서비스를 제공하는 가정위탁과 입양을 2차 방어선으로 구분하였고, 집단보호서비스를 3차 방어선으로 구분하였다.

(1) 1차 방어선으로서 가정 내 서비스

가정은 아동에게 기본적인 욕구를 충족시켜 주는 기능을 하지만, 부모-자녀 관계에 문제가 있을 때 가정의 기능을 회복 · 유지 · 강화하도록 아동상담, 가족복지 서비스 등을 제공한다.

(2) 2차 방어선으로서 대리가정 서비스

정상적인 가정 기능을 수행하지 못하면 가정과 유사한 대리가정을 통해 가족을 경험하게 하는 형태로, 가정위탁과 입양서비스를 제공한다.

(3) 3차 방어선으로서 집단보호서비스

친가정이나 대리가정에 아동을 보호 · 양육하기 어려운 경우로 그룹홈이나 생활시설 같은 집단양육과 보호서비스를 제공한다. 집단보호는 6~12명의 아동을 수용할 수 있는 소규모 집단가정부터 대규모 수용시설 등 다양하다. 일부는 직원이 대리 부모역할을 하며 가정 형태로 운영하거나 특별한 욕구를 지닌 장애아동의 경우 집단생활 서비스를 제공한다.

4) 가족의 욕구 수준에 따른 분류

미국의 아동보호기금단체(Children's Defence Fund, 1993)에 의해 개발된 아동복지서비스는 가족의 욕구 수준에 따른 피라미드 형태로 서비스의 연속성을 나타낸다(Shireman, 2003).

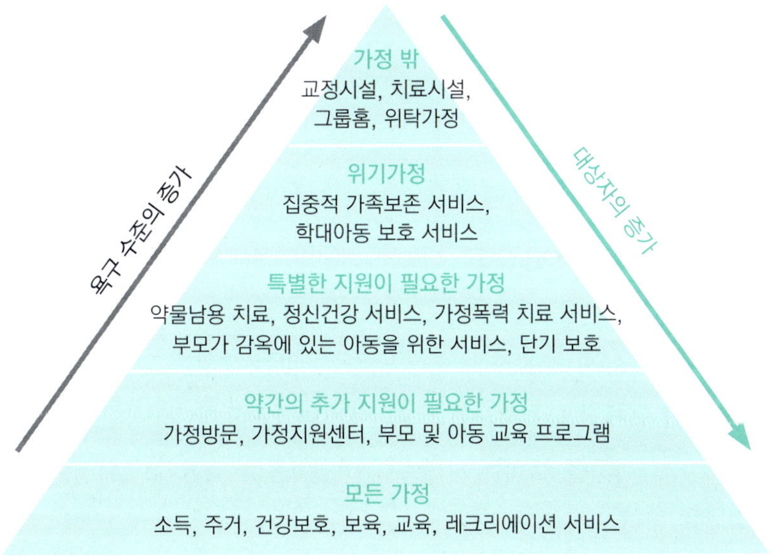

[그림 5-1] 가족의 욕구 수준과 아동복지서비스

출처: Shireman, J. (2003). Critical Issues in Child Welfare, p.129.

(1) 모든 가정을 위한 서비스

피라미드의 가장 아래에 있는 모든 가정을 위한 서비스는 보편적 서비스로 적절한 수입, 주거, 의료보호와 같은 건강지원, 보육과 교육, 문화 등이 제공된다.

(2) 약간의 제한적 지원이 필요한 가정을 위한 서비스

제한된 서비스가 필요한 가정은 가족의 기능을 유지함에 있어 가정방문 프로그램, 가정지원센터에서 제공하는 서비스, 부모교육 등을 제공된다.

(3) 특별한 지원이 필요한 가정을 위한 서비스

일반가정과 달리 특별한 욕구를 지닌 가족을 대상으로 원활한 가족기능을 수행할 수 있도록 제공하는 서비스를 말한다. 예를 들어, 우울증 부모에게 정신건강 서비스를 제공하거나 학대가정의 부모에게 가정폭력 치료 서비스 등이 제공한다.

(4) 위기가정을 위한 서비스

가정이 해체될 가능성이 크고 가족기능을 수행하는 데 어려움이 있는 가정을 대상으로 하며 집중적인 가족보존 서비스, 학대아동 보호 서비스 등이 제공된다.

(5) 가정 밖 서비스

아동이 원래 친가정에서 양육과 보호를 받을 수 없는 상황에 있을 경우 아동을 보호시설이나 가정위탁 등에서 보호하도록 한다. 예컨대, 중증 장애아동을 양육하는 가족이 재가치료센터로 장애아동을 보내는 서비스나 비행아동을 위한 교정시설이나 치료시설, 그룹홈, 위탁가정 서비스 등이 제공된다.

아동권리와 복지의 제도적 접근

제6장

아동복지는 정책적 접근과 전문적 접근으로 구분할 수 있다. 정책적 접근은 사회보험, 공적 부조로 구분하며, 공공 전달체계와 민간 전달체계를 통해 수행 및 시행한다. 아동복지법 및 아동복지 관련법인 아동복지법, 영유아보육법, 한부모가족지원법, 입양특례법, 청소년기본법, 보호소년 등의 처우에 관한 법률, 아동·청소년의 성보호에 관한 법률, 실종아동 등의 보호 및 지원에 관한 법률, 건강가정기본법, 보호소년 등의 처우에 관한 법률 등 다양한 관련법을 다룬다. 마지막으로 아동복지 행정과 정책 개선 방향의 보편주의적 정책 지향, 아동복지법 및 관련법의 기능 강화, 지역사회 중심의 저소득층 아동 지원체계 강화, 아동복지서비스의 전달체계 등을 다룰 것이다.

아동복지 해결은 가족만으로 해결이 어렵기 때문에 국가의 정책적 고려가 요청된다고 할 수 있다. 아동복지정책은 아동복지법, 아동복지 관련법이라는 형식으로 표현되며 법적 규정에 의해 구체적인 아동복지가 실시된다.

1 아동복지 실천방법

아동복지의 실천적 접근방법은 정책적 접근과 전문적 접근으로 구분할 수 있다. 정책적 접근은 아동복지를 구조적 체계적인 입장에서 이해하므로 아동복지정책을 통해 문제를 해결하고자 한다. 국가가 아동복지의 주체가 되어 법과 제도를 통해 정책을 수립하고 추진함으로써 아동복지를 증진시키는 방법이다. 한편, 전문적 접근방법은 아동문제에 대해 전문가를 통해 정확한 문제 원인을 파악하고 개별성과 특수성을 고려해 해결하고자 한다. 가정 및 아동복지기관이나 청소년복지관에서 아동의 문제를 조기에 발견하고 인적 · 물적 자원과 프로그램을 통해 아동 개별 또는 집단으로 서비스를 제공하거나 아동과 가족을 포함하여 서비스를 제공하기도 한다. 이를 나타내면 다음과 같다.

1) 정책적 접근

국가는 법과 제도를 마련하여 사회보장제도를 통해 전 국민을 대상으로 최저생활을 보장하며 사회보험, 공적 부조, 사회복지 서비스 등을 제공한다.

(1) 사회보험

사회보험은 공적 부조와 더불어 소득보장의 주요한 방법이 된다. 공적 부조는 저소득계층을 위한 방법이며, 사회보험은 소득이 있는 계층을 위한 방법이다. 사회보험은 적용대상자의 보험원리에 의해 법적 강제성을 갖고 소득을 보장하는 사회보장의 일종이다. 보험원리란 일정 집단을 대상으로 사고의 발생 상황에 대응하는 보험료를 법적 강제성을 갖고 부과하며, 재산 범위 내에서 사고를 보장한다.

사회보험제도의 기본 목표는 노동자, 고용주 및 정부에 의한 기여금을 기초로 하며, 기여금이나 부과금은 임금과 밀접한 관련이 있어 임금이 높으면 기여금이나 부과금이 많아진다. 따라서 사회보험은 위험에 대비한 공동 부담으로 보험적인 성격을 갖는다. 또한, 생활격차를 줄이면서 국가가 개입하여 분배를 강제하는 성격을 갖는다. 국가와 기업주, 고소득층의 자금 능력에 따라 저소득층의 자금 부담을 줄이므로 부양적인 성격을 갖는다. 우리나라의 사회보험은 국민연금, 건강보험, 산업재해보상보험, 고용보험 등이 있으며 보험가입자의 소득보장을 위해 가정의 아동지원제도로 운영하고 있다. 예컨대 국민연금에서 아동과 관련해 연금 수급권자에게 만 18세 미만인 자녀가 있거나 장애등급 2등급 이상인 자녀가 있을 때 1인당 연 10만 원을 추가로 지급하며(가급연금), 연금 수급권자가 사망 시 자녀가 만 18세 미만이거나 장애등급 2급 이상일 때 유족으로서 지급받게 되는 연금(유족연금) 등을 들 수 있다.

아동과 직접 관련되는 사회보험으로 양육수당, 아동수당 등을 들 수 있다. 양육수당은 어린이집이나 유치원을 다니지 않는 아동에게 지급하는 복지수당이다. 미취학 아동의 가정양육을 지원하고 어린이집과 유치원의 불필요한 수요를 줄이기 위해 2013년 3월부터 도입되었다. 아동수당은 0~5세 아동에게 일정액을 지급하는 제도로 2018년 9월부터 시행 예정이다. 소득인정액 하위 90%(2인 이상 가구 기준)에 해당하는 가정에 매월 10만 원씩 지원하며, 아동의 연령과 소득 기준에 따라 아동수당을 받을 수 있다.

(2) 공적 부조

공적 부조는 개인이나 사적 부조 대신 국가나 공공기관이 국가 책임하에 무기여 급여(noncontributing benefit)를 제공하는 제도이다. 공적 부조는 빈곤자에 대한 원조를 제공하는 선별적 제도로 조세를 통해 재원을 마련하며 소득의 재분배적 기능을 갖는다.

사회보험이 제도적으로 사전에 대응하기 위한 제도라면, 공공부조는 사후 대응적인 제도이다. 사회보험은 국민 전체를 대상으로 보편주의에 의한다면, 공공부조는 소수의 빈곤계층을 대상으로 선별주의에 의한다. 사회보험은 국가가 운영 주체로 국민의 권리를 인식하고 적정선의 급여를 제공한다면, 공공부조는 지방자치단체가 운영 주체로 소수의 빈곤계층을 대상으로 자산조사를 통해 사회적으로 최소한의 급여를 제공한다.

예컨대, 「국민기초생활 보장법」에 의해 시설에 수용 · 보호되어 있는 아동과 소년소녀가정의 아동, 수급자의 소득인정액이 최저 생계비 이하의 빈곤가정 아동에게 수급자의 소득인정액을 감안하여 차등 지급하는 생계급여, 입학금과 수업료, 학용품비, 기타 수급품을 지원하는 교육급여, 생활 유지 능력이 없거나 생활이 어려운 저소득 국민의 의료문제를 국가가 보장하는 의료급여 제도가 있다.

2) 전문적 접근

전문적 실천방법은 개별, 집단, 지역사회를 중심으로 접근한다. 아동복지사업의 목표는 아동의 제반문제에 대한 정확한 원인을 바탕으로 개별성과 특수성을 고려해 문제를 해결하는 전문적인 기술체계이다. 가정 및 아동복지기관이나 청소년 복지관에서 아동의 문제를 조기에 발견하고 치료하며, 필요시 부모나 교사, 친구관계를 활용해 아동을 도울 수 있다.

이때 개별적으로 아동의 문제에 접근할 수도 있고, 비슷한 문제나 상황에 있는 아동을 모아서 집단으로 접근할 수도 있다. 예컨대, 왕따, 자살충동, 우울증 등은 개별적으로 접근하여 해결하는 방법도 있으나 같은 문제를 경험한 또래가 함께 서로 간의 경험을 공유하며 문제를 해결하는 등 다양한 방법으로 필요한 지원을 할 수 있다. 개별적인 아동문제는 조사, 진단, 치료의 단계를 통해 이루어지며 본격적인 조사 단계 이전에 초기 과정으로 접수과정이 있다.

(1) 접수

초기 단계로 전문가와 아동이 처음 만나는 단계이다. 내담자가 기관에 전화 또는 방문하기도 한다. 아동복지 전문가는 부모 또는 보호자와 초기 면접을 한다. 초기 면접과정에서 부모 또는 보호자와 아동은 불안감을 느낄 수 있으므로 전문가는 신뢰감을 주어야 한다.

아동의 문제가 무엇이며, 기관을 찾게 된 주요한 동기를 확인한다. 아동과의 면접을 통해 자신이 현 상황에 대해 어떻게 생각하고 느끼는지, 어려움과 요구는 무엇인지 파악한다. 욕구를 파악하고 문제의 성격이나 제공하는 서비스가 목적에 부합되면 부모와 서비스에 대해 합의한다. 아동에게 수행될 서비스에 관해 아동도 알 수 있도록 솔직하고 간단명료하게 설명한다. 전문가와의 관계에서 아동의 자유나 책임에 관해 설명하고 제한사항을 알리며 비밀보장의 범위를 설명한다. 아동과 부모가 동의하면 잠정적인 합의를 이끌어 다음 단계로 진행한다.

접수과정에서 아동의 문제를 파악하고 문제를 해결하기 위해 해당 기관에서 제공하는 서비스를 확인하고 전문적 개입에 대한 합의를 도출한다. 만약, 기관에서 해결할 수 없는 경우는 다른 기관에 의뢰하며, 가능할 경우 조사에 착수한다.

(2) 조사

전문가가 아동의 문제에 개입하기 위해 자료를 수집하고 관찰하는 등 아동의 문제를 파악하는 데 필요한 정보(성격, 지능, 건강, 가족관계, 생활환경, 주거환경, 교우관계, 교육 수준 등)를 수집한다. 문서나 서류를 통해 검토하거나 현장방문을 통해 정보를 수집할 수 있다.

아동과 관련한 발달과정 및 생활과정을 조사하여 주요한 사건, 성장과정 중의 병력, 사회적 대인관계 등을 파악하고자 다양한 심리검사 및 측정도구를 활용한다. 문제가 나타난 시기는 언제이며, 현재의 문제는 무엇인지, 부모는 아동의 문제를 해결하기 위해 어떤 노력을 했는지 등을 조사한다.

또한, 가족 구성원에 대한 정보, 가족과의 상호작용, 가족문화 및 가족규칙, 가족 내 권력 및 가치관 등을 조사하여 가계도를 중심으로 가족 구성원에 대한 정보를 수집한다. 특히, 부모와 아동과의 관계에 주목하고 가족의 역동적 관계에 대해 파악한다.

그뿐만 아니라 필요시 아동을 중심으로 한 확대가족 및 또래집단 등을 중심으로 아동이 현재 가족 및 주변 관계를 통해 지지를 받고 있는지, 아동의 문제를 해결하기 위해 전문가가 활용할 수 있는 지원체계를 확인한다.

(3) 사정

수집된 내담자의 자료를 중심으로 조사 단계에서 수집된 사실과 정보를 조직화하여 분석하는 단계이다. 아동 개인에 대한 사정, 부모와 아동 및 가족과 아동 간의 상호작용에 대한 사정, 환경에 대한 사정을 통해 문제의 원인을 정확히 진단하고 해결방향을 모색한다.

먼저, 아동의 발달상 문제는 무엇이며, 나이에 맞는 기능을 수행하고 있는지, 지체현상은 없는지, 문제행동과 어떤 연관이 있는지 등을 파악한다. 아동학대 및 방임이 확인되면 그 위험성을 사정하여 보호의 필요성을 진단한다.

한편, 아동이 가진 특유의 대처기제와 방어기제를 파악한다. 또한, 가족의 생활주기를 확인하고 가족원의 상호작용 특성과 구조를 확인해 아동과 부모의 상호작용을 분석한다. 아동과 정기적으로 상호작용하는 개인이나 집단에 대한 지지 정도와 영향 정도를 파악하고, 아동의 주변 환경에서 아동에게 도움이 될 만한 자원은 무엇인지 확인한다.

(4) 개입

사정과정에서의 정보를 바탕으로 개입목표를 설정하고 개입과정에 참여시킬 대상을 선정한다. 먼저, 개입목표는 아동을 중심으로 하며, 부모 및 가족 또는 기타 아동 주변 인물을 포함시킬 수도 있다. 개입목표는 구체적이고 실현 가능한 형태로 설정하며 부모나 보호자 및 전문가와 합의를 이룬다.

개입방법은 아동의 문제 및 요구, 환경 자원의 특성, 전문가의 능력에 따라 다양하게 나타날 수 있다. 아동의 연령이 낮을 경우 언어적인 표현이 어렵기 때문에 놀이, 미술, 음악 등 행동 중심 접근이 이루어질 수 있다.

(5) 평가 및 종결

계약기간 만료, 아동문제 해소, 전문가 상황 변동 등 다양한 이유로 종결된다. 최종적인 평가는 아동, 부모, 전문가의 합의를 통해 이루어지며, 전문가는 아동과 부모에게 종결에 대한 준비를 미리 알린다. 갑작스러운 종결로 아동이 배신감을 느끼거나 버려지는 느낌을 받게 될 수 있다. 전문가는 미리 종결시기를 결정하여 알리고, 여전히 아동에게 관심이 있으며 필요하면 언제든 도움을 줄 수 있음을 알린다. 가장 좋은 종결은 목표를 달성해서 종결되는 경우이다. 아동의 두려움이나 저항에 관심을 두어 긍정적인 감정을 유지한 상태에서 원조관계를 종결한다.

2 아동복지의 정책과 관련법

1) 아동복지정책

아동복지의 정책(public)이란 '분명한 행동 노선(explicit course of action)'(Gilivert & TErrell, 1998)이라고 말할 수 있다. 그리고 '특정한 목적을 이루기 위해' 필요한 행동에 관한 원칙' 또는 '정해진 계획(standing plan)'(Kahn, 1979)이라고 정의할 수 있다. 즉, 아동복지정책은 아동 및 가족의 복지를 위하여 국가가 행하는 사회복지정책이라고 말할 수 있다(김윤재 외, 2016).

아동복지정책은 아동복지서비스가 제도화되는 과정이며 아동복지제도에 가장 중요한 수단과 방법이고, 국가와 지방정부 및 아동복지서비스에 관여하는 공적 · 사적 기관의 활동과 사업에 관한 행동 노선이나 방침을 계획하는 것으로 볼 수 있다. 정책은 흔히 국가적 차원에서 이루어지는 것에 한정하여 이해하는 경우가 많지만, 사실 지방정부나 아동복지 활동을 계획하고 실천하는 조직에서도 이루어질 수 있다(한미현 외, 2016).

아동복지정책은 정책 수립이나 집행을 할 때 다음과 같은 점을 고려하여야 한다(Pecora et al., 1992).

- 아동 개인의 보호 측면과 전체 가족의 유지 측면의 균형문제이다.
- 아동복지정책의 대상이나 중점 프로그램을 선정하는 보편주의와 선별주의 균형문제이다. 선별주의는 도움을 요청하는 경우로 가장 조속한 시일 내 자립할 수 있는 방향으로 시행할 것을 목적으로 하며, 치료적이고, 범주 및 절대적이며(categorical), 열능저우 원칙(less eligibility principle)을 기반으로 한다. 보편주이는 정책의 모든 대상이 자신의 요구와 관계없이 무차별적으로 주어지는 보편 시여(施與)의 특성을 갖게 된다.
- 재가(in-home) 가족 중심 프로그램과 가족 외부(out-of-home)의 가족대체 프로그램과의 균형문제이다.

- 전문주의(professional) 개입 대 일반주의(lay contributions)의 개입의 균형문제이다.
- 예방 대 치료의 균형문제이다.
- 단기 비용과 장기 수익의 균형문제이다. 아동에 대한 투자는 즉시 그 결과가 나타나기보다는 시간이 어느 정도 흐른 후에야 나타나는 것이 대부분이다.

2) 아동복지 관련법

아동복지정책 및 아동복지서비스를 위해 관련 근거법이 있어야 한다. 우리나라 아동복지를 위한 법으로 「아동복지법」과 관련법으로 영유아보육법, 한부모가족지원법, 입양특례법, 보호소년 등의 처우에 관한 법률, 청소년기본법 등의 사례를 살펴볼 수 있다.

(1) 아동복지법

「아동복지법」의 목적(아동복지법 제1조)은 '아동이 건강하게 출생하여 행복하고 안전하게 자랄 수 있도록 그 복지를 보장하는 것'이다. 아동복지 지원대상으로 '지원대상아동이란 아동이 조화롭고 건강하게 성장하는 데 필요한 기초적인 조건이 갖추어지지 아니하여 사회적 · 경제적 · 정서적 지원이 필요한 아동(동법 제3조)'을 말한다.

아동복지의 기본 이념(동법 제2조)을 살펴보면 첫째, 아동은 자신 또는 부모의 성별, 연령, 종교, 사회적 신분, 재산, 장애 유무, 출생지역, 인종 등에 따른 어떠한 종류의 차별도 받지 아니하고 자라나야 한다. 둘째, 아동은 완전하고 조화로운 인격발달을 위하여 안정된 가정환경에서 행복하게 자라나야 한다. 셋째, 아동에 관한 모든 활동에 있어서 아동의 이익이 최우선적으로 고려되어야 한다. 넷째, 아동은 아동의 권리보장과 복지증진을 위하여 이 법에 따른 보호와 지원을 받을 권리를 가진다고 명시하고 있다.

(2) 영유아보육법

「영유아보육법」은 영유아에 대한 시설 보육 및 가정보육을 주요 내용으로 한다. 이 법의 목적은 '보호자가 근로 또는 질병, 기타 사정으로 인하여 돌보기 어려운 영유아를 심신의 보호와 건전한 교육을 통하여 건강한 사회성원으로 육성함과 동시에 보호자의 경제적 · 사회적 활동이 원활하도록 도움으로써 궁극적으로 가정복지 증진에 기여하는 것(영유아보육법 제1조)'이다.

'보육'이란 영유아를 건강하고 안전하게 보호 · 양육하고 영유아의 발달 특성에 맞는 교육을 제공하는 어린이집 및 가정양육 지원에 관한 사회복지서비스를 말한다. 보육 대상인 '영유아'란 6세 미만의 취학 전 아동을 말하며, '어린이집(보육시설)'은 보호자의 위탁을 받아 영유아를 보육하는 기관이다. '보호자'란 친권자 · 후견인, 그 밖의 자로서 영유아를 사실상 보호하고 있는 사람을 말하며, '보육교직원'은 어린이집 영유아의 보육, 건강관리 및 보호자와의 상담, 그 밖에 어린이집의 관리 · 운영 등의 업무를 담당하는 사람으로서 어린이집의 원장 및 보육교사와 그 밖의 직원을 말한다(동법 제2조). 어린이집 종류는 국공립어린이집, 사회복지법인어린이집, 법인 · 단체 등 어린이집, 직장어린이집, 가정어린이집, 협동어린이집, 민간어린이집의 유형으로 구분된다(동법 제10조).

(3) 한부모가족지원법

「한부모가족지원법」은 '한부모가족의 생활 안정과 복지증진을 목적'으로 한다. 이 법은 생계비, 아동교육지원비, 아동양육비, 직업훈련비와 훈련기간 중 생계비 등으로 구성되는 복지급여에 관한 규정, 한부모가족에 대한 고용의 촉진 및 지원에 관한 규정, 한부모가족에 대한 고용의 촉진 및 지원에 관한 규정, 한부모가족 복지시설의 설치에 관한 규정을 담고 있다.

「한부모가족지원법」은 모자가정과 부자가정을 함께 강조하고 있으며, 미혼모 및 미혼부에 대한 추가적인 지원을 규정하고 있는 등 보다 현실적인 접근을 하고 있다(김순옥 외, 2016).

한부모가족 복지시설에는 모자보호시설, 부자보호시설, 부자자립시설, 미혼모자시설, 미혼모 공동생활가정, 모자 공동생활가정, 부자 공동생활가정, 일시보호시설, 여성복지관, 한부모가족 복지상담소 등이 있다.

(4) 입양특례법

「입양특례법」은 '요보호아동의 입양(入養)에 관한 요건 및 절차 등에 대한 특례와 지원에 필요한 사항을 정함으로써 양자(養子)가 되는 아동의 권익과 복지를 증진하는 것'을 목적으로 한다.

입양의 원칙으로 '이 법에 따른 입양은 아동의 이익이 최우선이 되도록 하여야 한다(입양특례법 제4조).'라고 규정한다. 「입양특례법」 제5조 입양의 날에서는 '건전한 입양문화의 정착과 국내입양의 활성화를 위하여 5월 11일을 입양의 날로 하고, 입양의 날부터 1주일을 입양 주간으로 한다.'라고 명시하며, 국가와 지방자치단체는 '입양의 날' 취지에 적합한 행사 등 사업을 실시하도록 노력하여야 한다고 동시에 명시하고 있다.

「입양특례법」 제2조에 따른 아동 관련 용어의 뜻은 다음과 같다.

- 요보호아동: 「아동복지법」 제3조 제4호에 따른 보호대상아동을 말한다.
- 입양아동: 이 법에 따라 입양된 아동을 말한다.
- 부양의무자: 「국민기초생활 보장법」 제2조 제5호에 따른 부양의무자를 말한다.

「입양특례법」(제3조)에서 국가 등의 책무는 다음과 같이 규정하고 있다.

- 모든 아동은 그가 태어난 가정에서 건강하게 자라야 한다.
- 국가와 지방자치단체는 아동이 그가 태어난 가정에서 건강하게 자랄 수 있도록 지원하고 태어난 가정에서 자라기 곤란한 아동에게는 건강하게 자랄 수 있는 다른 가정을 제공하기 위하여 필요한 조치와 지원을 하여야 한다.
- 모든 국민은 입양아동이 건강하게 자랄 수 있도록 협력하여야 한다.
- 국가와 지방자치단체는 건전한 입양문화를 조성하고 요보호아동의 국내입양을 활

성화하며, 아동이 입양 후의 가정생활에 원만하게 적응할 수 있도록 한다.

'입양아동의 권익과 복지 증진'을 위한 국가적 책무는 다음과 같다(입양특례법 제3조).

- 입양정책의 수립 및 시행
- 입양에 관한 실태조사 및 연구
- 입양 및 사후관리 절차의 구축 및 운영
- 입양아동 및 입양가정에 대한 지원
- 입양 후 원만한 적응을 위한 상담 및 사회복지서비스 제공
- 입양에 대한 교육 및 홍보
- 그 밖에 보건복지부령으로 정하는 필요한 사항 등을 실시

입양에 관한 정보시스템은 국가가 입양아동 등에 대한 사후 서비스 제공과 국내입양 활성화에 필요한 정보를 입양기관 등에 제공하기 위하여 정보시스템을 구축 · 운영하여야 하며, 입양기관 운영은 전부 또는 일부를 위탁하여 운영할 수 있다(입양특례법 제6조). 입양특례법에서는 입양 조건, 입양절차, 입양기관, 입양보조금 지급과 같은 입양아동에 관한 복지시책 등을 담고 있다.

(5) 청소년기본법

청소년기본법은 청소년의 권리와 책임 및 가정, 사회, 국가 및 지방자치단체의 청소년에 대한 책임을 정하고 청소년 육성정책에 관한 기본적인 사항을 규정한 법으로, 그 대상은 9세 이상 24세 이하의 청소년으로 규정하고 있다(김윤재 외, 2016). 청소년 관련 법에서 아동과 청소년의 정의가 연령상으로 상당 부분 중복되어 있으므로 아동의 복지와 밀접한 관련을 갖고 있다. 이 법은 청소년 육성정책에 관한 기본법으로 청소년 육성위원회, 청소년기본계획 수립, 청소년 수련 활동 지원, 청소년 수련시설, 청소년 유해요인 금지와 청소년 비행예방 등을 담은 청소년복지, 청소년 육성기금과 관련된 내용을 규정한다(김순옥 외, 2016).

(6) 보호소년 등의 처우에 관한 법률

이 법은 '보호소년 등의 처우 및 교정교육과 소년원의 소년분류심사원의 조직 · 기능 · 운영에 관하여 필요한 사항을 규정함'을 목적으로 한다(보호소년 등의 처우에 관한 법률 제1조).

소년원은 법규정에 따라 가정법원소년부 또는 지방법원소년부(법원소년부)로부터 위탁되거나 송치된 소년(보호소년)을 수용하여 교정교육을 하는 것을 임무로 한다고 규정하고 있다(보호소년 등의 처우에 관한 법률 제2조).

처우의 기본 원칙으로는 소년원장 또는 소년분류심사원장(원장)은 보호소년, 위탁소년 또는 유치소년(보호소년 등)을 처우할 때 인권보호를 우선적으로 고려하여야 하며, 그들의 심신 발달과정에 알맞은 환경을 조성하고 안정되고 규율 있는 생활 속에서 보호소년 등의 성장 가능성을 최대한으로 신장시킴으로써 사회적응력을 길러 건전한 청소년으로서 사회에 복귀할 수 있도록 하여야 한다. 그리고 보호소년에게는 품행의 개선과 진보의 정도에 따라 점차 향상된 처우를 하여야 한다고 명시한다(보호소년 등의 처우에 관한 법률 제5조). 기타 보호소년 등의 처우에 관한 법률에서 수용 · 보호, 분류심사, 교정교육 출원 등에 대해 규정한다.

(7) 건강가정기본법

「건강가정기본법」은 건강한 가정생활을 영위하며 가족의 유지 및 발전을 위한 국민의 권리 · 의무와 국가 및 지방자치단체 등의 책임을 명백히 하고 가정문제의 적절한 해결 방안을 강구하며 가족 구성원의 복지증진을 이바지할 수 있는 지원정책을 강화함으로써 건강가정 구현에 기여하는 것을 목적으로 삼고 있다(건강가정기본법 제1조).

또한, '가정은 개인의 기본적인 욕구를 충족시키고 사회통합을 위하여 기능할 수 있도록 유지 · 발전되어야 한다(동법 제2조).'라고 기본 이념을 밝히고 있다. 이 법에서 '가족'은 혼인 · 혈연 · 입양으로 이루어진 사회의 기본 단위를 말하며, '가정'은 가족 구성원이 생계 또는 주거를 함께하는 생활공동체로 구성원의 일상적인 부양 · 양육 · 보호 ·

교육 등이 이루어지는 생활단위를 말하고 있다. 따라서 '건강가정'은 가족 구성원의 욕구가 충족되고 인간다운 삶이 보장되는 가정을 말하며. 이와 관련하여 '건강가정사업'은 건강가정을 저해하는 문제(가정문제)의 발생을 예방하고 해결하기 위한 여러 가지 조치와 가족의 부양 · 양육 · 보호 · 교육 등의 가정기능을 강화하기 위한 사업을 말한다고 규정하고 있다.

동시에 '모든 국민은 가정의 구성원으로서 안정되고 인간다운 삶을 유지할 수 있는 가정생활을 영위할 권리를 가진다.'는 명시와 함께 '국민으로서 권리와 의무'를 강조하고 있다.

(8) 실종아동 등의 보호 및 지원에 관한 법률

「실종아동 등의 보호 및 지원에 관한 법률」은 실종아동 등의 발생을 예방하고 조속한 발견과 복귀를 도모하며 복귀 후의 사회 적응을 지원함으로써 실종아동 등과 가정의 복지증진에 이바지함을 목적으로 하고 있다.

이 법의 국가 책무로, 보건복지부장관은 실종아동 등의 발생 예방, 조속한 발견 · 복귀와 복귀 후 사회 적응을 위하여 실종아동 등을 위한 정책 수립 및 시행, 실종아동 등과 관련한 실태조사 및 연구, 실종아동 등의 발생 예방을 위한 연구 · 교육 및 홍보, 제8조에 따른 정보연계 시스템 및 데이터베이스의 구축 · 운영, 실종아동 등의 가족지원, 실종아동 등의 복귀 후 사회 적응을 위한 상담 및 치료서비스 제공, 그 밖에 실종아동 등의 보호 및 지원에 필요한 사항을 지원하여야 한다고 규정하고 있다. 경찰청장 책무도 명시하는 바, 즉 실종아동 등에 대한 신고체계의 구축 및 운영, 실종아동 등의 발견을 위한 수색 및 수사, 유전자검사 대상물의 채취, 그 밖에 실종아동 등의 발견을 위하여 필요한 사항을 실행하여야 한다는 규정을 명시한다.

또한, 다른 법률과의 관계, 실종아동 전문기관의 설치, 신고의무 등, 미신고 보호행위의 금지, 실종아동 등의 조기 발견을 위한 사전신고증 발급, 실종아동 등의 지문 등 정보의 등록 · 관리, 지문 등 정보의 목적 외 이용 제한, 정보연계 시스템 등의 구축 · 운영, 실종아동 등 신고 · 발견을 위한 정보 시스템의 구축 · 운영, 수색 또는 수사의 실시 등, 공개 수색 · 수사체계의 구축 · 운영, 실종아동 등 조기발견 지침 등, 출입 · 조사 등, 유전자 검사의 실시, 유전 정보의 목적 외 이용금지 등, 검사 대상물 및 유전 정보의 폐기, 유전자 검사 기록의 열람 등, 신상정보의 목적 외 이용금지, 관계 기관의 협조 등을 담고 있다.

(9) 아동 · 청소년의 성보호에 관한 법률

「아동 · 청소년의 성보호에 관한 법률」은 아동 · 청소년 대상 성범죄의 처벌과 절차에 관한 특례를 규정하고 피해아동 · 청소년을 위한 구제 및 지원 절차를 마련하며 아동 · 청소년 대상 성범죄자를 체계적으로 관리함으로써 아동 · 청소년을 성범죄로부터 보호하고 아동 · 청소년이 건강한 사회 구성원으로 성장할 수 있도록 함을 목적으로 한다. 특히, 이 법을 해석 · 적용할 때 아동 · 청소년의 권익을 우선적으로 고려하여야 하며, 이해관계인과 그 가족의 권리가 부당하게 침해되지 아니하도록 주의하여야 한다고 명시하고 있다(아동 · 청소년의 성보호에 관한 법률 제3조).

국가와 지방자치단체는 아동 · 청소년 대상 성범죄를 예방하고, 아동 · 청소년을 성적 착취와 학대 행위로부터 보호하기 위하여 필요한 조사 · 연구 · 교육 및 계도와 더불어 법적 · 제도적 장치를 마련하며 필요한 재원을 조달할 것을 의무로 한다. 그리고 국가는 아동 · 청소년에 대한 성적 착취와 학대 행위가 국제적 범죄임을 인식하고 범죄 정보의 공유, 범죄 조사 · 연구, 국제사법 공조, 범죄인 인도 등 국제협력을 강화하는 노력을 하여야 함을 강조하고 있다(동법 제4조).

동시에 '사회의 책임으로 모든 국민은 아동 · 청소년이 이 법에서 정한 범죄의 상대방이나 피해자가 되거나 이 법에서 정한 범죄를 저지르지 아니하도록 사회환경을 정비하고 아동 · 청소년을 보호 · 선도 · 교육하는 데 최선을 다하여야 한다(동법 제5조).'라고 규정하여 우리 모두 책임을 강조한다고 볼 수 있다. 그 밖에 아동 · 청소년 대상 성범죄의 처벌과 절차에 관한 특례, 아동 · 청소년 대상 성범죄의 신고 · 응급조치와 지원, 아동 · 청소년의 선도보호, 성범죄로 유죄 판결이 확정된 자의 신상정보 공개와 취업제한, 보호관찰 등의 내용이 명시되었다.

이 밖에도 아동복지와 직 · 간접적으로 관련이 있는 다양한 법률이 있으며, 아동복지법 관련법은 비교적 아동복지의 특정 영역을 협의로 다루고 있으며, 더욱 전문화 · 구체화 · 다양화되는 경향을 나타낸다. 이와 같이 「아동복지법」의 변화 및 내용은 현재 아동복지를 대변한다고 볼 수 있다.

3 아동복지 행정

1) 아동복지 행정의 의미와 특성

사회복지 행정은 사회복지정책을 사회복지서비스로 전환시키는 데 필요한 사회복지 조직에서의 총체적 활동으로 정의한다(Kidneigh, 1950). 아동복지 행정도 마찬가지로 '아동복지정책은 아동복지서비스로 전환시키는 데 필요한 사회복지 조직에서의 총체적 활동'이라고 할 수 있다. 그러므로 아동복지 행정은 아동복지 조직과 아동복지 전문인력이 서비스를 효과적으로 기획 · 실천 · 평가하도록 지원해 주는 것으로 아동복지 관련법과 아동복지정책에 따라 다양한 조직을 통해 아동복지서비스를 복지 대상자에게 효과적으로 제공하는 데 기여하는 것을 목적으로 한다.

아동복지 행정의 특성을 다음과 같다(김성경 외, 2011).

첫째, 아동복지 행정은 '아동복지에 대한 국가의 책임(헌법 제34조, 아동 · 청소년 복지법)' 규정에 따라 아동 및 가족의 사회복지 욕구충족을 목적으로 아동복지정책에서 설정된 목표를 이용 가능한 자원을 동원함으로써 충족하기 위한 수단과 방법이다. 따라서 아동복지 행정은 국가 행정 이념에 따라 결정되며 아동복지 관련 법규를 근거로 실행된다.

둘째, 아동복지 행정은 아동복지정책을 목표로 설정하고 이를 달성하기 위한 수단과 방법의 선택과 관련된 포괄적인 행동과정을 말하며, 아동복지정책을 준비와 조직, 운영에 관련한다.

셋째, 아동복지 행정은 서비스이며 최종적으로 그 서비스를 아동 또는 가족에게 직접 전달함으로써 그 효과가 비로소 나타나는 것이다. 이러한 과정에서 인간관계를 중시하고 투입과 산출 모두 인간이라는 점에서 전문가를 필요로 한다. 따라서 전문직을 포함한 다수의 직접적인 처우에 종사하는 사회복지 종사자를 필요로 한다는 면에서 인간관계 기술에 크게 의존하는 특성을 갖는다.

2) 아동복지 행정의 전달체계 현황

아동복지 전달체계를 보면 공적 전달체계로 특별시, 광역시, 도–시 · 군 · 구, 읍 · 면 · 동–아동복지 수혜자로 구분되며, 민간 전달체계로 민간단체 · 민간시설–아동복지 수혜자로 전달된다.

아동복지에 관한 국가의 정책은 국가와 지방자치단체, 민간조직의 전달체계를 통하여 집행되어 대상자에게 급여나 서비스가 제공될 수 있다. 아동복지 실천 주체는 국가, 지방자치단체, 민간기관, 단체, 시설 또는 지역주민이 포함된다.

아동복지 행정과 서비스 전달체계의 현황을 보면, '복건복지부–저출산 · 고령사회정책실–인구아동정책관–아동복지정책과'로 되어 있다(윤매자 외, 2014).

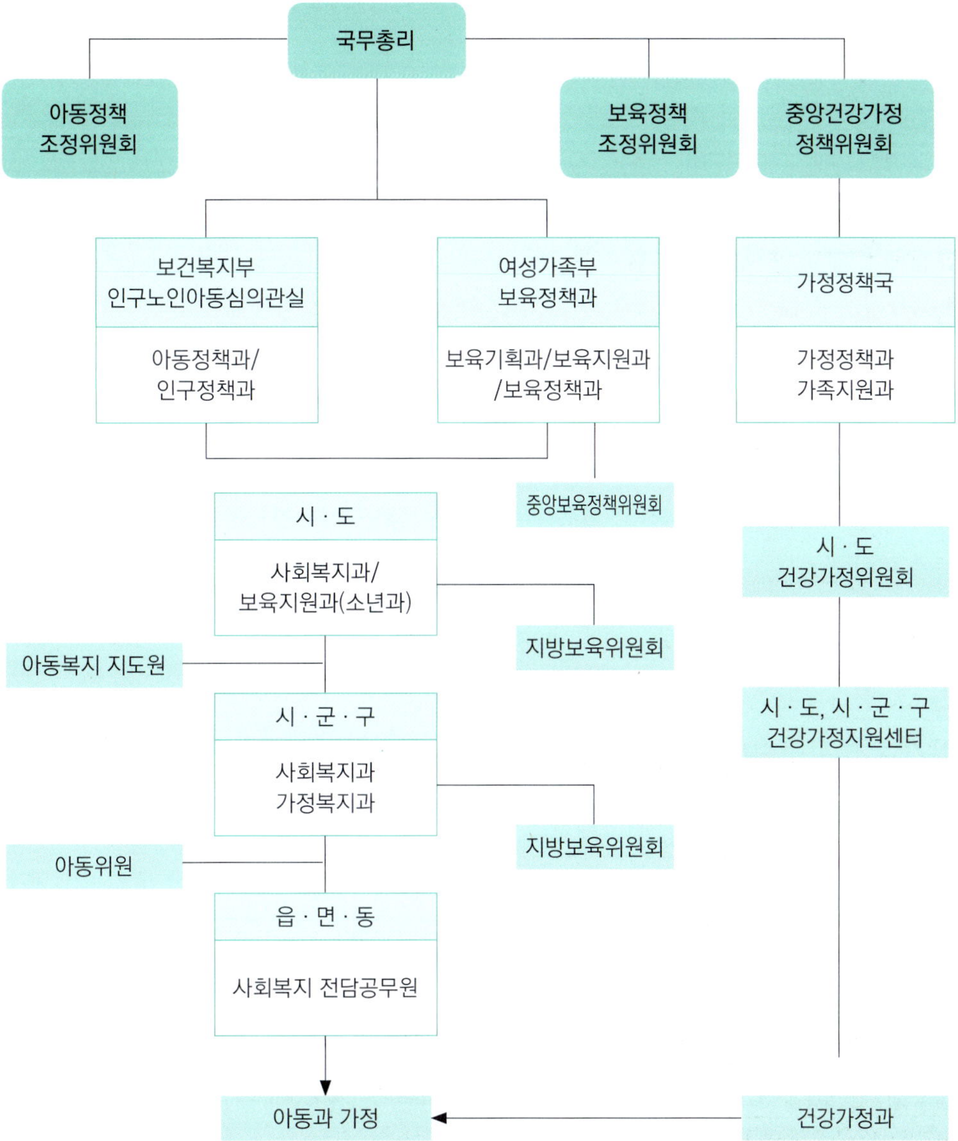

[그림 6-1] 아동복지서비스 전달체계

출처: 윤혜미 외(2013). 아동복지론, p. 147.

4 아동복지 행정과 정책의 개선 방향

1) 보편주의적 정책 지향

아동 분야 사업 안내에 의하면 아동복지사업의 실제 운영면에서 요보호아동을 위한 아동학대 예방 사업, 실종아동 등에 대한 보호 및 지원, 입양 및 가정위탁보호 사업, 공동생활가정 사업, 소년소녀가정 지원, 저소득층 아동을 위한 지역아동센터 사업, 시설보호 사업에 대한 추진 계획이 주류를 이루고 있음을 알 수 있다.

보편주의적 아동복지정책을 위하여 지속적으로 그 필요성이 언급되는 사례 중 하나는 아동수당제도 도입 등이다. 이러한 제도는 아동양육에 드는 비용을 국가가 보조함으로써 가정의 빈곤함을 방지하고 아동이 건강하게 성장할 수 있도록 도와주는 제도적 장치가 되어 준다. 그러나 그 재원 확보를 위한 국민적 합의가 여전히 어려운 과제로 남아 있다(한미현 외, 2016).

2) 아동복지법 및 관계법의 기능 강화

우리나라 「아동복지법」은 이념상으로 보편적 아동복지를 표방하지만, 법 규정에서는 요보호아동에 대한 보호사업 중심이다. 이러한 면에서 앞으로 보편적인 아동을 대상으로 가족기능 강화사업 내용이 보완될 필요성이 대두된다. 우리나라의 경우 가정위탁보호사업, 입양사업의 활성화가 중요한 기조가 되는 상황을 감안해 볼 때, 문제점으로 가정 소득을 위한 다자녀 만들기, 장애아동 입양 특혜 등은 인권적 측면에서 문제점으로 대두되고 있음을 알 수 있다. 이러한 의미에서 인권적 사각지대를 검토한다는 의미에서 국가 및 사회적 의무로 입양 감독권 및 입양부모의 조건을 더욱 강화하고 시대적 변화와 현실에 반영할 수 있는 법과 체계의 개선과 방안의 모색이 요구된다.

3) 지역사회 중심의 저소득층 아동지원 체계 강화

아동지원센터는 전국 읍 · 면 · 동에 위치하여 아동과 가장 가까운 곳에서 돌봄서비스를 제공하는 지역 밀착형 아동복지시설이다. 이곳에서 실시하는 프로그램은 5대 영역, 즉 생활지원, 학습지원, 놀이 및 특별활동 지원, 사례관리, 지역자원 연계 프로그램 등으로 지역사회 아동에게 통합적인 복지서비스를 제공한다. 빈곤아동이 밀집한 지역에서 복지안전망으로서 역할이 충실히 이행될 수 있도록 다양한 각도에서 지원을 확대해야 한다.

이와 관련한 아동급식 지원사업은 아동이 가정빈곤, 가족해체, 가정위탁, 소년소녀가정, 부모 및 보호자의 실직 · 질병 · 가출 및 직업적 특성, 아동학대, 방임, 유기, 부양 기피 및 거부, 그 밖에 여러 가지 사유로 인해 결식 및 결식 우려가 있는 아동에게 식사 제공 등 건전 육성을 도모할 수 있도록 활성화가 필요하다. 그 밖에 결연 사업으로 시설보호 아동, 가정위탁보호 아동, 소년소녀가정 등 불우한 아동과 지역사회 이웃과의 결연으로 물질적 · 정서적 자원을 통해 이웃 사랑의 사회 기풍을 조성하고 불우 아동의 건전 육성을 도모하는 사업을 활성화시키는 방향이 필요할 것이다(보건복지부, 2007).

4) 아동복지서비스의 전달체계

아동복지서비스의 공급자와 소비자를 연결하기 위한 조직적 장치로, 아동복지 전달체계를 기능상으로는 아동복지서비스를 기획, 지원, 관리하는 행정체계와 전달자가 수급자와 실제적 상호 접촉을 통해 서비스를 전달하는 집행체계로 구분할 수 있다. 또한, 전달체계는 운영 주체에 따라 공적 전달체계(국가, 지방자치단체 등)와 사적 전달체계(복지재단, 자원봉사단체 등)로 구분되는데, 공적 전달체계는 정책을 주관하는 부서가 분산되어 있어 일관성 있고 통합적 방향에서 어려움을 가질 수 있다. 따라서 아동복지서비스에 있어서 공적 전달체계와 사적 전달체계가 긴밀하게 협력 · 통합될 수 있는 방안 모색이 절실하다.

제2부

아동권리와 복지의 실천

제7장 보육아동을 위한 아동복지

복지는 행복에 대한 사회과학 분야의 용어로 아동복지는 법과 제도의 정책적 접근과 프로그램 및 전문가에 의한 전문적 접근에 의해 아동의 행복을 추구한다. 과거에는 보호가 시급한 아동을 대상으로 하였으나 점차 모든 아동을 대상으로 아동의 권리를 보장하여 아동복지를 증진시키고자 한다. 본 장에서는 아동의 특성 및 복지의 개념을 이해하고, 아동의 권리 보장이 아동복지와 어떤 관련이 있는지 이해하고자 한다.

보육아동을 위한 아동복지서비스는 보충적 서비스(supplementary service)로, 가정 내에서 이루어지는 서비스이며, 부모가 해야 할 자신의 역할의 일부를 대행해 주는 서비스이다. 따라서 지지적 서비스와 상호 중복되는 측면이 있다. 보충적 서비스는 부족하거나 부적절한 부모의 역할을 보충해 주는 서비스이기 때문에 부모의 역할 일부를 보조받을 때, 부모는 다른 역할을 더 충실하게 수행할 수 있으므로 부모의 역할이 일시적 혹은 영구적으로 충분히 충족되지 못할 때 보충적 서비스가 필요하다.

1 보육의 개념

보육에 관해 『사회복지사전』(대구대학교 사회복지연구소 편, 1991)에서는 "낮 동안 다른 사람의 보호를 받아야 할 아동에게 주어지는 보호로 그 대상은 주로 영세시민이나 보호 능력이 없는 시민의 자녀이다."라고 정의하며, 『유아교육사전』(한국유아교육학회 편, 1996)에서는 "어린 생명을 보호, 육성하는 의미와 유아를 보호, 교육하는 것의 2가지의 의미를 갖고 있다."라고 하며, 유엔(1968)은 "아동이 그의 가정 내에서 정상적 양육을 받지 못할 경우 하루 중의 일정한 시간을 타인에 의해 주어지는 보호"라고 하며, 데커와 데커(Decker & Decker, 1984)는 보육이란 "영아에서 초등학교 연령까지의 아동을 대상으로 부모가 직장에 나가서 일하는 동안 하루 중의 일부 혹은 온종일 그들의 자녀를 보호하며 교육하는 것이다."라고 정의한다(전남련 외, 2007).

이상의 정의를 종합해 보면, 보육이란 전통적으로 아동의 양육자였던 어머니의 경제활동이나 사회참여 등으로 가정에서 정상적 양육을 받기 어려운 아동을 하루 동안 일정 시간 타인이 보호, 교육하는 것을 의미한다. 보육 개념은 1970년대 이후 아동의 보호뿐 아니라 교육도 매우 중요하게 강조하며 보호와 교육을 통합하는 방향으로 전환되어 care와 education의 개념을 합성한 educare로 사용하는 것이 최근의 경향이다.

그러나 보육의 개념은 종전의 부모의 근로시간 동안 사회경제적 지위가 낮은 가정을 대상으로 하여 가정을 대신해 음식, 안식처 등을 제공하는 보완적 역할에서 모든 아동을 대상으로 한 보호와 교육을 제공하는 보편적 사업으로 변화되고 있다. 아동은 보호와 교육을 받을 권리를 지닌 주체로서 보호자가 누구인지에 상관없이 자신의 개성과 잠재 능력을 계발하고 장차 자아실현을 할 수 있는 기반을 둬도록 평등하게 보호받고 교육받을 기회를 누려야 한다. 따라서 저자는 "영유아보육이란 6세 미만의 취학 전 영유아를 대상으로 하여 부모의 사회경제적 지위와 상관없이 아동의 권리로서 보호 · 교육 서비스를 제공하는 것"으로 정의한다(전남련, 2010; 전남련 외, 2012).

2 보육사업의 의의 및 목적

「영유아보육법」에서는 영유아의 심신을 보호하고 건전하게 보육하여 건강한 사회 구성원으로 육성함과 보호자의 경제적, 사회적 활동이 원활하게 이루어지도록 하여 영유아 및 가정의 복지증진에 이바지함을 목적으로 한다고 명시한다. 보육사업의 목적은 취업이나 기타 이유로 인한 여성의 자녀양육 문제를 해결해 주고 아동의 입장에서는 가정이 아닌 새로운 사회화 기관에서 다양한 발달 영역의 성장과 변화를 경험하게 되고 또래 및 교사와의 관계를 통해 사회적응 능력을 기른다는 면에서 의의가 있다. 빈곤계층이나 취업모의 자녀가 일반가정의 아동에게도 학령전 보육의 기회를 제공함으로써 다양한 보육 및 교육의 경험을 갖게 하고 아울러 장애아보육이나 시간제 보육 등 보육사업의 확대를 통해 아동 및 부모의 욕구를 충족시켜 주고 있다(한성심 외, 2015). 보육이념은 다음과 같다(영유아보육법 제3조).

- 보육은 영유아의 이익을 최우선적으로 고려하여 제공되어야 한다.
- 영유아가 안전하고 쾌적한 환경에서 건강하게 성장할 수 있도록 하여야 한다.
- 영유아는 자신이나 보호자의 성, 연령, 종교, 사회적 신분, 재산, 장애, 인종 및 출생지역 등에 따른 어떠한 종류의 차별도 받지 아니하고 보육되어야 한다.

3 보육사업의 유형

오늘날 보육 주체는 매우 다양하다. 보육의 설립 주체도 다양한 것은 두말할 나위 없다. 이는 사회가 아동과 부모 및 가족의 다양한 욕구와 요구를 충족시켜 주고자 노력하는 것이다. 이러한 사회적 충족은 바로 제도적 조치에 의해서 실현성이 높아지는데, 법에서 규정한 여러 가지 보육 유형에서 이러한 사실을 알 수 있다. 어린이집의 명칭은 ○○어린이집으로 하여야 하며 어린이집 명칭 외 다른 기관으로 오인할 수 있는 별도 명칭을 표기하거나 병기해서는 안 된다(영유아보육법 제23조 및 제34조 관련).

1) 보육시설 설립 주체에 따른 유형

- 국공립어린이집: 국가나 지방자치단체가 설치 · 운영하는 어린이집으로 주 이용자는 저소득층이며, 무료 혹은 저렴한 비용을 지불한다. 우리나라의 국공립 보육시설은 「영유아보육법」 제11조의 보육계획에 따라 도시 저소득 주민 밀집 주거지역 및 농어촌지역 등 취약 지역, 건축법에 따른 공동주택 중 대통령령으로 정하는 일정 세대 이상의 공동주택을 건설하는 주택단지 지역에 우선적으로 설치하여야 한다(영유아보육법 제12조).
- 사회복지법인어린이집: 사회복지사업법에 따른 사회복지법인이 설치 · 운영하는 어린이집으로써, 일반적으로 자선단체나 지역사회단체 혹은 종교단체에 의해 운영되는 보육시설로 보통 저소득층 가정의 유아를 대상으로 한다.
- 법인 · 단체 등 어린이집: 각종 법인(사회복지법인을 제외한 비영리법인)이나 단체 등이 설치 · 운영하는 어린이집으로, 즉 대통령령으로 정하는 어린이집으로써(영유아보육법 제9조), 종교단체, 근로복지공단, 교육훈련시설, 법인 또는 학교 법인이 설치 · 운영하는 어린이집을 말한다(동법 시행령 18조). 상시 영유아 21명 이상 운영하는 시설이다.
- 직장어린이집: 사업주가 사업장의 근로자를 위하여 설치 · 운영하는 어린이집으로써, 상시 영유아 5명 이상 운영하는 시설이며, 국가나 지방자치단체의 장이 소속 공무원을 위하여 설치 · 운영한다. 사업주가 직장어린이집을 설치하여야 하는 사업장은 상시 여성근로자 300명 이상 또는 상시근로자 500명 이상을 고용하고 있는 사업장으로 한다(동법 시행령 20조).

- 가정어린이집: 개인이 가정이나 그에 준하는 곳에 설치 · 운영하는 어린이집으로써 상시 영유아 5명 이상에서 20명 이하로 운영하는 시설이다.
- 협동어린이집: 보호자 또는 보호자와 보육교직원이 조합(영리를 목적으로 하지 않는 조합에 한정함)을 결성하여 설치 · 운영하는 어린이집으로써 상시 영유아 11명 이상 운영하는 시설이다. 협동어린이집은 보육 영유아 보호자 11명 이상 또는 보호자 보육교직원을 합하여 11명 이상의 출자가 있어야 한다(동법 제9조 관련).
- 민간어린이집: 민간어린이집은 사립기관에 해당되며 일반적으로 영리를 추구하는 시설로써, 비교적 독립적으로 운영한다. 영유아 인원은 상시 21명 이상 운영한나는 규정을 가진다.

2) 영유아보육 서비스 실제

(1) 어린이집 생활기록

어린이집의 이용대상은 보육이 필요한 영유아를 원칙으로 한다. 다만, 필요한 경우 어린이집의 원장은 만 12세까지 연장하여 보육할 수 있다(동법 제27조). 따라서 정하는 기준에 따라 생활기록부를 작성 · 관리하여야 하되(동법 제29조), 어린이집의 원장은 영유아 생활지도 및 초등학교 교육과의 연계 지도에 활용할 수 있도록 영유아의 발달상황 등을 종합적으로 관찰 · 평가하여 보건복지부장관이 정하는 기준에 따라 생활기록부를 작성 · 관리하여야 한다(동법 제29조의2).

(2) 치료 및 예방조치

어린이집의 원장은 건강진단 결과 질병에 감염되었거나 감염될 우려가 있는 영유아에 대하여 그 보호자와 협의하여 질병의 치료와 예방에 필요한 조치를 하여야 한다.

어린이집의 원장은 건강진단의 결과나 그 밖에 의사의 진단 결과, 감염병에 감염 또는 감염된 것으로 의심되거나 감염될 우려가 있는 영유아, 어린이집 거주자 및 보육교직원을 보건복지부령으로 정하는 바에 따라 어린이집으로부터 격리시키는 등 필요한 조치를 할 수 있다(동법 제32조).

(3) 무상보육

어린이집 무상교육 관련 항목은 다음과 같다(동법 제34조).

- 국가와 지방자치단체는 영유아에 대한 보육을 무상으로 하되, 그 내용 및 범위는 대통령령으로 정한다.
- 국가와 지방자치단체는 장애아 및 「다문화가족지원법」 제2조 제1호에 따른 다문화가족 자녀의 무상보육에 대하여는 대통령령으로 정하는 바에 따라 그 대상의 여건과 특성을 고려하여 지원할 수 있다.
- 무상보육 실시에 드는 비용은 대통령령으로 정하는 바에 따라 국가나 지방자치단체가 부담하거나 보조하여야 한다.
- 보건복지부장관은 어린이집 표준보육비용 등을 조사하고 그 결과를 바탕으로 예산의 범위에서 관계 행정기관의 장과 협의하여 국가 및 지방자치단체가 부담하는 비용을 정할 수 있다.
- 국가와 지방자치단체는 자녀가 2명 이상인 경우에 대하여 추가적으로 지원할 수 있다.
- 무상보육을 받으려는 영유아와 장애아 및 다문화가족의 자녀를 보육하기 위하여 필요한 어린이집을 설치 · 운영하여야 한다.

(4) 양육수당(동법 제34조)

국가와 지방자치단체는 어린이집이나 「유아교육법」 제2조에 따른 유치원을 이용하지 아니하는 영유아에 대하여 영유아의 연령과 보호자의 경제적 수준을 고려하여 양육에 필요한 비용을 지원할 수 있다.

(5) 건강관리 및 응급조치(동법 제31조)

- 어린이집의 원장은 영유아와 보육교직원에 대하여 정기적으로 건강진단을 실시하는 등 건강관리를 하여야 한다.
- 어린이집의 원장은 영유아에게 질병 · 사고 또는 재해 등으로 인하여 위급 상태가 발생한 경우 즉시 응급의료기관에 이송하여야 한다.

(6) 건강진단(동법 시행규칙 제33조)

- 어린이집의 원장은 보육하고 있는 영유아 및 보육교직원에 대하여 1년에 한 번 이상 건강진단을 실시하여야 한다. 다만, 보호자가 별도로 건강검진을 실시하여 검사 결과 통보서를 제출한 영유아에 대해서는 건강진단을 생략할 수 있다.
- 영유아의 건강진단 항목에는 신체계측, 시력검사, 구강검사 등 영유아 발달 단계에 따라 필요한 항목이 포함되어야 한다.

(7) 어린이집 안전공제사업

- 어린이집 상호 간의 협동조직을 통하여 어린이집의 안전사고를 예방하고 어린이집 안전사고로 인하여 생명 · 신체 또는 재산상의 피해를 입은 영유아 및 보육교직원 등에 대한 보상을 하기 위하여 보건복지부장관의 허가를 받아 어린이집 안전공제사업을 할 수 있다.
- 어린이집의 원장은 공제회의 가입자가 된다(동법 제31조).

(8) 비용의 보조

국가나 지방자치단체는 대통령령으로 정하는 바에 따라 어린이집의 설치, 보육교사(대체교사를 포함함)의 인건비, 초과보육(超過保育)에 드는 비용 등 운영 경비 또는 지방 육아종합지원센터의 설치 · 운영, 보육교직원의 복지증진, 취약 보육의 실시 등 보육사업에 드는 비용, 폐쇄회로 텔레비전 설치비의 전부 또는 일부를 보조한다(법 제36조).

(9) 폐쇄회로 텔레비전의 설치 등

- 어린이집을 설치 · 운영하는 자는 아동학대 방지 등 영유아의 안전과 어린이집의 보안을 위하여 「개인정보 보호법」 및 관련 법령에 따른 폐쇄회로 텔레비전을 설치 · 관리하여야 한다.
- 폐쇄회로 텔레비전을 설치 · 관리하는 자는 영유아 및 보육교직원 등 정보 주체의 권리가 침해되지 아니하도록 다음의 사항을 준수하여야 한다.
- 어린이집을 설치 · 운영하는 자는 폐쇄회로 텔레비전에 기록된 영상정보를 60일 이상 보관하여야 한다.
- 폐쇄회로 텔레비전의 설치 · 관리기준 및 동의 또는 신고의 방법 · 절차 · 요건, 영상정보의 보관기준 및 보관기간 등에 필요한 사항은 보건복지부령으로 정한다(동법 제15조).

(10) 취약보육의 종류 서비스

취약보육은 다음의 보육을 포함한다(동법 시행규칙 제28조).

- 영아 보육: 만 3세 미만의 영아를 대상으로 보육서비스를 제공하는 것
- 장애아 보육: 「장애인복지법」 제32조에 따라 장애인으로 등록된 영유아 등에게 보육서비스를 제공하는 것
- 다문화아동 보육: 「다문화가족지원법」 제2조 제1호에 따른 다문화가족의 영유아 등에게 보육서비스를 제공하는 것
- 시간연장형 보육: 기준 보육시간 외에 시간을 연장하여 보육서비스를 제공하는 것

(11) 보육교직원의 직무(동법 제18조)

- 어린이집의 원장은 어린이집을 총괄하고 보육교사와 그 밖의 직원을 지도 · 감독하며 영유아를 보육한다.

- 보육교사는 영유아를 보육하고 어린이집의 원장이 불가피한 사유로 직무를 수행할 수 없을 때는 그 직무를 대행한다.

(12) 취약보육의 우선 실시(동법 제26조)

- 국가나 지방자치단체, 사회복지법인, 그 밖의 비영리법인이 설치한 어린이집과 대통령령으로 정하는 어린이집의 원장은 영아 · 장애아 · 「다문화가족지원법」에 의해 다문화가족의 아동 등에 대한 보육을 우선적으로 실시하여야 한다.
- 보건복지부장관, 시 · 도지사 및 시장 · 군수 · 구청장은 취약보육을 활성화하는 데 필요한 각종 시책을 수립 · 시행하여야 한다.

(13) 일시보육 서비스

국가 또는 지방자치단체는 무상보육 및 「유아교육법」 제24조에 따른 무상교육 지원을 받지 아니하는 영유아에 대하여 필요한 경우 일시보육 서비스를 지원할 수 있다. 이 경우 일시보육 서비스의 종류, 지원대상, 지원방법, 그 밖에 일시보육 서비스의 제공에 필요한 사항은 보건복지부령으로 정한다(동법 제26조).

(14) 어린이집 이용대상

어린이집의 이용대상은 보육이 필요한 영유아를 원칙으로 한다. 다만, 필요한 경우 어린이집의 원장은 만 12세까지 연장하여 보육할 수 있다(동법 제27조).

(15) 보육의 우선 제공(동법 제28조)

국가나 지방자치단체, 사회복지법인, 그 밖의 비영리법인이 설치한 어린이집과 대통령령으로 정하는 어린이집의 원장은 다음의 어느 하나에 해당하는 자가 우선적으로 어린이집을 이용할 수 있도록 하여야 한다. 다만, 「고용정책 기본법」에 따라 고용촉진시설의 설치 · 운영을 위탁받은 공공단체 또는 비영리법인이 설치 · 운영하는 어린이집의 원장은 근로자의 자녀가 우선적으로 어린이집을 이용하게 할 수 있다. 사업주는 사업장 근로자의 자녀가 우선적으로 직장어린이집을 이용할 수 있도록 하여야 한다.

- 「국민기초생활 보장법」에 따른 수급자
- 「한부모가족지원법」에 따른 보호대상자의 자녀
- 「국민기초생활 보장법」에 따른 차상위계층의 자녀
- 「장애인복지법」 장애인 중 보건복지부령으로 정하는 장애등급 이상에 해당하는 자의 자녀
- 「다문화가족지원법」에 따른 다문화가족의 자녀
- 당뇨를 가진 경우로서 의학적 조치가 용이하고 일상생활이 가능하여 보육에 지장이 없는 영유아
- 그 밖에 소득 수준 및 보육수요 등을 고려하여 보건복지부령으로 정하는 자의 자녀

(16) 보육과정(동법 제29조)

- 보육과정은 영유아의 신체 · 정서 · 언어 · 사회성 및 인지적 발달을 도모할 수 있는 내용을 포함하여 교육하여야 한다.
- 국가(보건복지부장관)는 표준보육과정을 개발 · 보급하여야 하며 필요하면 그 내용을 검토하여 수정 · 보완하여야 한다.
- 어린이집의 원장은 표준보육과정에 따라 영유아를 보육하도록 노력하여야 한다.
- 어린이집의 원장은 보호자의 동의를 받아 일정 연령 이상의 영유아에게 보건복지부령으로 정하는 특정한 시간대에 한정하여 보육과정 외에 어린이집 내외에서 이루어지는 특별활동 프로그램을 실시한다. 이 경우 어린이집의 원장은 특별활동에 참여하지 아니하는 영유아를 위하여 특별활동을 대체할 수 있는 프로그램을 함께 마련하여야 한다.
- 보육과정, 특별활동대상 영유아의 연령 및 특별활동의 내용 등에 필요한 사항은 보건복지부령으로 정한다.

(17) 어린이집 입 · 퇴소(동법 제23조 및 34조 관련)

어린이집 원장은 어린이집 정원 범위 내에서 어린이집 입소를 신청한 영유아에 대하여 입소를 거부하여서는 안 된다. 또한, 재원 중인 영유아를 보호자의 의사에 반하여 퇴소시킬 수 없다. 다만, 영유아의 질병 또는 어린이집 폐지 등 정당한 사유가 있을 때 제외된다.

기타 영유아에 대한 보육서비스는 어린이집 운영기준에 의하여 급식관리, 안전관리, 위생관리, 차량 운영 등에 대해 국가 차원 및 각 보육기관의 서비스를 받을 수 있다.

4 보육사업의 발전역사 및 현황

보육사업의 발전 역사로, 보육정책 부재기(한일합방 이후~1960년대), 탁아소 시기(1961년 아동복리법~1968년), 어린이집 시기(1969~1981년), 새마을유아원 시기(1982년 유아교육진흥법~1990년), 보육시설의 양적 팽창기(1991년 영유아보육법~2003년), 보육시설의 질적 성장기(2004~2009년)로 구분하여 살펴보겠다(전남련 외, 2010).

1) 보육정책 부재기(한일합방 이후~1960년대까지)

우리나라의 보육사업은 1921년 태화기독교사회관이 서울에서 처음 보육 프로그램을 개설하면서 시작되었다. 그 후 1926년에 '부산공생탁아소'와 '대구은총탁아소'인 2개 시설이 설치 · 운영된 것을 계기로 1939년에 전국에 11개소의 공 · 사립보육시설에서 435명의 아동이 보육받은 것으로 되어 있다. 그러나 광복 이후부터 1960년까지는 한국전쟁을 전후한 정치적 · 사회적 혼란기로 정부가 보육사업에 대한 뚜렷한 방침을 세우지 못한 시기였고, 1953년 부산에 시립 탁아소가 설치된 것을 비롯하여 주로 빈민층 가정의 자녀를 단순히 보호해 줄 목적으로 설치된 당시의 보육시설은 육아시설과 별 차이 없이 시대적 요청에 따른 임시구호적 성격을 강하게 띠며 보육의 기능을 다하지 못하였다. 탁아소는 대부분 종교단체의 부속기관으로 극빈자 자녀를 위한 구빈적 성격을 띤 보호를 제공했고, 보육정책이 따로 없었으며, 명칭은 '탁아소'라고 불렸고, 종사자는 '보모'라고 하였다.

이 시기는 전시 · 전후의 위급한 상황에서 탁아사업의 예방적 기능보다 사후처리적이고 구호적인 복지정책만이 실시되었던 시기이다. 실질적 의미에서의 보육정책을 갖지 못한 시기로 보육정책 부재기라고 할 수 있다(민병순, 1997).

2) 탁아소 시기(1961년 아동복리법~1968년)

1961년 아동복리법을 제정하여 실시하면서 정부는 보육정책을 갖기 시작했고, 보편적 탁아사업의 시행을 위해 1961년 탁아소 설치 기준, 직원 배치 기준, 탁아시간, 탁아내용 등을 규정하는 「아동복리법」을 제공 · 공포했다. 「아동복리법 시행령」 제2조에서는 '보호자가 근로 또는 질병 등으로 인하여 양육하여야 할 아동을 보호할 능력이 없을 경우에 보호자의 위탁을 받아 그 아동을 입소시켜 보호함을 목적으로 하는 시설'을 탁아시설로 규정하고 정부의 지도 · 감독을 받도록 했다(김정자, 1991). 이로써 종래의 구빈적 성격에서 벗어나게 되고 아동의 복지를 보장하고 증진하기 위한 제도로 그 성격을 갖추기 시작한다. 이 시기는 보육정책의 법적 근거를 마련한 시기이고, 탁아소가 당시의 보육을 대표할 수 있다는 점에서 탁아소 시기라고 명명할 수 있다.

3) 어린이집 시기(1969~1981년)

1968년 '탁아소'를 '어린이집'으로 개칭하면서 '어린이집은 어린이가 자기 집처럼 생활하는 곳이며 생활을 통해 배우고 연마하는 곳'임을 강조하고 있어 탁아시설의 보육기능의 중요성이 부각되기 시작했고 시설의 설치비, 운영비, 인건비 등을 지원하였다.

또한, 1969년에는 단순히 보호의 차원을 넘어 교육도 가능하다는 인식을 확산시켜 시설이용자가 증가하였다. 이러한 과정에서 어린이집이 1968년 292개소에서 1971년 464개소, 1976년 607개소로 양적 측면에서 급격히 증가했으나, 질적 수준은 매우 미흡한 상태에 있었다. 이러한 문제점을 개선하기 위해 1977년에 어린이집의 수가 600개소를 넘어서자 보건복지부에서는 탁아시설의 법인화를 유도했다. 그러나 경제발전으로 취업모가 늘어나고 입소대상 아동이 증가하자 보건사회부는 1978년 어린이집을 일반가정 아동에게 개방하고 '탁아시설운영방안'을 발표했다. 이로 인해 도시지역 빈곤계층 아동의 건전한 성장을 도모하고 경제적 어려움을 완화해 준다는 탁아의 본래 목적이 퇴색되면서 중산층 위주의 수익자 부담 원칙에 입각하여 운영되는 시설로 변화하기 시작했다(김정희, 1992).

1981년 5월 기준 보건사회부가 관장하는 어린이집의 시설 수도 증대하여 전국에 657개로, 이 시기는 보육시설이 나름대로 제 위치를 확보하기 시작했다고 할 수 있다. 「아동복리법」의 제정과 정부의 재정지원 및 어린이집으로 명칭을 변경하는 등의 조치를 취함으로써 보육시설의 토대를 확립하였다(전남련 외, 2012).

4) 새마을유아원 시기(1982년 유아교육진흥법~1990년)

제5공화국 출범과 함께 청와대에는 '교육 · 문화비서실'이 신설되고(1980. 9.), 대통령이 새 정부의 주요 시책으로 유아교육에 적극적 관심을 표명하자 유아교육의 중요성도 갑자기 강조되기 시작했다. 문교부는 유아교육자료를 개발하고 국립대학에 유아교육과를 신설하는 한편 '초등학교 병설유아교실'을 155개 초등학교에 설치 · 운영해 왔으나, 대도시의 경우 과밀학급문제로 폐지하고 농어촌에만 유아교육진흥책의 일환으로 증설하였다. 동시에 5세 취학문제까지 고려하는 등 적극적 유아교육진흥을 위한 계획을 구성해 나갔다.

내무부는 1981년부터 '새마을협동유아원'을 운영하기 시작하였다. 1982년 구체적인 '유아교육기능 종합 정비방안'이 마련되어 내무부 운영의 새마을협동유아원, 보건사회부의 어린이집, 농업진흥청의 농번기 탁아소 등 유치원 이외의 기존의 아동보육담당시설을 통합, 새마을유아원으로 명칭을 통일하고 시설의 설치와 운영은 내무부가 교육목표의 설정과 장학지도, 교사양성, 교재개발 등은 문교부, 보건의료지원은 보건사회부에서 각각 분담하도록 했다.

1982년 2월 탁아시설 운영부서가 보건사회부에서 내무부로 흡수 · 이관되었다. 이로써 우리나라에서는 공인된 보육시설이 없어지고 유치원과 새마을유아원만이 보육기관으로 존재하게 되었다. 1982년 4월 1일 '유아교육진흥 5개년 계획'이 공식 발표되고 제114회 국회에 「유아교육진흥법(안)」이 상정되어 문공위원회의 심의를 거쳐 1982년 12월 15일 본회의에서 통합 · 확정되었다. 이에 따라 「아동복지법」에 마련되었던 탁아규정은 무효되어 삭제되고 당시 691개 어린이집은 유아교육진흥법에 근거한 새마을유아원으로 통합되었다(전남련 외, 2012). 그러나 새마을유아원은 여러 가지 문제점이 제기되었다. 보육행정은 유아교육이나 아동복지와는 거리가 먼 내무부 행정공무원이 담당했고 당초 정부가 관심을 표명한 요보호대상인 취학 전 아동에 대한 보육을 교육과 복지의 통합적 개념으로 보지 않고 유아교육진흥에만 집중하였다. 이 사업을 수행하는 내무부가 비전문 부처로서 단기간에 눈에 보이는 성과를 이루려는 실적 위주의 정치적 의도에서 출발한 것이 문제로 지적되었다. 보건복지부에서는 늘어나는 보육수요에 적극적으로 대처하고 아동의 건전한 육성은 물론 저소득층 맞벌이 부부의 자립지원을 통한 가정복지 증진을 도모하기 위해 보육시설의 설치기준과 운영방법을 규정하여 대대적으로 보육사업의 확충계획을 마련했다(보건사회부, 1991).

제5공화국 정부에 의해 주도된 보육시설체제의 변혁은, 결국 보육보다 유아교육이 앞서는 시기로 보육의 욕구가 커짐에도 보육이 오히려 위축되는 시기로 볼 수 있으며, 새마을유아원이 보육과 교육을 대표하는 시기로 볼 수 있다(민병순, 1997).

5) 보육시설 양적 팽창기(1991년 영유아보육법~2003년까지)

제6공화국이 들어서자 보건사회부에서는, 늘어나는 탁아수요에 적극적으로 대처하기 위해 개정한 「아동복지법 시행령」이 시설 설치의 주체가 법인으로 한정되는 등의 제약 요인과 탁아사업의 관장 부서가 다원화되어 있어 효율적 사업추진에 문제점이 많다는 여론에 따라 보호와 교육을 포괄하는 보육사업을 위한 별도의 독립된 법을 제정하기에 이르렀고, 1990년 12월 정기국회에서 「영유아보육법」이 통과되어 보건사회부로 그 주관 부서가 일원화되고 보육수요에 대처하기 위한 시설 확충 및 지원계획 등을 추진하게 되었다(이윤희, 1993). 여성계와 노동계를 중심으로 보육문제의 심각성이 제기되면서 마침내 1991년 초 「영유아보육법」을 제정 · 시행하기에 이르렀다. 「영유아보육법」이 공포되면서 영유아 보육시설의 설치가 다양해졌다.

이전에 사회복지법인 등 비영리법인만이 설치할 수 있도록 되어 있는 보육시설 설치 요건을 완화하여 일반 법인, 단체는 물론 개인도 일정한 여건을 갖추면 보육시설을 설치할 수 있도록 하여 민간이 보육사업에 참여하는 것을 적극적으로 유도했다. 또한, 구체적으로 보육시설의 신규설치를 제약하는 건축법령을 개선하여 건물용도와 지역에 관계없이 보육시설을 설치할 수 있도록 완화하여, 약 9년 사이에 보육시설의 능력이 13배 이상 증가하게 되었다. 그러므로 이 시기를 보육시설의 양적 팽창기라 명명할 수 있다. 특히, 민간 및 가정보육시설에서 많은 아동이 보육을 받은 것으로 나타났다(한국보육시설연합회 홈페이지).

1991년 「영유아보육법」을 대통령특별법으로 제정 · 공포하여 보육사업에 대해 새로운 의미를 부여하고, 좀 더 체계적인 보육사업을 실시하며, 과거 '탁아'라는 용어 대신 보호와 교육을 통합한 보육(educare)으로 기능을 확대했다. 「영유아보육법 시행규칙」은 1992년, 1994년, 1996년 세 차례에 걸쳐 개정되었는데, 여기에는 보육에 지장이 없는 범위 안에서 시설 종사자에 대한 기준의 조정 등 그 기준을 대폭 완화하였다(보건복지부, 1997).

<표 7-1> 연도별 어린이집 설치·운영 현황 (단위: 개소)

시점	합계	국·공립 어린이집	사회복지 법인 어린이집	법인·단체 등 어린이집	민간 어린이집	가정 어린이집	협동 어린이집	직장 어린이집
2019	37,371	4,324	1,343	707	12,568	17,117	159	1,153
2018	39,171	3,602	1,377	748	13,518	18,651	164	1,111
2017	40,238	3,157	1,392	771	14,045	19,656	164	1,053
2016	41,084	2,859	1,402	804	14,316	20,598	157	948
2015	42,517	2,629	1,414	834	14,626	22,074	155	785
2014	43,742	2,489	1,420	852	14,822	23,318	149	692
2013	43,770	2,332	1,439	868	14,751	23,632	129	619
2012	42,527	2,203	1,444	869	14,440	22,935	113	523
2011	39,842	2,116	1,462	870	14,134	20,722	89	449
2010	38,021	2,034	1,468	888	13,789	19,367	74	401
2009	35,550	1,917	1,470	935	13,433	17,359	66	370

출처: 통계청(2020).

<표 7-2> 연도별 어린이집 보육아동 현황(2020년)

시점	합계	국·공립 어린이집	사회복지 법인 어린이집	법인·단체 등 어린이집	민간 어린이집	가정 어린이집	협동 어린이집	직장 어린이집
2019	1,365,085	232,123	86,775	38,538	664,106	273,399	4,121	66,023
2018	1,415,742	200,783	92,787	41,298	711,209	302,674	4,360	62,631
2017	1,450,243	186,916	96,794	43,404	738,559	321,608	4,508	58,454
2016	1,451,215	175,929	99,113	45,374	745,663	328,594	4,240	52,302
2015	1,452,813	165,743	99,715	46,858	747,598	344,007	4,127	44,765
2014	1,496,671	159,241	104,552	49,175	775,414	365,250	3,774	39,265
2013	1,486,980	154,465	108,834	51,684	770,179	364,113	3,226	34,479
2012	1,487,361	149,677	113,049	51,914	768,256	371,671	2,913	29,881
2011	1,348,729	143,035	112,688	50,676	706,647	308,410	2,286	24,987
2010	1,279,910	137,604	114,054	51,126	671,891	281,436	1,898	21,901
2009	1,175,049	129,656	112,338	52,718	623,045	236,843	1,655	18,794

* 아동수: 현원(종일, 야간, 24시간, 방과후) 기준

출처: 통계청(2020).

<표 7-3> 연도별 어린이집 보육교직원 현황(2020년) (단위: 명)

시점	합계	원장	보육교사	특수교사	치료사	영양사	간호사	사무원	조리원	기타
2019	331,444	37,168	239,973	2,014	658	923	1,121	1,103	31,090	17,394
2018	333,419	38,975	239,996	2,017	633	927	1,170	1,099	30,634	17,968
2017	330,217	40,085	235,704	2,106	600	944	1,249	1,135	30,180	18,214
2016	321,766	40,901	229,548	2,115	567	934	1,296	1,142	28,999	16,264
2015	321,067	42,338	229,116	1,981	549	914	1,226	1,154	28,112	15,677
2014	311,817	43,532	218,589	1,856	546	926	1,254	1,140	28,568	15,406
2013	301,719	43,550	212,332	1,776	529	848	1,211	1,171	26,710	13,592
2012	284,237	42,164	204,946	1,717	520	771	1,118	1,138	22,866	8,997
2011	248,635	39,546	180,247	1,341	550	706	891	934	17,457	6,963
2010	229,084	37,601	166,937	1,248	532	649	833	850	14,467	5,967
2009	206,912	35,424	150,477	1,103	538	624	763	802	11,806	5,375

출처: 통계청(2020).

이와 같은 정부의 새로운 인식과 체계적인 개입은 과거 개인의 영역으로 생각했던 보육의 책임을 이제는 사회적 책임으로 인식하여 국가적 차원에서 보육사업을 수용하고자 하였음을 의미하는 것으로, 보육사업이 새로운 전환점을 맞고 있음을 뜻한다.

우리나라는 위와 같은 여러 단계로 보육정책이 형성 · 발달하면서 이제 보육시설은 보육과 교육을 함께 서비스 받을 수 있는 보육기관으로 인식되었다.

6) 보육정책 질적 성장 전기(2004~2009년)

1991년 「영유아보육법」 제정 후 2003년까지 보육시설이 양적으로는 성장하였으나, 질적 수준은 유치원보다 미흡한 상태였다.

2004년 1월 29일 「영유아보육법」의 전면 개정안(2005. 1. 30. 시행)이 공포되면서 보육서비스의 다양화와 질적 수준의 향상, 보육에 대한 공적 책임 강화를 통해 보육사업이 더욱 발전할 수 있는 계기가 마련되었다(보건복지부, 2004). 즉, 국공립보육시설 확충, 저소득 계층 자녀의 보육기회 확보, 방과 후 보육 실시, 정부의 보육비용 부담 강화, 보편주의 보육이념 표방 등을 규정하여 보육의 공공성을 확보하고 보육의 질을 높이기 위한 노력이 다각적으로 모색되었다. 「영유아보육법」은 1991년 제정된 이후, 2004년 「영유아보육법」의 개정, 2005년 「영유아보육법」과 「영유아보육법 시행규칙」의 일부 개정으로 보육의 공공성 확보, 보육예산 증가뿐만 아니라 여성가족부에서는 보육교사 자격관리 및 보육시설의 평가인증제, 시설장의 국가 자격증 도입, 보육시설위원회 설치 의무화 등 보육시설의 운영의 책임성과 투명성을 강화, 보육시설 사전 상담제 실시 등 여러 방면으로 보육의 질을 높이고자 노력하고 있다(전남련 외, 2012).

2006년 11월 표준보육과정을 마련함으로써 영유아의 건강 및 안전과 발달을 위한 보육환경과 보육내용을 구체적으로 제시하였다. 2008년 보육정책이 보건복지부로 이관되면서 보육정책은 보육의 질적 수준 향상, 수요자 중심의 정책 등을 추구하게 되었다.

<표 7-4> 2019년 유아 천명당 보육시설 수(시도/시/군/구)

행정구역별	유아 천명당 보육시설 수 (A÷B×1,000)(개)	보육시설(A) (개)	주민등록인구(0~5세)(B) (명)
전국	16.4	37,371	2,285,605
서울특별시	15.4	5,698	369,938
부산광역시	13.8	1,848	134,093
대구광역시	12.9	1,322	102,851
인천광역시	15.4	2,049	133,224
광주광역시	16.6	1,122	67,419
대전광역시	19.4	1,288	66,304
울산광역시	14.6	842	57,822
세종특별자치시	13.4	359	26,837
경기도	17.4	11,305	651,271
강원도	17.5	1,036	59,096
충청북도	15.9	1,130	70,938
충청남도	18.2	1,812	99,617
전라북도	17.9	1,288	72,052
전라남도	15.2	1,147	75,543
경상북도	16.7	1,844	110,542
경상남도	18.0	2,777	154,348
제주특별자치도	15.0	504	33,710

- 유아: 0~5세 인구
- 6세 이상이면서 어린이집에 다니는 경우가 일부 있으나, 그 수가 미미해 대상 연령에서 제외
- 보육시설: 국공립, 사회복지법인, 법인 · 단체, 민간, 가정, 협동, 직장 어린이집을 모두 합산

출처: 통계청(2020).

7) 보육정책 질적 성장 후기(2010년~현재)

이 시기는 아이사랑플랜의 수립 및 시행 시기로 제1차 중장기 보육계획(새싹플랜, 2006~2010년)을 보완 · 수정하였다. 그 내용으로 국가 책임의 강화와 수요자 중심으로 개편하는 보육정책의 수립 · 시행, 어린이집 이용자에 대한 보육료 지원 확대, 시설 미이용 가구에 대한 양육수당 도입, 어린이집평가인증 활성화, 보육 전자바우처(아이사랑카드) 도입, 보육서비스 질적 제고, 공공형 어린이집 사업 도입 등이 이루어졌다. 2012년부터는 취학 전 모든 만 5세 유아를 대상으로 통합 교육과정인 '누리과정'을 적용하였다. 만 5세 유아의 보육교육에 대한 국가 책임이 강화되고 보육과정과 교육과정이 통합되었다(이순형 외, 2012). 2013년 무상보육정책이 확대되어 2013년 처음으로 3~5세 유아의 보육료에 대한 정부 기준액과 모든 0~2세 영아에게 어린이집 이용단가 전액을 지원하기 시작하였다. 2013년 5세 보육료는 지방교육재정 교부금에서 전액 부담, 3~4세 보육료는 국비, 지방비 및 지방교육재정 교부금에서 함께 부담한다. 또한, 양육수당은 가정에서 영유아를 양육하는 경우 2015년을 기준으로 부모에게 10만~20만 원을 지원한다. 어린이집 미이용 아동의 양육수당은 2013년부터 모든 소득 수준과 연령 제한을 없애고 모든 유아에게 정해진 단가를 지원하고 있다. 양육수당제도 도입은 정책적으로 어린이집을 이용하는 부모와 가정에서 양육하는 부모 간 정부 지원의 형평성 문제를 부분적으로 해소하고 부모의 선택권을 보장하였다는 긍정적인 측면이 있다(황옥경, 2013).

그리고 육아종합지원센터 설치는 보건복지부장관과 지방자치단체의 장이 설치 · 운영 하는 육아지원기관(법 제7조)으로써 보육 및 양육에 관한 정보의 수집 · 제공 및 보육교직원 · 부모상담 등을 제공된다. 사업목적은 지역사회 내 육아지원을 위한 거점 기관으로 어린이집 지원 · 관리 및 가정양육 보호자에 대한 맞춤형 지원, 즉 보육 컨설팅, 교직원 상담 및 교육 등 어린이집 지원 기능과 부모에 대한 상담 및 교육, 일시보육서비스 제공 등 가정양육 지원 기능의 지역 내 원스톱(one-stop) 육아지원서비스 제공 등, 어린이집을 비롯하여 지역사회의 주민에 이르기까지 다양한 보육서비스가 이루어져 다양한 보육의 질 향상에 크게 기여한다.

전국 육아종합지원센터 설치는 현재 서울특별시 중앙육아종합지원센터 1개소를 비롯하여 서울특별시 27개소, 부산 4개소, 대구 2개소, 인천 6개소, 광주 1개소, 대전 1개소, 울산 3개소, 세종 1개소, 강원 2개소, 충북 2개소, 경기 25개소, 충남 2개소, 전북 5개소, 경북 3개소, 경남 4개소, 제주 1개소 등 전국 총 90개소가 설치 · 운영된다(2016년도 보육사업안내).

5 보육서비스 과제

1) 보육의 공공성

최근 보육정책의 흐름은 요보호아동에 대한 선별적 차원의 보육에서 일반아동을 대상으로 한 보편적 보육이 적극적으로 이루어진다. 이러한 보육정책은 공공서비스의 형태이므로 국가 책임하에 관리 · 지원하여 보육의 공공성을 확보하도록 한다(이순자 외, 2015). 영유아를 주체로 보고 사회적 계층, 부모 특성, 환경 등에 관계없이 영유아에 대한 보육서비스가 제공되어야 한다.

2) 수요자 중심의 보육서비스 지원 강화

보육수요층이 다양해진 만큼, 다양한 보육서비스 제공이 필수적이나, 보육기관에서는 이러한 수요층을 수렴하지 못하는 실정으로, 취업여성은 육아로 인해 노동단절과 저출산 등으로 이어진다.

물론, 현재 보육기관은 시간 연장, 휴일보육, 방과후 보육, 24시간 보육 서비스, 일시보육, 장애영유아 보육 등 다양한 보육서비스를 제공하고 있지만, 현실적으로 수요자는 아이를 제대로 맡길 곳이 없다고 하소연하고 있다. 그 이유는 오전에 영유아를 보육한 교사가 오후에도 연장하여 보육하는 상황이 대부분이며, 어떤 보육기관에서는 교사가 요일을 정하여 종일반을 맡아 교육하고, 유치원 종일반 보육도 한 교사가 오전부터 오후까지 영유아를 맡아 교육과 보육을 해야 하는 상황으로, 교사의 정신적 · 육체적 한계로 양질의 보육서비스가 이루어질 수 없기 때문이다. 이러다 보니 기관에서는 취업모의 빠른 퇴근시간 요구 및 조금만 늦어도 부담을 갖게 하는 등 악순환이 어어져, 취업모는 심리적으로 부담을 느끼게 되어 많은 보육기관 및 다양한 서비스에도 불구하고, 여전히 조부모 보육부담으로 이어지고 있다.

앞으로 여성의 더 많은 사회진출 기회 등을 고려해 볼 때, 다양한 양질의 보육서비스가 제대로 이루어질 수 있는 수요자 중심의 사회 · 국가적 환경, 시스템 관리 등이 요구된다.

3) 보육교사의 전문성 제고

그동안 보육교사 국가자격증 제도를 도입하고 보육교사 양성 교과목의 취득학점을 상향 조정하여 보육교사 자격제도를 개선하고자 노력하였다. 그뿐만 아니라 현장에서는 어린이집 원장 연수 및 보수교육을 강화시켜 보육의 전문성을 향상시키고 있다. 그러나 여전히 사회적으로나 학부모는 보육교사의 전문성 확보를 요구한다.

이러한 문제에 대한 근본적 해결책으로 첫째, 3급 어린이집 교사 양성기관인 보육교사교육원과 2년제 교육양성기관(대학교)의 어린이집 교사 교육기간 연장(유아교육과는 3~4년제에서 자격취득, 아동보육과 · 사회복지과 어린이집 교사 자격취득은 2년제 양성과정 다수), 교원 양성과정에서의 철저한 학점관리 등이 요구된다.

둘째, 위탁기관에서 보수교육(유치원은 자격연수) 기간이 짧고 형식적인 시험통과(유치원 1급 교사자격은 40일 연수 및 시험실시) 후 어린이집 1급 교사 자격취득이 가능한 것에 대한 연수기간 연장 및 자격기준 강화, 어린이집 원장 자격기준 강화 등이 요구된다(유치원 원장자격증 법적 획득기간은 9년, 실질적인 적체 현상으로 15년 이상 걸림). 이러한 자격기준을 강화하려면 정책과 법의 개선이 필요하며, 동시에 우수한 복지 여건 및 근무 여건의 개선은 보육교사 전문성 제고로 이어질 수 있다.

4) 보육서비스 추진 인프라 확충 강화

2016년 정부는 중앙육아종합지원센터를 중심으로 전국에 90개소의 육아종합지원센터를 설치 · 운영 중이다. 이러한 육아종합지원센터는 인터넷을 통한 각종 정보 제공을 주요 업무로 하며, 그 외 어린이집 종사자 교육 등 이용자에게 직접적인 서비스를 제공한다. 그러나 어린이집과 시 · 군 · 구 행정기관 간 행정업무, 보육기관과 가정 연계, 지역사회 연계 등 인프라 구축 및 온라인화하여, 시설운영 현황 보고 및 국고보조금 신청, 예산집행 보고, 기타 서비스 제공 등 보육행정 전자 시스템 구축 및 체계화를 강화할 필요가 있다. 그리고 오프라인과 온라인 간 적절한 조화로 효율적이고 다각적인 서비스 충족도 필요할 것이다.

기타 중앙정부의 지도 · 감독 강화, 지역사회의 연계 강화, 가족지원체계로의 보육지원 서비스 강화 등이 요구된다.

제8장 한부모가족 아동과 이혼가족 아동

한부모가족에 대한 사회적 개입은 아동의 인권과 권리에서 매우 중요한 분야인데, 본 장에서는 가족이라는 범위에서 한부모와 미혼모에 대한 의미, 그들을 위한 정책이나 실천적 개입에 대해 다룬다. 또한, 이혼은 한 가정의 역사에서 트라우마로 작용할 수 있는 생애 사건으로, 이는 개인뿐만 아니라 가족체계의 차원에서도 중요하므로 세심한 주의를 기울여 다루어야 한다. 따라서 본 장에서는 이혼가족이 가지는 의미와 그 구성원으로의 아동에 대하여 살펴보며, 이에 따라 개입되어야 하는 관점과 주의점 등에 관하여 살펴보기로 한다.

1 한부모가족

한부모가족 아동의 특성의 이해를 위하여 한부모가족의 특성에 대한 이해가 중요하다. 한부모가족이 처한 경제적 취약성은 물론, 한부모가족 아동이 처할 수 있는 신체적 · 정서적 · 인지적 · 심리적 · 사회적 환경에 대한 점검이 필요하다. 또한, 한부모가족 아동이 인권과 권리를 누리며 발달 단계에 맞는 적절한 양육환경을 체계 안에서 누릴 수 있도록 학교, 지역사회, 아동복지적 차원에서 양육 지원을 점검해야 한다.

한부모가족의 아동이 외부환경, 또래집단, 선생님과의 올바른 경험을 통하여 건강한 가치관과 사고가 내재화될 수 있도록 하는 것이 중요하다. 가족의 결핍이 학교에서의 관계 형성에 영향을 미치지 않으며 건전한 학교생활의 적응을 통하여 아동의 향후 탄력성과 스트레스를 완화하는 보호적인 특성을 형성할 수 있도록 발달 단계에 맞는 신념체계를 올바로 형성해 나갈 수 있도록 하는 것이 중요하다.

이에 대하여 정부는 지역 아동을 위한 사회복지 프로그램 가운데 정부가 아동복지적 차원으로 운영하는 지역아동센터와 드림스타트 사업, 교육복지사업을 저소득층 · 빈곤가정의 아동에게 적절히 지원해야 한다. 즉, 지역아동센터를 통하여 아동의 보호, 교육 및 한부모 보호자와 지역사회를 연계하는 등 교육의 종합적 서비스를 지원할 수 있다. 위스타트와 드림스타트 역시 복지, 보건, 교육서비스를 통합적으로 제공하는 방편으로 한부모가족의 빈곤아동이 전인으로 발달할 수 있도록 국가적으로 지원하며 그에 대한 예방적 · 통합적 아동보호서비스 전달을 통하여 사회통합과 지속적인 성장을 추진한다.

모든 아동은 인권 차원에서 성별과 사회적 배경을 초월하여 건강하게 성장 · 발달할 권리가 있다. 특정 가족 구성원의 부재에 대해 아동에게 심리적으로 개입되지 못할 경우 불안과 분노와 무력감 등의 감정이 발생할 수 있다. 그러므로 전문가를 통한 일상생활에 대한 개입과 상담 등을 통하여 아동의 심리적 문제를 다룰 필요가 있다. 이러한 것이 자칫 소아우울(childhood depression)이나 심리적 발병 원인으로 우울행동장애(depressive conduct disorder) 등으로 나타나지 않도록 하는 주의 깊은 개입이 필요하다.

1) 가족이란?

(1) 가족법의 의의와 목적

우리나라의 법률 중에서 가족에 관한 법은 「민법」을 통하여 혼인관계, 친자관계, 상속관계 등을 규율하는 사항을 명시한다. 「민법」을 살펴보면 제4편(친족편), 제5편(상속편)과 「가족관계의 등록에 관한 법률」의 내용은 특히 가족의 관계 등을 규정하는 법이라 할 수 있다. 우리나라의 가족법은 1969년에 시행되어 친족의 정의와 범위를 법으로 명시하였으며, 법으로 약혼과 사실혼, 친생권 및 호주 승계, 상속과 유언 등으로 가족제도의 기본을 법으로 제시한다. 이후 2000년 10월에 동성동본 불혼 규정이 폐지되고, 부계 중심의 가족구성 원리의 근거가 되는 호주제도(동법 제778조)가 우리나라의 2005년 국회 본회에서 통과한 이후 2008년에 폐지되었다.

(2) 가족의 범위 및 규정

① 가족 범위

우리나라의 「민법(가족법)」에 개정된 가족의 범위를 살펴보면 배우자, 직계혈족 및 형제 · 자매, 직계혈족의 배우자, 배우자의 직계혈족 및 배우자의 형제 · 자매(동법 제779조)를 법적인 가족의 범위로 제시한다.

② 혼인 규정

혼인에 관한 조항으로 부부 간의 의무(동법 제826조), 성년의제(동법 제826조의 2)를 제시하며, 혼인의 효력에 대한 구체적 내용으로 부부 간의 가사 대리권(동법 제827조)과 부부 재산에 대한 약정과 변경(동법 제829조) 및 생활비용(동법 제833조) 등이 법으로 제시되어 있다.

③ 이혼 규정

우리나라 「민법」에서의 이혼은 협의상 이혼 및 재판상 이혼으로 각각 구분한다. 협의상 이혼의 경우는 가정법원의 확인을 받아서 「가족관계의 등록 등에 관한 법률」이 정한 바에 의하여 신고를 통해 효력이 성립되며 이혼에 관한 숙려기간을 거친다(동법 제836조). 재판상 이혼은 소송 등의 방법으로 배우자에 부정한 행위나 고의로 다른 일방을 유기한 경우, 배우자나 직계존속으로부터 심한 부당한 대우를 받았을 경우, 자기의 직계존속이 배우자로부터 심히 부당한 대우를 받았을 경우, 배우자의 3년 이상 생사가 분명하지 아니한 경우(동법 제840조)에 해당 가정법원에 이혼을 청구할 수 있다.

④ 부모-자녀 관계의 규정

「민법」에서 부모-자녀 관계에 관한 내용으로는 대체적으로 관계의 법적 효력이 규정되어 있으며 보호자로서 부모의 기능이 법적으로 부재하거나 부적절한 경우에는 후견인이나 친족이 대신하여 법적 책임자나 조력자의 기능을 수행할 수 있도록 되어 있다. 이러한 시점에서 현대사회의 아동복지서비스의 실천 유형은 가족의 위기 및 특수한 상황에 부합하는 생활적응 개입의 제공과 가족의 가족주기인 생활주기(life cycle)를 고려하는 서비스, 그리고 아동의 성장 욕구와 삶의 질 향상을 위한 서비스와 각종 성장 프로그램 등을 제공하기 위한 노력을 기울이고 있다.

⑤ 한부모가족

한부모가족이란 부모의 한쪽이 사망, 이혼, 실종 등으로 인하여 부 또는 모와 자녀로 구성된 가족을 의미한다. 그 밖에도 미혼모나 미혼부 등의 사유로 부모 중 한쪽이 부재하는 경우의 가족 형태에 따라 결합한 형태로 부자가족 또는 모자가족으로 구체화될 수 있을 것이다.

2) 한부모가족과 아동

(1) 한부모가족지원법

「한부모가족지원법」은 1989년 제정된 「모자복지법」을 모체로 하며, 배우자와의 사별, 이혼, 유기 및 별거 등으로 배우자가 없거나 배우자가 있어도 노동 능력을 상실하여 여성이 가정의 생계를 책임질 수밖에 없는 모자가정이 사회에서 자립 및 재활을 할 수 있도록 지원하기 위해 출발하였다. 그 이후 2002년 「모 · 부자복지법」으로 개정을 거쳐서 2007년부터 현재 「한부모가족지원법」으로 개정되기에 이르렀다. 2010년 3월에는 일부 개정을 통하여 시행되고 있다. '한부모가족'이란 「한부모가족지원법」의 제4조에서 '모자가족'은 모가 세대주이거나 사실상 부양하는 자를 포함하는 가족을 의미하며, '부자가족'은 부가 세대주이거나 세대원을 실제로 부양하는 자를 포함하는 가족을 뜻한다.

① 책임 주체 및 적용 대상자

「한부모가족지원법」에 따르면 '국가와 지방자치단체는 한부모가족의 복지를 증진할 책임을 지고, 모든 국민은 한부모가족의 복지증진에 협력하여야 하며(동법 제2조), 한부모가족의 모 혹은 부와 아동은 그가 가진 자산과 노동 능력 등을 최대한 활용하여 자립과 생활 향상을 위하여 노력하여야 한다(동법 제3조)'라고 명시한다.

② 한부모가족 복지 지원의 내용

「한부모가족지원법」의 내용을 살펴보면 복지급여, 복지자금의 대여 및 가족지원서비스 등의 현물급여와 전문서비스의 전반적인 부분을 포함하며, 한부모가족의 주거안정을 위해 국가 및 지방자치단체에서는 국민주택을 분양하거나 임대할 때 한부모가족에게 일정 비율이 우선적으로 분양될 수 있도록 하고 있다(동법 제12조, 제13조, 제17조, 제18조).

③ 한부모가족 복지시설

국가나 지방자치단체는 한부모가족 복지시설을 설치할 수 있으며 국가나 지방자치단체 이외의 자가 설치 및 운영하기 위해서는 이를 시장 · 군수 · 구청장에게 신고할 수 있다(동법 제20조). 한부모가족 복지시설의 종류로는 한부모가족 보호시설, 자립시설, 미혼모보호시설, 공동생활가정, 일시보호시설, 한부모가족 복지상담소 등이 있다.

④ 한부모가족 아동에 대한 보육의 개입 방향

한부모가족의 아동에 대한 보육의 개입은 사회적 돌봄의 자원을 충분히 활용하는 것이 바람직하다. 즉, 유아 관련 무상교육과 지역아동센터 및 각종 지자체와 단체로부터의 지원을 충분하게 활용하는 것이 바람직하다. 또한, 이들에 대한 건강가정지원센터 등의 상담 및 건강가정 프로그램의 아웃리치 서비스 등이 활용될 필요가 있다.

(2) 미혼모

① 미혼모의 정의

미혼모란 『사회사업사전』의 정의에 의하면 합법적인 결혼 절차 없이 임신 중이거나 출산한 여성을 의미한다. 또한, 미국의 국립 사회사업가협회에 따르면 미혼모의 정의는 처녀로 비합법적인 아기를 가지게 된 경우를 뜻한다. 이 경우는 이혼, 별거, 배우자 사망에서 법적 배우자와 관계없는 아이를 가진 여성을 뜻한다. 그러나 우리나라는 비합법적 혼외임신이나 혼외출산의 기혼여성을 미혼모로 간주하지는 않는다. 그러므로 미혼모 가족이란 미혼여성이 임신을 하여 자녀를 출생하여 가족을 구성한 경우에 해당하며 그 가족의 형태는 한부모가족이라 할 수 있다.

② 미혼모 아동의 발생 원인

미혼모 아동의 발생 원인은 매우 다양하다. 즉, 급격한 사회변동과 성에 대한 개방성 혹은 우발적 사고의 충동적 행동, 자극적 문화의 확산 등으로 볼 수 있다. 미혼모는 현대사회의 사회적 변화에 따라 청소년 미혼모나 혼외임신 등으로 발생할 가능성이 있으며, 물론 이에 대한 예방적 차원의 개입이 중요하나, 사후에 대한 사회적 대응 정도 역시 사회복지의 수준을 대변할 수 있다. 즉, 혼외출산이나 십 대 출산의 경우에 위기 대처에 대한 복지는 '버려지는 아기' 혹은 무분별한 방임을 미연에 방지하는 미혼모 시설 등이 정책적 방안일 수 있다.

현재 미혼모 비율은 점차 높아지며, 그 연령은 낮아지는 추세다. 이에 대한 복지의 사각지대는 미혼모에 의한 결손가정의 증가와 그들의 사회적 고립을 증가시킬 우려가 있다. 그러나 미혼모의 권리와 교육의 측면이 박탈당하지 않도록 하고, 이에 수반되는 사회적인 위기가 초래되지 않도록 관심과 대처가 필요하다. 미혼모나 미혼모의 아동은 잠정적으로 사회적 · 경제적 빈곤이나 심리적 위축으로 인한 비행과 연결될 수 있다. 따라서 아동복지의 영역에 있어서는 미혼모의 자녀양육과 생활지원의 영역이 함께 포함되어야 한다. 복지선진국에서는 자녀를 혼자서 양육하면서 사회적 낙인을 감당하게 되는 미혼모의 생활을 한부모 지원 정책 안에서 미혼모와 그들의 자녀를 지원하는 추세이다. 그러나 우리나라는 미혼모와 미혼모 자녀에 관한 정책적 지원이 미약하여 미혼모가족은 많은 어려움에 직면하고 있다. 미혼모가족을 위한 최우선 과제는 이들에 대하여 경제적으로는 삶의 권리적인 측면이 고려되어야 하며 사회적으로는 병리적인 관점에서 접근이 되어서는 안 될 것이다.

다양한 미혼모의 발생 원인을 다음과 같이 개인적, 가정적, 사회문화적, 경제적 요인 등에 관하여 살펴보고자 한다.

가. 개인적 요인

미혼모가 되는 개인적인 요인은 성격요인, 교육요인, 개인적 가치관이나 성 지식에 관한 태도 등 다양하다. 중요한 것은 미혼부가 충동에 의해 행동하는 빈도가 높으며 무책임하다는 면에서 여성뿐 아니라 남성의 책임도 중요하며 미혼모는 여성만의 문제만은 아님을 알 수 있다. 일반적으로 미혼모의 발생은 자칫 미래에 대한 희망이나 기대보다는 즉각적이고 충동적인 생활 성향이나 상황 판단과 문제해결 능력이 부족한 경향 때문일 수 있다.

나. 가정적 요인

가정적인 요인으로는 가족관계의 부조화나 결손환경을 들 수 있다. 또한, 가정의 사회적 · 경제적 수준이 낮은 경우에 자기존중감이 낮거나 부정적인 자아정체감을 갖게 되기 쉽다. 낮은 경제적 수준은 미래의 교육목표나 장래의 기대를 성취하기 위해서 현재의 성적 욕구를 유보하는 동기를 찾기 힘들며, 교육과 지인의 지원을 통한 문제를 해결할 자원이나 능력이 취약하다. 또한, 미혼자녀가 가출이나 이른 시기에 집을 떠나 취업 등을 할 경우 부모의 통제나 보호지도의 영역에서 벗어나게 되어 어린 나이에 미혼모가 될 수도 있다. 그러나 이보다는 결손이나 해체로 안정적이지 못한 갈등 상태에 의한 불안정한 정서 상태에서 미혼모의 발생이 이루어지는 경우가 많으며 부모의 이혼, 별거 등으로 인하여 안정적이지 못한 상황에서 예측하지 못한 임신이 이루어질 수 있다. 이들은 정상적인 가정의 정서를 통하여 남성 또는 여성의 성역할의 모델을 배우기 어렵고 성에 대한 무지한 행동과 연계될 가능성이 크다. 구조적 결손가족의 부모는 자녀에게 지배적인 모습을 보이거나 자녀를 거절하는 경향이 있으며, 특히 친척 등에게 위탁되어 성장하는 경우에는 냉대를 경험하기 쉽다. 이러한 환경에서는 자칫 이성교제나 성을 적대감이나 불안에 대한 돌파구로 이용하여 성관계를 통해서 잠재된 갈등을 해결하고 개인의 욕구를 충족시키려는 욕망을 갖기 쉽다.

가족 내의 기능적인 결손으로 부모가 자녀에게 무관심하고 양육과 책임 등에 거부적인 태도를 보이며 어머니와의 관계에서 바람직한 애착관계가 제대로 형성되지 못한 경우에서 자녀는 책임감 형성이나 자기통제의 능력이 부족해질 가능성이 크다. 자녀와 부모의 관계는 자녀의 가치관, 책임감, 자아통제, 자아 개념에 영향을 미칠 수 있다.

다. 사회 및 문화적 요인

사회의 산업화와 도시화는 1960년대 이후 노동집약적 산업구조에 따른 저임금정책으로 여성 인력을 제조업 등으로 유인하는 배경이 되었다. 이때 소녀들이 직장을 찾아 도시로 오면서 가족과 떨어져 독립적인 생활을 꾸려 나가며 이성교제가 자유로워짐에 따라 발생한 혼전임신 등의 문제는 개인의 문제뿐 아니라 사회문제로 대두되었다.

청소년기에 친구집단은 가족과 사회 사이의 중간문화로 친구와의 상호작용이 사회화의 토대가 되기도 한다. 즉, 부모의 영향력은 감소하는 반면, 또래나 친구집단의 영향을 더 많이 받게 된다. 이처럼 친구집단의 영향을 받거나 감수성이 예민하고 모방심리가 강한 청소년의 호기심으로 성에 관해 무지하고 미숙한 상태에서 이성 관계를 맺게 되어 미혼모가 되기도 한다.

라. 경제적 요인

한국여성개발원이 조사한 바에 따르면 미혼모의 49.2%가 취직을 위해서 가출을 했다고 대답하였다. 미혼모의 68.2%는 생산직 근로자, 업소 등 단순직이나 서비스직에 종사하고 있으며 가족의 생계를 미혼모 혼자서 유지하는 경우도 29.5%에 달하였다. 대부분의 미혼모는 성교육 부재뿐 아니라 돈이 없어서 피임, 임신중절, 혼전임신을 방지할 방법을 모색하지 못하여 미혼모가 되기도 하며, 예기치 않았던 임신이나 아동을 양육하고 싶어 임신을 유지하여 출산하였지만 경제적 여건이 허락되지 않아서 미혼모가 되는 경우도 발생한다. 또한, 미혼모가 저소득층에서 많이 발생하는 것은 경제적인 곤란으로 교육의 기회를 얻지 못한 채 조기취업을 함으로써 저임금의 단순직, 유흥업이나 서비스업 등 매춘의 가능성이 큰 직업에 종사하게 되어 미혼모가 되는 경우도 흔히 발생한다. 미혼모의 연령은 15세 후반이 많은 것으로 조사되는데, 미혼모 연령은 점차 낮아질 것으로 예상된다(여성개발원, 2009).

③ 미혼모 아동의 사회적 영향 및 문제

미혼모가 19세 미만인 경우 대부분 심리적, 신체적, 경제적으로 불안정하여 태아나 출산 후 아이에게 좋지 않은 영향을 미친다. 십 대 미혼모에게서 태어난 아이는 조산이나 미숙아, 유아사망일 가능성이 크다. 또한, 가족관계에서 상대 양육자의 부재로 애정결핍과 사회적 냉대, 출산 시에 느끼는 죄의식 등으로 사회적응이 어려워 사각지대에 놓일 가능성이 커진다. 이 경우 미혼모는 분노와 수치심을 갖게 되며 사회생활에 자신감을 잃게 된다. 또한, 가정 내에 미혼모의 존재는 가족 성원 간의 의견 충돌, 부양문제, 미혼모 장래문제에 있어서 가정 내 갈등을 일으키기 쉽다. 미혼모의 문제는 가족의 결속력과 통제력의 약화뿐 아니라 가족해체로 확대될 수 있다.

이처럼 미혼모 문제는 역할과 기능을 중시하는 사회의 기능주의 입장에서 질서의 약화 및 붕괴를 가져올 수도 있다. 기능주의적 관점에서 정상적인 결혼이 아닌 비합법적 경로를 통해 출산하는 것은 결혼제도라는 사회규범에 어긋나며 사회로부터 공감받지 못하고 사회의 가치관의 관점에 혼란을 주게 된다.

20세 미만의 미혼모 자신에게 미치는 영향으로는 당사자가 사회로부터 장래의 결혼, 취업 등에 있어서 제약을 받게 된다. 학업 중인 미혼모의 경우에는 학업중단이 불가피하게 되고 교육 기회의 상실 가능성이 크며, 직장여성은 직장을 그만두거나 휴직해야 하므로 경제적인 타격도 받을 수 있다. 또한, 미혼모는 결혼 후에도 별거, 이혼의 가능성이 크고 불행한 결혼생활을 할 수도 있다. 정상적인 임산부보다 허약한 상태에서 분만할 수 있으므로 산전 · 산후 관리의 부족은 건강악화에 영향을 미칠 수 있다. 이에 따른 정책적인 개입이 필요하며 사회에서 이들에 대한 예방정책과 함께 사후 개입도 매우 중요하다. 그에 대하여 살펴보면 다음과 같다.

첫째, 건강문제에 대한 개입이 필요하다. 이십 대 미만의 미혼모는 일반 임신부와는 달리 충분한 휴식과 영양공급이 어려울 수 있다. 특히, 십 대 미혼모는 임신에 대한 지각이 늦고 음식과 약물의 조심성이 높지 않으며 흡연과 음주 등 건강에 대한 주의가 부족하기 쉬우므로 아기나 산모의 건강에 위협이 될 수 있다. 십 대 임신의 경우에는 미숙한 신체적 조건으로 인하여 임신중독, 빈혈, 조산아 출산, 유산으로 연결될 수 있다. 미혼모 시설에 입소한 경우에는 의료보호법에 의한 산전·산후검진과 출산 비용의 혜택 등을 받을 수 있으나, 입소를 하지 않는 미혼모의 경우에는 세심한 점검이 어려운 열악한 환경에 놓일 수 있으므로 적절한 개입이 필요하다.

둘째, 10대 미혼모의 경우 자녀양육 문제가 발생할 수 있다. 미혼모로 하여금 부모의 역할 수행의 부담감 및 아이를 좋은 환경에서 적절한 지원해 주지 못한다는 죄책감을 갖기 쉽고 냉대를 받았던 미혼부나 가족 혹은 사회에 당당하기 위하여 자녀를 잘 키워야 한다는 부담을 갖기 쉽다. 또한, 미혼모의 자녀는 자신과 사회의 심리적 수용 문제에 따른 부담감과 아버지에 대한 그리움을 갖게 된다. 이 같은 자녀와 미혼모의 심리적인 갈등이 해결되지 못할 경우, 비행심리에 빠지는 요인이 되기도 한다.

셋째, 미혼모 가족의 가장 심각한 문제는 경제적 문제라고 할 수 있다. 미혼모의 경우에 출산을 위해 직장을 그만두거나 휴직을 하여 대부분 경력이 단절된다. 특히, 학생이 미혼모인 경우 대다수가 학교를 중퇴하므로 낮은 임금의 직업을 가질 가능성이 크다. 부모 역할을 수행하는 데 있어 경제적인 어려움은 큰 문제로 작용하므로 사회적 개입이 요구된다.

④ 미혼모 가족복지정책

미혼모에 대한 가장 포괄적인 지원을 명시한 법으로 2007년 10월 개정된 「한부모가족지원법」이 있다. 우리나라의 미혼모와 관련된 법을 살펴보면 「민법」과 「사회복지법」, 「한부모가족지원법」, 「국민기초생활 보장법」, 「의료보호법」, 「입양특례법」, 「모자보건법」, 「아동복지법」, 「청소년기본법」 등이 있다. 한편, 「민법」에서는 법률혼주의에 입각한 결혼 및 출생아동의 법적인 지위에 관련한 사항이 규정되어 있으며, 아동복지시설의 재정적 지원이나 서비스를 규정하는 「아동복지법」과 「입양특례법」이 마련되어 있다. 이 중 「사회복지사업법」은 미혼모를 보호하고 지원하는 사회복지상담, 직업과 모자복지 관련 사항은 물론 사회복지관 운영에 관한 지침을 제시한다. 이는 저소득층의 한부모, 미혼모, 조손가족 등을 지원대상으로 하며, 그 가운데 미혼모의 양육 및 자립지원 강화를 위한 양육 미혼모 자립지원 시설로 내용으로는 미혼모자 공동생활가정 추가 설치 및 운영, 미혼모자 시설의 출산 후 미혼모에 대한 자녀양육 지원 사업 등이 있다.

미혼모에 대한 정책적 대안과 사회적 인식은 나라마다 다르다. 예를 들면, 영국이나 미국의 경우는 예방책에 초점을 맞추고 있고, 스칸디나비아의 국가는 보다 자유로운 태도를 견지하고 있다. 스칸디나비아의 국가는 1970년대 이후로 낙태나 피임에 대한 정보를 통하여 십 대의 임신 · 출산을 감소시키고자 정부가 적극적으로 노력하고 있다. 한국의 미혼부모에 대한 정책의 방향도 미혼모의 사회 및 경제적 자립 능력의 함양과 함께 차별의 해소에 보다 중점을 두어야 한다는 차원에서 서구의 나라와 유사하다. 그러나 한국 사회에서는 전통적인 의식에 의하여 미혼모에 대한 사회적 인식은 그다지 높지 않다.

그러나 미혼모정책은 그 어떠한 정책보다 예방적 차원의 적극적인 접근이 중요하다. 특히, 10대의 청소년 눈높이에 맞는 성교육의 강화 방안이 마련되어야 하며, 남녀관계로 인한 임신의 예방뿐 아니라 임신과 출산, 양육의 전 과정을 아우르는 교육이 필요하다. 개인적인 책임은 물론 사회적 책임이 수반되어야 함을 인식하는 것이 바람직하다고 할 것이다. 그동안 한국의 미혼모정책은 입양정책과 긴밀한 관계가 있었으나, 앞으로는 미혼모로서 양육을 원하는 경우 부모권을 보장하는 방향으로 정책의 전환이 이루어질 것이다. 또한, 십 대 후반과 이십 대 초반의 미혼모의 학업 복귀 방안과 경제적 자립을 돕기 위한 지원 대책도 논의되고 있다. 그러나 현행의 학교 교육 풍토에서 청소년기의 미혼모는 학교로 돌아가고 싶어도 이들을 받아 주지 않을 뿐만 아니라 양육을 선택한 경우 학교생활이 쉽지 않은 것이 사실이다.

따라서 이들에 대한 종합 대책으로 미혼모 관련 시설 및 서비스 인프라의 구축과 원스톱 지원체계가 필요하다. 양육지원 서비스를 다양화하고 서비스의 질을 높이는 방안에 있어 각종 보육에 대한 비용이 지원될 수 있도록 국가의 보육지원의 다각화와 학업과 취업 등 미혼모가 경제적으로 안정되어 책임감 있는 양육을 할 수 있는 다양한 지원이 필요하다.

2 이혼가족

결혼은 축복과 희망과 기대로 진행되는 성인 당사자가 서로 가족이 되는 언약이다. 이 언약으로 인하여 원가족에서 독립하여 새로운 가족이라는 보금자리가 만들어지게 된다. 이러한 과정은 일생에서 개인 및 가족에게 매우 의미가 깊은 사건이 된다. 그러나 사람은 다시 이혼을 고려하게 된다. 물론 그 과정에는 많은 시행착오에 대한 서로의 의미 부여의 과정과 숙고의 과정이 있을 것이다. 그런데 이혼을 결심하고 실행하기까지의 일정 기간과 숙려기간을 포함하면 이혼이란 결혼 못지않게 많은 숙고를 필요로 하게 된다. 이혼은 당사자는 물론 그들의 자녀 및 다른 가족 구성원에게 심리적인 상처와 고통이 될 수 있다. 이혼을 통하여 개인적으로 새로운 자립의 형태를 구상해야 하고, 가족의 구성원의 변화와 해체로 인해 돌봄의 기능이 약화되므로 정책적인 개입도 요구되는 것이 현실이다. 이러한 사건은 성인 부부뿐 아니라 이혼하는 부모의 자녀, 즉 아동에게도 심각한 영향을 미칠 수 있다. 이러한 가족의 재형성에서 주의할 점은 새로운 가족에 대한 적응이며 원가족에 대한 마음의 점검이다.

먼저 이혼의 증가에 대한 사회적 배경을 살펴보면 다음과 같다.

1) 이혼가족의 발생 원인

(1) 개인적 요인

이혼에 대한 개인적 요인은 전통사회와는 달리 사회적 변화의 조류에 따라 의식의 변화가 있다는 것에 중점을 두고 생각해 볼 수 있다. 현대인의 가치관은 과거와 달리 개인적 행복과 가치관을 추구하는 것이 전통사회와의 차이점이다. 또한, 여성이 과거 가정에서 돌봄과 주부로 활동하던 것과는 달리 사회적 지위가 향상되었고, 경제력이 상승되어 불합리한 의사소통 구조에서 참고 인내하던 사고방식을 지양하고 탈피하게 되었다. 즉, 여성은 남성 못지않은 자아와 가치관을 가진 인격체이며 과거의 남성 중심적인 가부장제도에서 오는 지배와 피지배의 구도에 관련한 문제점에 대한 지각이 높아져 가고 있다.

이것은 현대사회의 여성주의 및 페미니즘의 영향이면서 양성 평등 사상이 보편화된 결과이기도 하다. 따라서 평등한 부부관계의 지향은 상대적으로 전통적인 성역할과 맞지 않는 양상이 발생하기 쉽다. 우리나라 남성의 답습된 성역할과 다분히 상충할 여지가 있으며, 젠더와 성역할에 따른 갈등은 부부 간의 갈등을 깊게 한다. 이때 유연하지 못한 대처는 현대인의 행복을 추구하는 가치와 상충하여 누적될 가능성이 있다. 특히, 애정에 바탕을 둔 결혼관계에 대한 기대는 새로운 가족을 형성하고자 하는 또 다른 선택의 여지를 두며 불행한 결혼생활을 정리하고 새롭게 출발하고 싶다는 욕구를 가지게 한다.

(2) 경제적 요인

실제로 경제적 요인이 이혼 발생 원인의 대부분을 차지한다. 1997년의 외환위기에 많은 가정이 경제적 위기로 가정해체를 경험하였다. 경제적 파탄은 가정을 유지시키기 어렵고 갈등의 요인이 된다. 이러한 스트레스의 상황은 가정의 불화에 가장 큰 영향을 미치게 된다. 또한, 경제적 취약성은 아동에게 불리한 교육 여건과 가정환경을 조성하여 따뜻하고 인정이 넘치는 안정된 가정환경을 제공하기 어렵고, 아동에게 미치는 영향도 크다. 가정에서 서로에 대한 기대와 신뢰가 무너지기 쉬우며 가정은 더욱 불안정하여 해체되는 위기를 겪게 되고 아동에 대한 개입이 요구되는 상황이 발생하게 된다. 따라서 노동시장의 불안정과 양극화의 현상은 경제의 침체에만 영향을 미치는 것이 아니라 가족의 존립과 생활의 질에도 영향을 미치는 요인이 된다.

(3) 사회구조적 요인

이혼에 대한 사회구조적인 요인으로는 법적 제도의 변화와 사회적 인식의 변화가 있다. 먼저 법적 제도의 변화를 살펴보면, 가족법의 개정으로 기존의 이혼을 통제하고자 하는 법의 역할이 아니라 1991년 개정 민법을 통하여 여성도 이혼 시에는 재산권이 인정되며 아동에 대한 면접교섭권 및 자녀양육권의 선택과 조정에 대한 폭이 넓어졌다. 또한, 2008년 우리나라에서 '호주제의 폐지'는 부모의 성을 자유롭게 따를 수 있을 뿐 아니라 개념적으로도 사회에서 남성 위주의 삶을 제도화하던 부분 혹은 이혼을 억압하는 부조리한 법제도가 점차 양성 평등적으로 변화하고 있음을 알 수 있다.

그 밖에도 사회 인식의 변화로, 사회구조적인 면에서 개인의 가치관을 집단 가치관보다 중시하는 풍토가 되어, 이혼을 바라보는 사회의 시각이 차별적인 인식에서 다양성을 존중하는 분위기로 변화하고 있다. 이혼을 사회적 낙인 때문에 고민하기보다는, 결혼과 같이 하나의 선택의 범주로 보고 개인적 가치관에 의해 선택하는 양상이다.

2) 이혼의 배경 및 실태

(1) 이혼의 배경

우리 사회의 이혼에 대하여 살펴보면 이혼율은 증가하는 추세이며 이러한 양상은 개인적인 문제를 넘어 사회문제로 주목받고 있다. 이혼율의 증가와 함께 결혼 및 출산율의 감소 등이 동시에 진행되고 있어 이혼 및 여성의 사회진출에 대한 사회적 개입이 시급한 실정이다. 이혼은 이전에는 일종의 일탈행위로 낙인감이 부여되기도 하였다. 그러나 최근 이혼은 성격 차이 등으로 인한 불행한 결혼관계, 스트레스와 갈등의 주체적 해결방안과 새로운 자신의 자기 발견의 기회라는 측면으로 개인의 선택적 사항이라는 인식이 존중되고 있다.

이혼은 법적으로는 하나의 간단한 사건에 불과하나, 개인이나 심리사회적으로는 일련의 사건들이 고리를 이루는 복합적인 과정이다. 이혼에는 다양한 요인이 작용하며, 여성의 사회 및 경제적 지위의 향상과 독립적 자기인식, 가족 및 결혼에 대한 가치관의 변화, 이혼의 사회적 인식 및 개인의 태도 변화 등에 영향을 줄 수 있다.

(2) 이혼의 실태

통계청(2020)에 의하면 2019년 한 해 동안 혼인은 239,200건으로 2018년 257,600건보다 185,000건(7.2%) 감소한 것으로 나타난다. 또한, 2019년 한 해 이혼은 110,831건으로 2018년 108,684건에 비하여 2,147건(1.9%) 증가하였다(통계청, 2020)〈표 8-1〉.

이혼은 소송을 통한 이혼과 당사자 간의 협의에 의한 이혼이 있다. 소송을 통한 이혼은 쌍방 중 한 사람이 다른 한 사람에게 재산의 분할 등을 통보하는 형식으로 상대가 동의하면 이혼이 성립된다. 재판이혼은 법률이 정하는 기준에 따라 이혼을 할 수밖에 없는 원인이 있다고 인정하는 경우에 법정에서의 판결에 의하여 성립된다. 협의이혼은 당사자 간에 이혼할 것을 합의하여 부부가 함께 가정법원에 가서 접수를 하고 숙려제도를 거쳐서 판사로부터 이혼 의사 확인을 받아 신고하는 방법으로 이혼확인서를 제출함으로써 성립되는 법적인 이혼의 형태이다(민법 제834 · 837조, 호적법 제79조).

<표 8-1> 총 혼인건수 및 조혼인율

(단위: 천건, %, 건)

구분 \ 년도	2011	2012	2013	2014	2015	2016	2017	2018	2019
총 혼인 건수(천건)	329.1	327.1	322.8	305.5	302.8	281.6	264.5	257.6	239.2
증감 건수(천건)	30	−20	−4.3	−17.3	−2.7	−21.2	−17.2	−6.8	−18.5
증감률(%)	0.9	−0.6	−1.3	−5.4	−0.9	−7	−6.1	−2.6	−7.2
조혼인율(인구 1천명당 건)	6.6	6.5	6.4	6	5.9	5.5	5.2	5	4.7

출처: 통계청(2020). 2019년 혼인 · 이혼통계.

(3) 이혼의 인구사회학적 특성

총 결혼 건수 대비 총 이혼 건수는 꾸준히 이어지고 있으며, 결혼에 대한 이혼율은 매우 높은 비율을 나타내고 있음을 알 수 있다(표 8-2). 또한, 동거한 연수에 대한 이혼율은 2019년을 기준으로 하여 4년 이내에는 23,291건, 10~14년은 15,953건, 20년 이상은 38,446건에 달하고 있음을 알 수 있다(표 8-3). 결혼의 지속 햇수와 상관없이 이혼 비율은 일정 비율 이상에 도달해 있음을 보여 준다.

<표 8-2> 이혼건수, 조이혼율 및 유배우 이혼율

	2009	2010	2011	2012	2013	2014	2015	2016	2017	2018	2019
이혼 건수(천건)	124.0	116.9	114.3	114.3	115.3	115.5	109.2	107.3	106.0	108.7	110.8
증감(천건)	7.5	−7.1	−2.6	0.0	1.0	0.2	−6.4	−1.8	−1.3	2.7	2.1
증감률(%)	6.4	−5.8	−2.2	0.0	0.9	0.2	−5.5	−1.7	−1.2	2.5	2.0
조이혼율*	2.5	2.3	2.3	2.3	2.3	2.3	2.1	2.1	2.1	2.1	2.2
유배우 이혼율**	5.2	4.8	4.7	4.7	4.8	4.8	4.5	4.4	4.4	4.5	4.5

* 인구 1천 명당 건

** 15세 이상 유배우 인구 1천 명당 건

출처: 통계청(2020).

<표 8-3> 혼인지속기간(동거기간)별 이혼 건수 (단위: 건)

시점/기간	0~4년	5~9년	10~14년	15~19년	20년 이상
2019	23,291	19,983	15,953	13,158	38,446
2018	23,209	20,063	15,540	13,545	36,327
2017	23,749	20,471	14,842	13,846	33,124
2016	24,597	20,606	14,663	14,868	32,594
2015	24,666	20,796	14,860	16,205	32,626
2014	27,162	21,962	16,283	16,963	33,140
2013	27,299	21,533	16,851	17,176	32,433
2012	28,205	21,549	17,694	16,635	30,233
2011	30,689	21,700	17,370	16,226	28,299
2010	31,528	21,963	18,638	16,906	27,823
2009	33,718	23,636	19,986	18,398	28,261

출처: 통계청(2020).

(4) 이혼 사유

이혼의 주된 사유는 성격 차이(47.3%)와 경제문제(12.8%) 순으로 나타났다(표 8-4). 또한, 가족 간의 불화와 정신 및 육체적 학대가 차지하는 비율은 전체 1/10을 넘어서는 것으로 나타나 10쌍 중 1쌍 이상이 불화와 정신적·육체적 학대가 있었음을 알 수 있다. 이를 다음과 같이 제시할 수 있다.

<표 8-4> 민법 제840조에 근거한 재판상 이혼 사유에 대한 분석

호	이혼 사유	건수(비율)
제 1 호	성격 차이	53,292(47.3)
제 2 호	기타	23,654(20.9)
제 3 호	경제 문제	14,472(12.8)
제 4 호	배우자 부정	8,616(7.6)
제 5 호	가족 간 불화	7,381(6.5)
제 6 호	정신적·육체적 학대	4,759(4.2)
제 7 호	건강상	747(0.7)

출처: 법원행정처(2013). 2013년 사법연감.

(5) 이혼이 자녀에게 미치는 영향

부모의 이혼에 의해 가족의 연대감이 변화되었을 때 자녀는 부모의 문제가 자신의 문제인 것으로 오인하여 죄책감을 느끼기도 하며 심리적·정서적으로 타격을 받을 수 있다. 또한, 이혼가정의 자녀는 학교와 사회 및 이성문제에 부적응 현상을 보이는 경향도 높은 편이다. 부모의 이혼을 경험한 아동은 대인관계에서 불안함을 보이는 경향이 있으며 불안감이나 낮은 자아존중감을 느낄 수 있다. 특히, 성장기에는 정서적으로 매우 중요한 시기이므로 이 시기 아동에 대한 적절한 개입이 요구된다.

이혼이 자녀에게 미치는 영향을 좀 더 자세히 살펴보면 다음과 같다.

① 아동의 심리·정서적 문제

모든 아동은 가정을 통하여 행복하게 성장할 권리가 있다. 또한, 부모는 자녀가 심리 및 정서적으로 건강하게 성장하도록 도울 의무가 있다. 성장과 발전을 통하여 인격의 완성을 이루어야 하는 시기의 자녀에게 있어서 부모의 이혼은 매우 충격적인 사건일 것이다. 그에 대하여 적절한 심리 및 정서적 접근이 이루어지지 못한다면 아동은 극심한 혼란과 우울을 경험할 수 있다.

② 경제문제

부모의 이혼은 가계의 경제에 영향을 미칠 수 있으며 이러한 현상이 청소년의 정서에 영향을 주는 경우 청소년은 학교생활에 흥미를 잃기 쉬우며 경제적 압박감과 역할혼돈을 함께 경험하기 쉽다. 연구에 의하면 경제적 빈곤은 청소년 빈곤에 영향을 미칠 수 있다. 따라서 이혼으로 인한 경제적 변화는 아동의 학업 성취도와 심리적 적응과 자아존중감, 사회적인 행동양식에 영향을 줄 가능성이 있다.

③ 이혼으로 인한 사회성 발달의 문제

부모의 이혼을 성장기에 경험한 아동은 또래관계 및 학교생활에 영향을 받게 된다. 학교라는 조직을 통하여 사회적인 지지가 가능하며 이혼에 대한 낙인감을 주지 않는 분위기라면 아동은 이러한 심리적 변화와 충격을 비교적 극복할 수 있을 것이다. 이혼을 경험한 아동은 인성이나 행동 및 학업성취도에 따라 회복탄력에 의하여 변화한 환경에 적응을 하게 된다. 그러나 그러한 아동이라 할지라도 이혼 이후 우울감을 극복하기 위한 과정을 겪게 되므로 세심한 정서적 · 심리적 관심이 필요하다.

(6) 이혼의 단계별 내용 및 과제

① 1단계 : 충격과 부인의 단계

이 단계에서는 현실과 직면하여 결혼생활에 대한 충격으로 자존감의 변화나 부적절한 심경의 변화를 고민하기 시작한다. 그러나 이혼을 마음먹으면서 충격에 대하여 대안을 세운다. 아동의 경우 이러한 부모의 상태를 부인하고자 하는 마음이 있으며 현실에 맞지 않는 기대를 하기도 한다.

② 2단계: 초기 적응의 단계

초기 적응의 단계에서는 삶의 새로운 국면에 적응하려는 시도를 하게 된다. 이때 발생하는 심리 및 정서적인 변화에 대처하는 것이 중요한 과제가 된다. 현실적인 문제 해결과 정서적 감정 처리 등이 중요하다.

③ 3단계: 재구조화의 단계

재구조화의 단계에서는 기존의 생활방식에 대한 재정립이 필요하며 가치와 신념의 재구조화 및 법적인 상태의 변화에 대하여 대처하는 것이 필요하다. 또한, 이 단계에서는 새로운 생활양식에 대한 대처가 중요하다.

④ 4단계: 삶의 재구성 단계

이 시기에서는 삶의 재구조화에서 발생한 불합리한 요인 등을 점검하고 그에 대한 대처적인 문제를 해결해야 하는 시기이다. 새로운 삶을 구상하거나 준비하는 시기로 활용될 수 있을 것이다.

(7) 이혼이 부모와 가족 차원에서 미치는 영향

이혼이라는 사건은 다시 홀로 독립적으로 자녀의 양육이나 미래를 계획해야 하는 부담감으로 작용할 수 있다. 특히, 원가족의 축복 속에 이루어진 결혼을 돌이켜서 독자적인 삶을 개척해야 하는 과제를 안고 있다. 따라서 이러한 경우에 비록 이혼을 하였다고 하나 원가족이나 이혼한 당사자 간의 관계는 아동에게도 미치는 영향이 크다고 할 수 있다. 이혼을 받아들이는 개념을 보다 선택적 대안으로 이혼 당사자나 원가족이 인식한다면, 보다 긍정적인 하나의 선택이 될 수 있음을 아동이 이해할 수 있으며, 이혼으로 인한 마음의 갈등과 부담을 낮추는 하나의 방법이 될 수 있다. 그러므로 이혼을 받아들이는 부모와 각각의 원가족이 이혼 후에 보이는 태도는 매우 중요하다고 할 것이다.

3) 이혼가족을 위한 아동복지 대책

(1) 가족생활 교육 프로그램

가족생활 교육 프로그램은 새롭게 변화한 가족관계에 적응하고 가족 내 발생할 수 있는 인간관계의 갈등을 해결하고 선순환적인 의사소통 방법과 긍정성을 가지고 생활할 수 있도록 하며 가족이 직면한 현실에 대응할 수 있도록 도움을 주게 된다. 특히, 아동의 정서적 문제와 지지체계 등에 있어서 가족을 대신하여 기능을 담당할 수 있는 친지 등을 포함한 주변 조직도 활용할 수 있다.

(2) 법률적 문제

법률적 사항을 통하여 부모가 재산을 분할할 때 위자료뿐 아니라 자녀에 대한 양육권이나 양육비에 관한 사항을 다루어야 한다. 함께 살지 않는 다른 한편의 부모와의 면접교섭에 관한 내용을 함께 다루어 이혼 후에 분리되어 생활하는 부모로 인하여 일방적으로 자녀가 부모와의 만남이 중단되지 않도록 하는 것이 중요하며 변함없이 애정을 가지며, 필요하면 언제든지 볼 수 있다는 것과 자녀의 의견을 존중하겠다는 자세를 보여 주어야 한다.

(3) 사회 · 경제적 자원의 강화

이혼 후 아동에게 필요한 충분한 지지체계의 확보가 필요하다. 이는 친지, 이웃, 사회복지조직, 교육적 영역을 고려한 아동센터 및 담임선생님 등 아동이 이혼 후에 다양한 사회자원을 통하여 지지를 받는 것이다. 경제적인 부분의 도움뿐 아니라 남은 구성원으로 특히 자녀가 교육적 문제뿐 아니라 가족원으로서의 역할을 감당하는 것에 도움을 준다. 이는 각종 아동양육서비스와 각종 비공식적 자원을 포함하는 것이라고 할 수 있다.

(4) 지속적인 상담의 지원

이혼 이후 아동과 부모에 대한 가족 상담이 필요하다. 상담은 일시적으로 문제를 겪고 있는 사람이 환경에 올바로 적응하기 위한 유용한 도구이다. 이혼으로 말미암아 내재될 수 있는 부정 정서를 다루는 문제는 중요하며 상황에 대한 올바른 대처 능력을 갖도록 한다. 이를 위해 다양한 상담의 기법이 적용될 수 있다. 특히, 아동의 경우 발달 단계에서 건강한 성장을 도모할 수 있도록 무력감이나 분노 및 죄의식과 같은 감정을 다루어 주는 것이 좋다.

(5) 육아종합지원 서비스의 발전 방안과 활용

우리나라의 육아지원정책은 부모의 경제활동에 따라 자녀의 돌봄을 지원하는 정책으로 새롭게 출발하여 어린이집의 보육에 보다 집중적인 발전이 있었다. 이를 통하여 저소득층을 지원하는 지역아동센터 등이 운영되었으며 참여정부에서 2004년과 2005년에 보육 이외의 육아서비스의 필요성이 제기되었고 이후 공식적으로 육아의 지원서비스의 필요성이 논의되기도 하였다. 이것은 기존의 부분적이며 분절적인 육아지원서비스를 지양하고 보다 일관성 있게 통합적인 서비스가 되기 위하여 향후 지역사회의 균형 잡힌 육아서비스와 종합 포털서비스를 통해 아동에 대한 다양한 개입이 보다 활성화될 필요가 있다.

우리나라에서는 2007년부터 보건복지부를 통하여 희망스타트(hope start)를 실시하여 취약 아동이 가진 잠재적인 능력을 함양하는 사업을 실행하고 있다. 이 사업의 취지는 취약지역에 거주하는 임산부나 1~12세의 아동을 대상으로 하여 보건, 복지, 교육 등의 맞춤형 통합 서비스를 포괄적으로 제공하고자 한다. 이러한 취지하에 희망스타트 사업은 아동에게 양육의 여건을 출발점부터 공평하게 보장해 주고자 한다. 이혼가정은 빈곤과 맞물릴 수 있으로 희망스타트 사업이 도움이 될 것으로 생각된다.

제9장

빈곤가족 아동

빈곤가족 아동이란 빈곤가정에 만 18세 미만의 아동이 존재하는 가정이다. 빈곤은 일반적으로 절대적 빈곤, 상대적 빈곤, 주관적 빈곤으로 구분한다. 또한, 빈곤 원인을 기능주의적 관점, 갈등주의적 관점, 낙인주의적 관점에서 다루고, 빈곤아동의 실태분석을 살펴볼 것이다. 아동의 가구 유형별, 연령, 가족 형태, 국가 간 상대적 빈곤 현황도 살펴본다. 끝으로 빈곤이 아동에게 미치는 영향, 빈곤아동을 위한 복지서비스, 빈곤아동을 위한 권리와 국가적 지원을 다루어 본다.

1 빈곤의 개념

빈곤은 경제적 특성뿐만 아니라 사회적 · 심리적 특성을 가지며, 빈곤의 출발점은 경제적 측면에서 시작되지만, 아동과 아동을 둘러싼 가정과 사회에 심리적 · 사회적 · 문화적 측면에 지대한 영향을 미친다(이순자 외, 2015).

빈곤의 개념은 나라 및 학자에 따라 다양하나 일반적으로 개인이 인간의 삶에서 일상생활을 영위함에 있어서 주관적이거나 객관적으로 궁핍을 느끼는 정도로 삶의 영위에 필요한 재화 획득에서 욕구충족이 필요한 상태를 뜻한다. 또 다른 의미로 궁핍으로서의 빈곤, 불평등으로서의 빈곤, 문화로서의 빈곤, 착취로서의 빈곤 등으로 제시하기도 한다(김기원, 2000). 빈곤의 측정은 주관적 지표와 객관적 지표 혹은 이 둘을 절충한 지표가 있는데, 필요한 자원이 불충분하다면 빈곤을 체감하게 된다. 이에 대해 객관적 지표는 모호한 편으로 상대적 지표나 주관적 지표가 적절하게 활용되고 있다. 즉, 빈곤은 개인이 어떤 기준으로 정의하느냐에 따라 시대나 문화, 지역별로 다양하게 나타날 수 있어서 제3국 국가가 스스로 부유하다고 느끼는가 하면, 부유한 지역에서 오히려 상대적 빈곤을 느끼는 등 그 양상은 매우 다양하다. 그러나 최저생활보장이 되지 않는 복지 사각지대에 놓여 있는 아동에 대한 사회적 개입은 매우 필요한 조치이다.

2 빈곤의 구분

빈곤의 지표는 나라마다 기준이 상이하다. 여기에서 빈곤은 경제적 빈곤 개념으로 주관적 빈곤과 객관적 빈곤 이외에도 절대적 빈곤과 상대적 빈곤으로 구분될 수 있다.

1) 절대적 빈곤(absolute poverty)

절대적 빈곤은 인간이 살아가는 데 절대적으로 필요한 최소한의 자원을 충족시키지 못하는 상태, 즉 기본적으로 인간의 생존욕구에 필요한 식품, 안전성, 적절한 하수 설비, 건강에 필요한 주거, 교육, 정보 등에서 심각한 상태의 박탈에 처한 상태로 정의되며, 인간이 살아가는 데 요구되는 절대적으로 필요한 최소한 자원의 계량화는 사회와 문화에 따라 일괄적으로 적용될 수 없으므로 그 한계가 있다. 절대적 빈곤은 객관적으로 결정한 절대적 최저한도보다 적게 가진 상태로, 개인 및 가족이 최저한도의 건강과 문화 생활을 유지하는 데 필요한 의식주 및 기타 상활상 필요한 자원이 결핍되어 인간 유기체의 인간다운 생존이 위협받는 형태를 말한다(김기원, 2000). 일반적으로 빈곤의 정의와 개념은 다수의 연구에서 최저생계비를 기준으로 하여 빈곤선을 규정하는 절대적 빈곤의 개념을 사용하고 있다(정은희, 2002). 절대적 빈곤의 개념을 적용하여 국민기초생활 수급 가정이나 차상위계층을 포함한 빈곤가정에 대한 연구가 많은데, 그 이유는 차상위계층이 최저생계비 계층의 가구소득과 큰 차이가 없이 빈곤의 사각지대에 있기 때문이다(김순규, 2006). 절대적 빈곤은 주로 다음과 같이 '기본적 욕구 방법'과 '음식비 비율 방법'으로 계측되고 있다(김태성 · 송병돈, 2002).

첫째, 기본적 욕구 방법은 음식, 주거, 의복 등의 욕구를 해결하는 데 드는 비용에 따른 수준을 결정하는 방법으로 객관적으로 빈곤을 측정하려는 시도이다. 이 방법은 필수품을 모두 고려하였다는 점에서 전물량 방식으로 불린다. 우리나라의 경우 최저생계비 계층은 바로 이러한 기본적 욕구 방법에 따라 빈곤대책(국민기초생활보장)의 대상자 선정과 급여 수준을 결정하고 있다. 즉, 우리나라 최저생계비는 어떤 품목이 필수적이며 그 품목을 얼마만큼 사용하는가를 구축하는 기초 생필품 목록 및 사용량을 결정하고 그것을 구매하는 데 드는 비용을 계산함으로써 추계된다.

둘째, 음식비 비율 방법은 음식비가 소득에서 차지하는 일정한 비율(예를 들면, 1/3)이 빈곤선이 된다. 이 방법에 따르면 높은 비율의 음식비를 사용하는 가구는 빈곤가구가 된다. 이 방법을 엥겔 방식이라고 하는데, 이는 모든 필수품이 아닌 최저 식료품비를 중심으로 구성하였다는 점에서 반물량 방식이라고 불린다. 이와 같은 절대적 빈곤의 개념은 육체적 생존을 위한 최저 수준의 확보라는 장점도 있지만, 계측의 문제점과 빈곤의 다른 특성을 파악하지 못하는 문제점이 있다.

하지만 절대적 빈곤은 생활 수준이나 최저생활 기준을 객관적으로 정의할 수 없고 시대적 · 사회적 · 문화적 배경에 따라 차이를 보이며, 지역의 특수성이나 개인적 상황이 간과될 수 있다는 점을 고려해야 한다(이순자 외, 2015). 우리나라 공식적인 빈곤 가구는 절대빈곤층인 최저생계비 이하의 가구와 최저생계비 120% 이하에 속하는 차상위계층 정도를 의미한다(한국여성복지연구회, 2005).

2) 상대적 빈곤(relative poverty)

상대적 빈곤이란 사회의 평균 또는 일정 생활 수준과 비교해 볼 때 상대적으로 적게 가진 상태를 말한다. 상대적 빈곤을 측정하는 평균소득(mean imcome)이나 중위소득(median imcome)의 일정 수준 이하를 빈곤으로 정의하거나 전체 소득분포상에서 일정 수준 이하를 빈곤으로 정하는 것이다(이두호 외, 1991). 상대적 빈곤을 주장하는 대표적 학자인 타운센드(Townsend)는 빈곤층을 "일상식품을 획득하고 사회활동에 참여하여 그들이 속한 사회에서 관례적 생활조건과 편의시설을 갖기에 필요한 자원이 결여된 사람"이라고 정의한다(김영모, 1988).

상대적 빈곤은 한 사회에서 통용되는 기준과 연계하여 자신이 속한 공동체의 사회 구성원과 개인 간의 비교를 통하여 정의된다고 할 때, 빈곤이 개인뿐 아니라 사회적인 문제가 될 수 있음을 알 수 있다. 특히, 현대사회에서 사회구조적으로 문제가 되는 신빈곤의 문제는 사회적 불평등의 개념을 내포하고 있어 사회의 소득, 권력, 기회 등 포괄적인 가치에서 적절한 삶의 질을 규정하는 사회의식을 반영한다. 그러므로 상대적 빈곤은 각종 재화에 대한 접근성의 불리함 등을 내포하고 있다. 그리고 현재 국제적으로 빈곤은 상대적인 개념으로 활용되는 추세이며, 빈곤을 사회적으로 정의하는 것에는 그 사회에 있어서 하위 소득분위를 어떻게 잡느냐에 따라 달라진다.

3) 주관적 빈곤(subjective poverty)

주관적 빈곤은 자신이 주관적으로 생각하기에 충분히 갖고 있지 않다고 느끼는 상태를 기준으로 판정하는 것이다. 주관적 빈곤의 측정 방법으로 사회조사에 의한 방법과 라이덴(Leyden) 방식이 있다. 사회조사에 의한 방법은 사람에게 한 세대가 지역사회에서 살아가는 데 필요한 최소한의 비용을 설문조사를 통해 수집하고 응답한 금액의 평균을 산출하여 빈곤선으로 결정한다. 라이덴 방식은 네덜란드 라이덴 대학교의 학자들이 개발한 것으로 사람에게 자신의 사회적 · 경제적 상황을 고려하여 삶을 유지하는 데 필요한 최소 소득이 얼마인지를 묻고 이를 바탕으로 응답한 최소 소득과 응답자의 실제 소득을 비교하여 최소 소득과 실제 소득이 일치하는 점을 빈곤선으로 결정한다. 이것은 개인의 실제 소득에 따라 개인이 주관적으로 판단하는 삶의 유지를 위한 최소 소득도 높아진다는 점을 반영한 계산방식이다(김순옥 외, 2014; 박정란 외, 2012).

<표 9-1> 빈곤의 분류

<table>
<tr><td rowspan="3">빈곤</td><td rowspan="2">객관적 빈곤</td><td>절대적 빈곤</td><td>인간이 삶을 영위하는 데 있어서 절대적으로 필요한 최소한의 자원을 충족시킬 수 없는 상태다.</td></tr>
<tr><td>상대적 빈곤</td><td>다른 사람과 비교해서 상대적으로 사회의 대다수가 누리는 생활 수준에 못 미치는 수준의 상태다.</td></tr>
<tr><td colspan="2">주관적 빈곤</td><td>자신이 충분하게 갖고 있지 않다고 느끼는 것으로, 주관적인 의식과 판단에 근거하는 빈곤이다.</td></tr>
</table>

3 빈곤아동

빈곤아동이란 빈곤한 가정의 만 18세 미만의 아동이라고 말할 수 있다. 아동이 있는 가구의 가구주는 대부분 경제활동에 참여하고 있는 세대이기 때문에 가구주의 근로 소득은 아동빈곤에 큰 영향을 미친다고 말할 수 있다(류연규 · 최현수, 2003). 우리나라 「아동의 빈곤예방 및 지원 등에 관한 법률」에 의하면 제2조에서 '빈곤아동을 아동이 일상적인 생활 여건과 자원이 결핍하여 사회적 · 경제적 · 문화적 불이익을 받는 빈곤한 상태'로, '빈곤아동은 생활 여건과 자원의 결핍으로 인한 복지 · 교육 · 문화 등의 격차를 해소하기 위하여 국가의 지원이 필요한 아동'으로 정의한다(김성경 외, 2015).

다음은 대표적인 사례로 소년소녀가장의 경우를 살펴보고자 한다.

1) 소년소녀가장

소년소녀가장의 개념은 보건복지부(2006)의 기준에 의하면 부모의 사망, 이혼, 질병, 장애, 복역, 가출 등으로 부모가 없거나 있더라도 노동력이나 생활 능력이 없는 혈족이나 방계 혈족을 모시고 있으며, 이로 인하여 생계가 곤란한 결손 세대를 의미하며 연령으로는 만 18세 이하의 청소년이 경제적으로 가정에 대한 실질적인 책임을 지고 생활하는 세대로 정의될 수 있다. 이들의 특징은 경제적 어려움뿐 아니라 정신적 어려움을 겪는 것이 특징이며 이들에게 물질뿐 아니라 심리 및 정서적 지원에도 더욱 관심을 기울일 필요가 있다. 이에 대하여 오승환(2000)은 소년소녀가장의 사회 및 심리적인 적응을 위해서는 자아존중감의 증진과 정서적 지지 및 부모 동거의 여부가 영향을 미친다고 지적하였다. 소년소녀가장 청소년은 가정생활과 학업의 병행에서 오는 스트레스를 많이 지각하고 있으며 친구 및 친척, 교사로부터의 지지를 상대적으로 높게 지각하는 것으로 나타났다. 또한, 일상생활에서 스트레스를 많이 경험하거나 사회적 지지를 낮게 지각하는 경우일수록 정서적인 불안을 더 많이 느끼는 것으로 분석되었다(최선경, 2001). 반면, 적응 유연성을 높이는 요인으로 자아존중감과 정서 중심의 대처기제가 있다. 따라서 가족복지의 차원에서 볼 때, 가구의 소득과 결손을 통한 가족구조의 변화는 소년소녀가족에 대한 갈등의 요인이다. 특히, 경제적 빈곤은 아동의 발달에 장기적이며 부정적인 영향을 미칠 수 있는 대표적 위험요인(Masten, 2001)으로, 일상생활에서 만성적인 스트레스의 원인이 될 수 있다. 그 이유로 저소득층 자녀의 경우에 낮은 교육 수준, 불안정한 직업, 낮은 수입으로 인한 어려움에 노출될 가능성이 크며 건전한 성장과 발달에 역기능을 초래할 가능성이 있다. 그러므로 이에 대한 다각적인 개입이 무엇보다 중요하다 할 것이다.

4 빈곤의 원인

빈곤에 관한 관점의 차이를 빈곤의 원인에 대해서도 학자마나 나앙한 견해가 제시되고 있다. 빈곤의 원인을 기능주의적 관점, 갈등주의적 관점, 낙인주의적 관점에서 설명하고자 한다(김병수, 2000).

1) 기능주의적 관점

이 이론은 빈곤을 개인적 관점에서 보는 입장으로, 가구주 사망, 질병, 불구, 노령, 낮은 교육 수준, 부용 등을 빈곤의 요인으로 본다. 빈곤이 사회문제로 되는 것도 사회체계의 기능에 기여하기 때문에 존재하는 것으로 빈곤층이 사회에 적응하지 못하고 적절한 기능을 수행하지 못하여 발생하는 이탈행위의 한 형태로 본다. 즉, 기능주의 관점은 아동의 빈곤을 일종의 사회문제로 보고 사회체계의 기능적 결함에 기인하는 현상으로 이해할 수 있다.

2) 갈등주의적 관점

한 집단이 사회 내의 다른 집단보다 더 적은 경제적 자원을 가질 때 빈곤이 존재한다고 본다. 이 관점은 재산, 지식, 자원, 기회 등의 무소유와 종족 상태, 즉 사회적 불평등의 관점에서 빈곤의 원인을 파악하고 있다.

3) 낙인주의적 관점

빈곤의 원인을 개인적 요인, 즉 동기의 결여, 낮은 열망 수준, 무절제, 게으름, 의타심, 과다한 출산, 부적응 같은 개인의 결함과 책임을 강조한다. 따라서 낙인주의 관점에서는 단지 경제적 박탈의 문제가 아니라 인격체의 자아 개념과 관련됨을 강조한다.

5 빈곤아동과 일반아동의 실태 분석

최근 보건사회연구원의 연구에 의하면 지난 10년 동안 빈곤층이 10년 전보다 2배로 늘어난 것으로 분석하고 있다. 월 소득이 최저생계비에 미치지 못하는 가구를 살펴보면, 2007년에는 10.2%, 2008년은 10.4%, 2009년은 11.1%로 계속 높아지며, 그에 대한 영향으로 아동의 빈곤율도 높아지며 가정의 경제적 불안정의 요인으로 한부모가족의 증가도 일어나고 있다. 이에 대한 우리나라의 빈곤아동의 추이를 살펴보면 2009년 기준으로 최저생계비 이하의 절대 빈곤의 아동은 대략 77만 명으로 전체 아동의 8% 수준에 다다르며(보건복지가족부, 2009a), 이러한 빈곤율은 소득분위의 기준에 따라 더욱 높아질 수 있다. 그런데 이러한 빈곤의 심각성은 전승되는 성격을 가지는 '대물림' 현상이 있기 때문에 사회적인 관심이 필요하다(구인회 외, 2009). 즉, 빈곤가정에서 경험하는 환경과 특성은 자녀의 성장과정에 부정적인 영향을 미칠 수 있으며, 빈곤의 대물림이라는 악순환으로 이어지기도 한다(김명순 외, 2010).

보건복지부는 18세 미만 아동을 양육하는 4,007가구(빈곤가구 1,499가구 포함)를 대상으로 실시한 「2013년 한국 아동종합실태조사」(삶의 만족도 WHO 척도) 결과를 다음과 같이 발표하였다(보건복지부, 2014).

1) 아동 양육환경

2013년 우리나라 아동가구의 46.2%가 4인 가구(평균 아동 수 1.64명)이며, 89.4%가 양부모와 함께 거주, 빈곤가구 아동의 양부모와 동거 비율은 27.8%이다. 아동가구의 상대적 빈곤율은 8.25%로 2008년(11.5%)보다는 개선되었고 6~8세 가구가 낮고(6.76%), 12~17세 가구가 높은(9.2%) 것으로 나타났다. 아동의 상대적 빈곤율은 경상소득 기준으로 중위소득 50% 미만 가구 비율로 나타났다(그림 9-1). 즉, 아동의 연령이 어린 가구일수록 상대적 빈곤율이 낮게 나타났다.

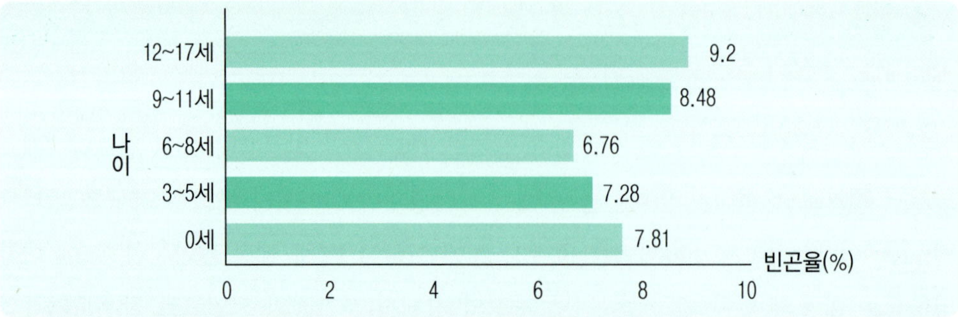

[그림 9-1] 연령에 따른 상대적 빈곤율

출처: 보건복지부(2014).

2) 부모의 양육환경

부모의 양육 스트레스는 저연령 아동 양육자일수록 스트레스가 높았고(그림 9-2), 가족 유형별로는 한부모 및 조손가구, 소득 수준별로는 빈곤가구 양육자의 양육 스트레스가 높게 나타났다(그림 9-3).

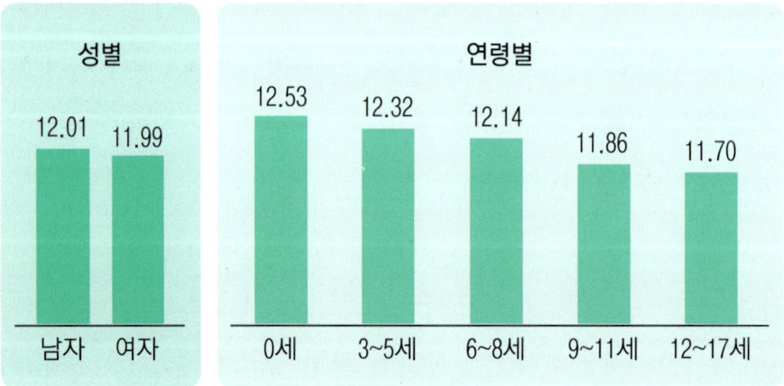

[그림 9-2] 부모의 양육 스트레스(성별, 연령별)

출처: 보건복지부(2014).

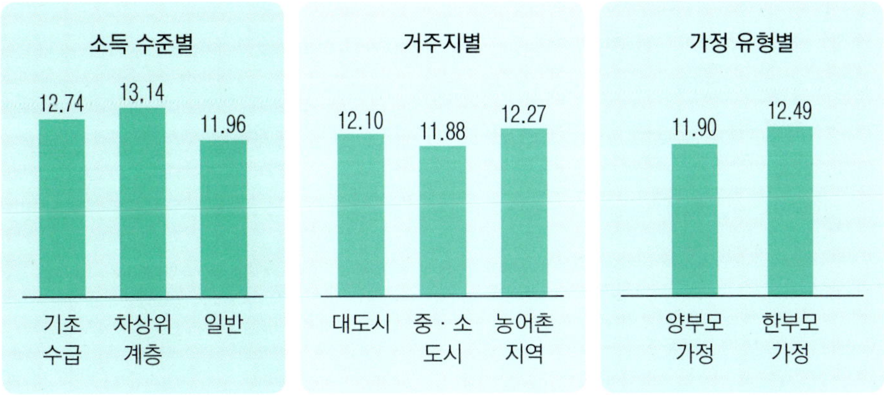

[그림 9-3] 부모의 양육 스트레스(소득 수준별, 거주지별, 가정 유형별)

출처: 보건복지부(2014).

아동의 삶의 질은 아동이 느끼는 '삶의 만족도(60.3점/100점 만점)'와 '아동결핍지수(54.8%)'로 OECD 국가 중 가장 낮은 수준인 것으로 나타났다.

우리나라는 아동결핍지수(UNICEF 척도)를 아동 성장에 필요한 물질적 · 사회적 기본 조건의 결여 수준으로 구분하여 14개 항목으로 측정하였다. 인터넷 · 스마트폰 등 매체중독 고위험에 포함되는 초등학생은 16.3%에 이르며, 아동 스트레스 및 우울 수준도 2008년보다 증가하였다. 9~17세 아동 스트레스는 2.14%(2008년)에서 2.16%(2013년)로, 우울 수준은 1.21%(2008년)에서 1.25%(2013년)로 증가하였으며, 9~17세 아동의 3.6%가 최근 1년간 '심각하게 자살을 생각한 적이 있는' 것으로 나타났다(2013년 처음 실시). 소득별로는 빈곤가구 아동의 아동결핍지수가 85% 이상, 가구 형태별로는 한부모 및 조손가구의 결핍지수가 75.9%로 높게 나타났다. 또한, 아동 스트레스의 주원인으로는 숙제, 시험, 성적 등 학업과 관련한 항목이 높게 나타났으며, 소득 계층별로는 일반가구 아동은 학업과 교육이, 빈곤가구 아동은 돈, 부모와의 갈등, 열등감, 외모가 원인으로 나타났다.

3) 건강 및 영양

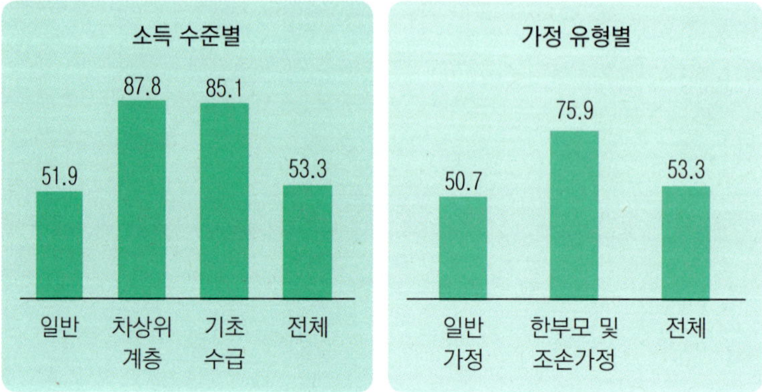

[그림 9-4] 결핍 수준(소득 수준별, 가정 유형별)

출처: 보건복지부(2014).

빈곤아동의 식품빈곤을 조사해 보니, 아동의 8%가 경제적 어려움으로 먹을 것을 살 돈이 없는 '식품빈곤' 상태를 경험했으며, 이 중 9.3%는 영양섭취 부족을 경험하였으며, 빈곤가구 아동의 식품빈곤 경험률은 42.2%, 이로 인한 영양섭취 부족을 경험한 아동은 46.6%, 식품빈곤으로 인한 결식률은 전체 아동의 1.6%이며, 기초수급층은 12.1%, 차상위는 9.8%로 나타났다. 아침 식사 결식률은 10.9%(일반가구 10.1%, 빈곤가구 26.8%)로 2008년보다는 감소하였다.

4) 생활안전 및 아동보호

1년간 안전교육을 받은 경험이 있는 아동은 44.3%에 불과하며, 교통사고, 성범죄, 놀이 중 사고, 유괴 순으로 자녀안전에 대한 우려도가 높은 것으로 나타났다. 1년에 1회 이상 신체학대를 경험한 아동과 정서학대를 경험한 아동이 18% 정도인 것으로 나타났다.

5) 아동 방치 및 여가 활용

6~8세 아동 방치율은 51.3%(2008년)에서 38.1%(2013년)로 개선되었으나, 아동의 10%(빈곤아동의 17.4%)가 매일 방과 후 방치되었다. 다만, 가장 방치되기 쉬운 6~8세 아동의 방치율은 51.3%(2008년)에서 38.1%(2013년)로 하락하였으며, 주말 방치율은 평일보다 낮으나, 방학 중 방치율은 10.6%(한부모 및 조손가구 22.6%)로 평일보다 더 높았다. 빈곤가구 아동 중 '어떤 형태의 여가 활동도 전혀 하지 않는다'고 응답한 아동은 일반가구 아동의 3배 이상이었으며, 아동의 10%, 빈곤가구 아동의 17.4%가 거의 매일 방과 후 혼자 집에 있다.

6) 정부의 빈곤아동정책 평가

향후 보완 및 도입이 필요한 빈곤아동정책은 소득 수준별, 아동 연령대별로 정책 개선 요구는 차별적으로 시행하는 것이 필요하다. 즉, 소득 수준별로 빈곤가구의 경제적 지원 빈곤가구는 한부모 및 조손가족 지원정책(50% 이상), 의료비 지원(30% 내외), 아동수당정책 도입(27%) 순으로 필요하다고 하였으며, 빈곤아동 지원은 31.3% 실시하는 것으로 보인다.

6 아동의 상대적 빈곤율 현황

아동이 있는 가구 중에서 경상소득 기준으로 중위소득 50% 미만 가구 비율(상대적 빈곤율)은 2013년 통계청의 가계동향조사(빈곤통계연보)에서는 9.4%로 나타났으며, 2013년 아동실태조사에서는 1.2포인트 낮은 8.25%로 나타났다(그림 9-5). 2013년도 아동실태조사에서 가족 형태별 상대적 빈곤율은 양부모가구의 경우 3.9%로 나타났지만 한부모 · 조손가구의 경우 46.6%로 나타나 양부모가구보다 12배가량 높은 것으로 나타났다(그림 9-6).

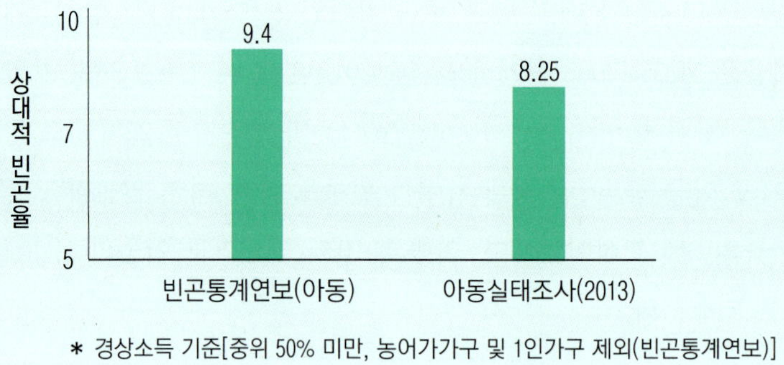

[그림 9-5] 2013년 아동가구의 상대적 빈곤율

출처: 보건복지부(2014).

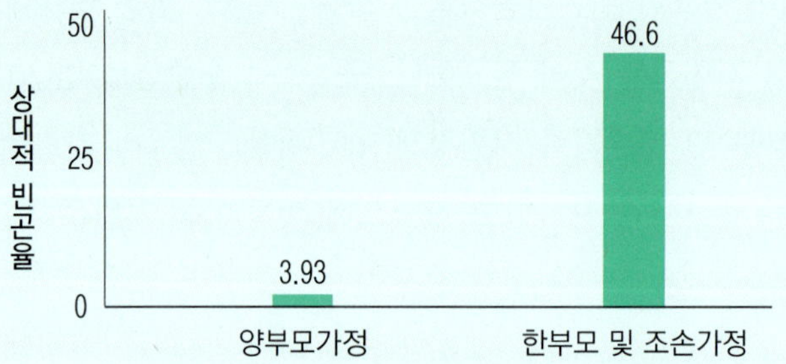

[그림 9-6] 2013년 가족 형태별 아동가구의 상대적 빈곤율

통계청 가계동향조사에서 제시한 상대적 빈곤율의 변동추이를 살펴보면 2008년보다 2013년도에 아동이 있는 가구의 상대적 빈곤율은 11.5%에서 9.4%로 2.1포인트 감소하였다(그림 9-7).

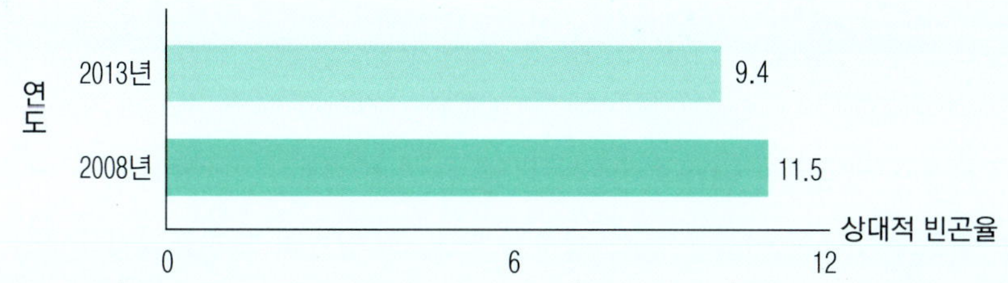

* 빈곤통계연보(아동)
* 경상소득 기준[중위 50% 미만, 농어가가구 및 1인가구 제외]

[그림 9-7] 상대적 빈곤율 변화추이

출처: 한국보건사회연구원(2013). 빈곤통계연보.

우리나라 아동가구의 상대적 빈곤율(여기서는 가처분 소득기준 중위소득 50% 미만)을 선진국과 비교해 보면 우리나라의 아동 빈곤율은 OECD 회원국 중 29개 국가의 평균 빈곤율인 11%보다 약간 낮은 10.2%(가계동향조사)이며 순위로는 15위인 것으로 나타났다(그림 9-8).

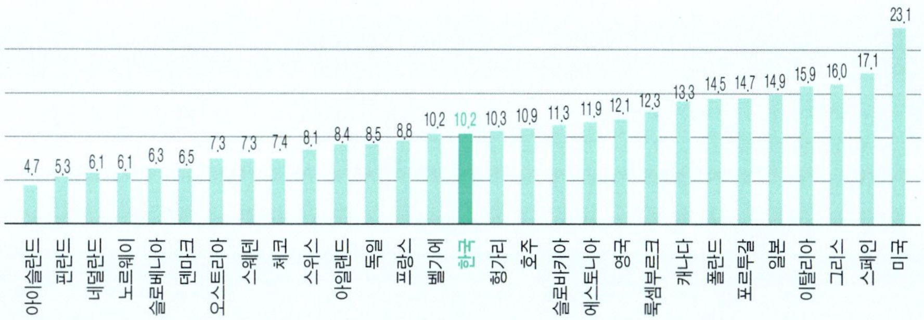

* OECD 34개 회원국 중 뉴질랜드 멕시코, 칠레, 터키, 이스라엘을 제외함. 사용된 빈곤율은 가처분 소득기준으로 가구 균등화 소득기준으로 중위 50% 미만을 빈곤으로 규정함. 한국의 경우에는 2013년도(2012년 소득자료) 조사 자료이나 나머지 국가는 나라마다 다름.

[그림 9-8] 국가 간 아동가구 상대적 빈곤율 비교

출처: EU-SILC 2009, HILDA 2009, SLID 2009, SHP 2009, PSID 2007. 일본의 경우는 Cabinet Office, Gender Equality Bureau(2011). 한국의 경우 통계청 가계동향조사(2013)(한국을 제외한 국가의 자료는 UNICEF(2013)에서 재인용).

7 빈곤이 아동에게 미치는 영향

빈곤아동은 경제적인 어려움으로 스트레스, 가족 갈등, 원만하지 않은 부모-자녀 관계 및 양육과 생활의 어려움 등의 영향을 받을 수 있으며 가정폭력이나 알코올중독 등의 다양한 어려움과 더욱 긴밀한 관련을 가지고 있다(장혜자, 2000). 예를 들면, 경제적 어려움이 부모에게 심리적 스트레스를 가져오며 이것은 부부 관계와 부모-자녀 관계에 순환적으로 연계되는 영향을 미칠 수 있기 때문에 자녀의 정서 · 심리 · 사회적 발달에 부정적인 영향으로 이어진다고 설명한다. 이에 대하여 청(Chung, 2004)은 빈곤가정 부모의 경우에는 생계유지를 위해 장시간 일하거나 불규칙한 노동을 해야 하는 경우가 많아 자녀와의 상호작용이나 양육에 집중하지 못하게 되고, 신체적인 처벌을 자주 사용하는 경향이 있어 자녀가 부분에서 정서적인 어려움을 겪는다고 하였다. 빈곤이 아동에게 미치는 영향을 비교한 연구를 통하여 빈곤을 경험하는 아동은 그렇지 않은 아동보다 개인 내적으로 우울이나 자아존중감의 저하, 사회적인 또래관계의 어려움 및 품행장애를 겪을 가능성과 심리 · 정서 · 사회적 문제가 빈곤을 경험하지 않는 아동보다 높게 나타난다고 보고하였다. 따라서 가족복지의 영역에 있어서는 가족이 담당하지 못하는 부분을 보완하기 위해 사회적 지지 등의 보호요인을 제공할 수 있도록 하는 것이 매우 중요하다. 또한, 아동과 가족의 구성원이 보다 건강하게 성장할 수 있도록 그에 대한 다양한 관심과 사회복지학적인 개입이 필요한 실정이다.

1) 신체적·정서적·사회적·인지적 발달 문제

빈곤 가족에서는 생계유지에 우선적인 초점이 주어지고 아동양육 지식과 시간적 여유가 부족하기 때문에, 아동을 돌보지 못하는 의도하지 않은 학대와 방임 등이 종종 발생한다. 빈곤이 아동에게 미치는 영향은 발육부진 등과 같은 신체발달 문제부터 낮은 지능, 학업부진, 학교 중퇴 등의 인지발달 문제, 우울과 불안 등과 같은 내면화된 문제 및 공격성, 주의력결핍, 과잉행동장애, 반사회적 행동 등의 외현화된 문제 등을 포함한 심리사회발달 문제에 이르기까지 광범위한 문제 등 복합적인 문제가 발생된다고 볼 수 있다(허남순 외, 2005; 김순옥 외, 2016). 학교나 유아교육기관은 아동이 가정 다음으로 가장 많은 시간을 보내는 장소로 아동이 필요로 하는 신체적 · 정서적 · 사회적 · 인지적 발달을 도모할 수 있는 곳이다. 그러므로 빈곤아동의 사회적 · 정서적 적응과 인지적 · 학업적 성취를 위해 필수적인 곳이 교육기관이다.

2) 학업 및 학교 적응 어려움

빈곤은 청소년의 학력 성취에 부정적 영향을 미치는 중요한 요인으로 나타났으며(구인회, 2003), 소년소녀가장의 학업성적의 경우 일반가정 아동보다 낮은 것으로 나타났다(오승환, 2000). 빈곤은 가족 내에서 아동을 위한 공부방 등 학습공간의 부족 및 학업에 필요한 물품이나 교육자료 등의 결핍을 초래하여 학업성취를 저해한다. 빈곤가족의 부모는 밤늦게까지 일을 해야 하므로 자녀와 보낼 시간이 없거나 생활에 여유가 없어 자녀와 접촉할 기회가 적어 아동에 대한 관리 · 감독에 어려움을 겪는 경우가 많다. 그 밖에 체력과 자녀의 학업성취도 저하, 학교 부적응이 초래될 수 있다(한국여성복지연구회, 2008; 김순옥 외, 2016). 또한, 빈곤지역 학교는 교육청과 지역사회로부터 지원이 낮고 교사가 기피하는 경향이 있으며, 빈곤아동은 학업성취도가 낮을 것이라는 교사의 편견이 아동의 성취를 방해하기도 한다(송정애, 2016).

3) 가족 간 영향

가족의 상호작용은 삶의 정서적 · 관계적 · 비시각적 요소로 특징지을 수 있다. 가족의 상호작용 지표로는 가족의 일상적인 일, 가족 구성원 간의 관계, 역할, 정서적 분위기, 대화, 행동 등이 포함된다. 이러한 지표 영역은 부모–아동 간의 상호작용과 그 외 다른 가족 구성원 간의 상호작용에 적용된다. 빈곤아동과 부모는 이러한 상호작용에서 서로 신뢰감과 안정성을 심어 줄 수 있는 여건이 부족하게 되므로, 아동과 긍정적인 상호작용할 수 있는 능력과 기회가 제한될 수 있다. 빈곤한 부모의 부정적인 정서 상태는 아동양육에 있어서 일관성이 결여된 언행을 적용하게 하고 아동에게 긍정적 사고를 심어 주기보다 부정적 사고를 심어 주게 된다. 빈곤한 부모는 양육과정에서 아동에게 둔화된 감수성과 낮은 만족도를 보이고 회피적이고 강압적인 양육방법을 적용하는 경향이 있다. 또한, 경제적 스트레스는 가족 구성원 간의 상호작용에서 가족 갈등 및 불화를 강화시킬 수 있는 요인이 될 수 있다(김주아 외, 2013; Mcleod & Shanahan, 1993).

4) 사회경제적 요인

가구주의 경제적 능력은 곧 그 가족의 사회경제적 수준과 전 가족의 사회적 지위를 가늠하는 주요한 척도가 된다. 빈곤층 가구의 경제활동상의 특성은 첫째, 다른 소득 계층과 비교해 보면 무직의 비중이 높으며, 둘째, 직업이 있다 하더라도 소득이 낮고 비영속적이어서 생계 안정이 어렵다는 점이다. 그러므로 빈곤가족은 직장의료보험이나 상여금, 퇴직금, 산재보험 등이 제대로 적용되지 않아 생계가 불안한 상태에 있게 된다.

위에서 살펴본 바와 같이 빈곤아동은 성장과정에서 다양한 불이익과 차별을 경험하여 문제를 발생시킬 가능성이 있지만, 모든 빈곤아동이 문제를 경험하는 것은 아니다. 빈곤아동 중에서 상황을 잘 극복하고 적응하여 훌륭하게 성장하는 경우도 다수 발견할 수 있다. 이는 빈곤이라는 동일한 악조건하에서도 아동이 가진 독특한 자질에 따라 차별적인 결과가 나타날 수 있음을 의미한다. 이러한 결과는 어려운 상황에서도 원래 기능을 회복한다는 의미에서 탄력성(resilience)이라고 부른다. 아동의 탄력성 요인에는 개인적 인성 특질, 부모와의 관계, 가족 외 외부의 사회적 지지로 교사, 조부모, 친구와 같이 아동과 특별한 관계를 유지하는 사람의 존재 등이 아동의 탄력성에 기여한다고 할 수 있다(어윤빌렉, 2015).

[그림 9-9]는 투자 이론과 가족과정 모델 관점을 통합적으로 고려하여 빈곤이 아동의 발달에 미칠 수 있는 전반적인 영향을 신체적 발달, 정서 · 사회적 적응문제, 학업 및 학교적응 어려움, 부모의 부적절한 양육 태도로 구분하여 살펴보았다(이성한 외, 2016).

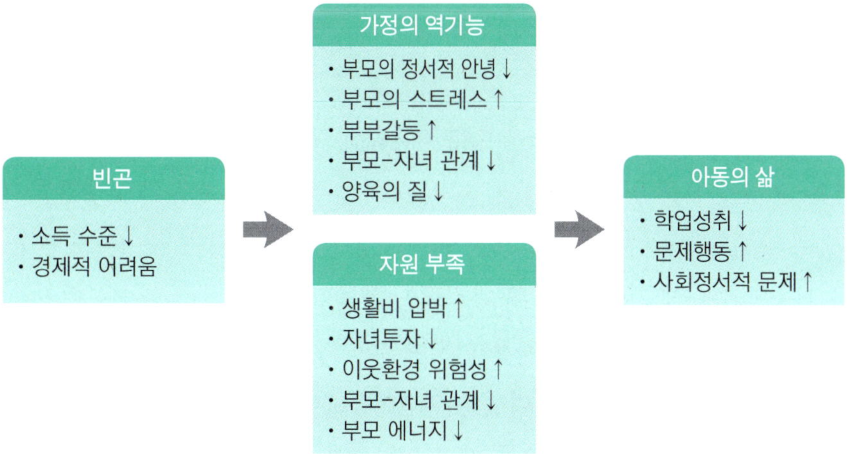

[그림 9-9] 빈곤이 아동의 삶에 영향을 미치는 경로

출처: 서보준 외(2016).

8 빈곤아동을 위한 복지 서비스

우리나라 빈곤아동에 대한 지원은 절대 빈곤층에 속하는 소년소녀가정과 빈곤 한부모가정에 대한 지원 사업이 대부분이었고, 그 내용은 「국민기초생활 보장법」에 의한 경제적 지원 중심이었다. 그런데 IMF 이후로 가족해체의 증가 및 아동빈곤율의 증가가 사회문제로 제기되면서 국민기초생활보장사업의 수급권자는 아니지만 빈곤층인 차상위계층과 빈곤아동에 대한 사회적 관심이 급증하여 정부정책의 변화가 초래되었다(한미현 외, 2016).

1) 드림스타트(보건복지부, 2012)

드림스타트는 2007년 16개 센터를 시범운영하는 것을 시작으로 2008년 전국 32개 센터 운영, 2012년 기준 전국 131개 센터를 운영하고 있다(http://www.dreamstart.kr).

(1) 추진배경

첫째, 가족해체, 사회양극화 등에 따라 아동빈곤 문제의 심각성이 대두되는 상황으로, 이혼 · 가출 등으로 인한 가족해체 증가, 사회양극화 심화, 여성의 경제활동 참여 확대 등으로 가족기능이 약화되어 보호를 필요로 하는 아동의 수가 줄어들지 않고 있다. 빈곤은 아동발달에 악영향을 미치며 부적절한 양육환경과 기회 불평등을 야기하고, 개인의 전 생애에 걸쳐 부정적인 영향을 미치며 다음 세대로 대물림되는 빈곤의 장기화나 영속화 등이 심화되고 있다. 빈곤아동은 일반아동보다 질병발생률 1.4배, 학력부진 비율 2.2배, 술 · 담배 등 비행행동 2배, 가출 2배 높은 것으로 밝혀졌다(최선희 · 김희수, 2004).

둘째, 빈곤아동에 대한 사회 투자 가치의 중요성이 강조되고 있다. 빈곤아동에 대한 사회 투자를 통해 빈곤세습의 고리를 단절하고 인적 자본을 축적하여 향후 사회비용 절감효과를 기대할 수 있으며, 저출산사회에서 아동 개개인의 사회적 가치가 높아짐을 알 수 있다. 빈곤가정에 태어났다는 이유만으로 개개인의 능력을 계발할 기회마저 제공받지 못한다면 사회경제적으로 손실이다. 그러므로 빈곤아동에 대한 사회적 투자는 빈곤가정의 사회통합에 기여하여 미래적 가치를 창출할 수 있으며, 우리 사회의 미래적 가치는 모든 아동에게 공평한 양육 여건과 출발 기회를 보장하도록 아동에 대한 사회적 투자를 확대해 나가는 것에 달려 있다. 빈곤아동에 대한 사회적 투자는 취업률, 소득 수준, 교육성취, 복지 수급 등의 측면에서 1달러 투자에 대해 최대 7.14달러의 환원 효과가 발생함이 밝혀졌다(美랜드연구소, 2005).

셋째, 건강, 보육, 복지 등에 대한 파편화된 개별서비스 확대로는 서비스의 사각지대가 발생하게 된다. 기존의 아동복지서비스는 문제 발생 이후 단편적으로 개입하는 사후관리적 서비스로 구성되어야 하고, 예방적 · 통합적 측면의 서비스를 통해 공평한 기회보장이 아동에게 주어질 수 있는 새로운 아동정책의 패러다임이 필요하다.

넷째, 아동과 가족에 초점을 둔 통합지원체계인 드림스타트사업을 통해 모든 아동에게 공평한 출발기회 보장이 필요하다.

(2) 목표 및 추진방향

① 목표

목표는 공적 전달체계 중심의 지역사회 건강, 복지, 보육협력 · 연계체계를 구축하여 수요자의 실제 욕구에 부응하는 맞춤형 통합 서비스를 제공하는 것이며, 가난의 대물림을 차단하고 모든 아동에게 공평한 출발기회 보장, 예방적인 통합 서비스 지원체계 도입, 신체적 · 정서적 · 사회적 능력 등 전인적 발달을 지원하는 것이다.

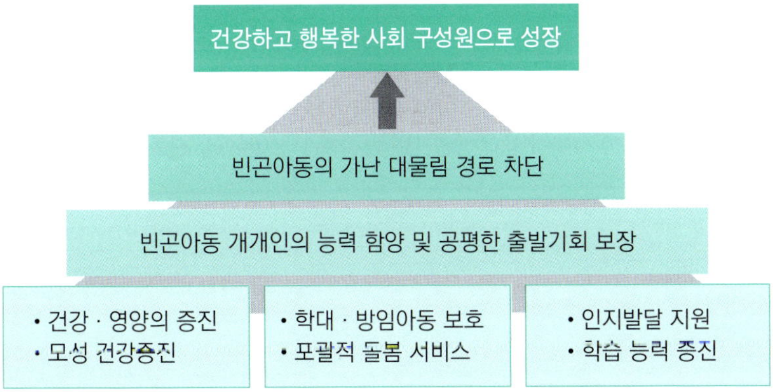

[그림 9-10] 드림스타트 목표 및 추진방향

출처: 보건복지부(2012).

② 추진방향

빈곤아동 개인의 능력 향상 및 기회 평등을 보장하며, 빈곤아동과 그 가족에게 건강 · 복지 · 보육을 통합한 맞춤형 전문서비스를 제공하여 문제를 조기 진단 · 개입하는 예방적 서비스체계를 강화하는 것이다. 시 · 군 · 구 드림스타트 전담팀 구성 등 공적 전달체계를 중심으로 추진하여 지역사회의 인구학적 · 사회경제학적 특성을 고려한 통합서비스를 제공할 수 있으며, 빈곤가정 지원을 위한 지역사회의 자원개발 및 자원 간 협력 · 연계체계 구축 등을 통해 보건소, 사회복지관 등 기존 지역사회의 가용자원을 최대한 활용 · 지원할 수 있다.

③ 운영 계획

서비스대상은 0세(임산부)~만 12세(초등학생 이하)의 저소득 아동 및 가족과 만 12세 이상 아동 중에서 초등학교 재학 아동을 포함하고, 사업지역에 거주하는 해당 연령대 아동과 그 가족, 임산부(0세)를 대상으로 한다. 우선지원대상자는 기초수급 및 차상위계층 가정, 결손가정, 성폭행 피해아동, 한부모가정 아동을 원칙으로 한다. 위기아동인 경우 사정을 통해 고 · 중 위기아동을 위기대상 아동으로 선정하며, 수준별로 대상 아동에 대해 정기적으로 재사정을 실시하여 대상자를 재선정한다.

2012년 기준 저소득 아동 규모는 46만 명으로 추정되며, 집중 서비스대상 아동의 규모는 읍 · 면 · 동 사업지역 단위별로 3백 명 이상되는 것으로 집계하고 있다.

(3) 추진체계 및 운영

<표 9-2> 드림스타트 추진체계

추진 주체		기능
보건복지부	아동권리과 (사업지원단 구성 · 운영)	• 사업지원단 구성 · 운영 • 사업 기본계획 수립, 지침 시행, 지역 최종 확정 등 사업 총괄 · 조정 • 사업 추진 상황 점검 및 평가
시 · 도	아동업무담당과 (복지정책과, 사회복지과, 여성청소년가족과, 아동 · 청소년과, 저출산 · 고령사회대책과 등)	• 사업 관련 업무 지원 • 지역 심사 · 추천 • 예산 배정, 광역 지원 연계 등 • 시 · 군 · 구 드림스타트센터 점검 등 • 멘토센터 추천 • 상 · 하반기 워크숍 총괄 • 컨설팅 관련 업무 지원
시 · 군 · 구	드림스타트센터 (드림스타트 전담인력 구성)	• 드림스타트 사업 운영 총괄, 시행
	운영위원회	• 사업운영 전반에 대한 자문 및 건의
	아동복지기관협의체 운영	• 지역 내 아동복지기관 협의체 구성 · 운영, 정보 공유 및 지역 내 아동 DB 구축, 지역자원 배분 논의
	슈퍼비전 체계	• 사업운영 및 통합 사례관리에 관한 자문 및 건의
사업지원단	드림스타트사업 지원단 (한국보육진흥원 소속)	• 모니터링 및 자문 • 드림스타트 홍보 및 교육 운영 • 사업 프로그램 개발 · 보급 운영 • 사업 평가 운영 • 표준 모델안 및 제도 개선 방안 제시

출처: 보건복지부(2012).

(4) 기대효과

첫째, 아동에 대한 정부의 역할과 책임을 강화하여, 드림스타트센터는 지역사회 내 서비스 수요자의 관점에서 서비스 연계와 조정의 기능을 담당하고 수행기관을 축으로 하는 연계체계를 구축한다. 즉, 지역사회 내 서비스 개발과 서비스의 중개 역할을 담당함으로써 단순 위탁이 아닌 적극적인 아동보호 모델을 제시한다.

둘째, 빈곤아동 및 그 가족에 대해 구체적이고 체계적 개입을 시도하기 위해 수급자 가정과 차상위 가정 등 저소득 가정 0~12세 아동에 대해 전수조사로 실태를 파악하여 개별 아동과 가구단위의 서비스 계획을 수립 · 제공한다.

셋째, 수요자인 아동 중심의 예방적 통합 서비스 체계를 도입한다. 드림스타트사업을 통해 사업의 설계, 수행, 평가에 이르는 과정에서 통합적 서비스에 중점을 둔 시스템 개발 및 모델을 제시하여, 기존의 문제가 심화된 후에 개입한 '사후적 아동보호서비스'에서 문제 발생 이전에 '조기 개입하는 서비스' 등을 시도한다.

2) 디딤씨앗통장(www.adongcda.or.kr)

(1) 디딤씨앗통장 사업의 의미 및 목적

이 사업은 저소득층 아동(보호자, 후원자)이 매월 일정 금액을 저축하면 국가(지자체)가 1:1 정부매칭 지원금으로 월 3만 원까지 같은 금액을 적립해 주는 것으로, 아동이 준비된 사회인으로 성장할 수 있도록 도와주는 자산형성 지원사업이다.

목적은 저소득 아동의 사회 진출 시 필요한 자립자금 마련에 도움을 주기 위하여 아동복지시설 아동, 가정위탁보호 아동 등 기타 요보호아동을 대상(국민기초생활 수급 가정 아동 일부)으로 아동발달지원계좌(CDA : child development account, 2007. 4. 도입)를 지원하고 있다.

(2) 대상 아동

대상 아동은 시설보호 아동, 가정위탁보호 아동, 소년소녀가정 아동, 공동생활가정(그룹홈) 아동, 장애인시설보호 아동, 가정복귀 아동이며, 국민기초생활 수급자 가정 아동은 2020년 기준 만 12세부터 만 17세까지(2003~2008년 출생 아동) 신규가입이 가능하다. 2015년에는 2003년 출생 국민기초생활 수급자 가정 아동이 대상자로 확대되었다.

총 가입 아동은 다음과 같이 80,770명(2019년 12월 말 기준)이다.

<표 9-3> 기초생활수급가구 지원아동 현황

구분	합계	아동양육 시설아동	가정위탁 보호아동	공동생활 가정아동	장애인 시설아동	기타 (가정복귀 등)	기초생활수급 가구아동
지원 아동	80,770	11,424	6,844	2,553	1,103	3,118	55,728

* 기초생활수급가구(생계, 의료 급여)아동: 2020년 만 12세부터 만 17세까지 신규가입 가능 (2003~2008년생)

출처: 보건복지부(2019).

(3) 사업목표

- 아동의 건전한 육성과 발달 실현
- 아동의 완전한 경제적 자립 및 빈곤의 대물림 예방
- 아동에게 더 나은 사회 출발 여건을 제공하기 위한 자산형성 지원
- 개인 및 기업을 통한 효과적인 자원 개발과 우리 사회의 기부 문화 정착

(4) 사업내용

- 전 국민 인식 개선을 위한 홍보
- 아동의 완전한 경제적 자립 및 빈곤의 대물림 예방
- 자립을 위한 경제교육을 지원
- 사업성과 분석을 통한 체계적이고 지속적인 CDA사업 관리

- 요보호아동의 사례관리(모니터링)를 통한 CDA사업 효과성 증대
- 사업시행은 2007년 4월부터 시행

3) 요보호아동 자립지원(www.jarip.or.kr)

요보호아동 자립지원의 목적은 보호대상아동(아동복지시설, 가정위탁)의 자립준비 역량을 강화하고 18세 이후 사회 진출 시 안정적인 자립 기반을 마련할 수 있도록 지원하는 사업으로, 보호아동의 자립의지와 자립기술 향상을 위한 프로그램 운영 및 주거지원, 취업훈련연계, 정보 제공 등으로 자립생활 정착 지원을 돕는 것이다. 지원대상은 대리양육 또는 가정위탁보호 중인 아동, 아동복지시설에서 보호 중인 아동, 가정위탁보호가 종료되거나 시설에서 퇴소한 지 5년이 지나지 아니한 아동을 대상으로 지원한다.

4) 지역아동센터 지원

(1) 목적

방과 후 돌봄이 필요한 지역사회 아동의 건전육성을 위하여 보호 · 교육, 건전한 놀이와 오락의 제공, 보호자와 지역사회의 연계 등 종합적인 복지서비스 제공이다(아동복지법 제52조 제1항 제8호).

(2) 지역아동센터 지원대상과 내역

18세 미만 아동을 대상으로 지원하며, 18세 이상인 경우에도 고등학교에 재학 중인 아동을 포함한다. 다만, 국민기초생활보장 수급권자 가정 아동, 차상위계층 가정 아동 · 보호대상인 한부모가정 아동 · 조손가정 아동 · 다문화가정 아동 · 장애가정 아동(아동 본인 또는 장애가정 내 아동 포함), 기타 승인 아동으로, 보호가 필요한 아동에 대한 우선보호를 위해 지역아동센터 신고 정원의 60% 이상 우선보호아동 비율을 유지하고 있다. 지원 내역으로는 지역사회 아동보호 실현을 위한 아동권리 보장과 안전한 보호,

급식 등의 지원이다.

(3) 지역아동센터 지원 사업의 기능

- 교육적 기능으로는 아동의 학습 능력 제고, 학교 부적응 해소, 일상생활 지도, 학교생활 유지 및 적응력 강화
- 정서적 지원으로 아동의 심리 · 정서적 안정 및 건강한 신체발달 기능 강화
- 문화서비스 제공으로는 문화 체험 및 다양한 문화 경험의 장을 제공
- 지역사회 연계로는 지역사회 자원 발굴 및 지원 강화, 지역사회 내 아동문제에 대한 예방적 기능 및 사후 연계

(4) 추진방향

- 프로그램의 질 제고 및 관리체계 강화를 통해 돌봄 서비스 수준 향상
- 종사자의 행정업무 최소화로 돌봄 시설로의 역할 강화
- 지역별 돌봄 수요에 따른 서비스 공급 및 지원 강화 추진

(5) 연도별 추진경과

<표 9-4> 지역아동센터 연도별 추진경과

연도	내용
2004	•「아동복지법」을 개정하여 '지역아동센터(구, 공부방)'를 아동복지시설로 법제화 –「아동복지법」 제16조 제1항 제11호(2004. 1. 29., 개정)에 의거 총 895개소 시설에 23,347명 아동서비스 지원
2005	• 지역아동센터의 양적 증가 및 확대 운영 – 전국 1,709개소로 확대 운영(총 43,749명 아동 지원)
2006	• '지역아동정보센터' 설치 · 운영(2006. 1.) – 조사연구사업, 교육사업, 정보제공 사업 등 종합적 운영 · 지원 추진 •「건축법 시행령」 개정으로 설치 가능 건축물 용도 확대(2006. 6.) – 노유자시설(교육연구 및 복지시설, 8개 용도) → 제1종 근린생활시설(15개 용도)

연도	내용
2007	• 아동복지교사 지원사업 실시 및 '아동복지교사지원센터' 설치 · 운영(2007. 1.) – 전문 분야별 교육 프로그램 지원을 위해 7개월간 2,700명 아동복지교사 파견 – 사업운영체계로 '아동복지교사지원센터(중앙 1, 권역 14)'를 설치 · 운영
2008	• 지역아동센터 시범평가 실시(2008. 8.~9., 30개소) – 아동복지교사 지원사업 계속사업으로 확대 · 운영
2009	• 전국 지역아동센터 평가 진행(총 3,224개소) 및 컨설팅 사업 실시 • 종사자 역량 강화를 위한 교육 실시(총 7,700명) • 「건축법 시행령」 [별표1] 개정으로 건축물 용도 확대(2009. 7. 16.) – 제1종 근린생활시설 → 제1종 근린생활시설, 단독주택, 공동주택
2010	• 지역아동센터 평가우수시설 운영비 추가 지원(916개소, 월 30만 원) • 사회복지시설 정보 시스템 활용을 의무화(2010. 1.)
2011	• 지역아동센터지원단(중앙 1개소, 시 · 도 15개소) 통합 설치 · 운영 • 지역아동센터 평가우수시설 인센티브(총 500개소, 월 898천 원)
2012	• '지역아동센터평가센터' 설치 및 3주기 1회 평가체계 구축 • 평가우수시설 인센티브를 기능강화사업(거점형, 특수목적형)으로 변경 • 학교의 주 5일제 전환에 따른 지역아동센터 토요 운영 지원 • 「아동복지법 시행령」 및 「아동복지법 시행규칙」 개정을 통한 종사자 자격기준과 시설 설치기준 강화(2012. 8.) • 방과 후 돌봄서비스 관계 부처 간(복건복지부, 교육부, 여성가족부, 안전행정부) 업무협약 체결(2012. 10.)
2013	• 신규 시설장의 현장실습 · 컨설팅 참여 의무화 • 방과 후 돌봄서비스 연계로 종합적 지원 · 관리체계 마련 • 지역아동센터 맞춤형 사회복지시설 정보 시스템 고도화 구축
2014	• 지역아동센터 3주기 시설평가 완료 • 표준 프로그램 개발, 지역아동센터 아동 패널 구축 및 조사
2015	• 지역아동센터 2기('15~'17년) 평가지표 마련 • 지역별 돌봄계획 지표개발 • 사회복지시설정보시스템 전국실태조사 탑재
2016	• 지역아동센터 신규 및 기존 종사자 교육과정 차별화로 의무교육 강화 • 지역별 돌봄계획 수립 지원을 위한 시도별 컨설팅 실시 • 방과후 돌봄 연계체제 활성화 방안 마련

연도	내용
2017	• 지역아동센터 2기('15~'17년) 시설평가 완료 • 우수지역아동센터 지원방안 마련 • 지역아동센터 3기('18~'20년) 평가지표 마련
2018	• 지역아동센터 이용 아동 기준 개선(일반아동 이용비율 확대) • 중앙평가위원회 구성 및 운영
2019	• 지역아동센터 이용 아동 기준 개선(일반아동 이용비율 확대) • 지역아동센터 운영비(3,096백만 원) 및 공기청정기 지원(809백만 원) 추경 편성 • 지역아동센터 환경개선비 신규 지원(9,600백만 원)

출처: 보건복지부(2020).

(6) 시설 현황 및 내용

<표 9-5> 시설 현황 및 내용 (단위: 개소, 천 명)

구분	2004	2005	2006	2007	2008	2009	2010	2011	2012	2013	2014	2015	2016
신고 · 운영 시설 수	895	1,709	2,029	2,618	3,013	3,474	3,690	3,985	4,036	4,061	–	–	4,107
이용 아동 수	23	44	59	76	87	98	100	105	108	109	–	–	106
지원 시설 수	500	800	902	1,800	2,088	2,788	2,946	3,260	3,500	3,742	3,989	4,113	4,107

출처: 보건복지부(2017).

<표 9-6> 지역아동센터의 주요 지역복지서비스의 내용

영역	세부 프로그램
보호	일상생활 관리, 위생건강 관리, 급식 지도, 생활안전 지도, 안전귀가 지도, 5대 안전 의무교육, 빈곤, 방임아동보호
교육	숙제 지도, 교과학습 지도, 예체능 활동(미술, 음악, 체육), 적성 교육(진로, 독서, 요리, 과학 등), 인성 · 사회성 교육, 자치회의 및 동아리 활동
문화	관람 · 견학, 캠프 · 여행, 공연, 행사(문화, 체육 등) 놀이활동지원, 특기적성
복지	사례관리, 상담, 정서적 지원, 부모교육, 가정방문
지역사회 연계	기관 홍보, 인적 및 물적 연계, 기관 연계, 결연후원, 지역복지활동 등

출처: 지역아동센터 중앙지원단(2015). http://www.icareinfo.info.

<표 9-7> 지역아동센터의 특화프로그램

영역	특화 프로그램
주말, 공휴일 프로그램	평일 참여가 어려운 아동들이 주말에 참여 가능한 체험활동 등을 제공함
가족기능 강화 프로그램	아동양육기술 및 의사소통 증진, 부모집단프로그램 및 자조모임
야간 보호 프로그램	저녁 늦은 시간까지 부모가 귀가하지 않아 방임되고 있는 아동들을 보호자의 귀가 시간까지 지역아동센터에서 보호함
청소년을 위한 프로그램	1:1 학습멘토, 동아리 활동, 진로 탐색프로그램

출처: 아동권리보장원(2020).

① 지역아동센터 일반 현황(보건복지부, 2020)

2018년 12월 말 기준 지역아동센터 수는 총 4,211개소로 매년 꾸준히 증가하는 추세이며, 분석 불가능한 시설은 제외하여 총 4,138개소에 대한 현황이 분석되었다.

지역아동센터 운영주체는 개인운영 비율이 70.1%로 여전히 높게 나타나고 있다. 2004년 지역아동센터 법제화 이후 신고제로 운영되면서 꾸준히 증가한 결과, 신고일 기준으로 5년 이상 장기운영센터가 83.6%에 이르는 것으로 나타났다.

그에 따라 지역아동센터 공간이 준공된 후 20년 이상 지난 건축물인 경우가 55.6%로 나타났으며, 향후 1년 이내 시설 개보수가 필요하다고 의식하고 있는 센터들은 약 71.7% 정도로 조사되었다. 또한, 개인운영 시설의 비율이 높아 시설 소유 형태에도 무상임대 31.9%, 월세 30.3%로 비율이 높게 나타났다.

② 지역아동센터 운영 현황(보건복지부, 2020)

지역아동센터의 하루 운영시간은 9시간 이상 10시간 미만이 63.2%로 가장 많았으며, 대부분의 지역아동센터가 오전 10시에 운영을 시작하여 오후 7시에서 10시 사이에 닫는 것으로 나타났다. 2012년 주5일 수업제로 전환된 이후, 2013년 매주 토요일에 운영하는 센터가 증가하였으나 이후 점차적으로 감소하고 있는 것으로 나타난다.

한편, 외부자원 연계 현황에서 볼 수 있듯이 지역아동센터는 정부보조금 및 지자체 지원 이외에 민간기업체, 비영리민간단체, 공공기관 등으로부터 다양한 경로를 통해 결연 및 협약 관계를 맺고 있으며, 특히 외부자원을 통한 물품 후원이나 프로그램 지원, 의료 및 치료 지원, 자원봉사 지원 비율이 높았다.

결연 및 협약을 맺은 기관 중 사회복지기관 및 비영리단체가 가장 많은 비중을 차지하고 있으며, 지원 종류 중 물품 후원이 가장 많은 것으로 나타났다. 그중 식품이 약 65.4%로 과반수 이상을 차지하고 있는 것으로 나타났다.

5) 공동생활가정 운영(보건복지부, 2016)

(1) 운영 목적

공동생활가정의 운영 목적은 보호가 필요한 아동에게 가정과 같은 주거 여건과 보호, 양육, 자립지원 서비스를 제공하는 것을 목적으로 하며, 아동 공동생활가정(그룹홈)의 운영에 관하여 필요한 사항을 정하고 있다.

(2) 연혁

공동생활가정 운영의 연혁을 살펴보면 첫째, 대규모 집단시설 위주의 보호에서 소규모 가정형태 보호로의 전환 강조 및 지역사회 중심의 아동보호를 위한 새로운 보호형태로 논의되었다. 둘째, '국민복지기획단'(1995. 3. 23.)에서 마련한 국민복지 기본 구상에 그룹홈을 도입하려는 실정이다. 셋째, 1996년 12월 그룹홈 제도 도입을 결정하여 1997년부터 시범사업을 실시하였다. 넷째, 「아동복지법」상 아동복지시설 종류에 공동생활가정을 추가(2004. 1.부터)하고 실시하고 있다.

<표 9-8> 공동생활가정 보호아동 성별·취학 현황(일반그룹홈+학대피해아동쉼터)

2019. 12. 31. 현재 (단위: 개소, 명)

구분	시설수	종사자수	정원	수용인원			아동현황							
				계	남	여	계	미취학		초등재	중재	고재	대제	기타
								0~3세	3~6세					
계	578	1,812	3,951	2,949	1,602	1,347	2,949	79	299	1,024	678	666	157	46
서울	69	204	466	329	192	137	329	10	43	98	73	87	11	7
부산	31	104	213	172	84	88	172	3	9	57	50	46	5	2
대구	14	46	90	66	44	22	66	0	3	24	16	17	3	3
인천	19	58	131	112	54	58	112	6	11	40	24	24	7	0
광주	36	107	251	174	85	89	174	4	30	75	31	29	5	0

구분	시설수	종사자수	정원	수용인원			아동현황							
				계	남	여	계	미취학		초등재	중재	고재	대재	기타
								0~3세	3~6세					
대전	20	68	138	106	61	45	106	6	12	44	17	21	3	3
울산	10	34	66	58	46	12	58	0	6	31	16	3	1	1
세종	1	5	5	2	2	0	2	0	0	0	1	1	0	0
경기	158	473	1079	844	475	369	844	21	96	285	206	182	38	16
강원	24	80	164	114	52	62	114	7	9	35	26	25	10	2
충북	31	99	215	149	64	85	149	7	10	46	41	37	6	2
충남	30	95	210	149	81	68	149	5	6	51	30	42	13	2
전북	43	134	291	232	111	121	232	2	20	92	55	47	15	1
전남	41	135	282	195	108	87	195	1	15	58	41	52	25	3
경북	16	59	109	62	41	21	62	3	7	25	14	10	3	0
경남	29	91	201	150	86	64	150	4	16	48	29	38	11	4
제주	6	20	40	35	16	19	35	0	6	15	8	5	1	0

출처: 보건복지부(2020).

9 빈곤아동을 위한 권리와 국가적 지원

우리나라는 1991년 가입한 '아동권리에 관한 국제협약'을 기준으로 아동의 생존권, 발달권, 보호권, 참여권의 영역에서 아동권리를 구체화하여 실현시키고 있다.

국제협약의 기본은 '아동이익 최우선 원칙'으로 아동의 건전한 발달과 성장을 위해 의식주를 지원하는 것이다. 아동빈곤은 기본적으로 아동의 생존권, 발달권, 보호권을 침해하는 것으로 국가가 아동의 보호권을 보장하기 위한 지원을 다각도로 강화해 나가야 할 것이다(이재연 외, 2012).

우리나라 유엔 아동권리협약에 대한 양육자의 인지도는 48.7%로 2008년(30%)보다 상승하였으나, 협약내용에 대한 인지 수준은 7.9%에 불과하며, '우리나라에서의 아동권리 보장 수준'에 대해서는 27.5%가 '아동권리가 전혀 보장받지 못하고 있음'으로 나타났다(보건복지부, 2014).

빈곤아동은 빈곤 자체도 문제지만 빈곤은 수많은 병리현상을 낳는다. 기본적인 욕구 해결의 걸림돌은 물론, 의료혜택의 어려움으로 신체적 · 정신적 문제를 초래할 뿐만 아니라 인지적 · 사회적 · 정서적 문제를 초래하여 비행이나 학교 부적응 등으로 낮은 학업 성취감을 갖게 된다(이재연 외, 2012). 이는 고등교육 기회 박탈 등으로 성인기 경제활동에 지장을 초래하는 악순환이 거듭되어 자녀 세대에도 빈곤이 대물림될 수 있다. 이러한 문제를 해결하기 위해서 이들의 심리적 욕구를 충족시킬 수 있는 교육 및 상담 프로그램 개발과 그들을 위한 민간이나 정부의 직 · 간접적인 경제적 지원이 필요하고, 그 밖에 다양한 사회적 지원 시스템이 요구되며, 무엇보다도 가족의 소득을 향상시킬 수 있는 우선적인 일자리 창출과 더불어 비정규직의 정규화 등 다각적인 지원도 요구된다.

이러한 특성의 저변에는 첫째, 교육 수준이 낮고, 둘째, 안정적인 직업에 종사한 경험이 없으며, 셋째, 특별한 기술훈련을 받은 경우도 드물어 여타 소득 계층보다 크게 열세하다는 점을 들 수 있다.

다문화가족 아동

제10장

우리 사회가 다문화사회를 지향함에 따라 다문화에 대한 심도 있는 이해와 사회적 합의가 중요하게 되었다. 다문화사회에 대한 인식을 새롭게 하고, 다문화가족 아동의 권리 및 문제점, 개입 방향에 대하여 살펴보고자 한다. 본 장에서는 다문화에 대한 사회문화적 함의와 함께 다문화가족 아동에게 고려되어야 하는 사항에 대하여 살펴볼 것이다. 또한, 우리나라의 다문화사회의 지향에 있어서 문화 감수성이 있는 아동복지의 영역에 대해서도 생각해 보는 것이 필요하다.

다문화주의란 한 사회 내에서 다양한 인종집단의 다양한 문화에 관하여 서로 다름을 인정하고 존중하면서 공존하는 것에 그 목적이 있는 이념체계로, 사회문화적인 다양성을 인정하고 인종, 민족, 국적에 의한 차별과 배제 없이 모든 구성원이 공평한 기회에 접근할 수 있도록 보장하는 정부정책을 의미한다. 다문화주의의 개념은 첫째, 인종, 민족, 문화적으로 다원화된 인구사회학적 현상, 둘째, 사회와 문화적 다양성을 긍정적으로 인식하며 가치 있게 여기고, 존중하는 사회적 이념, 셋째, 사회 및 문화적 다양성을 보호하고 인종, 민족, 국적에 따른 차별과 배제 없이 모든 개인이 공평하게 기회에 접근하도록 보장하는 정부의 정책과 프로그램을 포괄적으로 지칭한다(Tropper, 1999; 장미혜 외, 2008).

'다문화주의'라는 용어는 캐나다와 호주에서 1970년대 전 · 후에 본격적으로 사용하기 시작하였으며, 정부의 새로운 정책이나 사회운동의 목표를 지칭하여 이후 캐나다, 호주, 미국, 유럽 등의 선진국에서 의회의 토론 이슈, 정당 공약, 중앙 및 지방정부의 조직 설치와 예산의 근거, 학문적 분석, 대중매체, 상업적 영역 등에서 급속도로 확산되었다(임정빈, 2010). 세계화의 조류에서 한국은 고령화, 저출산과 노동력 공급 부족을 해결하기 위하여 외국인 노동자 유입을 허용하면서 우리나라는 다문화사회로 이행하게 되었다. 이에 국제결혼 증가로 다문화가정을 이루는 결혼이민자는 급속도로 늘어나는 추세다.

우리나라는 외국인 노동자, 결혼이민자, 새터민, 1인 외국인 가족을 포함한 외국인이 함께 거주하는 실정이다. 이제 우리 사회는 다문화 시대의 도래를 맞이하여 단순한 차원의 정책문제뿐 아니라 향후 나아가야 할 방향을 제시해야 하는 이론과 사회 및 정책적인 문제를 안고 있다. 즉, 다문화주의 개념의 등장으로 민주주의의 확산과 다양한 인종의 정체성이 복잡하게 얽힌 국가에서는 국민을 어떻게 하나의 '국민'으로 통합할 것인가에 대한 논의가 제기되며, 이는 곧 국가 이데올로기(ideology)로 다문화주의의 채택을 의미한다(강휘원, 2006).

또한, 우리나라에서 바라보는 다문화주의는 민주주의의 확산과 더불어 단일민족으로부터 현재의 다양한 인종에 대한 정체성에 따른 국민통합의 이념 정립이 필요하다. 그러나 이와 같은 이념 정립의 문제는 많은 어려움을 가지는데, 이에 대하여 이용승(2004)는 다음과 같이 언급한다.

> "오늘날 이 다문화주의는 국가, 인종, 민족 등의 거시적인 차원에만 국한되지 않고 사회 내의 소외계층이나 소수 인종, 세대 간 갈등과 성역할의 차이 등과 같은 미시적인 문제를 포함하는 매우 광범위한 주제이기 때문에 하나의 의미로 정의 내리는 것은 불가능하다."
>
> 출처: 이용승(2004).

다문화사회에 관한 정의는 학자마다 다양하나 주류 사회의 전통이나 관습, 문화에 기반을 둔 다수 집단의 정체성과 이에 포함되지 않는 소수 집단의 정체성 간의 평화적 공존을 추구하는 것을 다문화사회라고 하며, 이러한 다문화사회는 소수 집단의 정체성을 존중하고 고유문화가 독자적으로 전개되는 시공간을 인정하고 수용하는 단계까지 포함하고 있다(강휘원, 2006). 우리 사회에서 통용되는 다문화주의의 의미는 다원적인 국민성과 '다르게 평등하게 사는 것'으로 두 측면에서 설명된다(송종호, 2007). 이에 다문화, 다원주의는 문화적 존재로서 개개인이 타인의 기준에 의해서 부당하게 평가받지 않으며, 한 사회 내에서 존재하는 각 하위집단과 구성집단의 신념에 대한 상대성을 동등하게 인정하고 존중하는 것(김광억, 1998; 문경희, 2006)으로 정의된다. 즉, 개인의 고유한 삶에 대한 의미와 가치를 존중받고 이러한 긍정적인 자기존중의 삶이 실현되는 것을 다문화주의라 할 수 있다(김경아, 2008).

다음에서는 다문화가족의 개념과 실태, 자녀 양육의 어려움 등을 살펴본다.

1 다문화가족의 개념 및 구성

1) 다문화가족의 개념

우리나라에서 제시하는 다문화주의는 「다문화가족지원법」에 근거하여 다음과 같은 다문화가족의 법적 개념을 가지고 있다. 다문화가족이란 「재한외국인 처우 기본법」에 제2조 제3호의 결혼이민자와 「국적법」 제2조에부터 제4조까지의 규정에 따라 대한민국 국적을 취득한 자로 이루어진 가족을 의미한다. 또한, 「국적법」 제4조에 따르면 다문화가족이란 귀화허가를 받은 자와, 같은 법 제2조에 의하여 출생 시부터 대한민국 국적을 취득한 자로 이루어진 가족을 의미한다. 한편, 「국제노동법」 제3조에 의하면 다문화가족은 합법적으로 체류하는 결혼이민자와 외국인 근로자가 대한민국 국민과 혼인, 혈연,

입양 등으로 결합하여 이룬 가족과 귀화자 가족을 포함하는 개념이다. 이때 출신국이 다른 외국인 간의 결혼에 의한 가족과 영주권자 가족은 법으로 제외한다. 단, 결혼이민자는 대한민국 국민과 혼인한 후 대한민국에 거주할 목적으로 체류하는 외국인 혹은 이에 해당하였다가 혼인관계가 해소된 외국인으로 하며, 간이 귀화자는 귀화자 가족에 포함되고 있다. 그러나 일시 체류 외국인과 외국 거주 다문화가족은 제외한다.

2) 다문화가족의 구성

우리나라의 다문화가족에 관한 구성은 다음과 같다. 즉, 다문화가족의 구성은 한국인 남성과 결혼한 이주한 여성 가족, 한국인 여성과 결혼한 이주한 남성 가족, 외국인 근로자, 유학생으로 구성된다(곽미정 · 전미숙, 2014). 그 외에는 북한이탈주민(새터민) 가족이 있다.

2 다문화가족의 문제 요인

1) 국제결혼 이주자와 다문화가족의 이슈

다문화가족 증가에 대해 우리 정부는 저출산 및 고령화의 억제 기제, 다양한 문화 확장 및 타 문화에 대한 이해 증진, 국민의 이중 언어 및 다문화 감수성 함양, 글로벌 인재로서 자녀의 국가 경쟁력에 기여할 것이라는 순기능을 기대하였다. 하지만, 다문화사회와 가족 정착에 앞서 결혼중개업체의 상업적 이윤 추구 수단으로서의 악용, 다문화에 대한 편견 등으로 인해 결혼 당사자의 인권 침해, 결혼 후 정착 갈등, 국가 이미지가 실추되는 등의 사회문제가 발생하고 있다. 특히, 국제결혼은 주 거주지가 한국 사회이고, 가족과 지역사회의 구성원이 된다는 점, 자녀가 한국 사회 내에서 태어나서 이민자 2세로 성장한다는 점, 이러한 국제결혼의 규모가 한국 사회에 지대하고 빠르게 영향을 미친다는 점에서 국가적 관심을 필요로 한다.

제3세계 여성과 한국 남성과의 국제결혼은 대체로 아는 사람의 소개, 직접 만남, 종교 단체, 결혼중개업체를 통한 방식으로 이루어진다. 한국 결혼중개업자와 각 나라 브로커의 위계화된 하청 구조에 의해 여성을 한국으로 이주시키는 국제결혼 시스템을 구축하고, 중개업자는 송·출국의 단속 회피와 높은 이윤을 추구하기 위한 대량 결혼중개를 진행한다. 한 예로, 남성이 한 시간 안에 적게는 20~30명, 많게는 200~300명의 베트남 여성 중 한 명을 선택하는 방식으로 맞선 절차를 진행한다. 이러한 노골적이고 상업화된 형태의 국제결혼은 결혼이 성사되고, 실제 이주가 이루어지는 과정에서 많은 문제와 위험을 내포한다.

(1) 가족 구조적 장애 및 불안정한 결혼생활

친밀감에 기반을 둔 결혼은 현행 결혼중개업의 알선에 의한 국제결혼 관행으로 하여금 가족 구조의 장애요인(결혼 당사자 간의 사전 정보 부실, 상호 이해 부족 등)이 된다. 중개업에 의한 한국 남성과 동남아 여성 간의 결혼은 1~2회의 만남으로 성사되며, 그 방문에서 성관계를 갖도록 유도하기 때문에 원치 않은 성관계, 임신 같은 성적 위험에 노출되어 있다. 결혼 거부 시 모든 비용을 물어내라고 요구하는 경우가 허다하다. 또한, 정보원인 결혼중개업소의 일방적이고 부정확한 정보 제공으로 결혼생활이 불안정할 수 있다. 실제로 여성 결혼이민자의 13.2%(베트남 여성 이민자는 31%)가 결혼 전에 들은 배우자에 대한 정보가 사실과 다르다고 응답하였다(여성가족부실태조사, 2006). 그러나 결혼중개에 관한 관리 법안에는 '이혼자에 대한 거짓, 과장 정보를 제공해서는 안 된다.'라는 명시만 있을 뿐 처벌을 포함되지 않으므로 실효성에 의문이 있다.

(2) 여성의 인권 침해

결혼이주 여성이 남편을 만나게 된 경로는 '결혼중개업소를 통해서'가 가장 높으며,

가정폭력쉼터 입소자의 90% 이상이 중개업자를 통한 결혼이라는 점을 볼 때 상대적으로 인권 침해를 당할 가능성이 크다. 또한, 길거리 · 인터넷 광고를 통해 '신부보증제', '연령 제한 없이 누구나 가능', '만남에서 결혼까지 7일', '베트남, 절대 도망가지 않습니다' 등의 문구를 통해서도 여성 비하적이고 인권 침해적임을 볼 수 있다.

(3) 자기 소유물

대부분 남성만 결혼 비용을 지불하는 비율이 높은 것으로 보아, 결혼생활에서 배우자를 동등한 주체로 인정하기보다 자신의 소유물로 인식할 가능성이 큼을 시사한다.

(4) 결혼과정에서 중개업체의 문제점

결혼중개업체의 부실한 중개 서비스도 문제이다. 결혼과정에서의 통역 서비스, 여성에 대한 교육, 배우자 대한 정보 제공 등이 부실하며 배우자 선택이 완료된 이후에 간단한 사전 또는 회화 책자만을 제공한다. 서로에 대한 충분한 정보와 사전교육 없이 결혼하게 되어 가정생활과 문화 적응에 부작용이 발생할 수 있다.

(5) 의사소통의 어려움

다문화가족 적응에 있어 언어는 매우 중요하다. 많은 다문화 가정이 언어장벽으로 일상생활에서 서로를 이해하지 못해 갈등이 발생하므로 언어적 능력은 결혼생활과 새로운 문화에 정착하는 데 필수적인 요건이다.

특히, 필리핀, 인도네시아, 태국, 베트남, 몽골, 우즈베키스탄, 페루 등에서 이주한 여성의 경우, 한국어를 습득하기도 전에 아이를 출산하거나 가정의 대소사를 책임지게 된다. 이러한 일상생활에 적응하는 과정에서 시부모나 남편과의 소통이 어려워 문화 차이를 이해하지 못해 갈등을 겪고 있다.

(6) 문화적 차이

한국의 인사 예절, 주거 문화의 차이, 며느리 역할 등은 이들이 한국 사회에서 적응해야 하는 새로운 문화인 동시에 적응해야 할 생활환경이다. 서로 다른 문화에 적응한다는 것은 사고방식이나 생활습관을 오랜 시간을 통하여 편안히 받아들이는 과정을 의미한다. 그러나 한국 사회는 짧은 시간 안에 한국 문화에 동화되고 적응할 것을 강요하므로 이들의 실질적인 적응에 많은 어려움이 있다.

(7) 경제적 어려움

여성의 노동권과 경제권은 독립적이고 주체적인 삶에 필수적이다. 그러나 결혼이주여성은 신부의 가정환경이 어렵거나 한국어가 익숙하지 못한데다, 한국 국적[1)]이 없어 경제 활동에 차별을 받고 있으며, 노동시장 참여의 기회 보장에 불리한 위치에 있다. 국제결혼의 동기를 보면 '경제적으로 윤택하게 살 것 같아서'와 '친정을 돕기 위해서'가 높은 순위로 차지한다. 지난 1년간 경제적 어려움으로 사회보험료 미납, 전기 · 수도요금 미납, 생활비를 위한 금전 차용, 병원치료 중단 · 포기 등 중 1가지 이상을 경험한 다문화가족은 30%였다(전국 다문화 실태조사, 2009).

(8) 자녀양육의 어려움

다문화가정은 자녀양육에 대해 어려움을 느낀다(표 10-1). 다수의 다문화가정에서 자녀교육 및 정보 부족과 경제적 어려움, 사회적 편견, 언어문제, 이중 문화생활에서 오는 학교 안의 집단 따돌림(외모, 말씨 등) 등의 부적응을 경험하며, 정서적인 불안감과 부적응을 보인다.

1) 1997년 「국적법」 개정으로 모든 외국인 배우자는 혼인 후 한국에 최소 2년 이상 체류하거나 한국인 배우자와 3년 이상 결혼생활에 국내 1년 이상 주소를 두고 있어야 간이 귀화신청이 가능하다.

<표 10-1> 자녀양육의 어려움

(단위: 명, %)

구분	계	자녀교육 및 정보 부족	경제적 어려움	의사소통 어려움	또래집단 따돌림	돌봐줄 사람 없음	어려움 없음	자녀 없음	기타
인원수	3,718	802	794	435	14	131	519	906	117
비율	100	21.6	21.3	11.7	0.4	3.5	14.0	24.4	3.1

출처: 곽미정(2014). 재인용.

다문화가정 아동이 학교에서 겪는 어려움은 〈표 10-2〉와 같다. 특히, 언어문제로 인해 수업을 따라가기 힘들어하는 등 학업수행에 어려움을 나타낸다. 한국어 의사소통이 능숙하지 않은 다문화가정 어머니의 영향과 아동의 연령에 적합한 한글 교육과정 및 기타 자녀교육에 관한 지식 부족으로 언어 발달상의 어려움과 학습 부진을 보인다.

<표 10-2> 외국인 아동이 학교에서 겪는 어려움

(단위: 명, %)

항목	전체(50)	초등학생(31)	중 · 고등학생(19)
미숙한 한국어	30.0	32.3	26.3
한국어로만 수업이 진행되어 따라가기 힘듦	26.0	32.3	15.8
낮은 성적	16.0	3.2	36.8
따돌림, 놀림, 구타	12.0	16.1	5.3
친구사귀기가 힘듦	8.0	6.5	10.5
소비 수준의 차이에서 오는 소외감	4.0	6.5	0.0
기타	24.0	29.0	15.8

출처: 곽미정(2014). 재인용.

또한, 집단 따돌림을 당하는 이유를 살펴보면 가장 큰 비율을 차지한 것이 엄마가 외국인이기 때문이며, 그다음이 의사소통이 안 되어, 특별한 이유 없이, 태도 · 행동 · 외모가 달라서, 기타의 요인이 있음을 알 수 있다(표 10-3).

<표 10-3> 집단 따돌림 당하는 이유

(단위: %)

항목	비율(%)
임마가 외국인이기 때문에	34.1
의사소통이 잘 안 되서	20.7
특별한 이유 없이	15.9
태도와 행동이 달라서	13.4
외모가 달라서	4.9
기타	22.0

출처: 곽미정(2014). 재인용.

이들은 한국인이라는 정체성과 주류 한국인과 다른 외모와 외모, 말씨의 차이에서 오는 따돌림과 소외감, 자아정체감의 확립의 어려움이 있다.

(9) 사회적 편견 및 차별

결혼이주자가 주변으로부터 어떠한 도움을 받는지, 그 도움에 대해 어느 정도 만족하는지에 따라 적응에 중요한 영향을 미친다. 하지만, 국제결혼실태 조사결과 대부분 결혼이민자는 이웃과의 교류 및 상호 지원이 거의 이루어지지 않는 것으로 나타났다. 오히려 순혈주의 중시 풍토로 다문화가정에 대한 편견 및 차별이 존재함을 볼 수 있었다. 그리고 자녀의 경우 혼혈아라는 이유로 또래집단과 교육환경에서 소외당하여 정서적 상처를 받는다. 외국인 근로자 자녀의 경우 교육의 기회조차 제공되지 않고, 기본적인 교육권과 사회통합의 기회 보장이 박탈되고 있다. 그 외에도 국적에 대한 편견이 있는데, 선진국의 경우 부러움과 배려의 대상으로 여기지만, 후진국, 개발도상국의 경우 냉대와 차별로 받아들인다.

(10) 가족 해체 및 이혼

증가하는 국제결혼에 비해 이혼율도 급속히 상승하고 있다. 다문화가족 해체의 주된 원인은 결혼업체의 무분별한 성사에 기인하여 발생한 결혼에 대한 준비 없음, 결혼생활의 어려움, 남성 폭력과 시댁의 과도한 간섭 등이 있다.

2009년 전국 다문화 실태조사에 따르면, 이혼사유로는 성격 차이(29.4%), 경제적 무능력(19.0%), 외도(13.2%), 학대와 폭력(12.9%) 순으로 나타났다. 출신국별로 중국 조선족, 한족, 북미, 호주, 서유럽은 성격 차이를, 베트남, 필리핀, 캄보디아는 학대와 폭력을 지적한 비율이 높았다.

(11) 결혼이주 여성에 대한 가정 폭력과 학대

언어와 문화 차이, 의사소통의 어려움, 성격과 기대의 차이, 남성의 성격장애나 알코올 중독, 사기결혼 등으로 인한 가정폭력 사례가 늘고 있다. 농촌지역 배우자 경우 4명 중 1명이 남편으로부터 구타를 당한 경험이 있으며, 매매혼의 성격으로 남자의 본전 빼기 심리에 의한 폭력도 나타나고 있다.

문제는 결혼이주 여성을 보호할 사회적 안전장치가 미흡하다는 것이다. 게다가 결혼이주 여성 역시 한국 국적 취득을 위해서는 한국인 배우자와 2년 이상 동거하며 혼인 상태를 유지해야 하므로 폭력 상황을 외부에 노출하지 않거나 도움을 요청하지 않고 참고 사는 현실이다.

유엔 인종차별철폐위원회와 여성차별철폐위원회에서는 한국 정부에 국제결혼업체의 활동을 규제하고 외국인 여성이 인신매매자나 배우자에 의한 착취와 학대에서 보호받을 수 있는 인권보호정책 마련을 촉구하였다.

2) 외국인 근로자와 다문화가족 이슈

「외국인고용법」 제2조에 의하면 외국인 근로자란 대한민국 국적 미소지자로서 국내에 소재하는 사업 또는 사업장에서 임금을 목적으로 근로를 제공하거나 제공하고자 하는 자로 정의한다. 그런데 우리나라의 경우 국내 인력을 구하지 못하는 사업주가 정부(노동부)로부터 인력부족확인서를 발급받아 합법적으로 고용하는 고용허가제를 실시하는데, 이주노동자는 3년간 취업이 가능(매년 계약 갱신)하며, 고용주의 고용 기회 확충에 초점을 두어 이주 노동자의 사업장 이동은 사유, 절차, 횟수를 제한하고 있다. 사업장 이동 변경 신청 후 2개월 이내 취업해야 하는 절차와 3회 이상 이동의 허용이 안 되는 횟수의 제한이 있다. 또한, 외국인 고용허가제는 가족 동반을 금지하고 있다.

(1) 취업현장에서의 어려움

많은 외국인 근로자는 작업장 내에서 폭행과 폭언에 시달리고 있다. 동정적 여론에 힘입어 이전보다 폭행은 많이 줄어들기는 하였으나, 아직까지도 끊이지 않고 있다. 폭언과 비속어 사용 등은 많은 공장에서 일어나고 있어서 외국인 근로자가 받는 심리적 상처는 결코 작지 않다. 특히, 근무 중 상해문제, 임금체불 문제 등은 외국인 근로자의 삶을 위협하는 요소가 된다. 고용허가제에 의해 재해보험, 건강보험, 국민연금 등이 적용되고 있으나 국가 간 상호 호혜 원칙에 따라 혜택을 못 받는 경우가 종종 발생한다. 따라서 이들의 가족이나 아동은 경제적 어려움을 겪을 수 있다.

(2) 일상에서의 어려움

외국인노동자인권센터에 법적 문제에 관한 상담이 자주 접수되는데, 이는 민·형사상의 문제가 발생했을 때의 불이익으로 권리 보장을 제대로 받지 못하고 있기 때문이다. 불법체류자는 그 정도가 더욱 심해 사신이 피해자이면서 가해자로 둔갑하거나 쌍방과실이 되기도 한다. 또는 이주 노동자 인권단체에서 적극적으로 노력해 주어 자신이 피해자로 입증되더라도 강제 출국되는 상황이 염려되어 제대로 권리 주장을 못하고 있다. 혹은 이를 악용하는 경우도 있다.

(3) 여성 외국인 근로자의 어려움

전체 불법체류 외국인 노동자 중 여성은 약 10만 명에 달하는 것으로 추산된다. 이들의 근로조건은 남성보다 열악하다. 더 많은 노동시간에 더 적은 임금으로 남성과 같은 강도의 노동에 종사하거나 주야 12시간 맞교대 작업, 심지어 야간에만 작업하기도 한다. 게다가 여성으로서 겪는 작업장 내의 성희롱, 성폭행 등이 끊이지 않고 있다. 국가인권위원회에서 실시한 외국인 노동자 실태조사(2002)에 따르면, 조사에 응한 520명의 여성 외국인 노동자 중 12.2%가 입국 후 강간을 경험한 것으로 나타나 충격을 준다.

한편, 한국인 남성과 합법적으로 혼인한 여성 외국인 근로자가 자녀 출산 전에 이혼할 경우 배우자의 귀책사유가 원인이더라도 체류기간의 2년 연장이 1회에 한하여 주어지고 있다. 가정폭력에 시달리더라도 한국 국적 취득 전에는 이혼하거나 도피하기 힘든 상황이어서 외상 후 스트레스 장애나 우울증에 걸릴 위험성이 크다.

(4) 생활 문화 · 의사소통의 어려움

결혼이주자 가족과 마찬가지로 이주 노동자도 생활 문화나 의사소통에서 어려움을 겪고 있다. 새로운 문화와 규범, 가치관, 사회에 적응해야 하고, 다른 문화의 사람을 이해하여 새로운 인간관계도 만들어야 한다. 무엇보다 문화적 배타주의가 이들의 적응에 제일 어려운 요소다.

이뿐만 아니라 우수 인재 유치경쟁에서 각종 혜택을 받는 고급 외국인 근로인력과는 달리, 단순기능 인력은 언어 갈등, 가족과의 단절, 문화 충격, 소외감, 차별, 재정적 자원 부족, 생활관습이나 작업방식, 사회에 대한 적응 등에 더욱 어려움을 겪는다. 이에 따른 불안, 우울, 정체감 혼란, 적대감 등 심리적인 문제도 심각하며, 또 다른 사회문제가 발생하는 원인이 되기도 한다.

지금까지 살펴본 다문화가족의 사회적 이슈를 해결하고 개선하기 위해 다양한 다문화가족 지원 정책을 추진하고자 노력하고 있다. 우리나라가 다문화가족을 대상으로 하는 지원 정책 추진체계와 복지정책 등을 살펴보고 나아갈 방향을 모색해 보도록 한다.

3 다문화가족정책 및 복지 서비스

1) 다문화가족 지원 정책 추진체계

다문화가족 지원 정책의 추진체계는 2009년 9월 범정부 차원에서 다문화가족지원정책의 총괄 · 조정 역할을 위해 국무총리를 위원장으로 하여 여성가족부, 교육과학기술부, 법무부 등 다양한 정부 부처에서 실시하였다. 정부 차원에서 지원의 효율성을 높이기 위해 다문화가족 정책위원회를 구성하여 운영하고 있다.

2) 다문화가족을 위한 지원 정책

전국에 100개(232개 시 · 군 · 구 중)의 다문화가족지원 서비스 제공기관인 다문화가족지원센터가 설치 · 운영되고 있다. 센터에서는 지역사회 결혼이민자를 대상으로 통합 서비스를 제공한다.

3) 다문화가족지원센터 지정

보건복지부장관이 시 · 도지사에게 위임하여 공고, 심사를 거쳐 법인 · 단체를 지정하게 된다. 시 · 도지사는 결혼이민자 수, 센터 간의 거리, 기존 이민자 관련 활동 기관 존재 여부 등을 고려하여 선정하고, 다문화가족의 이용 접근성을 고려한 위치에 설치한다. 독립형 센터는 「건강가정기본법」 제35조에 의한 건강가정지원센터가 없는 지역을 중심으로 배치하되, 지역의 결혼이민자 수가 500명 이상인 경우에는 건강가정지원센터 설치 지역에도 설치가 가능하다. 병합형 센터는 2009년 이전에 설치된 건강가정지원센터에 배치하고 있다.

<표 10-4> 다문화가족지원센터 현황(2014년 기준 총 214개소) (단위: 개소)

구분	서울	경기	인천	강원	대전	충남	충북	전남	전북	경남	경북	대구	광주	울산	부산	제주	합계
계	24	30	9	16	5	14	12	20	14	19	23	7	5	5	9	2	214
가형	10	15	5	2	–	4	1	1	6	4	3	2	–	–	1	1	57
나형	14	15	4	12	5	10	11	19	8	14	20	5	5	5	8	1	154
지방비	–	–	–	2	–	–	–	–	–	1	–	–	–	–	–	–	3

출처: 여성가족부(2014).

4 우리나라의 다문화가족정책

우리나라의 다문화 정책은 이주민이 한국 사회에서 가능한 한 빨리 한국의 언어와 문화를 습득하고 한국 사람으로 적응하도록 지원하는 데 초점을 맞추며, 대부분의 실증 연구도 이주민이 한국에 적응하는 데 있어 장애요소가 무엇인지 찾아 문화동화를 돕는 사업과 프로그램의 개발 근거를 모색하는 데 주력하여 비판을 받고 있다(김연희, 2007).

1) 우리나라와 다문화사회

우리나라는 다문화가정을 대상으로 「재한외국인 처우 기본법」, 「출입국관리법」, 「국적법」을 제정하고, 2008년 3월 「다문화가족지원법」을 시행하여 다문화가족을 지원하는 법적 근거를 두었고, 2008년 10월에는 보건복지가족부의 생애주기별 맞춤형 지원 강화 대책 등을 발표하여 여성 결혼이민자의 삶의 질 향상을 위한 다각적인 지원을 실시하고 있다(안전행정부, 2009).

김유경 외(2008)는 다문화의 개념에 대하여 다양한 문화가 한 사회 내에서 상호 공존하는 것이며, 광의로는 국가가 구성원의 다양성을 인정하여 시민적 권리에 있어 차별을 두지 않는다는 것과 협의로는 다양한 정치, 제도적인 보장을 의미한다고 하였다.

강휘원(2007)에 따르면, 이러한 다문화사회의 개념은 한 국가 내에서 다양한 인종과 민족이 어우러져 상호 사회적 차별 없이 시민 또는 국민으로서 기본적 권리를 향유하는 사회를 의미한다.

김동진 외(2013)에 의하면 이 구성원들이 가지는 문화적 배경은 크게 3가지로 분류된다. 첫째, 한국 내 거주 이전 단계에서 유아기와 성년기를 보내어 자국의 문화배경을 지니는 이들이다. 둘째, 한국 내에서 출생하여 성장한 자녀이며, 셋째, 한국 외에서 출생하여 유아기를 보낸 후 한국에서 초 · 중등학교의 학령기를 보낸 구성원이다.

또한, 2003년 30여 개 시민단체로 구성된 건강가정시민연대가 '다문화가족'의 용어를 권장하면서 한국의 다문화가족은 우리와 다른 민족이나 문화적 배경을 가진 사람이 포함된 가족을 총칭하여 사용되고 있다(이순자, 2013).

우리나라의 다문화사회는 국내외 인구 이동의 증가와 저출산 현상, 도시와 농촌 간의 인구 불균형 및 여성의 고학력 현상 등으로 인하여, 농촌과 도시의 저소득층 남성에 대한 외국 여성과의 결혼 비율이 증가하면서 더욱 증가하게 되었다. 우리나라의 혼인귀화자 누계를 살펴보면, 2019년 기준 혼인귀화자는 전체 누계 6,027건으로 나타났다(법무부, 2019).

<표 10-5> 연도별 혼인귀화자 현황

연도/국가	2015	2016	2017	2018	2019
계	6,966	6,375	6,438	7,689	6,027
베트남	2,645	3,165	3,549	4,618	3,651
중국	3,121	1,983	1,769	1,601	1,174
캄보디아	405	469	386	424	332
필리핀	258	317	328	563	404
몽골	79	71	68	63	66
우즈베키스탄	64	40	30	43	42
타이	41	33	42	51	43
파키스탄	9	7	11	6	17
기타	344	290	255	320	298

출처: 법무부(2019). 출입국 · 외국인정책 통계월보.

〈표 10-6〉은 통계청에서 발표한 우리나라 국민의 배우자에 관한 통계월보의 자료이다. 이를 살펴보면 결혼이민자 가족의 혼인이 매년 꾸준히 이루어지고 있음을 알 수 있다.

<표 10-6> 다문화 혼인 유형별 규모 및 비중

(단위: 건, %)

	2017		2018		2019		전년대비	
		비중		비중		비중	증감	증감률
다문화	21,917	100.0	23,773	100.0	24,721	100.0	948	4.0
외국인 아내[1)]	14,245	65.0	15,933	67.0	17,136	69.3	1,203	7.6
외국인 남편[2)]	4,294	19.6	4,377	18.4	4,260	17.2	−117	−2.7
귀화자[3)]	3,378	15.4	3,463	14.6	3,325	13.5	−138	−4.0

1) 외국인 아내: 출생기준 한국인 남자 + 외국인 여자의 혼인
2) 외국인 남편: 외국인 남자 + 출생기준 한국인 여자의 혼인
3) 귀화자: 남녀 모두 또는 어느 한쪽이라도 귀화자인 경우

출처: 통계청(2020).

그런데 다문화 아동은 우리나라의 사회 주류적 인식이었던 단일민족이라는 인식에서 비롯하는 외모, 언어, 문화 등 다양한 측면의 이질감으로 위축을 경험한다. 김기현(2009)에 따르면, 다문화 여성은 예상치 못한 언어적 · 심리적 · 성적 폭력 및 가난, 편견, 국적 취득의 어려움으로 인권을 위협받고 있는 것이 현실이며, 이러한 요인은 여성결혼이민자의 삶의 질을 저하할 뿐 아니라 다문화가정 아동의 삶의 질도 저하할 위험성이 크다. 따라서 다문화 여성의 삶의 질은 자녀양육에 영향을 줄 수 있으며 이것은 다문화가정의 아동을 대상으로 하는 복지가 필요한 당위성을 내포하고 있다.

이에 대하여 머피(Murphy, 1997)는 다문화여성이 문화적 차이로 인하여 좌절과 불안을 경험하고 있으며, 이것은 차별감과 문화 충격 및 생활에 대한 적응의 어려움을 동반할 가능성이 있다고 하였다. 김현실(2012)은 낯선 거주 지역에서 발생하는 변화는 이주민에게 다양한 문제 등을 발생하게 할 수 있는 것으로 나타났다고 하였다.

유의정(2010)은 노동력으로 유입된 이주자의 체류의 장기화로 결혼, 출산, 육아, 교육 등 가족문제와 생활 및 복지의 2차 문제를 해결하기 위한 정책이 국가적으로 필요하다고 하였다. 그리고 한용외(2011)는 한 사회에 다른 특성을 지닌 문화나 외국인 유입으로 인한 정치, 경제, 주거, 사회, 문화, 인권의 변화와 문제가 발생하면, 정부나 시민사회는 이들이 겪게 되는 다양한 문제를 파악하여 예방 및 극복하고자 하는 정책적 차원의 대응을 해야 한다고 보았다. 또한, 다문화주의를 국가정책 차원의 복지문제로 다루게 될 경우 출입국, 노동력, 이주민, 다문화 관점 등의 단계적인 접근이 필요하다고 하였다. 결론적으로 김경아(2002)는 다문화주의의 올바른 구현은 개개인의 고유한 삶의 의미와 가치가 존중받고 긍정적인 자기존중의 삶이 실현되는 것이 중요하다고 하였다.

또한, 문경희(2006)는 다문화나 다원주의에서의 개인은 문화적 존재로 타인의 기준에 의하여 부당하게 평가받지 않으며, 한 사회의 구성집단의 신념에 대해 상대성을 동등하게 인정받고 존중받는 것이 중요하다고 보았다. 그 밖에 홍미기(2009)에 의하면 최근 논의되는 것이 '다문화주의 모델'이라고 하면서, 다문화주의 모델은 다민족, 다문화사회의 통합에 있어 그동안의 동화주의는 오히려 인종 간, 민족 간 분쟁의 원인이 되나, 다문화주의는 소수 집단의 문화적 · 사회적 차이의 잠재력과 정당성을 받아들이고 수용하는 차이가 있다고 하였다. 그러나 한용외(2011)에 의하면 그동안의 다문화주의는 동화주의 모델(assimilationist model)의 관점에서 바라볼 때에 주류문화를 통한 전 국민의 사회통합을 목표로 하는 경향이 있었다고 하였다.

이러한 관점에서는 구성집단의 다수를 이루는 민족이나 지배적 위치의 민족이 지니는 생활양식이 문화적인 준거의 기준이 되고, 그 외 소수민족이나 이질적 집단 등의 다양한 배경을 가진 구성원은 주류 사회의 핵심 가치를 수용하거나 동화할 것을 강요받는 불합리성이 있다는 것이다. 이는 하트만(Hartmann, 1993)의 차별적 배제모델(differential exclusionary model)의 관점에서 본다면 주류 집단이 소수 인종의 집단과 접촉을 배제하거나 최소화하여 사회갈등을 회피하는 유형이 될 수 있다.

그런데 진정한 다문화사회는 문화다원주의 속에서 진정한 다문화를 구현하고자 하는 긍정적인 실천과정이 요구된다. 이에 오경석(2007)은 우리나라가 다양한 문화적 정체성을 인정하고 이를 지향하는 다문화주의적 입장에 아직 이르지 못하고 있다고 보았다. 즉, 그동안 정부 주도적인 방식인 우리나라의 다문화주의는 이주민의 한국 사회에 대한 적응과 통합을 강조하는 동화주의의 성격이 강한 것이다. 또한, 장미혜(2008)는 한국 사회에서 이주와 관련된 논의가 최근 급속히 전진되었기 때문에 오히려 여러 갈등과 문제점을 내포하고 있다고 하였다. 이애련(2010)에 따르면, 다문화사회로 진입하고 있는 현재의 한국 사회도 선진국의 사례와 큰 차이가 있지 않으며, 한국인의 다문화가족에 대한 배타적인 태도가 여러 사회문제를 유발할 수 있다고 보았다.

우리나라는 학문 및 사회적인 자성의 움직임에 따라 다문화주의의 성격이 차별 및 배제주의로부터 점차 동화주의와 문화다원주의를 지향하며 나아가고 있음을 생각해 보아야 한다. 그러나 오경석(2007)은 우리나라의 다문화주의 대책은 아직 이주민을 한국 사회로 통합하는 것을 강조하는 동화주의 요소가 강하다고 하였다. 그러므로 이렇게 문화다원주의가 정착하지 못한 실정에서 다문화 아동의 삶의 질과 다문화 아동의 복지에 관한 논의는 문화다원주의적 시각에서 반드시 논의될 필요가 있다.

2) 우리나라의 다문화가족정책

먼저, 다문화에 대한 관점을 어떻게 적용해야 할 것인가에 대한 사회적 합의가 필요하다. 이는 정부의 다문화 정책에 대한 기본 방향과 중요 개념 설정이 지원 정책이나 프로그램 실행을 통하여 실효성을 측정되고 평가의 가치가 있게 되기 때문이라는 것이다(임정빈, 2011). 다음은 다문화 정책의 이슈로, 이를 중심으로 교육 및 정책이 이루어지고 있음을 알 수 있다.

<표 10-7> 다문화 정책의 이슈

구분	내용
소수 인종 언어	• 소수 인종 언어를 사용할 수 있는 자유 • 공교육에서의 소수 인종 언어교육 및 사용 • 소수 인종 언어 기반 라디오, 텔레비전, 인쇄 매체의 존재 여부 • 의료, 사회보장 서비스에서의 소수 인종 언어 사용 가능성
국어	• 소수 인종 어린이와 성인이 공식 언어를 배울 수 있는 가능성
종교	• 종교의 자유
법적 지위	• 비국적자의 상황 • 이주지역에서 시민권/국적을 획득할 수 있는 가능성 • 이중 국적 허용 여부 • 인종적 소수 집단을 위한 특별 지위 존재 여부 • 소수 인종 집단이 자신의 집단을 조직할 권리 • 문화적 표현의 자유
교육	• 교육 기회의 평등 • 소수 인종 집단 출신 학생의 관점과 경험에 배치되지 않는 교육
고용	• 차별 없이 일할 수 있는 가능성 • 능력과 숙련에 대한 인정 • 직업훈련을 받을 수 있는 가능성
의료/복지서비스	• 의료 복지에 대한 정보 접근 • 소수자의 문화적 관습에 위배되지 않는 서비스
주택	• 차별 없이 적절한 주거지에 접근할 수 있는 가능성

구분	내용
인종주의/차별	• 인종차별의 부재 • 차별적 관습의 부재
국가 정체성	• 국가 정체성 속에 인종적 소수자의 자리
정치적 대변 및 자율권	• 정책결정 과정에 인종적 소수자의 참여

출처: 임정빈(2010).

우리나라의 다문화 정책은 2005년 4월 빈부격차 · 차별시정위원회에서 대통령의 지시에 따라 외국인의 사회통합정책을 준비하면서 본격적으로 시작하였다. 또한, '국제결혼의 증가 등은 국가 간 인적 교류의 활성화로 우리 사회가 다문화사회로 급속히 변화하고 있음에도 불구하고, 뿌리 깊은 단일민족 의식으로 결혼이민자 및 그 자녀 등으로 구성되는 다문화가족이 언어문제 및 문화적 차이로 사회적 부적응과 가족 구성원 간 갈등 및 자녀교육의 어려움을 겪고 있는 현실에 비추어 법 제정이 필요하다.'라는 제정 이유에 따라 2008년 2월 19일 「다문화가족지원법」이 제정되었다(임정빈, 2010). 이를 통해 각 부처에서는 외국인 노동자와 결혼이민자 등을 포함하는 이주민을 대상으로 하는 다각적 정책이 수립되었고 추진되고 있다(임정빈, 2010). 이에 따른 다문화 정책의 주요 정책별 정책 대상, 정책목표, 정책 과제는 다음과 같다.

<표 10-8> 다문화 정책의 주요 정책별 정책 대상, 정책 목표, 정책 과제

주요 정책	비전	정책 대상	정책 목표	정책 과제
결혼 이민자 가족의 사회통합 지원 대책	• 여성 결혼이민자의 사회통합과 열린 다문화 사회 실현	• 결혼이민자 가족*과 자녀 *외국인 여성과 한국인 남성 가족	• 차별과 복지 사각지대 해소	• 탈법적 결혼중개 방지 및 당사자 보호 • 안정적 체류 지원 및 생활 환경 조성 • 초기 적응 및 정착 지원 • 아동 학교생활 적응 지원 • 사회적 인식 개선 및 업무 책임자 교육 추진체계 구축

주요 정책	비전	정책 대상	정책 목표	정책 과제
혼혈인 및 이주자 지원 방안	• 아시아를 선도하는 다문화 인권 국가의 구현	• 국내 혼혈인 • 국외 혼혈인 • 국내 외국인	• 사회통합을 넘어 미래 한국 사회의 문화·외교·경제 인력 양성	• 법적·제도적 기반 구축 • 사회적 인식 개선 • 국내 혼혈인: 생활안정 대책 • 국외 혼혈인: 국적 취득 지원 및 국가 이미지 제고 • 국내 외국인: 아동·모성 보호 우선 보장
외국인 정책 기본 방향 및 추진체계	• 외국인과 더불어 사는 열린 사회 구현	• 외국 국적 동포 • 결혼이민자 • 외국인 여성 • 외국인 자녀 • 난민 • 외국인 근로자 • 불법체류 외국인 • 국민	• 외국인 인권 존중 • 사회 통합 • 우수 외국인력 유치 지원	• 외국 국적 동포 포용 • 자녀 권익 향상 • 난민 실질적 지원 • 외국인 근로자 처우 개선 • 불법체류 외국인 인권 보호 • 다문화사회로의 통합 기반 구축
재한 외국인 처우 기본법	• 국익 제고 사회통합 실현	• 합법체류 외국인	• 다문화 포용 • 경쟁력 강화 • 인권 보장 • 정책수립체계	• 국가 및 지자체 책무 • 외국인 정책 수립 및 추진체계 • 재한 외국인 처우 • 더불어 사는 환경 조성 • 외국인 전담 직원, 종합안내센터 운영

출처: 이혜경(2008).

우리나라의 다문화사회에 대한 정책은 시대적 변화에 맞추어 향후에는 쌍방향적으로 융화하며 존중하는 사회적 분위기가 요구된다. 2014년 여성가족부가 제시한 다문화가족 지원 사업안내에서 볼 수 있듯이, 한국어 교육을 기본 교육으로 하되 통합 교육의 비중도 중요시하고 있음을 알 수 있다. 따라서 변화하는 사회적 조류를 파악하여 변화에 부응하는 한국 사회가 되어야 할 것이다.

3) 다문화가정 아동의 문제

다문화 아동이 직면한 문제는 언어, 외모의 다름에 의한 또래로부터의 차별감 의식, 학교성적 등이다. 가정에서 주 양육자의 한국어 능력이 부족한 경우 자녀도 언어 능력이 부족할 수 있다. 이에 따른 학습 부진과 또래로부터 따돌림 등을 경험하게 되며, 아동은 자신감 상실, 소외감 등을 느끼게 된다. 또한, 다문화가정의 부모와 자녀는 각각 새로운 문화에 적응하는 속도나 언어습득 속도의 차이로 가정 내에서 소통의 부재가 발생하기도 한다. 단일민족 의식이 강한 우리 사회에서 배타적인 선입견은 다문화 아동의 적응에 어려움을 가져온다. 아동의 자아정체감의 혼란을 야기하며 정서적으로 불안정하거나 심리적인 문제로 이어져 기분장애나 만성적인 우울감 혹은 불안장애로 나타날 수 있다.

향후 성숙한 다문화사회가 이루어지기 위해 사회로부터 문화적 상대성을 인정하고 다원성을 인정하며 상호 배우는 프로그램으로 지속적인 교환 관계가 성립되는 것이 바람직하다. 또한, 다문화 아동의 부적응에 관한 예방적 차원에서 의사소통, 의사결정, 가족 간의 관계, 학교 적응에 대한 프로그램이 실시되어야 하며, 이중 문화 및 이중 언어의 지원도 필요하다. 이뿐만 아니라 현행 헌법의 인종차별 금지 규정과 사회 전체의 신념을 명확히 하고 사회적 안전장치로 긴급전화 등을 통한 긴급한 도움과 상담 및 법률 자문을 제공하는 것이 필요하다. 그리고 교육적 측면에서 볼 때 우리 사회의 전통적인 단일민족주의 교육에 관한 방향을 재설정하는 것이 필요하며 관련 교과에 타문화 이해, 존중, 편견 극복 및 관용, 문화수용성에 관한 내용이 포함되는 것이 바람직하다.

한편, 다문화가족을 대상으로 하는 교육 관련 프로그램은 다문화가족에게만 국한할 것이 아니라 다문화 이해 교육의 차원에서 다문화가족 외의 한국인에 대해서도 다문화에 대한 이해를 위한 프로그램을 실시하여 한국인의 문화수용 능력을 강화해 나가는 것도 바람직하며, 국민 간의 문화적인 갈등을 해소해 나갈 수 있는 방안의 모색이 필요하다.

제11장

아동학대 가족

본 장에서는 아동학대가족의 심각성과 사회적 책임에 대하여 생각해 본다. 아동학대 가족에서 성장한 아동에게 부차적으로 발생할 수 있는 심리적 트라우마와 그것이 사회에 미치는 영향을 함께 살펴보고자 한다. 아동학대는 개인과 가족에 국한하는 문제가 아니며 사회가 개입하고 함께 고민해야 하는 영역이다. 이에 따른 아동의 권리와 복지에 대한 정확한 인식도 필요한 시점이다.

유엔은 1994년을 '세계 가정의 해'로 선포하였으며, 건강한 사회를 위한 건강한 가족을 지향하고 있다. 「대한민국 헌법」 제10조에는 "아동이 인간으로서 존엄과 행복을 추구할 권리를 갖는다."라고 명시되어 있으며 1988년에 개정 · 선포된 '대한민국 어린이 헌장'에도 아동의 인간으로서 존엄성을 선언하고 있다.

우리나라는 그동안 부권을 중시한 가부장제와 유교의 영향으로 가정에서는 자녀를 독립된 인격체로 여기기보다는 부모의 소유물로 인식했다. 부모가 자녀의 권리를 침해하거나 폭력을 행사하는 것이 사회문제가 되지 않았다. 또한, 가정에서 자녀에 대한 폭력으로 문제가 발생할 때에도 가족의 사적인 일로 보았기 때문에 사회적 정서상 지역사회가 이러한 문제에 개입하는 것에 대해 공감대가 형성되지 않았다. 이는 헌법을 구체화하는 법률이나 정부의 법 집행 및 사회 일반에 있어 아동을 독립된 인격체로 인정하고 인권을 존중해야 한다는 국민 의식이 미약했기 때문이다.

아동의 인권에 대한 낮은 인식은 아동학대를 당연시하여 확대시키는 요인이 되었으며, 사회적 폭력성과도 연결될 수 있다. 폭력을 행사하는 부모에게서 성장한 아동에게 폭력 성향이 내면화되어 학교폭력의 잠재적인 원인으로 작용할 수 있다. 또한, 아동은 신체적 · 정서적으로 미성숙하고 자기방어 능력이 없으므로 폭력에 대한 심각한 정신적 문제가 발생할 수 있으며, 이러한 문제는 아동의 정서에 부정적인 영향을 미쳐 폭력을 행하거나 당하는 것을 당연시하기도 한다.

따라서 학대아동 가족에 대해 사회가 심각한 문제로 인식하고 더욱 적극적으로 개입하여 대처해야 할 것이다. 그리고 아동학대의 원인을 분석하고 적절한 대책을 모색하여 우리 사회의 아동권리와 복지를 증진해야 한다.

1 아동학대의 정의 및 유형

1) 아동학대의 정의

아동학대라는 용어는 미국에서 1961년 '피학대아동 증후군'이라는 용어로 하여 최초로 언급되었으며 당시의 아동학대는 신체적 학대에 국한하여 언급되었다. 아동학대는 시대의 문화나 사회, 학자에 따라서 다양하게 정의되어 아동에 대한 신체적 학대뿐 아니라 심리적 · 정서적 · 성적 학대도 아동학대로 분류되고 있다.

아동학대는 단순하게 신체적 학대를 의미하는 객관적인 관찰이 가능한 상처를 초래하는 행위가 있으며, 광의의 학대로 아동발달상의 욕구를 충족시키지 못하는 행위를 포함한다. 예를 들면, 계모의 소금밥 사건, 억지로 과량의 식사를 시키기, 무리한 용변훈련과 과한 체벌 등은 아동학대에 포함되며, 넓게는 아동에 대한 방임이나 냉소적 태도까지 포함될 수 있다. 학자에 따라서는 아동의 건강한 발달을 도모하기 위해 요구되는 정서적이며 물질적인 지원을 하지 않는 경우는 소극적 형태의 학대가 될 수 있으며, 언어와 구타와 같은 신체적 행위는 적극적 형태의 학대가 될 수 있다고 하였다.

아동학대에 대한 개념은 시대와 사회 및 문화적 환경과 관습에 따라 다를 수 있으나, 아동이 누려야 하는 인권적인 권리와 자유를 박탈하는 행위이며, 아동의 적절한 발달을 저해하는 행위를 의미하는 것으로, 그 대상이 아직 미성년이고 자신을 보호할 수 있는 정당한 힘이나 지식 및 인식을 갖추고 있지 않은 상태에서 발생하는 점에서 심각한 문제이다.

우리나라에서는 1998년 영훈이 남매가 학대사건으로 보고되었다. 당시 6살이었던 영훈이의 등에는 다리미로 지진 화상자국과 발등에 쇠젓가락으로 찍힌 자국이 있었으며 영양상태나 체격이 외소했고 2주가량 굶어 위장에 위액이 있지 않은 상태였다. 그리고 영훈이의 누나는 아사하여 암매장된 상태였다. 이러한 사건 이후 아동학대에 대한 사회적 관심이 높아졌다. 아동 체벌에 대해 기존의 가정 안에서 발생할 수 있는 가정교육의 차원으로 국한하던 관습에서 벗어나 사회적인 보호와 관리가 필요한 것으로 인식되었다. 이후 2000년 「아동복지법」이 개정되면서 아동학대에 대한 정의가 세분화되고 아동에 대한 학대의 금지 유형이 더욱 명확하게 제시되었다.

우리나라의 「아동복지법」에서 규정하는 아동학대에 대한 정의는 보호자를 포함한 성인이 아동의 건강이나 복지를 해치거나 정상적인 아동의 발달을 저해할 수 있는 신체적 · 정신적 · 성적 폭력이나 가혹행위를 하는 것뿐만 아니라 아동의 보호자가 아동을 유기하거나 방임하는 것을 뜻한다(아동복지법 제3조 제7호). 이것은 보호자를 포함한 성인이 우발적인 사고가 아닌 상황에서 아동에게 신체적 손상을 입히거나 신체 손상을 입도록 허용한 모든 행위를 의미한다. 이것에는 도구나 완력을 사용, 유해한 물질로 신체에 가해지는 행위 등이 포함된다. 일전에 황산을 아이에게 뿌려 사망에 이르게 한 사건이 살인 공소시효가 지나 수사가 진행될 수 없는 상황에서 살인의 공소시효를 없애는 법적인 보완이 이루어지기도 하였다.

2) 아동학대의 유형

(1) 신체적 학대(physical abuse)

신체적 학대란 물리적 위력으로 신체상에 해를 입히는 것으로, 위협적인 행위이며 폭력성이 가해자에게 있다고 본다. 신체적 학대는 아동의 성장과 발달에 있어 장해요인이 될 수 있다는 점에서 심각하며, 정서적인 학대로 연결될 수 있다는 점에서 많은 문제점을 안고 있다. 우리나라 부모의 경우 훈육을 목적으로 체벌한다는 정서가 만연하다. 이에 대한 세심한 점검과 사회적 인식의 변화가 요구된다.

(2) 정서적 학대(emotional abuse)

「아동복지법」에서는 정서적 학대를 '보호자를 포함한 성인이 아동의 건강 또는 복지를 해치거나 정상적 발달을 저해할 수 있는 정신적 폭력이나 가혹행위를 하는 것(아동복지법 제3조 7호)'으로 규정하고 있다.

정서적 학대란 아동에 대한 무시나 거부 혹은 애정철회 등과 같은 소극적 형태의 학대와 위협적 발언, 공포심 조장, 이중 메시지 혹은 아동에 대한 언어적 모욕 등과 같은 적극적 형태의 학대를 포함하고 있으며, 아동을 대하는 양육자의 부정적인 태도에서 기인한다. 언어적 폭력은 아동의 심리와 정서에 심각한 상처와 트라우마가 생기게 하며, 아동이 올바르고 건강한 정서를 함양한 성인으로의 성장을 방해하는 잠재적 요인이 된다. 그 밖에도 아동을 혼자 폐쇄적인 공간에 가두는 등의 위협 또는 아동을 아동으로 인정하지 않는 것, 애정을 주지 않는 것, 겁을 주거나 아동의 취약점을 놀리기 등이 있다. 이러한 행위는 향후 성장과정에서 대인관계의 장애 및 사회 부적응으로 이어질 수 있으므로 심각하다.

(3) 성적 학대(sexual abuse)

성적 학대는 성폭력이라고도 하며, 가정 내 성폭력과 가정 밖 성폭력으로 나눌 수 있다. 직접적인 성폭력, 특히 지속적인 근친 성학대는 매우 심각한 문제로 스스로 보호 능력이 없는 아동에게 평생 큰 상처로 남을 수 있다. 그 밖에도 아동의 성에 대한 비방과 무시, 특정 성별의 선호 등으로 인한 차별도 간접적 의미에서의 성적 학대이며, 이것은 아동의 성 정체감에 영향을 줄 수 있으므로 주의를 요한다. 특히, 가족 내 성 학대의 경우 아동은 의사로부터 검진을 받아야 하고, 부모가 형사범이 될 수 있는 법정에서 증거를 제시하여야 하며 그 과정의 고통을 겪어야 한다. 성적인 학대를 받은 아동은 성인을 어떻게 대해야 할지, 또래와는 어떤 방법으로 관계를 맺어야 하는지 혼란을 겪는다.

(4) 방임(neglect)

방임은 아동이 생존이나 안전을 위하여 필요로 하는 음식, 위생, 난방, 교육, 보호, 안전, 의료적 보호 등 아동의 성장 · 발달에 필요한 것을 제공하지 않는 것을 의미한다. 방임은 신체적 방임, 정서적 방임, 의료적 방임, 성적 방임, 교육적 방임으로 구분한다.

신체적 방임은 음식을 제대로 먹지 못하게 하거나 위협하고, 불결한 주거환경에 아동이 방치된 것을 뜻하며, 정서적 방임은 아동에게 말을 걸지 않거나, 애정을 주지 않으며 정서적 접촉이 결핍된 상태를 말한다. 그리고 의료적으로 정기검사를 해 주지 않거나 치료가 필요한 상황에서 적절한 조치를 해 주지 않는 것을 의료적인 방임이라고 한다. 또한, 아동에게 성장과정에 필요한 성적인 교육을 전혀 하지 않거나 성인물을 이나 매체의 자극에서 보호하지 않고 노출하는 것을 성적 방임이라고 한다. 그 밖에 교육에 필요한 교육적, 물질적 자원을 제대로 제공하지 않는 것을 교육적 방임이라고 한다.

2 아동학대의 원인에 관한 이론

1) 아동학대의 원인

아동학대의 발생요인은 다양하다. 대부분 부모의 미성숙, 부모의 스트레스가 아동에게 전가, 자녀와의 의사소통 및 상호작용의 미숙함 등으로 발생한다. 넓은 의미에서 보면, 지역사회의 아동양육 지원과 최저생활보장의 미비에서 오는 스트레스로 발생하기도 하므로, 사회 여러 분야에서 다각적으로 점검해야 할 것이다.

특히, 아동학대는 빈곤과 관련하여 발생하는 경우가 많으며, 이때 아동은 빈곤과 학대를 동시에 겪는 매우 취약한 상황에 직면하게 된다. 현대사회에서는 과거와 달리 체벌이 교육적 목적이라도 사회문제로 인식하고, 이에 대한 책임을 묻고 처벌이 가능하며, 정책적인 개입과 사회적 합의도 형성되고 있다. 또한, 아동학대가 대부분 부모나 양육자 등 가까운 가족에 의해 이루어지는 점은 방어력이 없는 아동에게 있어 매우 심각한 문제이며, 그에 대한 사회적인 개입은 매우 중요한 사안이다. 특히, 오늘날과 같은 사회 양극화 현상으로 인하여 사회 구성원 간의 경제적, 심리적 불평등 등이 대두되는 현실에서는 그에 희생양이 될 수 있는 아동에 대한 사회적 관심이 필요하다.

2) 아동학대의 원인에 관한 이론

(1) 정신의학적 관점

정신의학적 관점에서 볼 때 학대자는 공감의식이 높지 않으며, 뇌의 반응 부분과 일부 영역의 축소 등의 의학적 관점에서 일반인과 다른 차이를 보인다는 보고가 있었다. 학대자가 정신적인 문제나 성격 장애를 가졌을 때 아동을 학대하게 될 확률이 높다는 것이다. 또한, 알코올중독을 포함한 각종 중독과 도박, 인격장애, 불안장애, 편집증, 폭력 성향 등 성격적 문제를 가지는 경우 외에도 스스로 결손가정에서 성장하여 적절한 교육을 경험하지 못한 경우도 있다.

(2) 자아정체성 및 통제이론

일반적으로 성공을 경험한 사람은 자신에 대한 통제에 강한 사람일 확률이 높다. 유아를 대상으로 한 실험에서 성취도가 높은 아이는 먹고 싶은 사탕을 먹는 시간을 유예하는 자제력이 높은 아동인 것으로 조사되기도 하였다. 이것은 이해력이라는 사고력을 바탕으로 하므로 즉각적이고 감정적인 충동보다는 이성과 사고로 행동을 결정할 수 있다는 것을 의미한다. 즉, 감정의 수용 능력을 이성적으로 조절할 수 있다는 것으로 비록 아동이 자신의 예측과 다른 행동을 하더라도 충동적인 분노의 기재를 사용하기보다는 이성과 사고를 가지고 충분히 아동을 훈육하고 교육할 수 있다. 그러나 쉬운 분노는 사고력보다는 강압적인 위력을 행사하여 타인을 통제하고자 하기 때문에 이때 아동은 성인인 부모의 강압 및 정서적 학대에 무방비로 노출되게 된다.

(3) 체계이론적 관점

가족의 상호성은 체계이론을 통하여 설명되는 것이 적절하다. 체계이론은 가족관계에 관한 설명에 적합하기 때문이다. 이는 마치 모빌과 같아서, 따로 독립되어 있으나 하나의 움직임은 다른 하나에 에너지를 미치게 된다. 아동학대 현상은 가족이라는 하나의 체계 내에서 부부관계의 문제에 대한 역기능적인 에너지 발산을 아동에게 희생양이 되도록 요구하기도 하며, 자신의 미해결 문제를 투사하여 자신의 탓을 아동의 탓으로 전가하는 경우로 작용하기도 한다. 이들은 자신의 미성숙으로 인한 좌절과 갈등을 인정하지 않으며 마치 자녀가 이를 촉발하는 것처럼 인식하고 행동하게 된다. 혹은 가족이 유연하고 원만한 의사소통을 통하여 민주적으로 일을 해결하는 과정에 실패한 경우 인지의 왜곡에 의하여 부모는 경직되고 규율만을 앞세워 역기능적인 문제 해결 방식으로 대응하게 된다.

(4) 환경적 요인과 스트레스

환경적 요인은 스트레스와 매우 밀접한 연관이 있다. 예를 들면, 빈곤한 환경하에서 생계와 양육을 함께 하는 것이 매우 큰 스트레스로 작용할 수 있다. 즉, 생계로 압박을 받는 경우 아동에게 적절한 돌봄을 제공할 여지가 줄어들게 되어 스트레스가 축적되고, 일부는 사회적 문제에서 기인할 수 있으며 사회로부터 적절한 아동양육을 지원받을 때, 부모가 아동을 학대할 확률이 낮아질 수 있음을 의미한다.

스트레스는 극단적으로 인간의 대처 능력을 약화시킬 수 있으며 외부의 과중한 압박과 위기는 결국 부모가 자녀양육에 소모하는 에너지의 양에 과민하고 부적절한 반응을 하도록 한다. 그러므로 지역사회 내에 다양한 아동의 양육을 지원하는 시스템이 정책을 통하여 안정화될 필요가 있다.

3 아동학대의 문제점과 대처 방안

1) 아동학대의 문제점

아동학대의 심각성은 아동이 미숙한 상태에서 성인으로부터 일어나며 그 후유증이 평생에 걸쳐 직접 및 간접적으로 발생할 수 있다는 데 있다. 아동기의 학대의 경험은 심리적인 상처와 스트레스, 트라우마로 작용할 수 있으며 아동의 향후 성장에 영향을 미칠 수 있다는 점에서 심각하다. 학대의 종류에 따라서 양상은 다르지만, 학대는 아동의 정상적인 성장을 방해할 수 있으며, 아동에게 치료를 요하는 심각한 손상을 줄 수 있고 악몽과 수면장애와 같은 충격(외상) 후 스트레스 장애(post-traumatic stress disorder)가 남을 수 있다. 충격(외상) 후 스트레스 장애(PSD)란 일상적인 경험 밖의 특정한 사건을 경험한 사람에게 그 충격적 사건이 잠재적으로 남아서 회상이나 꿈, 감정을 통하여 심리적으로 극복되지 못한 채 고통을 받게 되는 것을 의미한다.

2) 아동학대의 대처 방안

우리나라가 1989년 11월 유엔 총회에서 채택한 '아동권리에 관한 국제협약'은 아동복지 관계법의 최상의 법원이 될 수 있다. 본 협약은 아동을 모든 형태의 학대로부터 보호하기 위해 모든 적절한 입법적, 행정적, 사회적, 교육적, 사법적인 조치를 취하도록 하며, 이러한 보호 조치를 통하여 아동 및 양육자에게 필요한 지원을 제공하는 사회계획을 제공하여 아동의 신체적, 심리적 회복 및 사회복귀를 촉진시키기 위한 모든 적절한 조치를 하도록 하는 규정이다.

(1) 아동학대 관련 서비스 제공 전담 사회복지기관의 육성

아동학대 전문기관은 학대 피해아동에게 서비스를 제공하는 데 있어서 학대부모에 대한 올바른 부모교육과 가족치료, 개인상담, 집단지도 및 가족의 스트레스를 감소시켜 주기 위하여 필요한 자원을 제공해야 한다. 이는 피해아동에 대한 개입과 함께 부모의 정신적 장애, 부적절한 스트레스 대처 방식, 부모역할을 할 수 없는 미숙한 성격적 결함에 대하여 심리 및 정서적 개입을 하는 것을 포함한다.

(2) 법적 제도의 보완

2014년 9월 29일 「아동학대범죄의 처벌 등에 관한 특례법」의 시행은 피해아동 보호를 위한 각종 사법적 절차의 도입을 통하여 아동학대 사건 발생 시에 더욱 강력하게 대처하고자 하는 취지이다. 그리고 각 지역사회의 지역아동보호 전문기관에서는 피해아동의 학대 후유증 극복, 학대행위자의 재학대 방지 및 피해아동 가정의 가족기능 회복을 위하여 다양한 의료 · 사회서비스를 제공하고 있다. 한편, 정부에서는 2015년 2월 아동학대 예방 종합대책을 발표하고 아동학대 예방 및 피해아동 보호를 위한 각종 조치를 지속적으로 추진하고 있다. 또한, 2000년 국가가 아동학대 예방 사업을 시작한 이래로 '아동학대 유관기관 공동업무수행지침'을 제정하였고 신고전화를 112로 통합하였으며, 「아동학대범죄의 처벌 등에 관한 특례법」을 도입하여 아동학대 예방을 위한 국민의 인식 개선을 위해 신고의무자 표준 교육자료를 4가지로 제작하여 예방 교육과 공익 광고 공중파 송출 등 다양한 매체를 활용한 홍보도 지속적으로 하고 있다. 2015년부터 지역 아동보호 전문기관을 국고보조사업으로 환원하여 아동학대 관련 예산을 확보하여 인프라를 보강하였다. 앞으로도 아동학대 근절 및 피해아동 보호를 위한 관련 법과 제도를 지속적으로 보완하고, 재학대 방지를 위해 피해아동 보호와 가족지원을 확대하고, 아동학대 예방 및 조기 발견을 위해 교육 및 홍보를 더욱 강화하고 있다.

(3) 아동학대 예방을 위한 사회적 인식의 제고

우리 사회는 아동학대를 가정 내의 문제로 여기기보다는 사회가 적극적으로 개입해야 하는 사회문제로 인식해야 한다. 사회적 홍보를 통해 아동학대를 예방하고 적절한 사후 대처가 이루어져야 한다. 아동학대 발견 시 즉시 신고하고, 법적 가해자에게 정확한 인지를 촉구하며, 강경한 법적 대처와 교육이 필요하다. 또한, 신속하고 적절한 방법으로 피해아동을 보호해야 한다.

4 아동학대 부모에 대한 부모교육의 중요성 대두

1) 부모교육의 개념

부모교육이란 자녀에게 필요한 양육이나 교육 및 가정생활의 개선 등에 관하여 부모로서 지녀야 할 적절한 지식을 얻고자 하거나 가족과 관련하여 필요한 교양 지식을 높이기 위하여 성인이나 예비부모를 대상으로 이루어지는 교육이다. 부모훈련과 부모의 역할 학습, 지지 및 참여에 대하여 학습하며, 특성은 다음과 같다.

- 부모훈련: 비교적 단기간에 부모의 기술에 치중한 부모교육으로, 부모로서 필요한 구체적인 절차 및 개입에 대하여 훈련하는 것을 다룬다.
- 부모역할: 부모역할하기에서는 자녀를 양육하고 보호하며 자녀를 지도하는 데 쓰이는 반응, 활동 및 기술을 다루게 된다.
- 부모, 친지 및 사회 지지: 이 영역에서는 유아를 양육할 때 부모와 친지를 포함하여, 부모를 제외하고 사회체계가 될 수 있는 교회, 지역사회 내의 각종 단체, 지방단체, 아동복지시설, 병원, 교육기관, 기업, 기타 각종 학부모회 등 사회사업기관으로부터 받게 되는 모든 지원이나 지지가 포함된다.
- 부모참여: 포괄적이고 적극적인 개념의 부모교육으로, 부모와 교사가 동등한 동반자의 입장에서 상호 유대관계를 가지고 프로그램의 구성 및 운영에 직접 참여하는 형태로 진행되는 특징이 있다.

2) 부모교육 관련 이론

(1) 인본주의적 부모교육이론(humanistic parent education)

인본주의적인 부모교육의 핵심은 부모로 하여금 자녀와 효율적으로 의사소통할 수 있도록 교육시키는 것을 목적으로 한다. 따라서 부모와 자녀 간의 의사소통에는 부모의 자녀에 대하여 민주적인 태도 및 관심, 인지적 차원에서 긍정성을 바라보는 견해와 자녀의 행동에 관한 이해와 감정에 대한 민감한 정서 및 반응 등을 포함하고 있다.

따라서 부모와 자녀의 신뢰관계는 무엇보다 중요하며 부모의 자녀에 대한 교육과 함께 자녀의 정직과 책임감이 강조된다. 그리고 자녀의 존중은 자녀의 자발적인 순종의 토대가 되며 이를 위하여 자녀 훈육의 존중과 솔직함을 바탕으로 자녀에게 다가가고 의견을 나누는 것이 무엇보다 중요한 것으로 평가되고 있다.

(2) 민주적 부모교육이론(democratic parent education)

민주적 부모교육이론에 있어서 아들러의 개인심리학 이론이 제시하는 바는 다음과 같다. 즉, 부모교육에 있어서 좋은 부모가 가져야 하는 기본적인 이해는 다음과 같이 제시될 수 있다.

- 인간은 사회적인 존재이며 소속에 관한 욕구를 가지는 존재이며 발달 단계에 맞는 양육방식이 필요하다.
- 인간의 모든 행동에는 그 원인과 목적이 있으므로 이에 대한 이해를 필요로 한다.
- 평등한 인간관계에는 부모와 자녀의 관계도 여기에 포함되어야 한다.
- 자녀에게 책임이 부과되는 자유가 주어지는 것이 바람직하다(이러한 자율성에는 책임을 전제로 한다).
- 인간은 성장과정을 통하여 시행착오의 과정을 겪으며 상황에 적합한 행동을 하는 존재이며 이것은 성장과정에서 고려되어야 한다.

3) 아동학대에 관한 논의

최근 아동학대의 원인은 과거의 부모 및 아동의 개인적 혹은 정신병리학적 관점이나 심리적 특성에 초점을 맞추어 설명되던 시기에 비하여 점차 가족이나 지역사회 및 사회경제적 요인 등의 외적 환경요인을 원인으로 보는 추세다. 사회심리학적 관점과 학대피해아동을 둘러싼 열악한 가정과 지역사회에 국가의 정책, 체계 간의 개입이 필요한 시점에 이르렀다.

부모나 양육자의 성장과정에서 보면, 부모가 아동기에 학대를 받았거나 알코올중독, 부모의 낮은 자아존중감과 분노 혹은 중독과 감정조절장애, 원치 않은 자녀, 부모의 불화, 우울증 등 정신적인 문제는 성인이 된 이후 자신의 아동을 학대하는 원인이 되기도 한다. 이들은 각종 사회적 부적응의 스트레스와 정서 및 사회적 고립 등을 자녀에 대한 잘못된 소유 의식, 폭력에 대한 가치와 규범에 대한 혼돈으로 자신의 행동을 제어하지 못하는 경우에 발생한다. 즉, 아동학대는 계모와 계부를 비롯하여 친족인 부모와 이모나 삼촌 등에 의해 여러 상황이 복합적으로 상호 작용하여 발생한다고 보여진다.

따라서 아동학대는 예방이 중요하다. 아동이 학대의 악순환을 거듭하며 부적응적인 사회인으로 성장하기 이전에 발생할 수 있는 위험을 예방하려는 사회적 개입이 필요하다. 적절한 예방적인 개입은 발생할 문제를 미연에 방지할 수 있고 사회적 비용의 규모면에서도 더욱 효과적이다. 일단 학대가 발생하면, 피해아동을 위한 의료 서비스와 가해자 처벌 및 아동 위탁 양육비 등의 일차적 비용뿐 아니라 잠재적으로 사회에 미치는 영향까지 고려한다면 아동학대는 예방이 우선시되어야 한다. 이것은 가정 내의 문제이기보다 현대사회에서는 법적 · 경제적 · 환경적 조건을 변화시켜 개인이 건강한 인성을 갖추고 사회 내에서 성장하고 살아갈 수 있는 사회 조건을 제공해 주는 방향으로 나아가야 한다.

5 주요 국가의 아동학대예방 정책

다음은 주요 국가의 아동학대예방 정책을 통하여 아동보호 서비스와 아동의 보호정책에 있어 선진적인 정책을 실시하는 미국, 영국, 스웨덴의 사례를 중심으로 살펴보고자 한다.

1) 미국

미국은 1961년 아동학대 사례의 발견을 통하여 학대행위자의 처벌을 목적으로 하는 최초의 아동학대방지법을 작성하고 이후 1974년 '아동학대예방 및 치료에 관한 법(Child Abuse Prevention and Treatment Act : CAPTA)'을 제정하여 실시하면서 처음으로 아동

보호의 법적 근거를 마련하였다. '아동학대예방 및 치료에 관한 법'은 아동보호에 관한 정부의 개입 및 재원에 관하여 전반적 사항을 명시하며 실질적인 아동보호 서비스는 주정부 차원에서 제공하고 있으나 서비스의 기준과 책임을 연방법으로 구체적으로 규정한 것은 연방정부의 책임성을 강조하는 것이다.

이에 각 주는 1976년부터 아동학대신고법을 제정하거나 아동보호법 내에서 아동학대 신고 및 개입체계에 대한 법적 근거를 마련한다. 1980년대 이후 신자유주의적인 사회 분위기에 의하여 연방정부의 복지 재정이 감축되면서 아동복지에 대한 국가적 지원이 약화되었다. 이후 아동정책은 아동학대나 비행 등 심각한 사례만을 대상으로 선별적인 복지가 이루어졌고 사후 복지서비스로 범위가 한정되었다. 그러나 1990년대부터는 아동의 권리에 대한 사회적 관심이 대두되면서 아동복지의 대상이 요보호아동에 국한되지 않고 일반아동으로 확대되는 보편주의적 아동정책이 도입되어 아동을 둘러싼 가족 전체를 대상으로 하는 사례관리 방식이 적용되었다. 이에 1993년 '가족보존 및 가족지원법(Family Preservation and Support Act)'의 제정은 지역사회를 기반으로 하는 보다 보편적이고 포괄적인 가족지원 서비스를 제공하고 있으며, 서비스의 재원을 국가가 부담하는 국가의 정책적 성격으로 아동에 대한 가족적 개입이 이루어졌다.

이후 2003년 제정 · 시행된 '아동 및 가족의 안전에 관한 법'은 아동학대 방지를 위한 사회적 차원의 프로그램의 개선과 아동학대의 관련 정보 관리를 위하여 각 관련 기관의 임무 강화, 아동학대에 대한 효율적인 수사와 소추에 관련한 프로그램 지원 등이 이루어져 규정이 제정되었다. 아동학대는 신고 후 24시간 이내에 조사하는 것을 원칙으로 아동의 안전에 문제가 있다고 판단되는 경우에는 아동보호서비스과로 사례를 이전하도록 하였다. 아동보호서비스과로 이전된 모든 사례에는 '아동보호 담당 사회복지사'를 배정하며, 사례 종결까지 서비스를 제공한다. 미국 법원은 소송후견인(Court Appointed Special Advocate) 제도를 두고 아동보호를 위해 사법체계에서 학대 사례를 모니터링할 수 있도록 하였다.

그 밖에 아동, 청소년, 가족의 보호 및 복지와 관련하여 국가적 차원에서 생계를 지원하는 프로그램인 TANF(temporary assistance for needy families)와 교육 · 보건 등을 관리하는 Head Start, 위탁보호 및 입양 등의 사업을 실시하였다. 2015년 예산에서 보면 빈곤가족 지원사업 예산의 비중이 증가하고 있음을 통하여 가족복지를 총괄하여 사업이 이루어지는 것을 알 수 있다.

2) 영국

영국의 아동보호체계는 가족을 단위로 하는 보편적인 복지서비스를 통해 통합적 관점에서의 예방적 접근을 전제로 한다. 아동보호 조치 시에 원가정 분리보다는 가족에게 포괄적인 서비스를 제공하는 등 조기개입과 예방에 중점을 둔다. 영국은 가족을 기반으로 하는 아동에 대한 서비스 제공을 위해서 '아동 · 학교 · 가족부(DCSF : Department for Children, Schools and Families)'를 '교육부'로 통합하여 운영하여 아동 · 청소년 대상으로 서비스를 통합적으로 지원하고 있다.

영국의 보호대상아동의 경우 학대와 방임이 많은 비율을 차지하지만 그 밖에도 가정 내 역기능 문제, 빈곤과 스트레스 문제, 아동의 장애 및 질병, 부모의 질병 혹은 장애 등 학대 사례뿐 아니라 아동의 발달환경으로 부모까지 보호대상으로 간주하는 것이 특징이다. 특히, 요보호대상아동의 범주화를 바탕으로 하여 선별적이기보다는 통합 · 보편적 서비스를 중심으로 제공하고 있다.

따라서 영국의 아동보호체계는 가족을 단위로 하는 보편적인 복지서비스이며 예방과 통합적 관점에서 접근한다고 할 수 있다. 1946년 커티스 위원회(Curtis Committee)의 보고서는 '아동의 가정 외 보호는 가정에서의 위탁이 최선'이라는 아동보호의 원칙을 채택한 바 있으며, 부모의 동의하에 '필요한 경우에는 지방정부의 권한에 의하여 부모로부터 분리'하는 것을 합법화하는 계기를 마련하기도 하였다.

1970년대 초반까지 영국의 아동보호가 양육 의무의 태만에 대한 지도 · 감독에 초점을 두었으나, 1974년 시설보호 아동인 마리아 콜웰(Maria Colwell)의 사망 사건 이후 아동학대에 대한 사회적 관심의 증가로 1975년 아동법이 개정되었고, 1989년에 다시 개정된 '아동법'은 아동에 대한 신체적 · 정신적 학대와 손상에 대해 보다 사회적으로 엄벌하고 아동복지 증진과 보호에 대하여 정부가 개입하고자 하는 의지를 보여 주었다.

2000년 복지부는 아동과 함께 가족에 대한 개입의 중요성을 인식하고 아동의 삶의 질을 개선하는 것에 초점을 두었으며 2004년에 '아동법'이 전면 개정되면서 위기개입 시점 등 아동보호정책과 서비스 체계가 관련 기관 간 통합과 융합을 강조하는 체계를 마련하는 토대가 되었다.

그 밖에도 'Every Child Matters(ECM)'은 영국의 아동보호 · 복지의 기반을 정책적으로 마련하여 0세부터 19세(장애아동은 24세)까지의 모든 아동을 대상으로 국가적 차원의 조기개입과 문제를 예방한다는 전략으로 아동 중심의 실천 원칙, 조기개입을 위한 협력관계를 위해 교육서비스와 아동복지서비스를 연계한 협력관계를 강조하였다. 이와 같이 영국은 2011년 이후 아동과 가족의 욕구와 문제를 교육정책의 관점에서 학교 관련 문제가 교육문제가 아닌 사회문제라는 인식으로 교육과 아동에 대한 통합적인 서비스를 실천하고 있다.

또한, 지방정부는 각각 '아동서비스국(Children's Services Department)'을 설치하고 '아동서비스국' 내의 아동보호부, 현장서비스부 등은 아동과 가족을 단위로 서비스를 제공하고 아동보호서비스의 행정에 대한 통제와 감독은 중앙정부에서 실시하지만, 서비스 제공의 실제적인 책임이나 집행은 지방정부에서 관할하도록 하여 가족 단위로 아동에 대한 서비스를 실천하고 있다.

3) 스웨덴

스웨덴은 보편적 서비스로 유명한 사회민주주의 국가이다. 보호대상아동뿐만 아니라 모든 아동을 대상으로 하는 보편적 서비스를 시행하고 있다. 이를 위하여 모든 가정의 보호, 아동양육 기능을 보완하여 요보호아동의 발생을 예방하는 데 초점을 둔다.

아동학대에 대해서도 예방적 접근을 사회적으로 중시한다. 아동학대예방사업은 모든 아동과 부모의 '교육'에서부터 출발한다. 이와 같이 아동에 대한 가족 지원을 우선으로 하는 정책적인 흐름은 학대 피해아동을 포함하여 보다 보편적이고 통합적으로 이루어지고 있음을 알 수 있다. 이는 아동보호의 국가적 책임을 중요시하여 중앙정부 차원의 보편적 지원을 통해 다양한 아동문제의 예방에 주력하고 있음을 알 수 있다.

스웨덴은 1902년 '아동복지법'이 제정되면서 아동의 복지가 출발되었다. 이 법은 1934년 '청소년보호법'과 함께 현재까지 스웨덴 아동보호제도의 토대가 된다. 1979년 제정된 '부모와 후견법'에서 아동에게 신체적인 체벌을 가하거나 아동의 자존심을 훼손하는 등의 모든 행위를 금지하고 있는 것과 아동 관련 업무 종사자가 아동학대 신고의 의무자가 되는 것을 포함하여 1981년에 제정된 '사회서비스법'을 근간으로 발전하였다.

스웨덴은 보호대상아동뿐만 아니라 모든 아동을 대상으로 보편적 서비스를 실천하고 모든 아동이 더 안전한 환경에서 성장하여 잠재력을 발휘하도록 한다. 특히, 아동문제 발생의 예방적 차원에서 아동과 부모에 대한 교육을 중시하고 아동 스스로도 자신의 권리를 인식하고 학대 상황 등을 인지하고 판단할 수 있도록 교육하며, 부모는 정부와 지역사회기관을 통해 정기적 교육과 훈련을 받도록 하는 협력체계를 제공한다.

아동학대와 방임이 발생하였을 경우 가족보존 원칙을 기반으로 하지만, 경우에 따라 이것이 '아동 최선의 이익'을 추구하는 원칙에 어긋나는 경우는 아동을 가정과 분리하여 보호한다. 스웨덴 아동보호서비스 전달체계는 관련법에 의하여 공공 기관을 중심으로 이루어지므로 대부분의 아동보호서비스 담당자는 공무원이며 서비스의 기획과 결정은 중앙정부의 보건사회부와 영역별로 '국가위원회' 간의 협력과 연계를 통하여 실시되고 있다.

영역별 국가위원회에서는 '보건복지 국가위원회'를 중심으로 하여 '시설보호 국가위원회'와 '경찰 국가위원회' 및 '교육 국가위원회' 등이 구성되어 있다.

국가위원회는 주로 아동보호에 관한 포괄적인 서비스 체계를 기획하며, 지역별로 '사회서비스위원회'를 통해 구체적인 방안을 구축한다. 또한, 부분적으로 민간에서 서비스를 제공하기도 하나 이는 '사회서비스위원회'의 결정이 이후에 이루어진다. 즉, 스웨덴은 모든 보육과 교육, 의료 서비스가 사회적 차원에서 제공되며 가족지원 서비스 제공을 통해서 이루어지고 있어 시사하는 바가 크다.

장애아동과 아동복지

제12장

본 장에서는 장애에 대한 의료적 모델과 사회적 모델을 중심으로 중요한 관점을 살펴본다. 또한, 장애아동의 특성과 개입에 대하여 살펴볼 것이다. 우리나라에서 장애아동의 인권과 권리가 보장되기 위해서는 관련 종사자뿐 아니라 사회적 인식도 개선되어야 할 필요가 있다. 따라서 이를 위하여 논의되어야 하는 부분에 대하여 포괄적이며 구체적인 영역을 통하여 살펴보고자 한다.

우리나라에서는 1988년 11월부터 장애인등록제도를 실시했으며 2010년도에는 '장애인 경제활동 실태조사'를 통하여 1차 및 2차 장애범주를 확대하였고, 이를 통하여 파악된 등록장애인의 수가 지속적으로 증대됨에 따라 등록장애인 비율이 2000년 2.0%에서 2009년 4.9%로 약 2.5배 이상 증가하여 이에 대한 국가적인 차원의 개입을 실시하였다.

장애인의 개념정의에 대하여 유엔의 '장애인권리선언' 제1조에서 장애인의 정의를 살펴보면 다음과 같다. 장애인이란 선천적 혹은 후천적으로 신체 및 정신적 능력의 불완전으로 인하여 일상의 개인적 혹은 사회생활에서 필요한 것을 확보하는 것에, 자기 자신으로서는 완전하게 또는 부분적으로 할 수 없는 사람을 뜻한다. 한편, 1997년 WHO(세계보건기구)(ICIDH−2: international classification of impairment, activities & participation)는 장애 개념에 대하여 의료학적 개념보다 사회적 측면을 강조하였다. 여기에서 손상(impairment)의 의미는 신체 구조나 심리적, 기능상의 상실이나 비정상성을 의미하며, 활동(activities)은 일상 과업에서 기대되는 개인의 통합된 활동으로 일상 생활의 걷기부터 쇼핑, 직무 완수 등의 복합적 활동을 뜻한다. 한편, 참여(participation)란 손상, 활동, 상황요인과 관련한 생활 상황에서 개인의 연관성 정도를 뜻한다. 2001년 WHO는 ICF(International Classification of Functioning)를 제시하였는데, 이는 장애인에게만 적용되는 개념이 아니며 모든 사람의 건강 관련 요인을 설명하는 보편적 준거틀로 장애와 비장애의 개념을 의료학적 차원에서 탈피하여 사회적 관점에서 장애를 바라볼 수 있게 하였다.

한편, 2003년부터 장애인 분류 영역은 총 15개로 나뉘고 있으며 기존의 장애에 안면, 간질, 폐기능, 장루, 요루, 간기능장애가 포함되었다.

1 장애의 정의와 유형

장애인이란 신체나 정신적 장애로 생활에 불편함을 갖는 사람으로 사회적 측면에서 연령, 인종, 성 등에 있어서 사회 여건에 의하여 다수 집단과 분리되어 차별이나 소외를 받을 수 있는 소수 집단(minor group)이란 뜻으로부터 사회적인 약자(the socially under-privileged)로 불리기도 하였다.

우리나라의 국어사전을 살펴보면 장애인은 '신체 및 정신의 충분한 기능 미비로 신체가 본래의 기능을 못하거나 정신적 능력의 결함을 지니고 있는 상태의 사람'이다.

이를 보다 전문적인 「장애인복지법」 제1장의 제2소를 동하여 살펴보면 장애인의 정의는 '신체적 및 정신적 장애로 인하여 오랫동안 일상 혹은 사회생활의 상당 수준의 제약을 받고 있는 자'라고 명시되어 있다. 이것은 사전적인 의미에서 기간의 명시를 통하여 장애인의 정의에 관한 구체적인 정의를 내리고 있다고 할 수 있다.

다음을 보면 확대예상 장애범주가 나와 있는데, 소화기장애, 비뇨기장애, 만성 통증,

기타 암, 만성 알코올 · 약물중독, 기질성 뇌증후군, 치매, 기타 정신자폐성 장애 등으로 분류되고 있다.

<표 12-1> 「장애인복지법」에 따른 장애유형 분류

<table>
<tr><th>대분류</th><th>중분류</th><th>소분류</th><th>세분류</th><th>확대예상 장애범주</th></tr>
<tr><td rowspan="12">신체적 장애</td><td rowspan="6">외부 신체 기능의 장애</td><td>지체장애</td><td>절단장애, 관절장애, 지체기능장애, 변형 등의 장애</td><td></td></tr>
<tr><td>뇌병변장애</td><td>중추신경의 손상으로 인한 복합적인 장애</td><td></td></tr>
<tr><td>시각장애</td><td>시력장애, 시야결손장애</td><td></td></tr>
<tr><td>청각장애</td><td>청력장애, 평형기능장애</td><td></td></tr>
<tr><td>언어장애</td><td>언어장애, 음성장애, 구어장애</td><td></td></tr>
<tr><td>안면장애</td><td>안면부의 추상, 함몰, 비후 등 변형으로 인한 장애</td><td></td></tr>
<tr><td rowspan="3">내부 기관의 장애</td><td>신장장애</td><td>투석치료 중이거나 신장을 이식받은 경우</td><td rowspan="2">소화기장애, 비뇨기장애, 만성통증, 기타 암</td></tr>
<tr><td>심장장애</td><td>일상생활이 현저히 제한되는 심장 기능 이상</td></tr>
<tr><td>간장애</td><td>일상생활이 현저히 제한되는 만성 · 중증의 간 기능 이상</td><td></td></tr>
<tr><td rowspan="3">내부 기관의 장애</td><td>호흡기 장애</td><td>일상생활이 현저히 제한되는 만성 · 중증의 호흡기 기능 이상</td><td></td></tr>
<tr><td>장루 · 요루 장애</td><td>일상생활이 현저히 제한되는 장루 · 요루</td><td></td></tr>
<tr><td>간질장애</td><td>일상생활이 현저히 제한되는 만성 · 중증의 간질</td><td></td></tr>
<tr><td rowspan="3">정신적 장애</td><td colspan="2">지적장애</td><td>지능지수가 70 이하인 경우</td><td></td></tr>
<tr><td colspan="2">정신장애</td><td>정신분열병, 분열형 정동장애, 양극성 정동장애, 반복성 우울장애</td><td>만성알코올 · 약물중독, 기질성 뇌증후군, 치매</td></tr>
<tr><td colspan="2">자폐성 장애</td><td>소아자폐 등 자폐성 장애</td><td>기타 정신자폐성 장애</td></tr>
</table>

출처: 김희진(2013).

그러나 현재 장애학의 발전 패러다임은 의료학적 시각에서 정상인을 기준으로 한 결핍의 개념에서 사회적인 패러다임의 통합적 장애학의 패러다임으로 변화하고 있다. 즉, 장애인의 상황에 대한 초점과 기준은 정상인의 상태보다는 장애인 당사자의 현재 상태가 중심이 되어야 하며 이들이 건강하게 사회와 소통하는 모습과 방향을 지향해야 한다.

이것은 '결함'에 초점을 둔 의료적 모델의 관점에서 해석한 장애의 의미에 그치지 않는다. 장애가 재활을 통하여 비장애인의 기능과 가깝게 회복되어야 한다는 재활패러다임에서 벗어나 장애인이 장애를 갖고도 스스로 자립생활을 영위할 수 있도록 하는 사회적 모델의 관점인 자립생활 패러다임으로의 전환이기도 하다. 즉, 의료모델을 살펴보면 우리나라의 장애인복지법의 제2조의 적용을 받게 되는 장애인은 신체적 장애로 주요 외부의 신체기능 장애, 내부기관의 장애 등을 의미하며 정신적 장애의 정의는 발달장애 혹은 정신적 질환으로 인하여 발생하는 장애를 뜻하여 지적장애와 자폐성 장애를 지칭함을 알 수 있다. 따라서 장애에 대한 정의 역시 변화하고 있다고 말할 수 있다.

따라서 장애인에 관련한 이론적 모델인 의료적 모델과 사회적 모델의 정의를 알아보고 장애인 정의의 국제적 추세를 살펴보도록 하겠다. 우선 장애 관련 이론은 크게 의료적 모델과 사회적 모델로 나누어 살펴볼 수 있다.

2 장애인에 대한 모델과 이론

1) 의료적 모델

의료적 모델은 장애를 의료적이며 개인적인 문제로 바라보아 의료적인 정상화적 기능의 기준을 가지고 의료적 관점에서 보는 모델이다. 이 모델의 특징은 장애를 극복할 대상으로 간주하며 이를 위하여 전문적인 치료나 신체기능 강화를 도입하는 재활 패러다임의 맥락이다. 이것은 장애의 근본적인 원인을 개인의 결함으로 간주하므로 장애를 열등요인으로 인식하여 이러한 인식이 사회 전반에 확산되어 사회에서의 교육이나 교육 등에서 배제되는 결과가 초래되기도 한다(김용득 외, 2007; 김희진, 2013).

2) 사회적 모델

사회적 모델은 영국에서 시작되었다. 영국의 배경은 사회복지의 역사적인 맥락에서 장애인을 위한 수용시설을 통한 보호정책을 실시하여 왔다. 그러나 이들 수용인으로서 장애인은 일찍이 비인간적인 차별과 대우에 관한 처우 개선을 요구하는 노력을 계속하였다. 이러한 결실로 1976년 UPIAS(union of physically impaired against segregation)이 제정되었다. 이것을 통하여 장애인에 대한 기본 원칙이 설립되었고, 사회적인 모델의 시초가 되었다. 다음은 UPIAS가 명시한 장애에 관련한 기본 원칙으로 사회적 모델에 입각한 장애운동은 세계장애인연맹인 DPI에 의해 채택되게 되었다(김희진, 2013).

> "장애(disability)란 신체적 손상을 입은 이에게는 책임이 없으며 이것은 시대적인 사회조직에 의한 활동의 불이익, 제약 그리고 이로 인한 사회활동의 배제를 의미한다. 따라서 신체적인 장애는 사회 억압의 특정 형태를 의미한다."
>
> – UPIAS, 1976; 김희진, 2013, 재구성.

이것은 장애인에 대한 사회의 억압체계를 의미하며 이를 위한 해결로는 사회체계의 변화가 되어야 한다는 입장으로 우리나라에서도 이를 도입하여 「장애인차별금지 및 권리구제 등에 관한 법률」을 제정하였으며 이는 장애아동에게도 적용될 필요가 있다.

<표 12-2> 개별적 모델과 사회적 모델 비교

개별적 모델(The individual model)	사회적 모델(The social model)
• 개인적 비극이론(personal tragedy theory)	• 사회억압이론(social oppression theory)
• 개인문제(personal problem)	• 사회문제(social problem)
• 개별치료(individual treatment)	• 사회행동(social action)
• 의료화(medical)	• 자조(self-help)
• 전문권위 (professional dominance)	• 개별 및 집합적인 책임 (individual and collective responsibility)
• 전문가(expertise)	• 경험(experience)
• 적응(adjustment)	• 주장(affirmation)
• 개별 정체성(individual identity)	• 집합 정체성(collective identity)
• 편견(prejudice)	• 차별(discrimination)
• 태도(attitude)	• 행위(behaviour)
• 보호(care)	• 권리(right)
• 통제(control)	• 선택(choice)
• 정책(policy)	• 정치(politics)
• 개별적응(individual adaptation)	• 사회변화(social change)

출처: Oliver, M(1996); 박덕규(2003); 김희진(2013).

3) 의료모델에 따른 WHO에 의한 장애인 분류

장애에 대한 가장 일반적인 개념은 WHO에 의해 제시되고 있다(김용득 외, 2007). WHO는 ICD(international classification of diseases)는 1980년 ICIDH, 1997년 ICIDH-2, 2001년 ICF까지 사회적 모델을 적용한 장애의 개념을 발달시켜 왔다(김희진, 2013).

(1) ICIDH(1980)

ICIDH(international classification impairments, disability, and handicaped)는 손상(impairments), 기능제약(disabilities), 사회적 불이익(handicaps)의 3가지 개념의 구분을 통하여 장애를 설명하며, 손상이나 기능 제약의 측면보다는 사회적으로 불이익을 받는 상황을 강조하기 위한 것으로, 특히 사회적 불이익에서는 개인이 장애로 인하여 사회적 참여의 제한을 받는 상황을 설명하고 있는데, 그것을 '다른 사람에 비하여' 불리한 상황에 처하는 것으로 설명하고 있다(김희진, 2013).

<표 12-3> ICIDH 분류

개념	의미	차원
건강상태 (health condition)	병리학적인 변화로서의 증상. 즉, 개인적인 차원에서 어떤 '비정상성'이 발생	개인적 차원
손상 (impairments)	임상적인 질병을 다른 사람이 인식할 수 있게 됨. 즉, 일반 타인이 개인의 어떤 '비정상성'을 인식	신체적 차원
기능제약 (disabilities)	활동상의 능력 제한이 발생. 즉, 개인적인 차원에서 활동 수행 능력이 감소	개인적 차원
사회적 불이익 (handicaps)	개인의 활동상의 능력 제한에 대하여 사회적 참여의 제한이라는 사회적 반응이 발생. 즉, 개인은 다른 사람보다 불리한 상황에 처해짐	사회적 차원

출처: WHO(1980). ICIDH: International Classification Impairments Disability Handicaped, Geneva: Author; 김희진(2013), 재인용.

(2) ICIDH-2(1997)

ICIDH-2(international classification of impairments, activities, and participation-2)는 개별적 모델과 사회적 모델의 개념적 차이를 한 체계 안에서 잘 설명하고 있고, ICIDH-2는 한 개인이 접하게 되는 장애를 3차원의 축(손상, 활동, 참여)으로 설명하면서 손상과 활동은 개별적 모델의 개념을, 상황요인과 아울러 참여는 사회적 모델에서의 환경을 제시하고자 하였다. 이때 손상(impairments)이란 신체구조나 물리적, 심리적 기능상의 상실이나 비정상을 의미하고, 활동이나 활동(activities) 제한이라고 불리는 것은 일상생활과 관계된 개인의 활동을 의미한다. 마지막으로 참여나 참여(participation) 제한은 생활 상황에서의 개인의 연관성 정도와 본질을 의미한다. 즉, 사회적 현상을 다루며 개인의 참여의 정도, 참여를 촉진하거나 방해하는 사회적 반응을 의미한다(김희진, 2013).

<표 12-4> ICIDH-2 분류

구분	손상 (impairments)	활동 (activities)	참여 (participation)	상황요인 (contexual fators)
기능의 수준	신체 (신체의 부분)	개인	사회 (사회와의 관계)	• 환경적 요인(기능에 영향을 미치는 외적 요인) • 개인적 요인(기능에 영향을 미치는 내적 요인)
특징	신체기능 신체구조	개인의 일상활동	상황에서의 관련	• 신체적 · 사회적 · 태도적 측면의 실제
긍정적 측면	기능적 · 구조적 통합	활동	참여	• 촉진 요소
부정적 측면	손상	활동 제한	참여 제한	• 장벽, 어려움

출처: WHO(1997). ICIDH-2: International Classification Impairments Disability Handicaped-2, Geneva: Author; 김희진(2013), 재인용.

(3) ICF(2001)

ICF(international classification of functioning)는 1997년 제안된 ICIDH-2를 근간으로 5년 동안의 현장 검증과 국제회의를 거쳐서 2001년 5월에 WHO에서 ICF를 세계적으로 통용될 수 있도록 승인한 바 있다. ICF는 ICIDH-2보다 언어 사용을 긍정적으로 보다 환경 지향적인 맥락에서 수정한 결과다. 이러한 ICF의 목적은 첫째, 장애를 정의함에 있어서 의학적이고 과학적인 기초를 제공하려는 것, 둘째, 연구자와 정책자 간에 존재했던 견해의 차이를 줄일 수 있는 기본 틀을 제시하여 서로 다른 집단 간의 의사소통 증진을 위해서이다. 셋째, 국가 간, 기관 간에 분산적이었던 자료의 비교가 ICF의 기준하에서 가능할 수 있도록 하기 위한 것이다. 마지막으로, 건강정보에 관한 체계적인 기록의 수단 제공을 목적으로 하였다(김희진, 2013).

<표 12-5> ICF 분류

<table>
<tr><th>구분</th><th colspan="2">영역1 : 기능과 장애</th><th colspan="2">영역2 : 상황적 요소</th></tr>
<tr><td>구성요소</td><td>• 신체기능 및 구조</td><td>• 활동과 참여</td><td>• 환경적 요소</td><td>• 개별적 요소</td></tr>
<tr><td>영역</td><td>• 신체기능
• 신체구조</td><td>• 생활 영역 (과업, 행동 등)</td><td>• 기능과 장애에 영향을 미치는 외적 영향력</td><td>• 기능과 장애에 영향을 미치는 내적 영향력</td></tr>
<tr><td>구성물</td><td>• 신체기능의 변화 (생리학)
• 신체구조의 변화 (해부학)</td><td>• 표준환경에서의 과제수행 능력
• 현재 환경에서의 과제수행 정도</td><td>• 물리적·사회적·인식적 측면에서 촉진 또는 방해하는 힘</td><td>• 개별 특성에 의한 영향</td></tr>
<tr><td rowspan="2">긍정적 측면</td><td>• 기능적·구조적 통합</td><td>• 활동과 참여</td><td rowspan="2">• 촉진 요소</td><td rowspan="2">• 해당 없음</td></tr>
<tr><td colspan="2">• 기능</td></tr>
<tr><td rowspan="2">부정적 측면</td><td>• 손상</td><td>• 활동 제한과 참여 제한</td><td rowspan="2">• 장벽/방해물</td><td rowspan="2">• 해당 없음</td></tr>
<tr><td colspan="2">• 장애</td></tr>
</table>

출처: WHO(2001). ICF: International Classification Functioning, Geneva: Author; 김희진(2013), 재인용.

4) 사회학적 차원에서 바라본「 장애인 등에 대한 특수교육법」과 접근성

다음은「장애인 등에 대한 특수교육법」상 특수교육대상자의 선정기준을 정리하여 제시한 것이다.

「장애인 등에 대한 특수교육법」 제15조(특수교육대상자의 선정)에 따르면, 교육장 또는 교육감은 다음에 해당하는 사람 중 특수교육을 필요로 하는 사람으로 진단 · 평가된 사람을 특수교육대상자로 선정한다.

1. 시각장애
2. 청각장애
3. 정신지체
4. 지체장애
5. 정서 · 행동장애
6. 자폐성 장애(이와 관련된 장애 포함)
7. 의사소통장애
8. 학습장애
9. 건강장애
10. 발달지체
11. 그 밖에 대통령령으로 정하는 장애

<표 12-6> 「장애인 등에 대한 특수교육법」상 특수교육대상자 선정기준

「장애인 등에 대한 특수교육법」 시행령	
제10조(특수교육대상자의 선정 기준) 법 제15조에 따라 특수교육대상자를 선정하는 기준은 별표와 같다. [별표] 특수교육대상자 선정 기준(제10조 관련)	
선정기준	관련 내용
시각장애를 지닌 특수교육대상자	시각계의 손상이 심하여 시각기능을 전혀 이용하지 못하거나 보조공학기기의 지원을 받아야 시각적 과제를 수행할 수 있는 사람으로서 시각에 의한 학습이 곤란하여 특정의 광학기구 · 학습매체 등을 통하여 학습하거나 촉각 또는 청각을 학습의 주요 수단으로 사용하는 사람
청각장애를 지닌 특수교육대상자	청력 손실이 심하여 보청기를 착용해도 청각을 통한 의사소통이 불가능 또는 곤란한 상태이거나, 청력이 남아 있어도 보청기를 착용해야 청각을 통한 의사소통이 가능하여 청각에 의한 교육적 성취가 어려운 사람

선정기준	관련 내용
정신지체를 지닌 특수교육대상자	지적 기능과 적응행동상의 어려움이 함께 존재하여 교육적 성취에 어려움이 있는 사람
지체장애를 지닌 특수교육대상자	기능 · 형태상 장애를 가지고 있거나 몸통을 지탱하거나 팔다리의 움직임 등에 어려움을 겪는 신체적 조건이나 상태로 인해 교육적 성취에 어려움이 있는 사람
정서 · 행동장애를 지닌 특수교육대상자	장기간에 걸쳐 다음의 어느 하나에 해당하여, 특별한 교육적 조치가 필요한 사람 • 지적 · 감각적 · 건강상의 이유로 설명할 수 없는 학습상의 어려움을 지닌 사람 • 또래나 교사와의 대인관계에 어려움이 있어 학습에 어려움을 겪는 사람 • 일반적인 상황에서 부적절한 행동이나 감정을 나타내어 학습에 어려움이 있는 사람 • 전반적인 불행감이나 우울증을 나타내어 학습에 어려움이 있는 사람 • 학교나 개인 문제에 관련된 신체적인 통증이나 공포를 나타내어 학습에 어려움이 있는 사람
자폐성 장애를 지닌 특수교육대상자	사회적 상호작용과 의사소통에 결함이 있고, 제한적이고 반복적인 관심과 활동을 보임으로써 교육적 성취 및 일상생활 적응에 도움이 필요한 사람
의사소통장애를 지닌 특수교육대상자	다음의 어느 하나에 해당하여 특별한 교육적 조치가 필요한 사람 • 언어의 수용 및 표현 능력이 인지 능력에 비하여 현저하게 부족한 사람 • 조음 능력이 현저히 부족하여 의사소통이 어려운 사람 • 말 유창성이 현저히 부족하여 의사소통이 어려운 사람 • 기능적 음성장애가 있어 의사소통이 어려운 사람
학습장애를 지닌 특수교육대상자	개인의 내적 요인으로 인하여 듣기, 말하기, 주의집중, 지각(知覺), 기억, 문제해결 등의 학습기능이나 읽기, 쓰기, 수학 등 학업 성취 영역에서 현저하게 어려움이 있는 사람
건강장애를 지닌 특수교육대상자	만성 질환으로 인하여 3개월 이상의 장기입원 또는 통원치료 등 계속적인 의료적 지원이 필요하여 학교생활 및 학업 수행에 어려움이 있는 사람
발달지체를 보이는 특수교육대상자	신체, 인지, 의사소통, 사회 · 정서, 적응행동 중 하나 이상의 발달이 또래에 비하여 현저하게 지체되어 특별한 교육적 조치가 필요한 영아 및 9세 미만의 아동

출처: 장애인 등에 대한 특수교육법.

우리 사회에서는 장애 문제를 관리하거나 해결하기 위해서 사회행동(social action)을 필요로 하며, 장애인이 전 생활 영역에서 완전한 참여를 할 수 있도록 환경적 개정을 필수요건으로 하여 이것은 사회적인 집합적 책임으로 보고 있다(최진섭 외, 1999). 이것은 사회 변화를 요구하는 이데올로기적이며 정치적으로 인권과 연관된 것으로 장애를 바라보는 사회적 · 정치적 정의에 해당된다(최진섭 외, 1999). 따라서 사회적인 접근성을 개선하기 위해서는 장애인의 의사를 고려한 시설의 정비 및 경제적 지원이 필요하다. 이에 관하여 장애인과 같은 사회적 약자의 물리적 접근권의 중요성을 강조하여 장애인이 받게 되는 차별에 관하여 사회적 약자에게 있어서 물리적 접근 권리의 부여는 자유권을 좀 더 자유권답게 만드는 권리이고, 사회권을 좀 더 사회권답게 만들기 위한 권리라 하였다(박덕규, 2004). 다음은 이를 위한 접근권의 종류 및 내용이다.

<표 12-7> 접근권의 종류 및 내용

종류	내용
사회적 접근	• 사회조직의 정비를 통한 균등한 기회 제공 • 편의시설은 모든 사람에게 편리한 것이라는 인식으로의 전환 • 지속적인 학교교육과 사회교육 실시 • 사회적 약자의 활동 영역 확대를 위한 계획 수립
경제적 접근	• 생활보호, 국민연금 등 사회보험을 통한 직접적인 소득 보장 • 각종 시설의 이용요금 할인, 세제 우대, 교통비 경감 등 간접적인 소득보장
물리적 접근	• 사회적 약자의 주거지를 고려한 공공시설의 입지 조건 재설정 • 보행시설 정비 • 교통시설 정비 • 가로시설물 및 교통시스템 등 정비

출처: 박덕규(2004).

5) 사회적 차원에서의 사회복지시설 사회화

사회복지시설에 대한 사회화의 의미는 지역사회와 시설이 교류를 통하여 동질화하고, 시설이 지역사회의 기능으로서 역할수행을 한다는 뜻이다. 또한, 장애인이 폐쇄적 상태에서 지역사회의 개방된 사회적 상태로 나아가는 전환을 뜻한다(김문동, 2008). 사회복지시설의 사회화의 의미는 시설과 지역사회의 상호작용으로 시설 거주자의 인권과 생활보장의 공공성에 의하여 시설 거주자의 생활 수준의 향상과 지역사회복지의 욕구를 반영하는 교육과 체험 등을 돕는 전반적인 활동이다(김문동, 2008).

기존의 사회복지시설 사회화는 시설보호에 대한 질적 향상과 시설의 운영 개선을 촉진하고, 시설을 바라보는 지역 주민의 이해도를 높임으로써 지역주민에게 시설이 사회복지서비스의 한 주체로 기능하게 하는 성과를 가져왔다(김문동, 2008). 그러나 이제는 이러한 시설의 사회화뿐 아니라 장애인을 바라보는 시각과 장애인 자신의 자아 개념, 그리고 이들을 둘러싼 가족의 삶의 질까지 폭넓게 재고될 필요가 있을 것이다.

6) 사회학적 차원의 장애인 지역사회중심재활

지역사회중심재활(CBR : community based rehabilitation)에 대하여 이정규(2008)는 다음과 같이 언급한다. 장애인의 재활 및 사회통합을 위하여 장애인과 가족 및 지역사회는 인적 및 물적 자원을 활용하고 지역사회를 기초로 정상화나 탈시설화의 발전적 결과로 지역사회중심재활 이론을 발전시켰는데, 이 이론은 1981년 이후 WHO의 중요한 재활정책으로 권장되었다.

이것은 장애인이 정상인과 같이 지역사회의 생활을 영위하는 것을 목적으로 하므로, 지역사회를 기반으로 하는 재활서비스가 필요하다는 것이다. 그러나 시설 중심의 재활서비스(IBR : institution based rehabilitation)는 2가지의 한계가 존재한다. 첫째, 장애인 수용시설의 수적 한계로부터의 수용보호 한계를 통하여 선진국은 지역사회를 중심하는 재가복지사업을 개발하여 추진하기에 이르렀다. 둘째, 시설보호비용이 너무 높아서 생활보호사업의 주류로 분류되고 있는 시설보호와 거택보호를 살펴볼 때 재가보호가 권장된다. 또한, 재활의 궁극적 목표가 장애인이 지역사회를 통하여 가족 및 지역의 주민과 함께 어울려 사는 것이므로, 시설의 장기수용은 재활이 지향하는 궁극적 목표와 반대로 장애인에 대한 사회격리를 초래하게 될 가능성이 있다. 따라서 장애학의 현 패러다임은 장애인으로 하여금 지역사회와 더불어 생활하고 존중받으며 성장하는 사회적인 모델을 좀 더 지향한다고 할 수 있다.

7) 장애인에 대한 권리옹호 제도의 도입

2012년 11월에는 장애인 권리옹호 제도화에 관한 토론회가 국가인권위원회 배움터에서 장애인 권리옹호 제도화를 위한 공동대책위원회에서 열렸다. 여기에서 임성택 변호사(한국장애인복지관협회, 2012, 재인용)는 다음과 같이 언급하였다.

"국가인권위원회가 구성되고, 장애인차별금지법과 인신보호법이 제정되는 등 장애인 인권보호를 위한 제도적 성취가 있었습니다. 도가니 영화 이후에는 사회복지시설의 인권문제를 개선하기 위하여 사회복지사업법을 개정하기도 했습니다. 그러나 여전히 장애인 인권의 사각지대가 존재하고, 끔찍하고 시대착오적인 인권침해 사건이 일어나고 있습니다. 최근에 일어난 '원주 사랑의 집 사건'을 겪으면서 우리는 장애인 권리옹호 시스템이 매우 필요하다는 것을 절감합니다. 장애인 권리옹호체계는 미국의 P&A 시스템에서 비롯된 것입니다. 미국의 P&A 시스템은 우리에게 많은 아이디어와 시사점을 주고 있습니다. P&A는 'Protection and Advocacy'의 약자인데, 우리말로는 보호와 옹호라고 직역할 수 있습니다. 부당한 인권침해로부터 사회적 약자를 보호하고, 그들의 권리를 옹호하고 대변한다는 의미입니다. 미국의 P&A 시스템은 장애인 권리옹호를 위해 중요하고 결정적인 역할을 해 왔습니다. 그런데 장애인은 그 특성상 자신의 권리를 침해받기 쉽고, 법적으로 불이익을 당하는 일이 많습니다. 반면 스스로 권리를 주장하고, 옹호하는 데에는 어려움이 많습니다. 의사소통에 장애가 있거나, 판단능력이 부족하여 다른 사람의 도움 없이는 권리구제 절차에 참여하기 힘든 경우도 있고, 신체적 장애로 인하여 법원 등 권리구제기관에 접근하거나 이동하기 어려운 경우도 있습니다.

따라서 장애인의 권리를 보장하고, 헌법상 요구되는 특별한 보호를 다하기 위해서는 장애인의 권리옹호를 조력하는 시스템 마련이 필수적입니다."

출처: 한국장애인복지관협회(2012). 재인용.

다음은 장애인차별금지추진연대 사무국장이며 현 새누리당의 박김영희(한국장애인복지관협회, 2012, 재인용)가 제시한 사례이다.

"전북 양봉원에서 비인간적인 상태에서 노동착취를 당하며 30년 동안 노예생활을 하는 지적장애인이 있다는 제보를 받았다. 제보자는 자기 신원이 알려지는 것을 원하지 않았다. 가해자와의 관계 때문에 이 사실을 외면하려 하였으나 양심적으11로 그럴 수 없어 자기 신원을 드러내지 않고 이 사건을 해결할 수 있기를 바란다고 하여 장애인차별금지추진연대가 진정인이 되어 사건을 해결하겠다는 다짐을 하고 사건 전말을 들을 수 있었다."

출처: 한국장애인복지관협회(2012). 재인용.

이와 같은 사건에 대하여 조문순 장애인 권익문제연구소 인권센터 팀장(한국장애인복지관협회, 2012, 재인용)은 다음과 같이 언급하였다.

"장애인권리옹호조사권이 반드시 있어야 합니다. 사실 확인에 필요한 조사 및 정보, 자료에 대한 접근 권한이 반드시 필요합니다. 임의조사권을 부여하고, 조사거부 등에 대해서는 강력한 제재조치가 있어야 할 것입니다. 그리고 권리옹호 기관의 조치 이후 피해자 분리, 쉼터, 상담 및 치료지원, 자립생활을 위한 주거지원 등이 체계적으로 마련되어야 합니다. 쉼터를 필요에 의해 만들었으나, 근거 규정이 없어 생활시설의 형태로 유지되고 있음을 우리는 경험하고 있습니다. 오직 근거 규정 미비 때문입니다. 그런 일이 발생하지 않도록, 또 쉼터가 또 다른 시설이 되지 않도록 그 근거와 역할 규정이 명확해야 하며, 이후의 자립지원 시스템이 갖춰야 할 것입니다. 또한, 장애인권리옹호 기관의 활동가는 법률적 지원의 조력인이 되어야 합니다. 이는 법률적으로 권한을 인정받아야 합니다. 간혹 경찰 조사 시 조력인의 자격을 임의대로 요구하는 경우가 있고, 그 자격도 교수급, 박사급 정도로 요구하는 경우가 있는데,

이는 현실을 모르는 기준 요구사항입니다. 장애인 피해자 곁에서 정보를 제일 많이 알고, 장애인의 특성을 가장 잘 알고 있는 사람이 권리옹호 기관의 활동가, 상담가이므로, 이들에게 그 권한을 법적으로 부여해야 합니다. 그리고 거주시설에 대한 조사가 비정기적으로, 예고 없이도 이뤄질 수 있도록 해야 하며 장애인 권리옹호를 맡는 민간 기구는 장애인 당사자의 자기옹호 기법이나 훈련 등의 전략을 제공할 수 있어야 합니다. 또 시민에 대한 인권교육도 함께 병행해야 할 것입니다."

출처: 한국장애인복지관협회(2012). 재인용.

그러므로 한국 사회에서도 다음과 같은 사항이 고려될 필요가 있다. 즉, Downer와 Ferns(1998)에 따르면, 자기옹호 집단은 다음과 같은 특징에 따라 정의될 수 있다(Garbutt, 2012; 한국장애인복지관협회, 2012, 재인용).

- 서비스와 직원(worker)의 독립성
- 경험 많은 장애인 또는 자기옹호를 가능하게 할 수 있는 비장애인으로부터 상담을 받는다.
- 외부의 비장애인의 기대에 의해 형성되지 않는다.
- 성장과 발전을 위한 공간과 시간을 부여받는다.
- 집단 구성원의 강점에 기반하여 세운다.
- 그들의 조언이나 결정에 대해 사회복지사가 경청하고, 조언이나 결정에 의해 과업을 수행한다.
- 이용자의 삶에 영향을 미치는 서비스에 관하여 중요한 결정을 할 때 실제적인 힘과 대표권을 갖는다.
- 집단 구성원을 역량을 강화시켜, 다른 장애인의 도움을 받아 그들 자신의 삶을 변화시킬 수 있도록 한다.

이때 독립적인 전문가 옹호 또는 단기 옹호의 장점은 다음과 같다(BILD, 2007; 한국장애인복지관협회, 2012).

- 개입을 시작하는 데 비교적 신속하다.
- 옹호인은 많은 지식과 기술을 갖고 있다.
- 옹호인은 기관 또는 상급자의 지휘(supervision)를 받으며, 기관의 지침을 따른다.
- 전문 옹호인은 동시에 몇 명의 이용자와 일을 할 수 있기 때문에 더 많은 사람이 옹호 지원을 받을 수 있다.
- 이 옹호 유형은 더 전문적인 것처럼 보이기 때문에, 서비스 공급자와 직원으로부터 더 많은 신임을 받고 있을 수 있다(한국장애인복지관협회, 2012).

따라서 우리나라에서도 각종 장애인에 대한 피해 사례를 발굴하고 해외와 같이 P&A 시스템의 도입에 관한 점검과 다양한 사회의 공적 및 민간 차원에서 장애인 권리옹호 제도가 도입되어야 할 것이다.

향후 우리나라의 의료학적 기준의 모델은 사회모델(social model)로서 성장해 가야 하며 1970년 영국과 미국을 중심으로 시작된 장애학의 새로운 변모가 요구된다 하겠다. 이것은 사회복지의 진정한 의미가 인간과 환경을 고려하여 인간의 진정한 욕구에 부응하는 삶의 질 변화라고 볼 때 반드시 성취되어야 하는 과정이다. 따라서 현재는 자활 패러다임보다는 자립생활 패러다임이 더욱 바람직한 모델로 자리잡아 인간과 환경을 함께 생각하여 소비자 중심의 상담, 옹호, 자조집단의 구성, 사회와 환경의 조화 등이 고려되어야 할 것이다.

이것은 장애아동에게도 해당하며 따라서 전인적인 재활을 의미하고 여기에는 의료적 재활, 심리적 재활, 교육적 재활, 사회적 재활, 직업적 재활이 더욱 유기적으로 연계되는 장애서비스가 구현되어야 함을 의미한다. 이것은 과거의 능력주의에서 비롯된 정상인의 기능 위주의 개념정의로부터 사회복지적인 차원에서 장애인을 소비자로 보고 이들의 권리와 의사결정과 선택을 보다 존중하는 패러다임으로 나아가야 함을 의미하는 것이기도 하다.

또한, 이것은 사회적인 장애인에 관한 호칭에 있어서도 불구자, 기형아, 장애자, 장애우와 같은 호칭보다는 장애인으로, 보다 인권을 존중하는 호칭이 이 사회에 자리잡아야 하며, 정신박약보다는 지적장애인, 귀머거리보다는 청각장애인, 농인(deaf), 벙어리보다는 언어장애자 혹은 의사소통 장애자로 호칭 자체에서도 사회적인 존중이 정착되어야 할 것이다. 그 이유는 이러한 호칭 자체가 낙인(stigma)을 부여하여 사회적으로 이중적인 차별을 방지하기 위함이다.

그동안 장애학은 탈시설화(deinstitutionalization), 정상화(normalization)와 의료화의 개념에서 사회적 역할 강화(social role valorization) 모델, 자립생활론(independent living model)으로 발전을 거듭하고 있다. 장애인 문화 역시 수요자 중심의 욕구를 존중하고 의사결정의 선택권을 다양하게 할 수 있는 장애인복지 서비스가 되어야 하며, 장애를 바라보는 우리 사회의 이분법적 사고에서 탈피하여 이제는 다원적인 패러다임으로 장애인도 문화의 생산자와 소비자로서 사회 · 문화적으로 인권을 존중받는 사회 분위기가 정착되어야 할 것이다.

그동안 장애인은 문화와 사회의 객체로서 인식되었으나, 이제는 정체성을 가지고 보다 주체적인 사회의 주권을 향유하는 계층이 되어야 함을 의미하며 이러한 사회 인식이 수렴될 때 우리나라의 장애학도 진정한 진보가 이루어질 것이다. 즉, 장애인은 기존의 사고와 같은 동정의 대상이 아니라 장애문화, 장애정체성, 장애개성을 지닌 새로운 이미지로 정착될 필요가 있으며, 사회적으로도 적극적으로 권장될 필요가 있을 것이다. 장애인은 신체적으로 잘못된 개념이 아니라 다름의 개념으로 수용되어야 하며 인간으로서 자부심과 위엄이 존중되어야 한다. 이렇게 될 때에 장애인은 자연스럽게 사회 구성원으로 인정될 수 있으며 각종 장애인 인식 역시 긍정적이고 평등한 개념으로 전환될 수 있을 것이다.

따라서 사회복지 속에서 장애학이 올바르게 정착되기 위해서는 많은 연구자와 사회적인 인식이 개선되고, 관심이 더욱 촉구되어야 하겠다. 그리고 이를 바탕으로 장애인과 장애아동, 장애인 가족에 관한 서비스와 전달체계, 실천현장의 변화가 수요자 중심으로 이루어지고, 선택적 정책이 다양하게 개발되고 활성화되었으면 한다. 또한, 장애아동의 특성을 감안하여 보다 접근성, 다양성, 통합성 및 연계성 개선하려는 노력이 심도 있게 이루어져야 할 것이다. 이 내용을 좀 더 구체적으로 살펴보고자 한다.

3 장애인 가족의 유형

장애인 가족이란 지체장애, 지적장애, 시각장애, 청각장애, 음성 · 언어장애를 가진 가족 구성원을 가진 가족을 의미한다.

1) 지체장애 아동

지체장애인이란 신체적으로 지체부자유 상태, 즉 신체의 골격, 근육, 신경 중 어느 한 부분 이상에 외상으로 인한 기능장애가 영구적으로 남아 있는 경우를 의미하며 주로 운동기능 장애, 감각 장애의 상태로 증상이 나타난다. 지체장애인의 범주에는 뇌성마비, 소아마비, 척추손상, 뇌졸중, 근디스트로피, 관절염, 절단 등으로 야기되는 기능성 장애가 포함된다. 그런데 지체장애 아동의 특성은 운동발달의 지체로 인한 행동 반경의 제한으로 언어와 인지발달이 정상아동과 차이가 없음에도 성장과정 중에 사회성 발달의 지체가 수반된다는 것에 유의해야 한다. 반면 뇌성마비의 아동의 경우에는 전체적인 영역에서 지체를 보이는 특징이 있다. 이들은 지속적인 운동기능의 장애, 근육 약화와 무기력, 자세의 불균형, 불수의적 동작, 경련을 나타낼 수 있으며, 이로 인하여 사회적인 참여의 제약을 받을 수 있다.

2) 지적장애 아동

지적장애인이란 지능의 작용이 불완전한 사유로 인하여 지능이 낮거나 불완전한 상태를 의미한다. 이와 같이 지능의 작용이 불완전하거나 지능의 발달이 늦거나 한정된 상태를 지적장애라고 한다. 지적장애 아동의 증상은 운동기능의 장애 감각장애의 상태를 호소한다. 지적장애 아동은 개인차가 심하나 일반적으로 언어발달지체, 낮은 학업성취도, 기본 사회생활의 어려움 등이 있으며 이로 인한 열등감도 많이 느끼는 편이며 운동기능도 현저한 차이를 보이는 특성이 있다.

3) 시각장애 아동

시각장애의 의미는 눈으로 물체를 식별하는 기능의 장애를 뜻하며, 의학적으로 시각 손상, 시각 불능을 의미한다. WHO는 시각장애의 범주에 눈, 각막, 망막, 수정체, 황반 등의 기능장애 모두를 포함하여 제시하고 있다. 시각장애 아동의 발달 특성을 살펴보면 시각장애 아동은 공간 이동, 보행에 제한을 받아 운동기능이 뒤떨어질 수 있으며, 이로 인하여 사회성 발달이 더디거나 위축될 수 있다. 또한, 시각의 손상에 의하여 정보 습득에 제한을 받아 개념 발달이 지체될 수 있으며, 특히 추상적 사고를 요하는 과정에서 개념의 정의가 늦어질 수 있다. 그러나 손가락의 촉각을 사용하며 사물과 사상을 인지하거나 청각이 뛰어난 경우가 종종 있으며, 그 밖의 언어나 인지발달, 신체발달은 정상 아동과 큰 차이가 없다고 보아야 할 것이다.

4) 청각장애 아동

청각장애란 소리를 듣는 청각기관 이상으로 들리는 소리의 의미 구분이 어렵고 의사소통에 지장이 있는 경우를 뜻한다. 장애의 정도와 성격에 따라서 난청을 분류한다. 난청의 종류는 전음성 난청인 외이의 기형에 의한 난청과 염증에 의한 난청, 이경화증에 의한 난청, 그 밖에 감음성 난청으로 약제에 의한 난청, 음행의 자극에 의한 난청, 질환에 의한 난청, 원인불명의 감음성 난청으로 분류될 수 있다. 청각장애 아동의 발달 특성은 언어발달의 지체이며, 그중에서도 말하기에 장애를 보일 수 있다. 이로 인해 대인관계가 어려우나 수화 등을 이용하여 의사소통이 가능하며, 인지발달은 정상 아동과 큰 차이가 없는 편이며, 신체 및 운동 기능도 정상 아동과 비슷한 발달 양상을 보인다.

5) 언어장애 아동

언어장애란 정상적인 언어에서 이탈된 여러 형태의 언어를 구사하는 형태로 의사소통에 방해를 받으며 그로 인하여 사회적응에 문제를 초래하는 언어 상태를 의미한다.

언어장애 아동의 발달 특성으로는 언어중추신경 손상에 의한 언어장애와 목젖 부분 손상 및 성대 손상 등으로 인한 언어장애, 말더듬에 의한 언어장애, 난청 등으로 인한 언어장애, 지능지체에 의한 언어장애 등이 있다. 이로 인하여 언어발달이 늦어질 뿐 아니라 사회생활이 어려울 수 있다.

각 장애아동의 발달적 특성을 잘 관찰하고 이들에게 재활 및 향후 적절한 직업 활동의 지도가 필요하다. 각 장애의 정도별로 어떤 발달 가능성이 있는지 살펴보아 일반아동 교육으로 충분히 교육성과나 사회성의 성취가 어려운 경우에는 특수교육을 받기를 권장한다.

4 장애인 가족의 문제

1) 부모와의 문제

장애인을 부모로 둔 일반아동은 취약계층의 가족보다 부모와의 불화가 많이 발생할 수 있다. 또한, 자녀양육과 관련한 부모의 자녀양육 역할 분담의 문제, 사회생활의 부적응 등이 부부 간의 갈등을 증가시킬 수 있다. 이때 아동은 수치감을 느낄 수 있으며 부모의 역할을 대신하며 미래에 대한 보상심리 등으로 부담이 과중될 수 있다.

2) 형제간의 문제

장애인을 형제로 둔 경우, 학령 전기의 장애아동을 형제나 자매로 둔 경우는 부모로부터 받는 시간과 관심의 양에 의하여 영향을 받을 수 있다. 자칫 정상인이라는 이유로 소홀한 경우, 특히 장애아가 손위 형제일 경우 부모의 정서적 상태에 따라서 관심을 받지 못할 수도 있으므로 아동에게는 적절한 관심과 정서적인 돌봄을 제공하는 것이 무엇보다 중요하다. 또한, 장애아동을 형제나 자매로 둔 경우는 이에 대하여 사회적으로 수치심을 가질 수 있으므로 장애 형제가 사회에서 적절한 반응과 대처를 할 수 있도록 돕는 것이 중요하다. 특히, 장애에 대해 개방적인 의사소통을 하여 장애에 대한 객관적인 정보를 제공할 필요가 있다.

3) 자립의 문제

평균수명의 연장에 따라 주 보호제공자인 부모나 형제의 사망 이후에도 장애아동에 대한 보호의 문제 등은 평생을 통한 지원이 이루어질 수 있도록 평생계획의 구상도 중요하다. 사회적인 돌봄을 고려해 볼 수 있으며 각종 기관과 단체 등의 지원도 확보하여 지속적으로 접촉하는 것이 바람직하다. 후견인제도, 위탁보호 및 그룹홈 등의 주거보호서비스 등이 활발하지 못한 경우와 정책적으로 재정적인 지원이 취약한 경우에는 가족이 경험하는 불안과 부담이 증가할 수 있다.

5 장애인 가족에 대한 서비스

1) 부모교육 및 사회적 지지

부모교육으로 장애아동의 자녀를 둔 부모를 위한 교육은 장애아동을 둔 부모회를 중심으로 소집단 교육과 공개 강의 형태로 이루어진다. 소집단 교육의 취지는 위축되기 쉬운 장애아동을 둔 부모에게 정보를 제공하며 부모가 장애아동에게 바람직한 양육자로서의 기능을 담당할 수 있도록 돕는 특별교육과정이다. 부모집단 프로그램에서는 장애아동을 둔 부모가 느끼는 공통 문제와 경험을 서로 나누며 장애아동의 일상생활 대처에 도움이 되는 심리교육과 사회적인 지지의 정보를 공유하게 된다.

2) 연계 치료서비스 및 유관기관과의 협력 강화

가정에서의 연계 치료서비스 지원을 제공한다. 장애아동의 치료 및 교육 효과를 사회 및 교육기관과 협력하여 일관적으로 제공하기 위하여 가정에서 적절하게 활용하고 일반화하는 것이 중요하다. 장애아동의 가족은 장애아동을 위한 치료 및 교육의 내용과 방법에 관하여 숙지하며 장애아동을 가정 내에서도 수용하고 이해하는 분위기가 중요하다. 또한, 치료 및 교육기관의 장애아동을 위한 프로그램에 적극적으로 협조하고 참여하는 협력적인 자세가 중요하다. 장애아동의 치료와 발달 단계를 이해하며 현재 장애아동이 독립적으로 성장하는 것에 필요한 최소한의 도움을 적절하게 제공한다. 일관성 있는 말과 행동을 통해 장애아동의 성장 시 필요한 기술로 독립적 거주나 지역사회 참여기술, 직업 등을 가르친다.

3) 가족의 건강성

가족의 건강성을 위하여 정기적인 가족사정이나 가족상담이 이루어지는 것이 바람직하다. 가족사정은 장애아동의 복지에서 중요한 기능으로 대개 아동의 욕구와 잠재력 등을 사정하여 향후 전인적인 성장을 위한 것이라 할 수 있다. 또한, 함께 이루어지는 가족상담의 경우는 가족이 장애아동을 수용할 수 있도록 돕고, 가족과의 상호작용에서 발생할 수 있는 문제의 해결과 가족 구성원이 체감하는 정서적 스트레스를 해소할 수 있도록 돕는 기능을 한다. 각종 재활정보 및 타 기관의 정보 제공 등 가족이 필요로 하는 정보를 제공하는 기능을 수행하기도 한다.

4) 가족관계의 강화

가족관계의 강화 서비스로 가족캠프를 들 수 있다. 현대사회에서 복지서비스는 개인보다는 가족을 하나의 단위로 보아 개입하는 프로그램을 진행한다. 이는 건강한 가족 응집력을 가능하게 하며 가족 구성원에 대한 상호 이해, 가족 구성원으로서의 자기 이해, 올바른 의사소통 기술과 갈등 해결 방법의 습득, 부모 및 형제의 역할훈련 등을 통하여 가족의 기능을 향상시키는 것을 목적으로 한다.

6 장애 아동 프로그램

장애 아동 프로그램은 기존에는 주로 특수교사, 사회복지사, 작업치료사, 물리치료사, 언어치료사 등이 한 팀을 이루어 프로그램에 함께 개입하였다. 프로그램의 활동 내용은 다양하며 아동의 소근육 운동, 대근육 운동, 인지성 발달, 사회성 함양, 언어 영역의 개선 등 복합적인 영역에서 예방과 치료의 목적을 달성하도록 한다. 즉, 장애아동의 교육 프로그램은 전문가 및 가족 등이 포괄적인 팀을 이루어 아동의 발달 측면을 세심하게 파악하고, 발달 가능성을 고취하고 가족의 능력을 함양하기 위한 서비스 제공이다. 장애아동을 위한 기존의 치료 및 교육 프로그램은 전문기관인 특수교육시설, 학교, 전문치료를 위한 교육기관 및 치료기관에 의존하였다. 그러나 최근에는 장애아동에 대한 치료 및 교육 프로그램이 변화되었는데, 부모 및 지인 등의 참여가 매우 확대되며 상호 협력적인 개입이 강조되고, 가족이 장애아동의 치료 및 교육 프로그램에 적극적으로 참여하여 조력자 역할을 하도록 하는 등, 프로그램이 가정과의 연계성 속에서 이루어지도록 하고 있다.

그 밖에 의료 및 정신보건 분야로 특히 장애아동의 정신보건을 다루는 정신보건사회복지사가 수퍼비젼에서 갖추어야 할 기본 지식은 아동의 장애, 외상의 신체적 특징의 이해, 아동의 특징적 반응 양태와 행동의 이해, 장애아동에게 사회문화적 태도의 이해, 장애별 특수문제에 대한 이해가 선행되어야 한다. 정신장애의 진단은『DSM-5』에 근거한 진단과 개인력 조사, 사회조사를 통해 실시하며, 강점과 자원을 사정은 사회복지사의 심리사회적 개입에 있어서 매우 중요하다.

과업의 역량으로는 개인상담, 가족상담, 집단상담, 위기개입, 사원언걸, 교육 및 옹호 등의 방법이 활용될 수 있으며, 다양한 재활과 가족교육, 가족치료, 사회기술 훈련, 집단치료 및 직업 훈련, 사례관리 등에 적용된다. 그런데 이러한 영역은 다학제적으로 이루어지며 의료 및 정신보건사회복지 실천현장에 있어서 다양한 전문직이 협력적으로 일하는 팀 접근방식이 전문성과 책임성에 있어서 효과적이다. 이때 장애인 복지 실천과 관계된 윤리적 이슈가 중요하며 동료 간과 다학제 간 협력에서의 관계 기술은 매우 중요하다.

7 지역사회를 통한 사회통합

장애아동으로 하여금 이웃 사람이 장애아동을 잘 이해할 수 있게 장애아동에게 낙인감이 형성되지 않도록 적절한 라포가 형성되어야 한다. 이를 위하여 장애아동이 다양한 이웃과 접할 수 있는 기회를 늘려 가며, 자녀의 문제를 솔직하게 이웃과 공유하고 필요 시에는 도움을 요청할 수 있는 네트워크를 형성하는 것도 중요하다. 이웃에게는 자녀를 적절히 대하는 방법에 대하여 정보를 주어 자녀의 올바른 사회성 발달에 도움이 되도록 한다. 또는 간단한 일상생활을 할 수 있도록 물건의 구입이나 음식 배달, 외식, 도서관 이용, 은행 업무, 우체국 등의 공공기관 업무, 지하철과 같은 대중교통 이용 등의 기회를 확대하고 지역사회에서 이루어지는 다양한 사회적응 프로그램에도 적극적으로 참여시키는 것이 중요하다.

이러한 활동은 장애인과 더불어 사는 사회의 구축 및 장애아동에 대한 사회의 관심과 배려에 도움을 주며, 특히 장애아동 당사자가 낙인과 편견 및 고정관념에서 탈피하여 사회와의 접촉을 통해 사회성을 길러 나가는 것에 도움이 된다. 장애아동은 향후 자신의 직업을 찾고 부모로부터 독립하여 독자적인 삶을 살아갈 권리가 있다. 그러므로 사회적 지지망과 필요한 자원과의 연계는 매우 중요한 문제이다.

입양아동과 가정위탁보호 아동

제13장

입양아동에서는 입양의 의미와 특성, 목적, 유형, 구성 요소, 입양 요건, 입양절차, 입양특례법 연혁과 주요 내용, 입양 과제 등을 소개하며, 입양 과제로는 국민의식 개선 및 홍보와 그 밖에 입양에 관한 전문성 강화, 정부지원 강화, 사후관리 등으로 바람직한 그들의 인권 관리가 요망된다. 가정위탁보호 아동에서는 가정위탁 개념과 목적을 알아보고 법이 정한 기준에 적합한 가정에 보호대상아동을 일정 기간 위탁하는 것으로 그 법적 근거를 가질 수 있음을 밝히며, 전문 가정위탁과 일시 가정위탁의 차이와 위탁가정의 선정 기준, 가정위탁보호의 유형, 가정위탁 지원서비스에 대해 알아보고 가정위탁보호 사업의 과제를 다루어 보도록 한다.

1 입양아동

우리나라의 입양은 고려시대에 가부장제, 대가족제가 확립되어 동성 양자제도가 행해졌고, 조선시대부터는 가계의 계승과 조상의 제사를 위한 가본위양자제도가 확립되었다. 현대적 입양제도는 한국전쟁 중 발생한 고아와 혼혈아를 보호하기 위한 사회서비스로 시작되었다. 이 시기는 입양에 관한 법 규정이 없었기 때문에 위탁형식의 국내입양이 이루어졌다. 국외입양은 1954년 가톨릭 구제회, 홀트 양자회, 국제사회 봉사회 등 많은 입양기관이 설립되면서, 그러한 기관을 통하여 국외입양이 이루어졌다. 현재는 대한사회복지회, 홀트아동복지회, 동방아동복지회, 한국사회봉사회 등 여러 입양기관 등을 통해 국내 · 외 입양이 이루어진다(이한우, 2013). 그러나 국내에서 발생한 보호를 필요로 하는 아동을 우리가 보호하지 못하고 외국으로 내보내는 것은 국가 위신을 실추하며, 입양된 아동이 이질적인 문화와 관습의 외국 가정에서 적응하는 데 어려움이 있는 등 부정적인 면이 계속 지적되었다. 1996년부터 혼혈아동을 제외하고 국외입양을 전면 중단하고 국내입양만을 추진하는 정책이 수립되었다(이순형, 2012).

1) 입양의 의미와 특성

입양이란 대리보호의 한 형태로 법적 절차를 거쳐 친부모가 아닌 성인과 아동이 친자관계와 동일한 관계를 형성하는 것이다. 즉, 입양은 혈연관계가 아닌 사람과 사회적·법적 관계에 의해서 부모-자녀 관계를 형성하는 것이다. 친부모가 아동을 키울 능력이 없을 때나 양육하려고 하지 않을 때, 그 아동에게 대체가정을 제공해 주는 것이다(한성심 외, 2015). 이러한 입양은 입양 사업, 즉 생물학적 부모가 양육하기에 곤란한 아동에게 영구적으로 새로운 가정과 부모를 제공해 주는 과정으로, 출생 이후 사회적·법적 관계에 의해서 친자관계를 맺게 하는 것이다(Kadushin, 1980). 입양된 자녀는 생물학적 부모와의 사이에서 얻어지는 것과 동일한 모든 권리와 의무를 입양가정 속에서 갖게 된다.

입양의 특성은 다음과 같다(성영혜·김연진, 2001).

- 아동을 위한 비시설보호의 방법이다.
- 가족관계를 창출하며 아동을 위하여 항구적 가정을 제공한다.
- 양부모와 양자가 공동으로 인간적 욕구를 충족시키는 노력이다.
- 아동을 위해 보다 큰 안전과 더 나은 보호를 위하여 일정한 법적 절차에 따라 이루어진다.
- 양부모는 양자의 양육에 대하여 장기간 무제한적인 책임을 지게 된다.

대부분 선진국에서는 당국에 의한 입양허가제를 시행하고 아동 본인의 동의도 보장하고 있다. 영국의 경우 재판부만 결정할 수 있고 반드시 친부모의 동의가 있어야 하나,

만약 부모가 누구인지 모르거나 부모가 입양을 동의하지 않는 경우에는 입양기관이 허가 명령을 청구하여 입양허가가 결정되며, 이때 부모 동의는 필요하지 않게 된다. 프랑스 역시 아동을 입양하고자 하는 경우 당국의 승인을 받게 된다. 스웨덴의 입양도 법원을 통해 이루어지고 18세 미만의 아동은 부모 동의 없이 입양될 수 없으며, 12세 이상의 아동은 본인이 동의하면 입양이 가능하다. 동시에 입양된 아동의 모든 권리는 친자식과 동등하고 파양할 수 없게 되어 있다(김영지, 2004). 우리나라 입양의 특성은 입양 후 단순히 신고하게 되어 있으며, 15세 미만의 아동은 아동의 동의가 없어도 입양할 수 있고 양부모와 친부모 모두 비밀을 유지하기를 원하여 비밀입양의 경우가 대부분이다(이한우 외, 2013).

우리나라도 선진국처럼 입양에 대한 법적 보완으로 파양을 불허하고 입양아동의 인권보호 및 권리 보장을 신중하게 고려하며 동시에 가족문제를 바람직하게 해결해 나가야 할 것이다.

2) 입양의 목적

입양의 목적은 사회적 · 시대적 배경에 따라 변화하였다. 우리나라는 과거에 가계 계승을 위한 입양이 주로 이루어졌지만, 현대사회에서는 아동의 복지 증진을 위한 입양이 주로 이루어진다. 우리나라 「입양특례법」(제1조)에서 요보호아동의 입양(入養)에 관한 요건 및 절차 등에 대한 특례와 지원에 필요한 사항을 정함으로써 양자(養子)가 되는 아동의 권익과 복지를 증진하는 것을 목적으로 한다. 미국입양협회(2010)에서도 입양 사업의 가장 기본적인 목적은 아동의 이익을 최우선으로 한다. 즉, 친부모가 여러 가지 사정으로 자녀를 직접 양육하지 못할 경우 사랑이 넘치고 책임감이 있으며, 법적으로 영구적인 부모가 될 사람이 그 아동을 입양하여 양육하여야 한다. 입양아동에게 '영구적인 부모'라는 의미는 친부모와 같이 '심리적인 영속성(psychological permanency)'과 '가족지속성(family continuity)'을 제공해야 함을 강조한다(Barth, 1999).

카두신은 입양의 목적과 기능을 다음과 같이 명시한다(전남련 외, 2012).

- 아동에게 영구적인 가정과 가족관계를 갖게 한다.
- 불임 부모에게 부모가 될 수 있는 기회를 제공한다.
- 가문 계승의 수단이 된다.
- 유산을 물려 주는 수단이 된다.
- 자녀를 원하지 않거나 보호할 능력이 없는 부모를 위한 대체 수단이다.
- 자녀가 있는 사람이 아동을 더 양육하려는 욕구와 능력이 있을 때 이를 만족시키는 제도가 된다.

3) 입양의 유형

(1) 독립입양(independent adoption)

입양기관을 통하지 않고 친부모가 직접 입양가정을 선정하여 아동을 그 가정에 맡기고 부모로서 친권을 포기하는 것으로 양자제도를 말하며, 다음과 같은 경우이다(전남련 외, 2012).

- 아는 사람을 통한 혹은 의사나 변호사 등 제3자를 통한 입양으로, 회색시장(gray market)을 통한 입양이라고도 말한다.
- 아동을 매매하여 입양하는 경우로 아동의 요구와 상관없이 이익을 목적으로 한 불법적인 인신매매의 형태이며, 암시장(black market)을 통한 입양이라고 말한다.

이러한 독립입양은 친부모, 양부모, 그리고 사회에까지 위험이 초래될 수 있다. 즉, 불법거래로 아동권리상의 위험성이 높다.

(2) 기관입양

기관입양은 아동복지기관에서 전문가가 친부모로 하여금 친권을 포기하게 하고 기관이 모든 법적 대리인이 되어서 입양절차를 밟는 경우로 양쪽 부모 및 가정에 대한 조사를 통해 가정과 연결지어 주므로 입양 후 문제가 적다. 또한, 기관입양은 서류상의 절차가 약간 복잡하여 입양을 기다리는 시간이 소요되지만, 아동의 안전한 보호를 보장할 수 있는 가정 요건에 대해 신중히 검토될 수 있는 장점이 있다(배태순, 2000).

(3) 비밀입양

생물학적 부모가 누구인지 입양부모 또는 입양아에게 공개되지 않는 형태를 말한다. 비밀입양의 경우 아동을 입양하는 부모가 입양하는 아동과 타인에게 입양 사실을 숨기고 마치 입양아를 출산한 것처럼 가장하며, 입양의 비밀을 유지하기 위해 아무도 입양을 알아채지 못하는 지역으로 이사 가는 경우도 많다. 입양아의 애정과 충성심을 친부모에게 빼앗길지 모른다는 심리적 두려움을 감소시키려는 의도이다. 우리나라 국내 비밀입양 배경에는 한국의 문화적 요소인 혈연 의식에 기인하여 대부분 국내입양의 부모는 입양아에 대한 비밀유지가 쉬운 영유아 시기에 입양을 원한다(이한우 외, 2013).

(4) 공개입양

공개입양이란 입양 사실을 입양아동은 물론 입양아동 주위의 모든 사람에게 공개하는 것을 말한다. 공개의 범위는 친인척에게만 알리는 경우, 이웃과 교육기관에 모두 알리는 경우 등 가정마다, 사례마다 다양하게 나타난다. 그러나 친부모와 소식이 단절되었거나 양부모가 원하지 않으면 입양아동의 친부모와 연락을 하거나 만나지는 않는다. 공개입양은 최근 증가하는 추세이며, 중앙입양원과 입양기관이 양부모 또는 친가족 등에게 입양 관련 정보를 공개하는 제도이다(보건복지부, 2017).

(5) 친족 입양과 비친족 입양

친족 입양은 아동이 혈연관계의 친척이나 친지, 아버지나 어머니의 재혼으로 인해 가족관계를 이루는 사람에 의하여 입양되는 경우이다. 비친족 입양은 아동이 전혀 친족관계를 가지지 않는 사람에 의해 입양되는 경우를 말한다.

(6) 국내입양과 국외입양

국내입양은 아동이 태어난 나라에서 입양을 하는 형태를 말하며, 국외입양은 아동이 태어난 나라가 아닌 다른 나라로 입양되는 것이다. 2015년 입양 규모는 총 1,057명으로 국내입양(683명, 64.6%)이 국외입양(374명, 35.4%)보다 더 많이 이루어졌다. 이는 2014년의 국내입양 비율(54.4%)보다는 훨씬 높은 수치이지만 최근 3년(2012~2014년)의 평균 국내입양 비율(63.7%)보다는 약간 높은 수치이다(중앙입양원, 2016). 현재 국내입양비율은 55.0%, 국외 입양비율은 45.0%로 나타났다(중앙입양원, 2020).

<표 13-1> 국내·외 입양 현황

구분	계	2009년 이전	2010	2011	2012	2013	2014	2015	2016	2017	2018	2019
계	248,728	235,630	2,475	2,464	1,880	922	1,172	1,057	880	863	681	704
국내	80,864 (32.5%)	72,947 (31.0%)	1,462 (59.1%)	1,548 (62.8%)	1,125 (59.8%)	686 (74.4%)	637 (54.4%)	683 (64.6%)	546 (62.0%)	465 (53.9%)	378 (55.5%)	387 (55.0%)
국외	167,864 (67.5%)	162,683 (69.0%)	1,013 (40.9%)	916 (37.2%)	755 (40.2%)	236 (25.6%)	535 (45.6%)	374 (35.4%)	334 (38.0%)	398 (46.1%)	303 (44.5%)	317 (45.0%)

출처: 보건복지부 · 아동권리보장원(2020).

<표 13-2> 입양아동 법원 허가 현황

(단위: 명)

연도	계		국내		국외	
	신청	허가	신청	허가	신청	허가
2017	885	863	474 (53.6%)	465 (53.9%)	411 (46.4%)	398 (46.1%)
2018	687	681	375 (54.6%)	378 (55.5%)	312 (45.4%)	303 (44.5%)
2019	672	704	391 (58.2%)	387 (55.0%)	281 (41.8%)	317 (45.0%)

출처: 보건복지부 · 아동권리보장원(2020).

<표 13-3> 입양 국가별 국외입양 현황 (단위: 명)

년도	계	미국	스웨덴	캐나다	노르웨이	호주	룩셈부르크	덴마크	프랑스	이탈리아	영국	독일
2017	398	274 (68.8%)	25 (6.3%)	28 (7.0%)	20 (5.0%)	24 (6.0%)	5 (1.3%)	6 (1.5%)	5 (1.3%)	11 (2.8%)	–	–
2018	303	188 (62.0%)	28 (9.2%)	22 (7.3%)	19 (6.3%)	14 (4.6%)	5 (1.7%)	7 (2.3%)	7 (2.3%)	12 (4.0%)	–	1 (0.3%)
2019	317	232 (73.2%)	13 (4.1%)	23 (7.3%)	12 (3.8%)	10 (3.2%)	3 (0.9%)	3 (0.9%)	5 (1.6%)	15 (4.7%)	1 (0.3%)	–

출처: 보건복지부 · 아동권리보장원(2020).

4) 입양의 구성 요소

입양의 구성 요소는 입양아동, 입양부모로 구분될 수 있다.

(1) 입양아동

입양 시 입양아동에게 배려할 사항은 대상 아동이 입양에 적합한지에 대한 적절한 조사, 친부모와 이별하고 새로운 부모를 맞이하는 데 대한 마음의 준비 등, 여러 가지 측면이 고려되어야 한다. 아동은 친부모 밑에서 자라는 것이 가장 바람직하다. 그러나 이것이 여의치 않기 때문에 부득이하게 양부모 밑에서 양육되어야 한다는 관점에서 입양의 여러 과정이 진행되고 서비스가 주어져야 한다. 특히, 아동의 연령, 성별, 발달 특성, 가정적 배경 등이 고려되어야 할 것이다(전남련 외, 2012).

입양이 필요한 아동은 다음과 같이 구별할 수 있다(성영혜 · 김연진, 2001).

- 입양대상 아동의 가정이 건전한 가족으로 구성될 수 없는 경우로, 즉 미혼모 아동이나 미아 등의 경우
- 부모가 자녀를 돌볼 수 없는 경우로, 부모 사망이나 앞으로 돌볼 수 없는 경우
- 친부모가 판명되지 않거나 아동양육을 거절 또는 싫어하는 경우
- 부모가 자발적으로 아이에 대한 권리를 포기하는 경우

(2) 입양부모

혈통에 의하지 않고 법적 절차에 따라 부모가 된 자를 말한다. 즉, 생물학적 과정이 아닌 사회적 · 법적 과정을 통하여 부모가 되었으며, 새로운 가족 구성원을 얻고 새로운 가족관계가 창조되는 동시에 혈연으로 맺어진 부모-자녀 간에 갖는 동일한 권리와 의무가 주어진다. 현대적 의미의 입양제도가 가정이 필요한 입양대상 아동에게 건전하게 양육될 영구적인 가정을 제공해 주는 사회복지서비스인 것에 두지만, 자녀를 갖고 싶어 하는 양부모의 개인적 욕구를 충족시켜 주는 기능을 가진다(김주아 외, 2013).

(3) 친부모

'생물학적 부모(biological parents)' 혹은 '출산부모'로 불리기도 하고 관습적으로 '친부모'라고 불린다. 친부모는 출생에 의해 혈연적으로 맺어지는 친자관계로, 이는 부모가 자녀를 보호 · 양육하는 자연적 관계이며 부모는 출생한 아동에 대한 친권을 갖는다.

5) 입양 요건

법률상의 입양 요건은 다음과 같다(보건복지부, 2016).

(1) 양자가 될 자격

양자가 될 자격인 요보호아동으로서 다음과 같은 사람이다(입양특례법 제9조).

- 보호자로부터 이탈된 사람으로서 특별시장 · 광역시장 · 도지사 및 특별자치도지사 또는 시장 · 군수 · 구청장이 부양의무자를 확인할 수 없어 「국민기초생활 보장법」에 따른 보장시설에 보호의뢰한 사람이다.
- 부모(부모가 사망이나 그 밖의 사유로 동의할 수 없는 경우에는 다른 직계존속) 또는 후견인이 입양에 동의하여 보장시설 또는 「입양특례법」 제20조에 따른 입양기관에 보호의뢰한 사람이다.

- 법원에 의하여 친권상실의 선고를 받은 사람의 자녀로서 시 · 도지사 또는 시장 · 군수 · 구청장이 보장시설에 보호의뢰한 사람이다.
- 그 밖에 부양의무자를 알 수 없는 경우로 시 · 도지사 또는 시장 · 군수 · 구청장이 보장시설에 보호의뢰한 사람이라고 할 수 있다.

(2) 양친이 될 자격

양친이 될 사람은 다음의 요건을 갖춰야 한다(입양특례법 제10조).

- 양자를 부양하기에 충분한 재산이 있어야 한다.
- 양자에 대하여 종교의 자유를 인정하고 사회의 구성원으로서 그에 상응하는 양육과 교육을 할 수 있어야 한다.
- 양친이 될 사람이 아동학대 · 가정폭력 · 성폭력 · 마약 등의 범죄나 알코올 등 약물중독의 경력이 없어야 한다.
- 양친이 될 사람이 대한민국 국민이 아닌 경우 해당 국가의 법에 따라 양친이 될 수 있는 자격이 있어야 한다.
- 양친이 될 사람의 나이는 대한민국 국민으로서 25세 이상으로 양자가 될 사람과의 나이 차이가 60세 이내이어야 하고, 대한민국 국민이 아닌 경우는 25세 이상 45세 미만이어야 한다. 다만, 보건복지부장관이 양친이 될 사람의 가정환경이 양자(養子)를 건전하게 양육하기에 적합하다고 인정하는 경우에는 그러하지 아니한다(동법 시행규칙 제10조).
- 그 밖에 양자가 될 사람의 복지를 위하여 다음과 같이 보건복지부령으로 정하는 필요한 요건을 갖추어야 한다. 즉, 양친이 될 사람은 양자가 될 아동이 복리에 반하는 직업이나 그 밖에 인권침해의 우려가 있는 직업에 종사하지 아니하도록 하여야 한다. 그리고 양친이 되려는 사람은 입양의 성립 전에 입양기관 등으로부터 보건복지부령으로 정하는 소정의 교육을 마쳐야 한다.

(3) 입양기관 자격요건

입양기관의 자격요건은 다음과 같다(입양특례법 제20조).

- 입양기관을 운영하려는 자는 「사회복지사업법」에 따른 사회복지법인으로서 보건복지부장관의 허가를 받아야 한다. 다만, 국내입양만을 알선하려는 자는 시 · 도지사의 허가를 받아야 한다.
- 제1항에 따라 허가받은 사항 중 대통령령으로 정하는 중요한 사항을 변경하려고 하는 경우에는 신고하여야 한다.
- 외국인은 입양기관의 장이 될 수 없다.
- 입양기관의 장과 그 종사자는 입양아동의 인권을 보호하고 건전한 입양문화를 정착시키기 위하여 정기적으로 보건복지부령으로 정하는 보수교육을 받아야 한다.
- 입양기관의 장이 입양을 원하는 국가나 그 국가의 공인을 받은 입양기관과 입양업무에 관한 협약을 체결하였을 때는 보건복지부장관에게 보고하여야 한다. 이 경우 입양업무에 관한 협약에 포함되어야 할 사항은 대통령령으로 정한다.
- 입양기관의 시설 및 종사자의 기준과 허가 및 변경신고 등에 필요한 사항은 보건복지부령으로 정한다.

6) 입양의 절차

(1) 접수상담 및 신청

입양에 관심이 있는 예비 입양부모의 내방 · 전화 · 온라인 상담 등을 통해, 접수상담기록지를 작성하고 예비 입양부모에게 준비사항 관련 및 예비 양부모교육 참석 등을 안내한다. 즉, 입양 동기, 경제 여건, 가족 사항, 원하는 아동의 특성 등에 대한 최소 면접을 실시하고 입양 요건, 절차, 입양아동의 심리정서에 관한 교육을 실시한 후 양친가정조사신청서를 제출한다(한미현 외, 2015).

(2) 가정 조사 및 상담

방문 · 조사는 2회 이상 실시한다. 즉, 가정, 직장, 이웃 등을 방문하며 1회 이상은 사전통보 없이 방문하는데, 예비 양부모의 가정조사 협조는 의무이고 사전에 공지하여 피조사자 및 조사자 간 신뢰관계를 확인하도록 한다.

입양에 대한 태도와 동기, 양친될 자의 혼인생활 및 기타 가족 상황, 양친될 자의 현재 수입 및 재산 상태, 양친될 자의 인격 · 품성 및 종교관, 기타 입양부모로서의 자질과 자격을 검증하는 데 도움이 되는 사항 중심으로 진행한다. 부부상담, 개별 상담, 자녀가 있는 경우 자녀 상담, 동거가족이 있는 경우 동거가족 상담 등을 실시한다. 가정조사 및 상담 후 가정조사서를 작성하고 발급받게 된다. 법원에서는 추가로 가사조사관을 통해 가정조사를 하거나 양부모 면담을 진행할 수 있다. 동시에 조사기관은 양친이 될 사람의 범죄 경력을 확인하기 위한 범죄경력조회 신청서를 경찰서장에게 제출, 즉 범죄경력 확인을 요청받아야 한다.

(3) 예비 입양부모 교육

예비 입양부모 교육 내용 및 방법은 교육의 효과를 높이기 위해 30명 이내로 실시하는 것이 바람직하며, 입양신청자가 적은 입양기관은 인근의 다른 입양기관과 연합으로 예비 입양부모 교육을 실시할 수 있다. 예비 입양부모 교육은 8시간 이상 실시해야 하고, 교육수료 후에는 교육수료증을 발급할 수 있으며, 양친교육이수증명서의 발급으로 입양교육에 참석하였음을 증명한다. 양친이 될 사람에 대한 교육은 보건복지부령으로 정하는 다음과 같은 소정의 교육을 말한다(입양특례법 시행규칙 제5조).

- 입양과 파양의 요건 · 절차 및 효과
- 입양가정 지원에 관한 정보
- 자녀의 양육 방법
- 입양아동의 심리 및 정서에 관한 정보
- 입양 사후서비스에 관한 정보

- 그 밖에 보건복지부장관이 필요하다고 인정한 사항

위와 같은 교육 후 교육수료증을 통해 예비 입양부모 교육에 대한 강사, 교육시간, 교육방법, 교육내용 등을 확인할 수 있다. 예비 입양부모는 재입양을 희망할 경우 교육을 새로 받아야 한다. 입양기관은 양친교육이수증명서를 가정법원에 허가 신청 시 제출하도록 하며, 필요시 예비 입양부모 교육수료증도 제출하도록 한다. 가정법원에서 양친가정조사서의 자료가 불충분하다고 판단할 경우 추가 자료를 요청하거나 입양을 허가하지 않을 수 있다.

가정법원의 요청에 따라 양친가정조사서를 작성한 사회복지사의 자격증, 양친될 사람의 적격성 여부에 대한 의견(비공개)을 가정법원에 제시할 수 있다.

(4) 입양 성립 및 가정법원 허가

입양기관에 의해 입양대상 가정으로 결정되면 입양부모의 희망사항을 고려하여 입양대상 아동을 추천하고 아동을 선보이고, 입양대상 아동과 예비 입양부모는 결연될 수 있다.

그후 입양은 가정법원의 심판 확정으로 양친 및 양자는 가정법원의 허가서를 첨부하여 양자가 될 아동을 등록기준지 또는 주소지의 가정법원에 「가족관계의 등록 등에 관한 법률」에서 정하는 바에 따라 신고(동법 제15조, 동법 제23조) 후, 입양허가를 받고 가족관계 등록 창설 절차를 거치면 입양의 효력은 발생된다. 법원이 입양을 허가한 경우 입양기관 또는 부모는 입양될 아동을 양친이 될 사람에게 인도하고 동시에 보장시설의 장 또는 입양기관의 장은 입양아동과 그에 관한 기록 및 소유물품을 양친될 사람에게 인도하고, 소재지 관할 시장 · 군수 · 구청장에 아동의 인도 결과를 보고한다(동법 제31조, 동법 시행규칙 제22조). 장애아 입양의 경우 양육수당, 의료비, 그 밖에 필요한 양육보조금 등 지급받을 수 있다(동법 시행령 제7조). 국외입양의 경우 아동의 인도는 보건복지부령으로 정하는 특별한 사정이 없으면 대한민국에서 이루어져야 한다(동법 제31조).

(5) 사후관리

입양 성립 이후 입양기관은 1년 동안 양친과 양자의 상호 적응을 위하여 사후서비스를 제공하여야 한다. 즉, 양친과 양자의 상호 적응상태에 대한 관찰 및 이에 필요한 서비스, 입양가정에서의 아동양육에 필요한 정보 제공, 입양가정이 수시 상담할 수 있는 창구개설, 상담요원 배치 등이다. 국외입양의 경우 「입양특례법 시행령」 제5조(사후 서비스 제공)에 의해 다음과 같은 서비스를 받을 수 있다.

- 모국방문사업
- 모국어 연수 지원
- 모국에 관한 자료 제공
- 친생부모 찾기 사업과 법 제36조에 따른 입양정보 공개제도에 관한 홍보
- 국적 회복 지원
- 국외로 입양된 아동(성년이 된 경우를 포함한다)을 위한 상담
- 그 밖에 국외로 입양된 아동을 위하여 보건복지부장관이 필요하다고 인정하는 사후관리사업을 받을 수 있음

<표 13-4> 국내입양 절차도

입양절차		내용 및 구비 서류
1	입양신청 및 서류 접수	• 입양기관에 양친가정조사신청서(입양특례법 별지 제6호 서식) 제출 • 구비 서류 1. 양친가정조사신청서 2. 가족관계증명서 3. 혼인관계증명서 4. 주민등록등본
2	양친가정조사	• 가정조사 실시: 입양기관 사회복지사의 방문 · 조사 2회 이상 • 예비 입양부모 교육: 보건복지부령으로 정하는 소정의 교육 이수 (입양특례법 별지 제1호 양친교육이수증명서 발급) ※상황에 따라 순서 변동 가능
3	양친가정조사서 발급	• 양친가정조사서 작성(입양기관, 입양특례법 별지 제7호 서식) • 신청인에게 양친가정조사서 발급(입양기관)
4	결연	• 입양대상 아동과 이에 적합한 예비 입양부모 결연
5	가정법원에 입양서류 제출	• 가정법원에 입양 허가 신청 • 구비 서류 1. 입양허가신청서 2. 신청 관련 사항 목록 3. 기본증명서, 가족관계증명서, 주민등록등본(사건 본인) 4. 혼인관계증명서, 가족관계증명서, 주민등록등본(청구인) 5. 입양대상아동확인서 6. 양친될 사람의 범죄경력조회 회보 7. 양친가정조사서 8. 양친될 사람의 교육이수증명서 9. 입양동의서 신청
6	사후관리	• 입양 성립 이후 입양기관은 1년 동안 양친과 양자의 상호 적응을 위하여 사후서비스를 제공
7	입양신고	• 가정법원의 허가서를 첨부하여 「가족관계등록 등에 관한 법률」이 정하는 바에 따라 친양자 입양 신고(친양자입양신고서 작성)
8	입양 및 아동의 인도	• 가정법원의 입양 허가가 결정된 후 아동을 양부모에게 인도 • 인도 시 아동 관련 기록 및 물품 전달
9	입양의 허가	• 가정법원의 인용심판 확정으로 입양 허가

출처: 보건복지부(2016). 입양실무매뉴얼.

7) 입양특례법 연혁과 주요 내용

<표 13-5> 입양특례법 연혁과 주요 내용

연혁	주요 내용
1952년	• '후생시설운영요령' 수립
1961년	• 「보호시설에 있는 고아의 후견인 직무에 관한 법률」, 「고아입양특례법」 제정 – 외국인이 대한민국 국민인 고아를 양자로 함에 있어서 필요한 요건 등에 관하여 「민법」의 특례를 정함과 동시에 간이한 절차를 거칠 수 있도록 함
1976년	• 「입양특례법」(법률 제2977호) 제정 – 국내입양에 대해서도 적용하도록 법령 범위 확대 및 동의요건 강화 – 국내-외국 입양기관 간 협약체결 근거 마련
1995년	• 「입양촉진 및 절차에 관한 특례법」(전부 개정, 법률 제4913호) – 국내입양 활성화를 목적으로, 양부모의 자격조건 강화, 사전교육 및 사후관리, 장애아동 양육보조금 지급 시행
1999년	• 「입양촉진 및 절차에 관한 특례법」(일부 개정, 법률 제5670호) – 입양업무 절차 간소화, 불법입양 방지를 위한 처벌 강화
2000년	• 「입양촉진 및 절차에 관한 특례법」(일부 개정, 법률 제6151호)
2004년	• 「입양촉진 및 절차에 관한 특례법」(일부 개정, 법률 제7183호) – 입양아동에 대한 양육수당 · 수수료 · 기타 양육보조금 지급 근거 마련
2005년	• 「입양촉진 및 절차에 관한 특례법」(일부 개정, 법률 제7448호) – 아동이 가정에서 양육될 수 있도록 국가 및 지자체 지원 규정, 입양의 날 지정, 입양알선 비용 보조 근거 마련
2007년	• 「입양촉진 및 절차에 관한 특례법」(일부 개정, 법률 제8435호)
2011년	• 「입양촉진 및 절차에 관한 특례법」(전부 개정, 법률 제11007호) • 「입양특례법」으로 제명 변경
2015년	• 「입양특례법」(일부 개정, 법률 제13322호) – 국외입양 사후관리 의무화
2017년	• 법률 제 14890호, 벌금형 상향 조정(공정성 측면)
2019년	• 법률 제 16248호(타법 개정) – 입양기관 및 중앙입양원을 '입양기관'으로 명시 – 중앙입양원을 '아동권리보장원'으로 개정
2020년	• 법률 제 17788호, 일부 개정 – 입양기관 운영 허가 시 적합하면 변경신고를 수리함 – 광역시장을 광역시장 · 특별자치시장으로 개정 명시
2022년	• 법률 제 17784호 – 정보시스템을 아동통합시스템으로 구축

출처: 보건복지부(2020).

8) 입양사업의 과제

(1) 입양에 대한 국민인식 개선 및 홍보

기본적으로 입양정책은 부부 또는 가족 중심이 아닌 아동 중심의 철학이 반영된 국민의식을 선도하는 정책이 되어야 한다. 국내입양이 활성화되기 위해서는 혈연 중심적인 사고를 지양하고 입양아동에 대한 부정적인 태도나 편견을 갖지 않도록 교육하며 입양에 대한 긍정적인 이미지를 형성할 수 있도록 국가 차원에서 적극적인 홍보와 국민의식 개선을 위한 홍보 등이 필요하다(한성심 외, 2015). 입양에 대한 홍보는 TV, 신문, 인터넷, 전시회, 각종 행사, 영화 등을 이용한다면 자연스럽게 국민의식을 개선시킬 수 있을 것이다.

(2) 시설 종사자의 전문성 강화

시설 종사자의 이직을 방지하고 입양기관의 전문성 확보 및 담보를 위한 처우 개선은 물론 종사자의 의무 강화, 우수한 인력 확보, 지속적 교육 및 연수 강화, 감독 등의 전문성 강화가 요구된다.

(3) 정부 지원의 강화

입양가정 지원을 위해서 다양한 지원제도가 시행되고 있으나, 입양가정이나 입양기관을 위한 정부의 재정지원은 더 필요할 것이다. 즉, 국내입양의 활성화와 입양 서비스의 개선을 위한 정부의 입양기관 설치 및 운영에 관한 비용인 양육보조금, 의료 급여, 입양 휴가제, 연장아 입양, 공개입양 등에 대한 지원과 입양 관련 심리상담 및 서비스 제공, 입양부모 자조모임, 입양 후 사후 서비스 등에 대한 지원은 질적, 양적 지원 측면에서 지속적인 국가의 재정적 지원이 요구된다. 특히, 요보호아동의 적극적 입양 조치 방안과 더불어 요보호아동의 사후관리는 피해 사례가 있어도 어려움이 있는 만큼, 일반 입양아보다 더욱 적극적인 지도 · 감독과 재정적 지원 강화도 필요할 것이다. 기타 국내입양 활성화를 위한 지자체 및 민간단체의 지원 방안의 활성화, 입양가정의 확대 방안 등의 지원이 적극적으로 이루어져야 할 것이다.

(4) 국내입양 사후관리 방안

입양가정과 입양아동의 더 성공적인 안착을 위해 좀 더 적극적인 입양 후 서비스 체계가 마련되어야 한다. 「입양특례법」에 따라 현재 국내입양의 사후관리사업 정책으로는 입양가족 정서 · 심리 지원, 입양가족 지원, 행사지원 등이 있으며, 국외입양인 사후관리사업으로 모국 방문, 모국어 연수, 모국생활 지원, 행사지원, 방문, 방문입양인 일시거주시설 지원 등이 이루어진다. 그러나 국내입양 아동의 정체성 찾기 지원, 국외입양 아동의 정보관리나 뿌리찾기 등의 적극적인 지원이 요구된다(이성한 외, 2016). 입양되는 순간부터 사후관리가 더 중요한 만큼, 입양기관은 입양부모와 입양아동 사이에 친밀한 관계가 형성될 수 있도록 돕고 갑작스러운 생활의 변화로 발생하는 불가피한 문제를 도와주는 직 · 간접적인 지지기능이 활성화되어야 한다.

(5) 입양 관련 아동인권 보호

현재 아동보호체계는 원가정 분리 위주로 아동권익을 충분히 보호하기에 역부족이므로 원가족 보호를 위한 아동 중심의 법 개편이 필요하다. 즉, 입양아동 · 가족정보 및 친가족 찾기에 필요한 통합 데이터베이스를 운영하고, 입양아동의 데이터베이스 구축 및 연계, 국내 · 외 입양정책 및 서비스에 관한 조사 · 연구, 입양 관련 국제 협력업무 등 사업을 수행할 법적 근거를 마련하여 입양아동과 관련된 인권을 강화시켜야 한다. 아동이익 최우선 원칙을 규정한 '헤이그 국제아동입양 협약'은 아동의 '원가족 보호'를 강조하고, 입양이 필요한 경우에도 입양절차가 국가 책임하에 이루어지도록 하여 입양아동의 권익이 철저히 보호될 수 있도록 하고 있으며, 이러한 비준 동의안이 잘 지켜져야 할 것이다. 또한, 아동입양의 보호과정과 아동인권에서 사각지대가 발생하지 않도록 제도 개선을 짚어 볼 필요가 있다.

2 가정위탁보호 아동

1) 가정위탁의 개념과 목적

'가정위탁이란 보호대상아동의 보호를 위하여 성범죄, 가정폭력, 아동학대, 정신질환 등의 전력이 없으며 법이 정하는 기준에 적합한 가정에 보호대상아동을 일정 기간 위탁하는 것'이라고 규정한다. 즉, 부모의 이혼 및 별거, 학대, 유기 등으로 친부모가 아동을 양육할 수 없으며, 아동을 학대하는 등 그 보호자가 아동을 양육하기에 적당하지 않거나 양육 능력이 없는 경우의 아동으로 친가정 밖의 '가정'에서 아동을 일시적으로 보호, 양육하는 아동복지서비스로 만 18세 미만의 아동을 대상으로 한다(아동복지법 제3조).

가정위탁의 목적은 보호대상아동을 보호 · 양육하기를 희망하는 가정에 위탁양육하여 가정적인 분위기에서 건전한 사회인으로 성장할 수 있도록 지원하며, 보호대상아동 발생 시 가정보호를 우선하도록 하며, 특히 만 2세 미만 영아의 경우 가정보호를 우선 실시한다(중앙가정위탁지원센터, 2016). 즉, 부모로부터 격리된 아동이 부모에게 다시 돌아갈 때까지 가정적인 분위기에서 건강하게 성장하도록 보호하며 빠른 시일 내에 보호자에게로 돌아가거나 다른 가정에 입양되도록 돕는 데 있다. 친부모가 친권을 포기해야 하는 입양제도와 달리 일차적으로 아동이 친가정으로 복귀하고, 시설에서 성장하거나 방치되는 일 등이 발생하지 않도록 하는 데 목적이 있다(이성한 외, 2016).

2) 가정위탁의 법적 근거 및 현황

(1) 법적 근거 및 제도

유엔 아동권리협약에 따르면 아동과 부모의 분리를 최대한 방지하고, 일시적으로 분리된 경우 아동의 보호 방안으로 위탁양육을 명시한다.

우리나라 가정위탁보호는 유엔 아동권리협약 비준 후, 유엔 아동권리위원회의 2차 권고로 아동권리에 기반하여 보호가 필요한 아동의 선가정 보호, 후시설 보호 정책에 따라 2000년 시범사업으로 시작되었다. 설치에 대한 법적 근거 없이 2003년 시범운영되던 가정위탁지원센터는 16개 시 · 도에 17개소로 확대 · 설치되었으며, 2005년 「아동복지법」이 일부 개정되면서 가정위탁의 정의와 가정위탁지원센터의 설치 근거, 업무에 대한 법적 근거를 마련하고 적극적으로 가정위탁사업을 전개하였다.

2005년 개정된 「아동복지법」은 가정위탁의 보호를 필요로 하는 아동을 보호하기에 적합한 가정에 일정 기간 위탁하는 것이라고 정의하였으며, 가정위탁을 보다 강조하여 단순히 아동보호를 '위탁'하는 것에서 '가정위탁'하는 것으로 구체적으로 수정되었다. 또한, 가정위탁지원센터의 설치 등을 규정하는 조항을 신설하였다. 국가는 가정위탁사업을 활성화하고 지역 간 연계체계를 구축하기 위하여 중앙가정위탁지원센터를, 보건복지부장관 및 시 · 도지사는 가정위탁 지원을 목적으로 하는 비영리법인을 지정하여 중앙과 지역가정위탁지원센터의 운영을 위탁할 수 있다고 규정하여 가정위탁보호제도의 수행을 위한 전달체계 설치에 법적 근거를 마련하였다.

2006년에는 위탁가정에서 발생한 아동의 질병 및 안전사고 발생 시 책임 소재가 명확치 않아, 위탁가정의 경우 무제한의 책임을 질 수 없다는 점을 고려하여 아동의 상해에 대한 보험을 가입해 주는 상해보험료 지원제도를 통해 가정위탁보호의 활성화를 꾀하였다.

2007년도부터는 가정위탁보호사업에 대한 인식 개선을 위해 위탁사업의 안내 및 위탁부모 모집을 위한 홍보 활동을 전개하였으며, 그 일환으로 5월 22일을 '가정위탁의 날'을 선포하고 가정위탁의 의미를 되새기고자 하였다. 또한, 가정위탁 활성화를 위한 문제로 지적되는 인력 부족과 1개 센터가 담당하는 지리적 영역의 광범위함을 극복하기 위한 노력과 실천현장의 사례관리 지원을 위한 다양한 연구와 매뉴얼 개발 등으로 가정위탁보호사업의 질적 성장을 위한 시도가 이루어졌다.

질적 성장을 시도하는 과정에서 아동의 권리 실현과 안정적인 성장 기반 마련에 초점을 두고, 2009년에는 아동의 위탁가정 적응력을 높이고 행동문제의 완화를 위해 심리검사 및 심리치료 지원을 민간 후원으로 진행하였으며, 이후부터는 국고보조금을 각 시·도에 전달하였다.

2010년부터는 위탁 유형별 특성에 따라 접근방식을 달리하였으며, 2011년 대리양육 및 친인척 위탁가정 위험사 척도를 개발하여 위험군을 분리한 사례관리 방안을 마련하였다. 2012년 차별화된 서비스 제공을 위해 대리양육 및 친인척 가정위탁 사례관리 전문가 양성교육을 실시할 뿐만 아니라 예비 위탁부모 교육과 보수교육 매뉴얼을 재정비하고, 전문 위탁부모 양성을 위한 교육매뉴얼 개발을 통해 장애 등의 특수욕구를 지닌 위탁아동 양육을 지원하고자 하였다. 또한, 2012년 개정된 「아동복지법」에서는 위탁가정의 기준을 마련하여 보호대상아동을 일정 기간 위탁받아 보호하려는 가정은 위탁된 보호대상아동을 양육하기에 적합한 수준의 소득이 있어야 하고, 그 아동에 대하여 종교의 자유를 인정하고 건전한 사회 구성원으로 자랄 수 있도록 양육과 교육을 할 수 있어야 하며, 가정위탁보호를 하려는 사람은 25세 이상으로서 위탁된 보호대상아동과 나이 차이가 60세 미만이어야 하는 등 보호대상아동을 보호하기에 적합한 위탁가정을 선정하기 위한 기준을 정하였다. 위탁아동이 자립지원대상자에 포함되어 가정위탁보호 중이거나 위탁 종료 후 5년 이내에 아동에게 주거, 생활, 취업, 자립장학금 지원이 이루어지도록 의무화되었다(윤혜미·최은희, 2013).

2014년 가정위탁지원센터 설치기준의 일부를 완화(안 제47조, 안 별표8)하고자 가정위탁지원센터 설치기준 중 집단상담실 설치를 제외하였으며, 가정위탁센터 상담실에서 집단상담을 겸용할 수 있으므로 가정위탁센터 운영상의 애로사항을 해결해 주고자 하였다(보건복지부, 2015). 또한, 2014년에는 국가와 지방자치단체의 책무에서 아동의 보호자가 아동을 행복하고 안전하게 양육하기 위하여 필요한 교육을 지원하여야 한다고 규정하였으며, 보호조치에서는 보호대상아동을 발견하거나 보호자 의뢰를 받았을 때, 아동의 최상의 이익을 위하여 보호조치하여야 한다고 법규를 새로 규정하였다.

2015년에는 보호자 등의 책무에 아동의 보호자는 아동에게 신체적 고통이나 폭언 등의 정신적 고통을 가하여서는 아니되며, 아동의 권익과 안전을 존중하여야 하며, 아동을 건강하게 양육하여야 한다는 법규정을 두었다.

2016년 보호대상아동은 아동일시보호시설 입소 시 보호하거나 적합한 위탁가정 또는 적당하다고 인정되는 자에게 일시 위탁하여 보호하게 할 수 있으며, 보호조치 전 상담, 건강검진, 심리검사 및 가정환경 조사를 실시한다는 규정을 두었고, 가정위탁보호를 희망하는 사람에 대하여 범죄경력을 확인 및 범죄 조회를 요청하는 규정을 두며, 이러한 규정에 대한 가정위탁안내서 매뉴얼을 개발하였다.

(2) 가정위탁보호 현황 및 요보호아동 현황

가정위탁보호 아동 수는 2003년 7,565명에서 2009년 16,608명으로 2배 이상 증가하였다가 2010년부터 감소하였으며, 2014년을 기준으로 전체 위탁가정 아동은 11,043세대 14,340명이었고, 2015년 10,706세대 13,728명으로 역시 감소하였다. 가정위탁보호 아동의 수가 2005년 2,322명에서 2013년 2,265명으로 비슷한 수준을 유지하는데, 시설보호 아동의 수는 2005년 4,818명에서 2013년 3,257명으로 감소세를 보인다(보건복지부, 2014). 가정위탁아동의 비율을 살펴보면, 2006~2007년도에는 30%를 유지하다가 2008~2010년도에는 20%로 하락했으며, 2011년부터 현재까지는 35% 내외를 유지한다. 정부는 가정위탁 활성화를 통해 시설보호 위주에서 가정 중심의 보호정책으로 정책 변화를 추진해 나가는데, 실제로 가정보호(소년소녀가정, 입양, 가정위탁, 입양 전 위탁) 중에서 가정위탁으로 보호되는 아동이 가장 높은 비중을 차지한다(보건복지부, 2015).

국내에서 18세 미만의 요보호아동의 현황을 보면 보호대상아동은 1994년 5,023명에서 IMF 경제위기 이후 급격히 증가하여 1998년 9,292명, 2001년 10,586명까지 치솟다가 2013년 6,020명에 이른다(보건복지부, 2014). 이 시기 전체 아동 인구가 꾸준히 감소한다는 사실을 고려해 보면, 전체 아동 수 대비 보호대상아동의 상대적 비율은 점점 증가하고 있음을 보여 준다. 이어서 2014년 한 해에 4,994명이 발생했으며, 2015년 4,503명으로 9.8% 감소하였으며, 연도별로도 계속 감소하는 것을 알 수 있다.

2007년 사회적 보호가 필요한 아동의 발생 원인으로 91.6%가 부모 빈곤, 실직, 학대, 미혼모 아동, 기아, 미아 등 부모 요인이었고, 8.4%는 비행, 가출 등 아동 요인으로 나타났다(보건복지부, 2007). 요보호아동의 경우 남자 아동 수가 여자 아동 수보다 더 많았고, 사유로는 학대, 이혼, 미혼모 아동, 비행 · 가출 · 부랑 등의 순서로 사유가 나타났으며, 기타 사유는 귀가 및 연고자 인도 조치 등으로 나타났다. 요보호아동의 대부분은 부모에게 돌아가지 못하고 시설이나 위탁가정으로 보내지는 것으로 나타났다(보건복지부, 2016).

<표 13-6> 요보호대상아동 발생 현황

(단위: 명)

구분 시 · 도	보호대상아동 발생수	귀가및 연고자 인도	보호조치 아동의 발생원인											
			계	남	여	유기	미혼부모 · 혼외자	미아	비행 · 가출 · 부랑아	아동학대	부모빈곤 · 실직	부모사망	부모질병	부모이혼 등
합계	4,612	565	4,047	2,135	1,912	237	464	8	473	1,484	265	297	83	736
서울	859	94	765	433	332	124	254	0	140	91	42	26	8	80
부산	260	54	206	109	97	8	13	1	1	100	8	26	6	43
대구	209	36	173	75	98	4	11	2	42	57	18	9	3	27
인천	254	38	216	114	102	3	10	3	2	125	8	6	1	58
광주	184	6	178	97	81	9	39	1	2	72	11	11	7	26
대전	207	3	204	157	47	1	4	0	100	58	6	8	3	24
울산	85	16	69	33	36	3	3	0	0	37	4	10	1	11
세종	19	3	16	6	10	0	2	0	0	4	0	0	0	10
경기	888	113	775	357	418	40	31	0	75	333	61	83	16	136
강원	237	36	201	110	91	1	12	0	7	69	10	20	2	80
충북	137	12	125	76	49	7	14	0	1	60	8	11	2	22
충남	155	7	148	61	87	3	8	0	5	80	9	15	4	24
전북	372	62	310	170	140	14	7	0	87	120	26	7	9	40
전남	223	16	207	92	115	4	37	0	0	84	15	16	3	48
경북	225	21	204	110	94	6	3	0	2	91	20	23	11	48
경남	226	38	188	100	88	6	9	1	8	82	14	21	4	43
제주	72	10	62	35	27	4	7	0	1	21	5	5	3	16

출처: 보건복지부 · 아동권리보장원(2020).

<표 13-7> 2019 가정위탁보호 아동 현황

구분별	전년도말 위탁가정 유형				신규 위탁가정				종결 위탁가정			
	계	대리 양육 가정	친인척 위탁 가정	일반 위탁 가정	계	대리 양육 가정	친인척 위탁 가정	일반 위탁 가정	계	내리 양육 가정	친인척 위탁 가정	일빈 위탁 가정
세대수 (세대)	8,955	5,831	2,357	767	1,148	703	344	101	1,744	1,092	534	118
아동수 (명)	11,141	7,426	2,801	914	1,464	914	412	138	2,221	1,435	641	145

출처: 보건복지부(2020). 가정위탁 국내입양 소년소녀 가정현황.

<표 13-8> 요보호아동의 보호 조치 현황

(단위: 명)

구분 / 시·도	장애여부			보호조치 현황														
					시설입소							가정보호						
	계	비장애	장애	계	소계	남	여	양육시설 등	일시보호시설	장애아동시설	공동생활가정	소계	남	여	소년소녀가정	입양	가정위탁	입양전위탁
합계	4,047	3,905	142	4,047	2,739	1,447	1,292	1,707	401	6	625	1,308	688	620	5	104	1,003	196
서울	765	745	20	765	454	260	194	322	104	3	25	311	173	138	2	32	92	185
부산	206	196	10	206	138	78	60	93	8	0	37	68	31	37	0	4	61	3
대구	173	161	12	173	141	61	80	119	16	0	6	32	14	18	2	4	21	5
인천	216	214	2	216	167	91	76	52	109	0	6	49	23	26	1	14	34	0
광주	178	172	6	178	129	74	55	41	35	0	53	49	23	26	0	9	40	0
대전	204	200	4	204	170	137	33	144	0	0	26	34	20	14	0	0	34	0
울산	69	66	3	69	39	19	20	22	0	0	17	30	14	16	0	3	27	0
세종	16	15	1	16	7	2	5	6	0	0	1	9	4	5	0	0	9	0
경기	775	747	28	775	527	228	299	209	92	3	223	248	129	119	0	21	225	2
강원	201	194	7	201	88	41	47	33	31	0	24	113	69	44	0	0	113	0
충북	125	113	12	125	95	56	39	63	0	0	32	30	20	10	0	1	29	0
충남	148	143	5	148	94	33	61	63	0	0	31	54	28	26	0	3	51	0
전북	310	299	11	310	245	140	105	186	0	0	59	65	30	35	0	3	61	1
전남	207	196	11	207	163	70	93	133	4	0	26	44	22	22	0	0	44	0
경북	204	201	3	204	121	68	53	96	0	0	25	83	42	41	0	0	83	0
경남	188	184	4	188	120	65	55	93	2	0	25	68	35	33	0	4	64	0
제주	62	59	3	62	41	24	17	32	0	0	9	21	11	10	0	6	15	0

출처: 보건복지부 · 아동권리보장원(2020).

〈표 13-6〉의 요보호아동 발생 및 내용을 살펴보면 요보호아동은 총 4,612명이고 원인은 아동학대-부모이혼-비행 · 가출 · 부랑아-미혼부모 · 혼외자-부모사망-부모빈곤 · 실직-부모질병-미아 순이며, 조치내용은 〈표 13-8〉에서 시설보호(2,739명), 가정보호(1,308명)로 나타났다(아동권리보장원, 2020).

〈표 13-7〉의 가정위탁보호 아동 현황을 살펴보면, 대리양육 가정의 세대수 및 아동수가 가장 많은 것으로 나타났으며, 일반위탁가정의 세대수 및 아동수가 가장 적은 것으로 나타났다.

보호대상아동이란 보호자가 없거나 보호자로부터 이탈된 아동 또는 보호자가 아동을 학대하는 경우 등 그 보호자가 아동을 양육하기에 적당하지 않거나 양육할 능력이 없는 경우의 아동을 말한다. 즉, 부모에 의한 친가정 내 아동양육 및 보호가 불가능하게 되는 상황에서 아동의 복지를 위해 공적인 개입이 이루어지는 것이다(강현아 · 정익중, 2015).

우리나라는 보호대상아동을 대리 위탁가정이나 친인척 가정으로 보내는 경우가 일반 위탁가정보다 높게 나타났는데, 아동의 양육의 질을 고려한 일반 위탁가정으로 보내질 수 있도록 적극적인 추진이 필요할 것이다.

3) 전문 가정위탁과 일시 가정위탁 및 선정 기준

(1) 전문 가정위탁과 일시 가정위탁

가정위탁 관리는 크게 전문 가정위탁 관리와 일시 가정위탁 관리로 구분할 수 있다(중앙가정위탁지원센터, 2016).

① 전문 가정위탁 관리

- 운영: 가정위탁보호 신청 아동 중 '만 2세 이하 아동' 또는 '시 · 군 · 구청장이 전문적이고, 특별한 보살핌이 필요하다고 인정하는 경우'에 전문 가정위탁보호로 책정 가능하다.

- 전문 위탁부모의 자격: 일반 위탁부모의 선정 요건을 충족하고, 가정위탁지원센터의 전문 위탁 교육과정을 이수한 사람으로서, 다음의 자격 중 한 가지 이상을 갖춘 자가 전문 위탁부모의 자격을 가진다.
  - 가정 위탁부모 경험이 3년 이상인 자
  - 사회복지사
  - 보육교사
  - 교사
  - 의료인
  - 청소년상담사
  - 심리치료 경력이 3년 이상인 자
- 양육수당 지급: 매월 30만 원 이상 양육수당을 지급받을 수 있다.
  - 단, 아동의 연령이 만 2세를 초과하는 경우, 그 밖에 전문 가정위탁보호의 목적을 달성하여 보호조치의 변경이 필요하다고 인정하는 경우 종료

② 일시 가정위탁 관리

- 운영: 시 · 군 · 구청장은 「아동복지법」 제15조 제4항에 따라 보호대상아동에 대한 긴급보호조치로 일시 가정위탁 보호조치를 할 수 있다.
- 기간: 최대 15일, 필요한 경우 1회 연장 가능하다.
- 보호비용 지급: 일시 가정위탁보호 결정일로부터 예산 범위 내에 보호 일수를 산정하여 위탁부모에게 지급할 수 있다. 일시 가정위탁 후 후속조치로 가정위탁보호를 우선 고려할 수 있도록 가정위탁지원센터 담당자와의 긴밀한 협조체계를 유지한다.

(2) 위탁가정 선정기준

위탁가정 선정기준(아동복지법 시행규칙 제2조)과 위탁가정 교육(동법 시행규칙 제2조)에 관련한 내용은 다음과 같다.

<표 13-9> 위탁가정 선정기준과 교육

구 분	내 용
위탁가정 선정기준 (아동복지법 시행규칙 제2조)	• 위탁아동을 양육하기에 적합한 수준의 소득이 있을 것 • 위탁아동에 대해 종교의 자유를 인정하고 건전한 사회 구성원으로 자랄 수 있도록 양육과 교육을 할 수 있을 것 • 만 25세 이상(부부의 경우 부부 모두 해당)으로 위탁아동과의 나이 차이가 60세 미만일 것 • 자녀가 없거나 자녀(18세 이상 제외)의 수가 위탁아동을 포함하여 4명 이내일 것 • 위탁가정을 희망하는 가정에 성범죄, 가정폭력, 아동학대, 정신질환 등의 전력이 있는 가족 구성원이 없을 것
위탁가정 교육 (아동복지법 시행규칙 제2조 제6호)	• 가정위탁을 희망하는 사람(위탁부모 중 1명 이상)은 반드시 기본 4시간의 위탁부모 양성교육을 이수해야 함. 다만 대리양육, 친인척 위탁가정의 경우에는 가정위탁 후 6개월 이내 교육 이수 • 가정위탁을 하는 일반, 대리양육, 친인척 위탁부모는 매년 4시간 이상의 보수교육을 받아야 함 • 대리양육, 친인척 위탁가정의 경우 교육 이수 대상자가 노령, 질병 등 불가피한 경우에는 지역가정위탁지원센터 상담원이 직접 가정을 방문하여 교육을 실시할 수 있음

출처: 중앙가정위탁지원센터(2016).

4) 가정위탁보호의 유형

(1) 대리양육과 친인척 가정위탁

부모를 제외한 조부모가 위탁아동을 양육하는 경우로 생활능력이 없는 조부모의 경우에는 아동의 보호를 위하여 대리양육가정으로 선정하고 아동양육을 위한 양육비를 받는 위탁보호 형태의 하나이다. 친인척 가정위탁은 조부모를 제외한 친인척이 위탁아동을 양육하는 경우로 친인척 중 아동을 양육할 수 있는 가정을 선정하여 위탁보호하는 형태이다(이성한 외, 2016).

대리양육이나 친인척 위탁보호는 담당 공무원과 가정위탁지원센터가 협력하여 사례관리를 실시하며, 보호아동이 자립업무 담당자와 자주 접촉하여 자립계획을 세울 수 있도록 해야 한다.

(2) 일반 가정위탁보호

가정위탁지원센터에서 가정위탁보호 의뢰된 아동에 적합한 위탁가정을 선정하여 위탁가정 적합성에 대해 확인한다. 즉, 위탁가정에서 동거 중인 만 18세 이상 구성원의 범죄경력을 조회 · 확인하며, 아동조사서 작성 시 아동의 혈연관계(조부모 및 친인척 범위까지)를 조사하여 대리양육, 친인척 위탁 책정 가능성을 심사한 후, 혈연관계 조사 후 일반위탁으로 의뢰 · 인정한다(중앙가정위탁지원센터, 2016).

<표 13-10> 일반가정위탁 절차

신청	아동 및 위탁가정 환경조사	가정위탁보호 결정 · 통보	사례관리	가정위탁보호 종결
신청(아동)	조사상담 서식 작성 및 제출 (읍 · 면 · 동) / 위탁부모 의뢰 (시 · 군 · 구)	위탁보호 희망자 (시 · 군 · 구)	아동카드관리 상담 및 관리업무 지원, 공무원 · 종사자가 위탁부모 교육 (읍 · 면 · 동, 시 · 군 · 구, 가정위탁지원센터)	종결 또는 연장 통보 종결 및 사후관리 (시 · 군 · 구, 가정위탁지원센터)
위탁보호 희망자	위탁부모 선정 서식 작성 및 제출 (가정위탁지원센터)			

출처: 중앙가정위탁지원센터(2016). 2016년 입양실무매뉴얼.

5) 가정위탁 지원 서비스

가정위탁 지원 서비스 중에서 양육비 부담에 따라 유료 양육 서비스와 무료 양육 서비스가 있다. 본 장에서는 아동의 심리사회적 적응을 돕고 친가정 기능 강화를 유도하기 위한 위탁아동대상 서비스, 위탁부모 서비스, 친부모대상 서비스에 관하여 살펴보도록 한다(윤혜미 외, 2013).

(1) 위탁아동대상 서비스

아동방문은 위탁가정 배치 전·후 수시로 이루어지며, 위탁보호 초기인 3~6개월 내에는 매월 위탁가정을 방문하고, 이후 분기별 1회 이상 방문하여 아동이 부모와의 분리로 인한 상실감을 극복하도록 도우며 위탁가정의 적응 상태를 파악한다. 상담은 개인 및 집단상담으로 이루어지며, 아동의 발달 연령 및 특성에 따라 놀이치료, 미술치료 등을 진행하고 심리·정서적 문제를 보이는 아동에 대해서는 치료를 위해 서비스 연계를 실시한다. 만 18세에 위탁보호가 종료되므로 위탁아동이 위탁가정을 떠나기 전 위탁보호 기간 중 일상생활, 사회성, 경제적 능력, 자기보호, 취업 등 생활적응 능력을 향상시켜 대처할 수 있도록 자립 준비 프로그램을 제공한다. 연령별 자립 준비 프로그램을 적극적으로 활용하여 아동이 어렸을 때부터 자립을 준비할 수 있도록 도와야 하며 아동의 지적 성숙도 및 연령에 따라 차별화된 프로그램이 필요하다.

(2) 위탁부모 서비스

위탁부모의 사전교육과 보수교육이 있다. 위탁을 원하는 예비 위탁가정에 대해서 기본적인 위탁양육을 위한 사전교육과 위탁보호를 하는 가정에 대해서 보수교육을 실시한다. 위탁부모 교육내용은 위탁가정의 물리적 환경 점검, 학대와 방임의 위험, 위탁부모의 양육 유형, 위탁아동과의 의사소통, 효과적인 훈육 등이 있다. 가정위탁지원센터의 상담원은 위탁보호 초기 3~6개월 내 매월 위탁가정을 방문하고, 이후 분기별 1회 사후 방문 또는 전화 연결하여 아동의 적응 상태, 양육 실태와 애로사항을 파악하고 적절한 서비스를 제공하거나 연계한다. 또한, 양육상의 경험을 공유하고 정서적 지지를 제공하고자 자조모임을 운영하며 위탁양육에 필요한 정보를 교환한다. 경험 있는 위탁부모가 예비 위탁부모나 새롭게 시작한 위탁부모에게 멘토링을 하도록 연계한다.

(3) 친부모대상 서비스

친부모는 아동양육의 권리와 책임이 있다. 위탁보호가 단기적인 서비스임을 인지하고 친부모가 아동과 재결합할 권리와 의무가 있다. 친부모가 아동에 대한 지원을 어떻게 기여할 것인지, 아동과의 관계 강화를 위해 어떤 노력을 할 것인지에 대한 현실적인 계획을 세우도록 기관은 도움을 제공한다. 또한, 위탁가정 배치 초기부터 친부모와 아동 간 지속적인 접촉이 이루어질 수 있도록 친부모에게 규칙적인 아동방문의 중요성을 전달하며, 센터와의 상담 및 교육에 참여하고 자립을 위한 일정한 노력을 하도록 격려한다. 친부모 상담을 통해 친부모의 인생 경험, 아동과의 관계에서 친부모가 갖는 양가감정, 아동을 위탁하는 데 있어 친부모가 겪는 상실감 해소 및 심리적 안정을 위한 상담을 하며, 친부모가 아동양육의 파트너로서 참여할 수 있도록 아동에 대한 지속적인 정보를 공유하고 중요한 결정 시 참여할 수 있도록 한다. 또한, 친부모가 자립할 수 있도록 자립 의지나 준비 정도를 파악하고 필요한 경우 가정방문이나 내방을 하여 취업, 건강, 양육, 주거 관련 지원을 연계한다.

<표 13-11> 가정위탁 지원 서비스(통합 업무 매뉴얼)

구분	직접적 서비스	간접적 서비스
위탁아동	• 아동상담 • 아동자립준비 프로그램 (집단 프로그램 실시) • 친부모와의 관계 유지 (가정에 대한 정보 제공과 만남 주선) • 가정복귀 프로그램 • 결연 후원 위탁가정 지원	• 심리치료 지원 연계 (심리검사, 건강검진과 치료) • 결연 후원 서비스 연계 • 상해보험료 지원 연계 • 디딤씨앗통장(CDA) 지원 연계
위탁부모	• 위탁부모 교육 • 위탁부모 보수교육 • 위탁가정 및 상담 • 자조모임 구성 및 운영 • 긴급지원	• 양육보조금 연계 • 지역사회 자원 활용 및 연계 • 전문 위탁가정 양성
친부모	• 가족 재결합을 위한 직접 서비스 (가족복귀 프로그램) • 친부모 개별상담 및 교육 • 아동발달과 양육에 대한 교육 • 가족치료, 아동과 정기적 만남	• 가족 재결합을 위한 간접 서비스 • 자립 지원 서비스의 의뢰 및 연계 (직업훈련 및 알코올중독 치료 서비스 연계)

출처: 중앙가정위탁지원센터(2016).

2017년 현재 보건복지부, 산림청, 현대차 정몽구재단은 보호대상아동「아동복지법」에 따라 아동양육시설, 공동생활가정, 위탁가정(조손가정, 친인척, 대리양육 등)에서 보호 중인 아동(2015년 기준 약 3만 명)의 자립 역량을 강화하고, 안정적 사회 정착을 지원하기 위하여 아동복지시설 퇴소아동 등을 대상으로 향후 3년간 아동 자립을 위해 필요한 지원을 실시한다. 이를 위해 올해부터 '나의 꿈을 찾는 숲속 힐링 교실 사업'과 '나의 꿈을 실현하는 자립역량 강화 사업'을 실시할 예정이다. '숲속 힐링 교실 사업'은 시설 등에서 보호받는 아동이 '국립 횡성 숲체원(강원도 횡성군 소재)'에서 2박 3일 동안 정서 치유 및 역량 강화, 자립 교육 등을 받을 수 있도록 지원하는 사업이다(보건복지부, 2017). 2017년 현재 가정위탁아동 서비스를 위한 중앙위탁가정지원센터 1개 기관을 중심으로 전국 시 · 도 · 구에 17개 지역위탁가정지원센터를 포함한 전국 총 18개센터를 운영한다(중앙위탁가정지원센터, 2016).

6) 가정위탁보호 사업의 과제

(1) 위탁가정 아동의 전문적인 서비스 부재

2009년 자료에 의하면 우리나라 가정위탁지원센터의 상담원 1인당 237명의 아동을 담당하며, 이는 영국 50~60명, 네덜란드 25명, 미국(메릴란드주) 20명, 호주 10명 등보다 상담대상 인원이 상당히 많은 편이다(헬스코리아, 2010). 부족한 인력으로 전문적 상담의 한계, 즉 이러한 문제는 가정위탁지원센터의 기능, 위탁가정의 확보 및 훈련, 관리 등의 문제를 가질 수 있다. 동시에 전문성 확보 및 제고를 위한 방법 모색도 필요할 것이다.

(2) 친가정 외 보호아동의 친권 및 후견 직무 개선과 아동권리

가정위탁보호사업의 가장 큰 효과는 친부모에게 복귀하는 것이다. 하지만 친부모가 고의로 연락을 끊거나 무책임하게 양육을 회피하는 경우도 종종 있다.

가정위탁보호는 아동의 단기 대리보호를 통해 위탁양육 기간에 친부모가 안정을 되찾도록 하여 아동을 다시 친부모에게 복귀시켜 가정의 해체를 방지하고 아동의 친가정을 보호한다는 측면에서 더욱 권장된다. 친가정 복귀는 가정위탁에서 가장 중요한 목표이며, 다른 모든 형태의 가정 외 보호의 가장 중요한 목표이다. 하지만 친부모는 양날의 검으로 보인다. 친부모는 아동에게 가장 이익이 되며 가장 중요한 역할을 하고 가능하면 친가정으로 돌려보내야 하지만, 어떤 아동에게는 친부모가 가장 해가 되기도 한다. 모든 보호대상아동이 친가정으로 복귀할 수 있는 것도 아니고, 성급하게 추진된 친가정 복귀는 아동의 생명을 위협하거나 극단적으로 사망에 이르게 할 수도 있으며, 다시 친가정 외 보호로 재진입하게 되는 부정적인 결과를 초래하기도 한다(정익중, 2009). 친권이 극단적으로 부정적으로 활용될 수 있으며 아동과 친부모가 분리된 동안 대리보호 양육자가 적절한 권리를 행사할 수 있어야 하는데, 친권의 남용이나 부적절한 행사 때문에 양육 과정상의 많은 문제를 낳고 있다. 가정위탁으로 인한 양육 관계는「민법」의 친권과 아동의 복리가 직접적으로 관련이 되어 가정위탁부모 혹은 후견인의 법적 지위에 대한 보장을 검토하는 것은 보호대상아동의 보호 측면에서도 중요하다(김민지, 2010).

이처럼 가정위탁 부모나 대리양육자의 법적 권리 보장의 중요성이 강조되고 있으나, 여전히 보호대상아동의 친권문제로 그 권리가 보장되지 않으므로 친가정 외 보호 아동의 생활과 적응에 어려움이 많다. 향후 가정위탁부모나 대리양육자의 법적 권리 보장이 친권으로 인해 발생할 수 있는 보호대상아동의 피해를 줄이고, 보호대상아동의 일상생활에 불편함을 해소하고, 보호대상아동이 궁극적으로 친가정으로 복귀할 수 있도록 친부모의 의무 이행과 협력을 촉구하기 위한 정책적 방안을 마련하는 것이 필요하다. 그러나 가정위탁은 보호를 필요로 하는 아동이 우선적으로 누릴 수 있는 당연한 권리이며, 아동권리협약의 '아동최선의 이익원칙'이 반영된 것, 즉 아동이 친부모 아래에서 양육되는 것을 포함하며, 친부모로부터 분리되어야 할 상황에도 국가가 아동을 위해 가장 최선의 양육방법에 대하여 모색할 의무를 가져야 할 것이다(강현아 · 정익중, 2015).

(3) 단기 위탁 가정 등 다양한 형태의 가정위탁 지원

아동이 위탁보호를 받게 되는 경우는 다양하다. 가정위탁이 다른 시설보다 아동보호를 위해 더 적합한 서비스를 제공받으려면 보호가 필요한 아동의 욕구가 다양하다. 긴급보호가 필요한 아동을 위한 단기위탁보호를 위해 행정적인 절차를 간소화하고 예산 지원방안에 대한 수정이 필요하다. 응급위탁가정, 치료위탁가정, 특수위탁가정, 단기일일보호 또는 휴식위탁보호 등 더 다양한 형태의 위탁가정을 확보하는 것이 필요하다(허남순, 2000).

(4) 지역사회 관련 기관과 협력체계 강화

가정위탁지원 서비스는 아동의 성장 · 발달 지원을 위해 일차적으로는 친가족과의 관계를 유지하면서 가족지원 서비스 기능을 할 수 있어야 한다. 그러므로 가정위탁지원센터는 아동의 조속한 복귀를 돕는 친부모 서비스 지원을 위해 다양한 관련 기관과의 연계, 즉 어린이집, 방과 후 교실, 아동치료센터, 지역아동센터, 보건소 등 아동보호와 관련된 기관과 친밀한 관계를 맺고 지원한다.

가정위탁보호제도는 위탁아동의 지정 권한을 지방자치단체의 사회복지 전담공무원이 맡으며, 가정위탁지원센터와 사회복지 공무원과의 협력은 무엇보다 필수이다. 따라서 가정위탁 업무 절차 수행에 있어서 양자 간 관계는 물론, 관련 지역사회 기관 등과도 긴밀한 의사소통을 하여 협력을 강화하고 데이터베이스 구축으로 활발한 정보 교환이 이루어져야 할 것이다.

그 밖에 아동보호 및 권리협약에 부응하는 제도적 · 법적 보완, 친가족 복귀를 위한 지원 강화, 가정위탁보호 및 아동을 위한 의료 · 교육 · 심리치료 등 서비스 확대, 친인척 위탁가정 확대 및 감독 강화, 장애아동 위탁 지원 확대 등이 요구된다.

제3부

아동권리와 복지의 과제 및 전망

아동과 건강가정지원 정책

제14장

우리나라는 양육의 중요성에 대하여 정책적으로 여성의 일·가정 양립을 지원하고 있으며, 한편으로는 사회적 돌봄이라는 국가적 책임을 다하기 위하여 여성가족부, 보건복지부를 비롯한 건강가정지원센터의 운영 등을 통하여 다양한 가정의 아동이 건강하게 자라날 수 있도록 제도적인 지원을 하고 있다. 또한, 남성도 가정친화정책을 통하여 아버지로서 건강한 가정 구현에 함께 참여함으로써 아동이 건강한 양육환경에서 성장할 수 있도록 권고하고 있다. 이번 장에서는 아동의 건강한 성장을 위한 국가의 정책에는 어떤 것들이 있는지 살펴봄으로써 생애주기적 차원에서 건강한 아동의 성장을 돕는 국가적 제도에 대하여 생각해 보기로 하겠다.

1 건강가족의 개념

가정의 건강은 사회의 건강과 밀접한 관련이 있다. 한 가정이 건강하게 기능할 때 사회가 건강할 확률이 높아진다. 모든 인간은 건강하게 성장할 권리를 갖으며 이는 사회와 무관하지 않다. 건강하게 성장할 권리가 있다. 세계 인권선언(Universal Declaration of Human Rights, 1948)의 제1조에 "모든 인간은 태어날 때부터 자유롭고 존엄성과 권리에 있어서 평등하다."라고 정의내리고 있는 바와 같이, 우리나라 「헌법」 제35조에서는 "인권으로 모든 국민이 건강하고 쾌적한 환경에서 생활할 권리가 있으며, 국가는 국민들이 권리를 누릴 수 있도록 보호할 의무가 있다."라고 하고 있다. 또한, 「헌법」 제10조는 "모든 국민은 인간으로 존엄과 가치를 지니며 행복을 추구할 권리를 가지고 국가는 개인이 가지는 불가침의 기본적 인권을 확인하고 이를 보장할 의무를 지닌다."라고 명시하고 있다. 이러한 인권의 개념은 인간이 천부적인 인권을 가지고 있으며, 인간의 존엄과 가치를 토대로 행복하게 살 권리를 가지고 있음을 뜻한다.

2 가족친화사업

가족친화사업으로 '가족친화 인증제'란, 가족친화제도를 모범적으로 운영하고 있는 기업, 공공기관에 대하여 심사를 통해 인증을 부여하는 제도로 법적 근거는 「가족친화 사회환경의 조성 촉진에 관한 법률」 제15조(2007. 12. 14. 제정) 이며, 자녀 출산 및 양육 지원, 유연근무제도, 가족친화직장문화의 조성 등을 목적으로 하고 있다.

인증주체는 여성가족부장관이며, 인증대상은 기업,공공기관, 중앙행정기관, 지방자치단체, 대학 등이 있다. 이에 대한 가족친화인증의 추진체계는 다음과 같다.

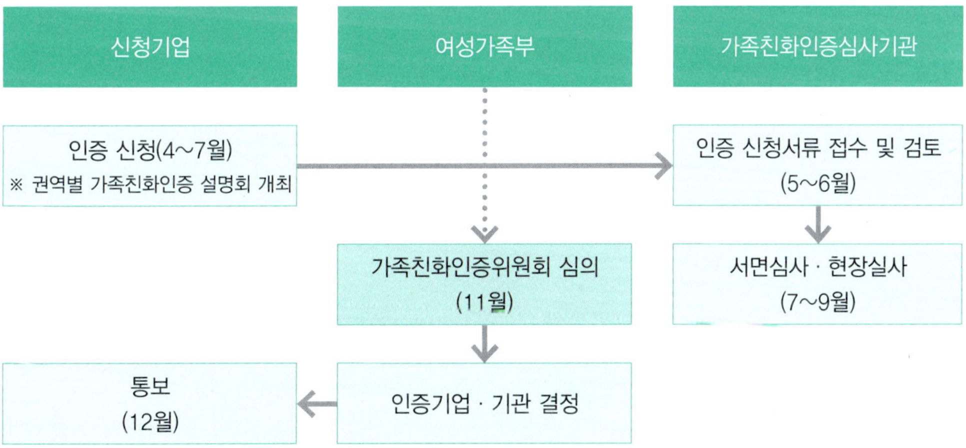

[그림 14-1] 가족친화인증 추진체계

출처: 여성가족부(2020).

신청기업의 인증신청은 5~6월로 매년 초 권역별 가족친화인증 설명회를 개최한다. 그리고 가족친화인증심사기관을 통하여 인증 신청서류 접수 및 검토(5~6월)를 실시하며, 서면심사와 현장실사(7~9월)를 통하여 여성가족부가 가족친화인증위원회 심의(10월)를 거쳐서 인증기업 및 기관을 결정하고 신청기업에 통보(11월)하게 된다.

인증의 기준은 최고경영층의 리더십, 가족친화실행제도, 가족친화경영 만족도 등을 평가하여 70점 이상(중소기업은 60점 이상)을 획득한 경우 인증을 부여하게 된다. 점수의 배점기준은 최고경영층의 리더십으로 최고경영층의 관심 및 의지(20점), 가족친화 실행제도(60점)로 자녀출산 및 양육지원, 유연근무제, 정시퇴근제 등이 점수에 반영되며, 그 밖에도 가족친화경영 만족도(20점)의 점수로 가족친화 실행제도에 대한 근로자의 만족도가 참조된다. 이러한 가족친화기업 등의 인증기준은 여성가족부 고시 제 2015-18호에 명시되어 있다.

인증의 효력(3년, 2년 연장 가능)으로 인증마크를 상품 광고와 홍보 등에 활용하여 기업 이미지를 제고하고 인증을 통한 가족친화경영 도입 촉진으로 근로자와 가족 구성원의 삶의 질 향상, 이직률 감소 등을 통하여 기업의 경쟁력 강화에 기여하게 된다.[1)]

1) 기업 및 공공기관에 대한 적용은 「가족친화 사회환경의 조성촉진에 관한 법률 시행규칙」 제7조와 관련하여 기본적으로 서로를 배려하며 사랑을 품고 있는 사람들이 정겹게 어울리는 모습을 형상화한 것으로, 그러한 배려와 사랑으로 서로 조화를 이룰 때, 비로소 하나의 완성된 꽃 '가족친화경영'을 피울 수 있다는 의미이며, 밝은 다홍색은 가족의 사랑을 상징하고 노란색은 기업의 배려와 열정, 초록색은 사회적 관심과 안정된 제도를 상징한다. 가족친화 인증기업에 대한 인센티브 지원으로 정부사업 참여 시 가점 · 우선권을 부여한다. 은행 금리우대 등(32개 기관, 104개 인센티브, '15년 12월 기준) 가족친화 우수기업 정부포상('11년~), 가족친화경영 대상('12년~) 등의 권장이 있다.

기 업	공공기관
Best Family Friendly Management · 가족친화 우수기업 ·	Best Family Friendly Management · 가족친화 우수기관 ·

(가족친화 사회환경의 조성촉진에 관한 법률 시행규칙 제7조 관련)

기본적으로 서로를 배려하며 사랑을 품고 있는 사람들이 정겹게 어울리는 모습을 형상화 한 것으로서, 그러한 배려와 사랑으로 서로 조화를 이룰 때, 비로소 하나의 완성된 꽃 '가족친화경영' 을 피울 수 있다는 의미

- 밝은 다홍색은 가족의 사랑,
- 노란색은 기업의 배려와 열정,
- 초록색은 사회적 관심과 안정된 제도 상징

[그림 14-2] 가족친화인증의 표시

출처: 여성가족부(2020).

1) 가족사랑의 날

'가족 사랑의 날'인 매주 수요일은 가족과 함께하자는 날로, 바쁜 주중에 수요일 하루라도 가족과 함께 시간을 보내는 작은 실천이 가족 사랑의 첫걸음이 된다는 의미에서 시작되었다.

여성가족부는 기존의 **'매월 셋째 주 수요일을 Family day'** 로 지정 · 운영하던 캠페인을 ' 2010년부터 한글이름 공모전을 통해 대상을 수상한 명칭 **'가족사랑의 날'** 로 변경, 매주 수요일로 확산 전개 추진중

수요일은 가족사랑의 날

출처: 여성가족부(2020).

권장 사항으로 직장에서는 '알찬 일과, 정시퇴근 일터 만들기'를 위하여 매주 수요일에 정시퇴근하여 가족과 함께하고 '가족사랑 약속을 실천'하여 가족 사랑을 키우고, 가족의 사랑이 이웃까지 확산되도록 하고 있다. 이에 대한 가족 사랑의 날 캠페인 내용은 다음과 같다.

- **가족의 실천 사항: '나부터 시작하는' 우리가족 실천약속**

  하나. 대화, 놀이 등 매일 30분 이상 가족과 함께 시간을 갖는다.

  하나. 매주 2회 이상 가족과 저녁 식사를 함께 한다.

  하나. 매월 1일 이상 가족과 함께 데이트한다.

  하나. 매년 4회 이상 가족과 함께 지역사회에 봉사활동을 한다.

- **일터의 실천 사항: '알찬 일과, 정시퇴근 일터 만들기' 실천 약속**

  하나. 알찬 일과로 정시퇴근을 실천한다.

  하나. 매주 수요일에는 '가족 사랑의 날'로 하여 정시퇴근 후 가족과 함께하는 직장분위기를 조성한다.

  하나. 직장탐방, 가족친화 교육 등 가족까지 배려하는 활동을 마련한다.

  하나. 사회공헌활동을 실시하여 나눔 문화를 확산한다.

2) 가족폭력방지

가정폭력의 방지를 위하여 여성 긴급전화 1366을 운영하고 있으며, 이를 통하여 가정폭력 피해자의 보호와 지원 사무에 대한 정책정보를 제공하고 있다. 이를 통하여 긴급피난처의 제공, 의료복지 서비스, 긴급피난처, 법률구조서비스, 피해자보호시설의 제공, 검찰 · 경찰 서비스의 제공, 상담소의 운영 및 각종 사회복지서비스를 제공하고 있다. 이에 대한 근거법률로는 가정폭력방지 및 피해자 보호 등에 관한 법률이 있다.

[그림 14-3] 가정폭력방지 및 피해자 보호사업추진체계

출처: 여성가족부(2020).

3 보건복지부의 활동[2)] – 생애주기별 맞춤형 보육정책

1) 영유아 보육의 지원

보육정책으로 보건복지부(2020)는 영유아 보육료 지원 사업을 다음과 같이 실시하고 있다.

첫째, 만 0~2세 보육료로 양육수당, 종일제 아이 돌봄 서비스를 지원받지 않고 어린이집을 이용하는 만 0~2세 영유아에 대해 보육료를 지원하고 있다. 연령별 보육료 지원 단가는 0세는 418천 원, 1세는 368천 원, 2세는 304천 원이다.

2) 보건복지부(2020).

둘째, 만 3~5세 보육료(누리공통과정)로 양육수당, 유아학비를 지원받지 않고 어린이집을 이용하는 만 3~5세 아동에 대해 보육료를 지원하고 있다 만 3~5세 보육료 지원단가는 220천 원이다.

셋째, 다문화 보육료는 다음과 같이 지원하고 있다. 어린이집을 이용하는 만 0~5세 영유아 중 「다문화가족 지원법」 제2조1호에 따른 다문화 가구를 대상으로 소득 · 재산 수준과 무관하게 보육료를 지원하고 있다.

「다문화가족 지원법」 제2조1호에 따른 다문화가족의 결혼이민자(인지신고 또는 귀화 허가를 받은 자 포함)와 「국적법」 제2조부터 제4조까지의 규정에 따라 대한민국 국적을 취득한 자 사이에서 출생한 자녀 및 「다문화가족 지원법」 제2조1호에 따른 다문화가족과 동일세대원으로 생계를 같이 하는 전처 또는 전남편의 사이에서 출생한 자녀(대한민국 국적인 아동에 한하여)에게 지원한다.

장애아 보육료는 어린이집을 이용하는 만 12세 이하의 장애아동에 대해 보육료를 지원하고 있다. 그리고 가구의 소득 · 재산 수준과 무관하며 장애인 복지카드 또는 특수교육 대상자 진단 · 평가 결과 통지서를 미소지한 만 5세 이하 영유아도 장애 소견이 있는 의사진단서를 제출한 경우에는 지원 가능하다. 장애아 보육료 지원 단가는 2016년 기준 0~5세 438천 원으로 지원되고 있다.

<표 14-1> 보육료 지원대상 및 지원수준 현황

구분	지원대상(선정기준 소득액 참조)	지원금액
만 0~2세 보육료	전계층 (소득 · 재산 수준과 무관)	• 만 0세 418천 원 • 만 1세 368천 원 • 만 2세 304천 원
만 3~5세 보육료	전계층 (소득 · 재산 수준과 무관)	• 만 3~5세 220천 원
만 0~5세 장애아 보육료	장애아동 (소득 · 재산 수준과 무관)	• 438천 원
다문화 보육료	다문화가구 (소득 · 재산 수준과 무관)	• 만 0세 418천 원 • 만 1세 368천 원 • 만 2세 304천 원 • 만 3~5세 220천 원

출처: 보건복지부(2020).

보육료의 지원신청방법은 아동 주소지의 읍 · 면 · 동 주민센터를 직접 방문 또는 복지로에서 온라인 신청이 가능하다. 보육료, 양육수당 등 서비스는 신청일 기준으로 지원하므로, 지원신청을 하지 않을 경우 지원되지 않으며, 읍 · 번 · 동 주민센터 또는 '복지로'를 통해 서비스 신청이 필요하다.

그 밖에 가정양육 수당 지원사업으로 어린이집 · 유치원 · 종일제 돌봄 서비스를 이용하지 않는 취학 전 만 84개월 미만 가정양육 아동에게 양육수당을 지원하여 부모의 양육부담을 경감하고 보육료 지원아동과의 형평성을 제고한다.

지원 대상은 취학 전 만 84개월 미만 전 계층 아동이며, 소득 · 재산 수준과 무관하게 지원하고 장애아동 양육수당으로 취학 전 만 84개월 미만의 등록 장애아동과 농어촌 양육수당(농 · 식품부 사업 이관)으로 취학 전 만 84개월 미만 아동으로 농어촌 지역에 거주 하는 농어업인 가구의 가정 양육 아동에게 농어촌 양육수당이 지원되며, 그에 대한 지원 금액은 다음과 같다.

<표 14-2> 지원금액

<table>
<tr><th>연령(개월)</th><th>양육수당</th><th>연령(개월)</th><th>농어촌 양육수당</th><th>연령(개월)</th><th>장애아동 양육수당</th></tr>
<tr><td>0~11</td><td>200천 원</td><td>0~11</td><td>200천 원</td><td rowspan="3">0~35</td><td rowspan="3">200천 원</td></tr>
<tr><td>12~23</td><td>150천 원</td><td>12~23</td><td>177천 원</td></tr>
<tr><td>24~35</td><td>100천 원</td><td>24~35</td><td>156천 원</td></tr>
<tr><td rowspan="4">36 개월 이상
~
84개월 미만</td><td>100천 원</td><td>36~47</td><td>129천 원</td><td rowspan="4">36 개월 이상
~
84개월 미만</td><td rowspan="4">100천 원</td></tr>
<tr><td>100천 원</td><td>48 개월 이상</td><td>100천 원</td></tr>
<tr><td>100천 원</td><td rowspan="2">~84개월 미만</td><td>100천 원</td></tr>
<tr><td>100천 원</td><td>100천 원</td></tr>
</table>

출처: 보건복지부(2020).

이와 같은 지원은 수요자 욕구에 맞는 보육서비스를 제공하기 위한 것으로 다문화가정 영유아 보육서비스를 강화하여 다문화 특성화 보육시설 지정 및 한국어 교육 프로그램을 지원하고 보육교사를 대상으로 다문화 관련 교육을 강화하는 것이다.

그리고 장애아동에 대한 보육환경 개선 및 법적 · 제도적 지원을 강화하게 된다. 이를 위하여 지역별로는 균형 있는 장애아 보육시설 확충, 편의시설 · 장비비 등을 지원하며, 장애아 어린이집의 특수교사 배치기준을 강화하며 다양한 시간유형의 보육서비스를 제공하게 된다.

2) 어린이집의 관리

어린이집 건강 · 영양 · 안전관리 강화사업으로는 어린이집 건강관리 효율화를 위하여 영유아의 예방접종 및 건강검진 정보를 보육통합 정보시스템과 연계하여 어린이집에서의 아동의 체계적인 건강관리를 지원하게 된다. 이를 위하여 어린이집 CCTV 설치를 의무화하고 「영유아보육법」 개정을 통해 모든 어린이집에 CCTV를 설치('15. 12. 18.)하도록 하였다. 한편, 어린이집 통학차량 안전관리의 강화를 위하여 통학차량을 운행할 경우 「도로교통법」에 의한 어린이 통학버스 신고를 의무화('14년)하였으며, 통학차량 운행 간 안전관리 강화를 위해 보육교직원 동승의무 위반에 대한 행정처분을 강화('15년)하였다. 또한, 보육교직원 동승 없이 어린이 통학버스 운행 중 발생한 교통사고로 영유아 중상해 이상 시 시설 폐쇄가 가능하도록 하였다.

그 밖에도 어린이집 보육교직원에 대한 아동학대 및 안전교육의 강화 일환으로 보육교직원의 보수교육과 연계하여 육아 종합지원센터와 어린이집 안전공제회가 주관하는 아동학대 예방 및 안전교육을 실시하도록 하였다.

3) 아이행복카드

아이행복카드(구 아이사랑카드)는 '09년 9월부터 정부가 지원하는 보육료를 바우처 형태로 전자카드(아이행복카드)에 담아 부모가 직접 결제할 수 있도록 하여 정부지원금에 대한 수요자 체감도를 제고하고 부모가 직접 보육료를 결제함으로써 어린이집에 대한 관심, 신뢰도 제고할 수 있도록 하였으며, 어린이집 및 지자체의 보육료 지원 관련 행정업무 전산화 및 절차의 간소화로 행정 부담을 경감할 수 있도록 하였다.

또한, 임신육아종합포털 아이사랑 홈페이지를 구축하여 임신, 출산, 육이, 어린이집 · 유치원 관련 종합정보 제공과 복지서비스 검색 · 신청, 온라인 전문가 상담 등을 One-Stop으로 제공하는 종합포털 사이트를 구축('15.8월) 하고 국공립 어린이집 확충 등을 통하여 저소득 밀집지역, (국공립)어린이집 미설치 지역 등 취약 지역에 국공립어린이집을 확충하도록 하였다.[3)]

4) 저소득층 영유아

저소득층 영아(0~12개월)에게는 기저귀 · 조제분유를 지원('15.10월~) 관할 시 · 군 · 구 보건소를 통하여 전달하도록 하여 부모의 양육부담을 덜었다. 한편, 만 0~5세 보육료 또는 양육수당을 전 계층으로 확대('13.3월~)하여 어린이집이나 유치원을 이용하는 경우에는 보육료 또는 유아학비를 지원하고, 가정에서 양육하는 경우에는 양육수당을 소득과 관계없이 지원함으로써 영유아 보육 · 양육에 대한 국가 책임을 강화하였다. 신청처는 관할 읍 · 면 · 동 주민센터(해당 영유아 주민등록 소재지)이다.

그 밖에 보건복지부는 만 0~12세 어린이 국가예방접종(14종)을 무료로 지원하도록 하여 거주지에 관계없이 총14종의 국가예방접종비 전액을 지원받을 수 있게 되어 아이의 건강을 체계적으로 관리할 수 있게 되었다. 신청은 관할 보건소나 국가예방접종 지정 의료기관이다.

---

3) 평가인증을 유지하고 있는 어린이집에는 교재 및 교구비를 지원할 수 있도록 하였으며, 농어촌 소재 사회복지법인어린이집에 · 급간식비, 교직원 인건비 등의 운영비 일부를 지원하도록 하고 있다. 그리고 농어촌 소재 어린이집, 정부지원 장애전담 어린이집에 차량 운영비를 지원하고 공공형 어린이집 확충을 통하여 우수한 민간, 가정 어린이집을 선정하여 운영비를 지원하고 지속적인 품질관리를 실시하도록 하였다.

5) 초등 돌봄교실의 운영

초등 돌봄교실의 운영은 방과 후 돌봄이 필요한 맞벌이, 저소득층, 한부모 가정의 초등학생에게 질 높은 프로그램을 제공해 부모와 아이 모두 안심하고 즐겁게 지낼 수 있도록 지원하는 것이다. 교육부에서는 전국 229개 시 · 군 · 구 드림 스타트에서 0~12세 취약계층 아동에게 맞춤형 통합서비스를 지원하여 아이가 꿈과 희망을 갖고 행복한 사회구성원으로 성장할 수 있도록 건강관리, 학습지원, 양육부담 완화 등 아동발달 영역별 맞춤형 통합 서비스를 연계하고 있다.

이에 대한 신청은 시 · 군 · 구 드림 스타트 팀에 신청할 수 있다. 한편, 보건복지부에서는 초 · 중 · 고등학생에게 교육 급여를 확대 지원('15.7월~)하여 우리나라 아이들이 열심히 공부할 수 있도록 공정한 교육기회를 제공하고자 입학금, 수업료, 학용품비, 부교재비, 교과서대 등을 지원하고 있다.

이에 대한 신청은 읍 · 면 · 동 주민센터, 교육급여 콜센터로 할 수 있다. 또한, 교육부에서는 저소득층 아동 방과후 학교 자유수강권을 제공하여 저소득층 자녀가 자기계발과 학업성취도를 높이기 위해 방과후 학교 프로그램을 수강할 경우 수강료를 지원해 주는 제도를 실시하고 있는데 이에 대한 신청은 시 · 도교육청에서 할 수 있다.

6) 초중고 학생의 지원

교육부의 문화체육관광부에서는 초 · 중 · 고 학생의 전인적 성장을 위해 체육, 예술 교육을 강화할 수 있도록 초 · 중 · 고등학교에 예술 강사와 스포츠 강사를 파견하여 예술 · 스포츠에 접할 수 있는 기회를 제공하고 있다.

그 밖에도 농어촌학교 ICT 활용 확대를 위하여 총 4,000개 학교('15년)에 스마트 기기 보급, 스마트러닝을 도 · 농 간 교육격차 해소를 위하여 실시하고 있다. 이를 위하여 농어촌 초 · 중학교 전체에 ICT 인프라를 구축하여 다양한 교육활동에 활용할 수 있도록 지원하도록 하고 있다.

또한, 교육부는 위기학생의 학업중단 예방을 위한 학업중단 숙려제를 실시하여 학업중단위기 학생에게 2주 이상의 기간 동안 학업중단에 대해 신중하게 고민하는 기회를 제공하여 상담, 진로체험, 예체능 등 맞춤형 프로그램에 참여할 수 있노록 지원하고 있다. 신청처는 일선 초 · 중 · 고교이며, 지역사회 청소년 통합지원체계 구축을 통해서는 학교 밖 청소년 지원센터 '꿈드림'을 통해 학력 취득, 직업체험, 자립, 건강관리, 상담, 멘토링 지원 등을 제공함으로써 성공적으로 사회에 진입하거나 학업에 복귀할 수 있도록 하고 있다. 신청은 꿈드림 홈페이지를 참조할 수 있다.

7) 대학생 및 사회초년생에 대한 지원

대학생 및 사회초년생 대상으로는 맞춤형 장학금을 지원하여 등록금 부담을 줄이고 경제적 여건과 관계없이 누구나 의지와 능력에 따라 고등교육 기회를 가질 수 있도록 한국장학재단에서 국가장학금 등을 지원하고 있다.

그리고 행복공공기숙사, 행복연합기숙사 등의 운영은 열악한 대학생 정주 여건 개선을 위해 정부에서 공공기금을 활용한 공공기숙사를 건립하여 기숙사를 확대하고 기숙사비를 인하하여 기숙사비(2인실 1인당 기준)으로 월평균 24만 원 이하를 유지하도록 하고 있는데 신청은 한국사학 진흥재단에서 받고 있다.

뿐만 아니라 행복주택은 젊은층(대학생, 신혼부부, 사회초년생 등)의 주거안정을 위해 교통편리, 접근이 쉬운 지역에 6년까지 거주 가능한 행복주택을 공급하는데 LH공사 홈페이지 등에서 신청이 가능하다.

8) 신혼부부 지원서비스

부부지원 서비스로는 아이를 원하는 만 44세 이하 난임부부(전국가구 월평균소득 150% 이하)에게 체외수정 · 인공수정 등 큰 비용이 소요되는 시술비 중 일부를 지원해 경제적 부담을 덜 수 있도록 하였으며, 이는 관할 보건소에서 신청 가능하다.3대 고위험 임산부의 의료비 지원(전국가구 월평균소득 150% 이하)제도는 고위험 임신질환(조기진통, 분만 관련 출혈 및 중증 임신중독증)으로 진단받고 입원치료를 받은 자에 대해 비급여 본인부담금 90%(300만 원까지)를 지원하고 있다.

한편, 직장인과 주부를 위해 주거급여를 확대 개편하여 주거비 부담능력이 취약한 저소득층에게 소득, 거주형태, 임대료 부담수준 등을 종합적으로 고려하여, 맞춤형 급여체계로 전환해 주거비를 지원하는 제도를 실시하고 있으며, 읍 · 면 · 동 주민센터, 주거급여콜센터를 통해서 신청할 수 있다.

국토교통부에서는 무주택 서민들이 안심하고 거주할 수 있도록 공공임대주택을 공급하는 사업을 실시하고 있는데 임대주택포털에서 내집마련 디딤돌대출(금리 연 2.3~3.1%(최저 2.0), '15. 4. 27. 기준)을 실시하여 보다 많은 이에게 저리로 대출을 지원하기 위하여 주택금융공사의 우대형 보금자리론 및 국민주택기금(현 주택도시기금)의 최초주택구입자금과 근로자서민구입자금 상품 3개를 하나로 통합한 상품을 운영하고 있다. 이는 현재 6개 은행(우리, 국민, 신한, 하나, 농협, 기업)과 주택금융공사 홈페이지, 국토교통부 콜센터를 통하여 실시하고 있으며, 임차보증금 버팀목 대출제도를 통하여 주택도시기금이 소득수준이 낮을수록, 보증금 규모가 작을수록 저리로 전세와 월세 임차보증금을 지원하고 있다(금리 연 2.5~3.1%(최저 1.5), '15. 4. 27. 기준).

이를 위한 상품은 국민주택기금(현 주택도시기금)의 저소득가구 전세자금대출 및 근로자서민전세자금 대출 상품 2개를 하나로 통합한 상품이 있다. 기타 4대 중증질환 3대 비급여 보장성 강화를 위하여 암, 심장질환, 뇌혈관질환, 희귀 · 난치성질환 등 4대 중증질환 치료에 필요한 첨단검사 및 수술, 고가 항암제 등에 대한 건강보험 적용범위를 확대해 실질적인 의료비 부담을 줄이기 위한 노력을 하고 있으며, 3대 비급여인 선택 진료비, 상급 병실료, 간병 서비스에 건강보험을 적용하도록 하였다.

9) 두루누리 사회보험

두루누리 사회보험에시는 영세 사업장의 저임금 근로자를 위해 국민연금 · 고용보험 보험료를 50% 지원하고 있으며, 국민연금공단 각 지사, 근로복지공단 각 지사(1355)에 문의 가능하다. 한편, 여성가족부에서는 일 · 가정 양립제도를 활용하여 만 8세 이하 또는 초등학교 2학년 자녀가 있는 부모는 누구나 육아휴직이나 육아기 근로시간 단축을 합하여 부모가 각각 최대 1년을 사용하실 수 있도록 전국 고용센터(1350)에서 실시하고 있다.

10) 노인 일자리 지원사업

노인 일자리 지원 사업으로는 만 65세 이상의 어르신에게 다양한 사회활동 기회와 능력과 적성에 맞은 일자리를 제공해 어르신의 생활안정과 사회활동 참여를 돕고 있다. 읍 · 면 · 동 주민센터, 노인 사회활동 수행기관(노인복지관, 시니어클럽, 대한노인회 지회 등) 및 한국노인인력개발원에서 이를 담당한다.

한편, 복지서비스 접근성이 떨어지는 도서 벽지 등에 의료봉사, 문화 예술 공연 및 장수사진 등의 서비스를 원스톱으로 제공하는 제도의 운영은 사) 농촌사랑 범국민운동본부에서 실시한다. 그리고 장애인연금 확대는 만 18세 이상의 등록한 중증장애인 중 본인과 배우자의 소득과 재산을 합산한 금액(소득인정액)이 선정 기준액 이하인 소득하위 70%에게 지원하는 제도로 읍 · 면 · 동 주민센터에서 실시한다.

한편, 에너지 바우처 지급의 제도는 동절기에 적정 난방이 필요한 노인, 영유아, 장애인을 포함하는 저소득 가구를 내상으로 가구원 수에 따라 전기, 도시가스, 지역난방, 연탄 등을 선택적으로 구입할 수 있는 에너지 바우처를 신규로 지원하는 제도이다. 에너지 바우처 콜센터나 읍 · 면 · 동주민센터에서 신청할 수 있다.

장애인 문화체육관광 지원으로는 장애인의 문화예술 및 체육 · 관광활동 지원 등을 통해 누구나 참여할 수 있는 전 생애적 문화 향유 환경을 구축하고자 하는 제도가 실시되고 있는데 이는 찾아가는 장애인 생활체육 서비스를 통해서 실시되고 있다. 이에 대한 신청처는 한국문화예술위원회, 장애인체육회나 문화체육관광부의 한국관광공사이다.

한편, 어르신을 위해서는 기초연금제도가 실시되어 그동안 국가의 발전과 자녀양육에 힘쓴 어르신들의 노후생활을 안정적으로 지원하고자 만 65세 이상, 소득하위 70%에 해당하는 어르신에게 매월 최대 20만 2,600원을 주소지 읍 · 면 · 동 주민센터, 국민연금공단지사에서 지급하도록 하였다.[4)]

11) 복지전달체계 개편

복지전달체계 개편으로는 다문화가족 정착 및 자녀양육 지원 서비스로 다문화가족의 안정적인 정착과 가족생활을 지원하기 위해 가족통합 교육 · 상담, 자녀양육 지원, 통번역, 자조모임 운영 등 종합적인 서비스를 제공하는 다문화가족지원센터(전국 217개소)를 운영하는데 다문화가족지원센터나 다누리 콜센터에서 이를 담당한다.

기타 다문화 예비학교에서는 중도입국, 외국인 학생 등에게 한국어와 한국문화 교육을 집중적으로 제공하여 다문화학생의 공교육 진입 및 조기적응을 지원하는데 이는 시 · 도 교육청 또는 중앙다문화교육센터에서 실시한다. 교육부에서는 한부모 가정 자녀양육비 이행 지원으로 자녀가 성인이 될 때까지 상담, 소송, 추심 지원 등 한부모 가정의 양육비 이행 확보를 위한 단계별 원스톱 종합서비스를 제공하는데 이는 양육비 이행관리원에서 가능하다.

---

4) 보건복지부에서는 틀니 임플란트 건강보험 확대로 어르신 구강건강을 위해 75세 이상 건강보험 적용되던 레진상 완전틀니, 금속상 부분틀니, 치과 임플란트의 연령이 70세로 확대(15년 7월)되고, 금속상 완전틀니도 건강보험이 적용된다. 16년 7월부터는 65세로 적용 연령이 확대되는데 진료 받을 치과, 국민건강보험공단 지사. 국민건강보험공단(1577-1000)에서 가능하며, 보건복지부에서는 치매노인에게 장기요양서비스를 제공하여 치매로 인해 일상생활에 어려움을 겪고 있는 어르신에게 인지기능 악화방지 및 잔존능력 유지를 위한 인지활동형 프로그램 등 장기요양서비스를 제공하고 있다.

- **여성가족부**
  - 계획수립
  - 지침시달 및 예산지원
  - – 국고보조 비율: 시설(서울 50%, 지방 70%) / 상담소 1366–50%
  - 지도, 감독

↕

- **시 · 도**
  - 보조금 배정(지방비 지원)
  - 지도, 감독

↕

- **시 · 군 · 구**
  - 피해자 보호시설 설치 인가
  - 지도, 감독
  - 시설 근무자 직무능력 향상

↕

- **상담소, 보호시설 여성긴급전화(1366)**
  - 연간실적 매년 1.31.까지 여성가족부에 보고
  - 실적관리

[그림 14-4] 복지전달체계

출처: 보건복지부(2020).

또한, 저소득층에게 문화예술 · 국내여행 · 프로스포츠 관람 지원을 위해 개인별 5만 원 범위에서 문화누리카드를 지급하고 있는데 그 담당은 문화누리콜센터에서 가능하며, 주민센터 또는 문화누리 홈페이지에서 가능하다.

문체부에서는 스포츠 강좌 이용권 카드를 발급하여 저소득층 유 · 청소년에게 매월 7만 원(1강좌) 범위 내 스포츠강좌 수강료를 지원하고 있다. 신청은 스포츠 강좌이용권 홈페이지에서 가능하다.

그 밖에도 문체부에서는 문화가 있는 날을 선정하여 우리나라 국민이 일상에서 보다 쉽게 문화생활을 향유할 수 있도록 매달 마지막 수요일에 공연 · 전시회 등의 무료 또는 할인혜택을 제공하는 사업을 실시하고 있다.

12) 위기가족의 긴급복지제도 운영

긴급복지 확대서비스로는 갑작스러운 위기상황으로 생계유지조차 힘든 저소득 위기가구에 생계비, 의료비, 주거비, 시설비, 교육비, 전기료, 해산 · 장제비, 연료비 등을 신속히 제공할 수 있도록 하고 있는데 신청은 보건복지콜센터 129에서 가능하며, 신청처는 읍 · 면 · 동 주민센터이다.

한편, 찾아가는 서비스를 위한 복지공무원 확충을 위하여 '14~'17년간 단계적으로 복지공무원 6천 명을 확대 배치하여 취약계층에게 찾아가는 서비스를 활성화하고 위기가구에 대한 맞춤형 복지서비스를 강화하고자 하고 있으며, 정보연계를 통한 복지 사각지대 선제적으로 발굴하고자 하고 있다. 이는 주민 협력을 통한 복지 사각지대 발굴망 구축을 통하여 마을의 통(리)장, 부녀회장 등 지역주민으로 구성된 읍 · 면 · 동 지역사회보장협의체를 통해 취약가구 등을 발굴하고, 민간에 있는 자원을 확보하여 필요한 사람에게 연계하는 제도이다.

기타 복지전달체계 개편의 주요 골자는 보건복지부에 의하여 주요 국정과제 이행계획에 따라 국민 모두가 개인의 상황에 '꼭 맞는 복지서비스를 원스탑으로 간편하게' 제공받을 수 있는 '맞춤형 복지전달체계 구축' 방안을 마련하고 있다. 복지전달체계 개편의 가장 큰 특징 중 하나는 도시와 농촌의 지역 상황을 고려하여 설계되었다는 것이다. 주민센터 이용이 용이한 도시에서는 센터의 복지행정 기능을 강화하는 한편, 농촌에서는 희망복지지원단 등을 통해 서비스 접근성을 높이는 데 중점을 두었다.

아울러 복지 인프라를 강화하고, 맞춤형 서비스를 확대하기 위한 계획도 함께 마련되었다. 이러한 계획은 2014년 주민센터 기능 개편을 시작으로 다양한 시범사업을 거쳐 단계적으로 확대될 예정이다. 복지전달체계 개편은 17개 부처 170개 복지사업의 핵심적 복지전달체계의 역할을 담당하고 있는 지자체의 복지 깔때기 문제를 해소하고 복지관련 서비스들의 분절적 운영체계 개선을 통한 국민의 불편을 최소화하며, 농촌 특성(넓은 면적, 적은 인구, 자원 부족, 보건서비스에 대한 높은 수요 등)을 고려한 농촌형 복지전달체계 구축을 위해 실시되게 되었다.

4 건강가정지원센터

우리나라 건강가정지원센터의 주요 사업 및 중점사업의 추진사항에 따른 전달체계는 다음과 같이 구축되어 있다.

[그림 14-5] 건강가정지원센터의 전달체계

출처: 건강가정지원센터(2020).

건강가정지원센터의 전략과제별 주요사업은 다음과 같다.

1) 자치구 특성화 사업

자치구 특성화 사업으로는 가족지원 나눔으로 행복가족 프로젝트와 가족상담 특화사업이 실시되고 있다. 행복가족 프로젝트를 통해서는 한부모 가족 지원사업으로 가족관계 향상을 위한 맞춤형 관계 증진 프로그램과 역량강화 교육 등을 지원하며, 한부모 가족의 심리적·정서적 지지체계 구축을 위한 한부모 자조모임(리더 및 실무자 간담회)을 운영하고 있다.

가족상담 특화사업은 현대사회에 가족갈등이 심화되어 가족과 부부갈등의 해결을 위한 가족상담에 대한 필요성이 증가되면서 가족의 건강성 향상을 위해 지속적인 가족상담 실시로 가족문제를 사전에 예방하고 가족갈등을 감소시키고자 건강가정지원센터의 가족상담의 전문성 향상을 위한 가족상담사업의 특성을 보다 체계화한 가족상담 시스템 구축을 지향하고 있다.

2) 가족역량강화 사업

가족역량강화 사업으로는 가족동작놀이 지도사 양성과정을 실시하고 있다. 가족동작놀이 지도자 양성과정은 가족동작놀이를 하면서 부모와 자녀 간 스킨십, 신체적 교감 등을 통해 자녀를 이해하고 가족 간의 친밀감 증진 및 가족 건강성을 도모할 수 있도록 돕는 효율적인 가족프로그램이다.

그 밖에 가족봉사단 한마당(가정의 달, 연합활동)을 통하여 매년 5월, 가정의 달 기념행사 및 유공자 포상 등 시민이 참여하고 함께하는 가족 한마당 행사를 진행한다. 또한, 서울 시내 25개 자치구센터에서 활동하고 있는 가족봉사단 연합봉사활동(전체 가족봉사단 참여 캠페인)과 가족봉사단 실무자 간담회 및 교육, 리더 교육 및 네트워크 활동을 지원하고 있다.

또한, 이혼가정의 비양육자 부모-자녀 관계 개선을 위한 숙박형 캠프를 제공하여 부모의 이혼으로 생활이 변화한 자녀의 이해를 돕고, 부모와 자녀의 관계에 긍정적인 변화를 주어 관계를 유지 및 강화할 수 있도록 지원하고 있다. 비양육자 캠프는 비양육자 부모-자녀 친밀감 형성을 위한 신체 및 가족활동, 가족관계 이해를 위한 부모 및 자녀 집단활동, 자치구센터 연계 사후상담 관리체계 구축으로 구성되어 있다.

예비 부부교실에서는 미혼남녀를 대상으로 결혼준비 교육을 통해 진정한 결혼의 의미를 일깨우고 건강하고 행복한 결혼생활을 돕도록 DISC를 이용한 기질 이해, 의사소통 및 대화법, 결혼의 의미, 결혼을 위한 재무계획과 결혼 체크리스트를 가지고 〈서울시 예비 부부교실 "우리, 결혼할까요?"〉의 교육을 제공하고 있다.

3) 자치구센터 전문성 향상을 위한 건강가정지원센터 종사자 교육

자치구센터 전문성 향상에서는 건강가정지원센터 종사자 교육을 위하여 건강가정지원센터에 대한 관심과 수요가 증가하면서 서비스에 대한 요구도가 다양화됨에 따라 건강가정지원센터에서는 자치구 건강가정지원센터 종사자들을 대상으로 사업을 보다 효과적으로 수행할 수 있도록 차별적인 프로그램을 개발하고 있다. 이를 통하여 새로운 지식과 기술 등을 습득할 수 있는 기회를 제공하여 종사자 개인과 센터의 조화 및 균형을 이룰 수 있도록 체계적인 교육을 실시하고 있다.

자치구센터 우수사업 평가로는 자치구센터 사업의 효율성과 효과성을 점검하고 지원하는 사업을 실시하고 있다. 이를 통해 자치구센터에서 시행하고 있는 시 지원 사업에 대한 분석과 평가를 실시하고 센터의 전문성을 강화하고 활성화방안을 모색한다. 진행은 평가단 구성, 평가기준 및 지표 마련, 사업수행 지원, 사업평가, 평가 우수사업 시상 등을 진행하며 자치구센터 가족사업 서비스 질적 향상을 위한 평가인증 개발도 진행 중이다.

4) 광역센터 역량강화사업

광역센터 역량강화사업으로는 요구도 조사[5)]를 진행하여, 서울시 각 지역의 가족실태 및 시민과 건강가정지원센터 종사자들의 욕구 파악 및 향후 가족정책 사업의 연계와 기

5) 가족지원통합시스템 운영을 통하여 자치구센터의 사업영역 및 이용자 실적 등을 효과적으로 관리한다. 또한, 월 · 분기 · 반기 · 연간별 데이터 자료를 효율적으로 수집하여 자치구 특성과 현황을 분석 및 파악하고 향후 서울시 가족정책사업의 객관적 자료 및 근거에 활용하고 있다.

초자료로 활용하고 건강가정사업 홍보를 위하여 자치구센터의 다양한 사업을 소개하는 e-뉴스레터를 제작 · 배포하고 있다. 이에 홈페이지 및 블로그, SNS 등 온라인 공간 운영과 기관 방문의 날, 캠페인 진행 등 다양한 홍보방법을 통해 시민과 소통하고 있다.

또한, 협의체계 구축 및 네트워크를 통하여 건강한 가정 구현에 기여하기 위해 지역사회 자원 개발 활용(건강가정기본법 제10조)에 근거하여 건강가정사업의 관계자원 연계 및 진흥원, 자치구센터와 협력 사업을 수행하고, 인적 · 물적 자원의 인프라를 구축하고 협력방안을 조성하여 정보 및 의견 교환을 위한 정기적 소통의 장을 마련하고 있다. 그 밖에 건강가정 세미나를 통하여 건강가정지원센터의 기능 및 역량을 강화하며, 신혼기부부 교육 프로그램 개발 등의 활동을 실시하고 있다.

5) 수탁사업

수탁사업으로는 서울시의 경우 찾아가는 아버지 교실을 실시하여 기업 · 공공기관 등 직장으로 찾아가 기관의 구성원 특성과 인원수에 따라 맞춤형 아버지교육을 실시하고 있다. 이를 통하여 야근, 승진, 인간관계 등 직장에서 받은 스트레스 때문에 자칫 소홀해 질 수 있는 가족의 행복을 유지하고 향상시켜 균형 있는 일과 가족생활을 실현하고 가족친화적 직장문화를 조성하고자 하였다.

그리고 '아이 돌봄 서비스'가 원활하게 제공될 수 있도록 지역 관할 내 아이 돌봄 서비스 수요를 파악하고 돌봄 활동 상황을 분석 · 조정하여 아이돌보미 양성 및 보수교육을 진행하고 있다. 또한, 서비스 이용자 전화 모니터링 및 아이 돌보미 활동현장 모니터링, 서비스 제공기관 운영현황 파악을 통해 아이 돌봄 서비스를 사후관리하고 있다.

6) 가족학교의 운영

가족학교의 운영으로는 가족 Talk Talk 학교를 운영하여 가족 생애주기별 · 유형별 교육 프로그램으로 예비 부부교실과 신혼 부부교실, 베이비 부머(중 · 노년기)세대 가족교실, 찾아가는 아버지 교실 등을 운영한다. 서울시의 기준으로 올해(2015년)부터 자치구 10개소를 시작으로 2018년에는 25개 모든 자치구에서 사업을 진행할 예정이다.

그 밖에도 부모-자녀 하나 되기 '패밀리 셰프'를 통하여 부모와 자녀가 함께 요리하고 식사하는 시간을 통해 부모-자녀 간 소통을 증진하고 성장기 자녀의 인성을 함양하기 위한 프로그램을 제공하며, 기존 '밥상머리 교육'의 강의 위주 교육의 보완하여 강의 · 실습 · 가정에서의 실천 방법까지 지도하는 찾아가는 코칭 프로그램을 마련하여 제공하고 있다.

7) 부모교육 프로그램 개발

부모교육 프로그램 개발을 통하여 임신기 부부를 대상으로 부모 됨의 소중함을 일깨우고 올바른 양육지식과 태도형성을 위한 교육 및 아동 청소년기 자녀를 둔 부모를 대상으로 부모-자녀관계를 향상하고 있다. 이를 위하여 공감과 이해를 돕는 프로그램을 개발하여 2016년부터 실시하고 있다.

한편, 한부모 이해교육으로 한부모 가족이 경험할 수 있는 다양한 분야의 심리적 문제를 부모-자녀 관계증진 프로그램 및 부모역할 훈련 등을 통해 스스로 한부모 가족이 강점과 자원을 관리할 수 있는 문제해결 능력 향상을 키울 수 있도록 지원하고 있다. 그 밖에도 건강한 가족생활 영위를 위해 필요한 종합 정보를 제공하는 가족보고서를 발간하고 있다.

21세기 아동복지 과제와 전망

제15장

21세기 아동복지 과제로 저출산 문제, 육아휴직제도와 가정보육모 도입, 아동수당제 도입, 보육·유아교육지원 및 정책, 빈곤아동에 대한 교육복지지원 등의 문제를 고민할 필요가 있음을 시사한다. 아동복지 전반 원칙과 서비스의 활성화(확대)로 아동복지에 대한 보장 책임, 법적 성격, 포괄성 범위, 적용대상, 운영원리, 활성화 대책을 생각해 볼 수 있다. 그 밖에 21세기 아동복지에 대한 전망으로 아동복지에 대한 인식 전환, 프로그램 개발, 공·사적 기관의 조화 관리, 객관적인 욕구 개발 및 평가 활동, 아동권리에 대한 인식 제고 및 협약 이행 준수 요구 등을 밝혔다.

최근 우리나라에서는 가족 규모 축소, 여성의 경제 활동 증가, 가족 간 유대 약화 및 가족해체 증가, 지역공동체 약화 등으로 인해 가족 내 돌봄 공백이 증가하고 있다. 더구나 우리나라의 학력 제일 풍토 속에서 학교에서는 학교 부적응 아동, 왕따 아동, 각종 중독 아동, 학습 중단 아동, 폭력 및 비행아동이 증가하고 있다. 국민소득 3만 달러에 다다르고 있지만, 여전히 우리 사회에는 결식, 방임, 학대와 같은 후진국형 문제가 발생하고 있고, 양육비 및 교육비 상승으로 인한 출산기의 과제는 더욱 심각한 상황으로 우리 사회의 존속에 위협을 주고 있는 상황이다. 과거의 아동복지는 주로 기아, 미아, 비행아나 가출 아동, 빈곤이나 학대, 해체가정의 아동 등 구조적으로 혹은 기능적으로 부적절한 가정환경에 처한 아동이나 신체 · 정서 · 행동적 장애를 지닌 아동 등 요보호아동을 위한 복지활동이 주를 이루었다. 그러나 오늘날은 모든 국민에 대한 복지 보장과 그에 대한 국가의 책임을 폭넓게 인정하고 광의의 아동복지를 실현하려는 추세이다. 대부분 OECD 가입국은 아동지표를 이용하여 정기적으로 아동의 삶의 질을 측정하여 아동의 well-being 상태가 어떻게 변화되고 있는가를 모니터링하며, 아동정책에 반영하고 있으나, 우리나라는 이러한 연구가 미비한 상태이다(공인숙 · 김선영, 2010).

아동복지 문제는 그 국가의 가치나 이념과도 밀접한 관련이 있으므로 이제 우리는 아동이 바람직한 미래사회를 짊어지고 나아갈 수 있는 재능, 인격 및 기술을 갖출 수 있도록 새로운 아동복지 방법에 대한 방향을 추구해 나가야 한다. 그러므로 아동복지정책 방향은 아동의 기본 권리와 욕구를 충족시켜 줄 수 있도록 재정립되어야 할 것이다.

1 아동복지 과제

1) 아동복지 이념과 정책 과제

우리나라 아동 · 청소년(0~24세) 인구는 1960년 1,532만 명을 기록한 이후 계속 증가하여 1980년대에는 2,156만 명으로 가장 높은 수준이었으나, 이후 감소하여 2009년에는 1,467만 명을 기록하였다. 인구 구성비로 보면 1980년 56.6%, 1990년 46.1%, 2000년 37.5%, 2009년 30.1%를 기록하고 이러한 추세가 지속되면 2030년에는 전체 인구 중 아동 · 청소년 인구 비율이 19.8%에 불과할 것으로 추산되고 있다(보건복지가족부, 2009a). 이러한 아동 인구 감소 추세는 아동 · 청소년 인구집단에 대한 보다 적극적인 정책 개입을 요구하고 있다. 또한, 시대적으로 가정해체 증가에 따른 한부모가정의 증가, 미혼모가정, 입양가정 등 다양한 형태의 가족 출현, 기혼여성의 경제활동 참여에 따른 보육 서비스 욕구의 증대 등에 따라 아동복지서비스가 필요한 영역은 지속적으로 확대되고 있다. 이와 더불어 아동의 권리에 대한 인식 제고와 아동권리를 보장하는 관련법이 규정되면서 아동복지서비스의 영역과 대상이 더욱 전문적이고 포괄적인 방향으로 확대되고 있다(한미현 외, 2011).

(1) 저출산 문제

우리나라 아동양육은 자녀를 양육하는 모든 사회계층이 가지는 문제이다. 이러한 사회변화에 대응하고 더 나아가서 저출산문제를 극복하기 위해서 아동양육정책의 패러다임의 전환이 필요한 시점이다.

저출산 · 고령화가 사회문제로 부각된 것은 이미 오래 전이지만 여전히 해결의 징후는 보이지 않으며, 우리나라의 출산율은 2010년 기준 1.23명으로 이는 OECD 국가 중 세 번째로 낮은 순위이며(OECD, 2010), 현재 2017년 한국의 출산율은 1.0명(보건복지부, 2017)으로 국제 수준과 정부 목표치에도 크게 못 미친다. 2018년 출산율은 0.97명으로 나타났고, 2019년 출산율은 0.918명으로 2019년 OECD 평균 출산율(2019년 기준)인 1.63명에 크게 뒤진다. 2014년 최하위였던 포르투갈의 1.23명보다도 낮은 수준이다. 아울러 정부가 지난해 12월 발표한 '제3차 저출산 · 고령사회 기본 계획'(2016~2020년)에서 제시한 1.27명에도 모자란다(통계청, 2016).

이렇게 볼 때 유엔은 2050년에 한국의 인구가 700만 명가량 감소할 것으로 예측하고 있다(NSO, 2009). 또한, 통계청의 혼인통계에 따르면 평균 초혼연령이 1990년 여자가 24.8세, 남자가 27.8세이던 것이 1995년에는 남자 25세, 여자 25세였다. 2009년에는 여자 28.9세 남자 31.6세로 평균 4년가량 높아져 만혼화 현상을 나타나며(통계청, 2009), 2015년 조사결과에 의하면 남자 초혼연령 31.1세, 여자 초혼연령 28.6세로 나타나고 있다(국가통계포털, 2016).

결혼을 한 경우에도 맞벌이가 불가피한 사회 구조로 인해 전체 여성의 경제활동 참가율은 2000년 이후 점차 증가하는 추세며, 2009년 49.2%에서 2013년 50.2%, 2014년 51.3%, 2016년 58.4%를 기록했으며 남성의 경우 78.9%였다(통계청, 2015). 우리나라에서 경제활동 참가율이 가장 높은 연령대는 40대로 67.4%였고, 20대(65.6%)와 50대(63.0%) 순이었다. 특히, 최근 조사에서는 기혼여성 둘 중 한 명은 경력단절을 경험한 것으로 나타났다. 또 이들이 다시 일자리를 얻기까지 평균 8.4년이 걸렸다. 평균적으로 경력단절을 처음 겪는 나이는 28.5세였다. 경력단절 여성이 기존 경력과 전공을 살려 다시 일할 수 있도록 상담과 훈련, 취업 연계는 물론 창업까지 지원하고 있다. 그뿐만 아니라 고학력 · 저연령층 여성을 타깃으로 한 심화훈련을 도입해 전문성 있는 현장 맞춤형 교육을 통해 양질의 일자리를 제공하고 있다(아시아 경제, 2017).

이처럼 출산과 여성의 경력단절은 같은 문제로 볼 수 있다. 2016~2020년은 부양 부담이 낮은 마지막 인구 보너스 기간으로, 이후 생산가능인구가 본격적으로 줄어드는 인구 오너스(onus)로 급격히 진입하는 '인구 절벽' 시기가 오며, 이에 대처하기 위해 사회의 모든 역량을 집중해야 한다고 보고하였다(보건복지부, 2015).

저출산 및 여성경력의 단절을 해결하기 위한 가장 근본적인 해결책은 일하는 여성의 욕구를 반영하는 맞춤형 보육시설의 확충이다. 이는 기존의 공급자 중심, 하향식의 보육정책이 아니라 다양한 가족 형태와 요구 등과 같은 수요자의 입장에 관심을 가지고 다각화할 때에만 비로소 달성이 가능하다고 볼 수 있다.

이러한 분위기 속에서 지역사회와 기업의 연계를 통한 대안적 자녀양육 모형은 일하는 여성의 양육지원 및 저출산 해결을 위한 새로운 접근이 될 수 있을 것으로 기대된다(이미화 외, 2011).

(2) 육아휴직제도와 가정보육모 도입

영아기의 양육자와 자녀와의 관계는 인생의 다른 어떤 시기의 인간관계보다 결정적으로 중요하다고 발달심리학자들은 주장한다. 특히, 영아의 발달에 미치는 대리 양육 또는 시설 보육의 영향이 양육자(부모)와의 친밀감과 애착의 형성에 문제가 될 수 있다는 근거를 제시한 연구들은 취업모의 영아보육 유형의 선택과 정부의 영아보육정책에 크게 영향을 미쳤다(Ablon & Bemporad, 2000). 이러한 우려 속에서 취업모는 개인적으로는 최선의 영아보육 대책으로 가정 내 보육을 선택하고 있으며, 때로는 영아양육 때문에 취업을 포기한다. 이런 이유로 서구의 몇몇 복지국가는 정책적으로 가정보육시설에서의 영아보육의 확대와 함께 부모에 의한 양육기간을 보장하기 위해 장기간의 육아휴직 기간을 제도적으로 보장하고 있는 것이다(이옥, 2003). 거의 모든 OECD 국가가

출산, 육아 관련 휴가를 제도화하고 있으며, OECD 국가가 시행하고 있는 출산 및 육아 관련 휴가제도는 모성휴가, 부성휴가, 육아휴가의 3가지 형태로 볼 수 있다. ILO에서는 모성휴가를 적어도 14주로 규정하나, 대부분의 OECD 국가는 출산 전·후 기간을 모성휴가로 의무 규정하고 있다. 또한, 출산휴가 동안 일정 부분 소득지원을 하고 있다. 부성휴가는 국제협약에서 규정된 바는 없으며 모성휴가보다 단기간이고 최장 3주간이 부여되며, 기간이 짧기 때문에 출산휴가를 받는 부의 경우 보통 임금 전액을 수령하게 된다. 육아휴가는 출산휴가에 대한 보충기간으로 대부분의 국가에서 연장으로 시행된다. 육아에 있어 성평등 목표를 지향하고자 노르웨이, 아이슬란드, 스웨덴은 남성의 육아 할당제를 도입한 상태이다(배화옥, 2010).

우리나라는 1987년에 「남녀고용평등법」에 의해 육아휴직제도가 도입되었다. 「남녀고용평등법」 제19조에 의해 180일 이상 재직한 근로자가 초등학교 취학 전 자녀를 양육하기 위해 1년 이내의 육아휴직이 가능하다. 우리나라 경우 만 1세 미만 영아나 만 1세아의 양육 및 보육서비스 이용 양상을 보면 보육시설 이용률은 각각 0.6%, 7.5%로, 조부모, 탁아모 등 혈연 및 비혈연에 의한 개별적인 보육서비스의 이용률이 보육시설 이용률보다 월등하게 높게 나타났다. 이는 보육시설에서의 영아보육 활성화가 원인이 되기도 하겠지만, 무엇보다 부모가 집단으로 영아를 보육하는 것보다는 개별적으로 보육하는 것을 더 선호함을 보여 주는 것으로 볼 수 있다. 이를 위한 방안으로 출산 및 육아휴직제도 등과 같은 다양한 정책을 마련하고 추진할 필요가 있을 것이다(고영미, 2008). 2017년 현재 GDP 대비 출산휴가·육아휴직 지출(%)이 스웨덴 0.74%, 프랑스 0.27%, 일본 0.19% 한국 0.06%로 나타났다(보건복지부, 2017).

'2019년 육아휴직통계'에 따르면 아이를 낳아 육아휴직이 가능한 부모 가운데 78.4%는 휴직을 하지 못하고 4명 중 1명꼴로만 육아휴직을 썼다. 아이를 낳은 취업 여성은 출산 전보다 10%포인트 이상 줄었고, 남성의 육아휴직 사용률은 1.8%에 그쳤다. 육아휴직을 시작한 사람은 1년 전보다 4.5%(6912명) 늘어난 15만 9153명이었다. 2010년과 비교하면 2.2배 수준으로 증가했지만, 여전히 대부분의 부모는 육아휴직을 사용하지 못하고 있다.

육아휴직은 아이를 낳은 해에 하는 경우(만 0세 부모 59.6%)가 가장 많다. 2019년생 아이를 위해 그해 육아휴직을 쓴 부모는 6만 8,863명으로 전체 대상자의 21.6%였으며, 나머지 78.4%는 육아휴직을 쓰지 못했다. 2019년생 엄마의 육아휴직 사용률은 전년 대비 0.7%포인트 증가한 63.6%였으며, 같은 해 아빠가 된 남성의 육아휴직 사용률을 1.8%에 불과했다. 0.2%였던 2010년보다는 9배 수준으로 늘었다. 2010년 출생아를 키우면서 아이가 만 8세가 되는 지난해까지 육아휴직을 한 번이라도 한 부모는 여성은 17.8명, 남성은 1.8명으로, 자녀 100명당 19.6명이었던 것으로 나타났다. 육아휴직 대상자 59.6%는 아이가 갓난아기(만 0세)일 때 휴직을 사용했고, 아이가 입학을 앞둔 만 6세(8.4%), 만 7세(5.8%)에도 휴직을 사용하는 경향이 나타났다. 남성은 35~39세(45.2%), 여성은 30~34세(40.9%) 휴직자가 많았다. 부모의 육아휴직 사용률은 직장에 따라 차이가 많이 났다. 기업 규모별로는 종사자가 300명 이상인 대기업에서 여성(76.1%), 남성(2.9%) 모두 지난해 육아휴직 사용 비율이 가장 높게 나타났다. 기업 규모가 작을수록 육아휴직 사용률은 낮아졌다. 4인 이하 기업의 육아휴직 사용 비율은 여성 25.1%, 남성 0.6%에 그쳤다(중앙일보, 2020). 지금은 고용보험 가입자만 육아휴직 대상이다. 앞으로 전체 취업자의 절반가량 차지하는 특수형태근로종사자(보험설계사 · 학습지교사 · 골프장 캐디 등)와 예술인 · 프리랜서 · 자영업자 등 소득이 있는 사람은 누구나 쓸 수 있도록 확대한다. 먼저 고용보험 체계로 이들을 편입한 뒤 향후 육아휴직 급여 혜택을 받을 수 있게 지원할 계획이다. 2025년까지 육아휴직자를 현재의 두 배인 약 20만 명으로 늘린다는 게 정부 목표다(중앙일보, 2020).

이러한 육아휴직제도를 보완하는 방안으로 취업모를 위한 가정보육모 도입을 검토해 볼 수 있다. 이와 같은 보육모제도는 영아담당 보육 인력의 자격이 가정보육모와 보육교사로 이원화되는 인상을 줄 수 있지만, 만일 정부가 가정에서의 보육에 관여하려면 기존의 보육교사 자격기준을 보완하여 미취업 중인 유휴 보육교사가 가정 내 영아보육을 담당할 수 있도록 유도하는 것도 합리적인 방안일 것이다. 외국의 경우 프랑스, 스웨덴, 호주에서는 가정보육모에 의한 보육이 공적 지원을 받는 공보육의 성격을 띤다. 미국은 이미 여러 주에서 보육 사용자가 가정보육모(nanny)에게 지불한 비용은 소득공제

대상이 되어 비용 지원의 효과를 갖는다(Kontos, Machida, Griffin, & Read, 1992). 우리나라의 경우, 아이돌보미서비스는 만 12세 이하 취업부모자녀 등을 대상으로 돌보미가 돌봄장소에 찾아가 돌봄활동을 제공하는 1:1 돌봄서비스이다. 시간제 돌봄 서비스는 생후 3개월~만 12세 이하이며, 영아 종일제 서비스는 생후 3~36개월 이하이다(보건복지부, 2020).

(3) 아동수당제 도입

아동수당은 아동복지와 소득분배 차원에서 도입되었을지라도 이후의 인구 상황에 따라 인구정책의 일환의 역할을 할 수 있다. 아동수당은 소득과 연계하지 않은 제도와 소득과 연계하는 제도로 구분될 수 있다. 가장 일반적인 형태이나 소득과 연계되지 않은 제도라 할 수 있으나, 소득과 연계되어 지급되는 수당도 있다.

소득과 연계되지 않는 아동수당제도를 도입한 국가와 그러한 국가의 수당제도 특징을 살펴보면 다음과 같다. 부모의 고용, 소득과 연계되지 않으나 차등화가 적용되는 항목도 있는데, 그것이 자녀 수와 연령이다. 연령층별로 차등화하여 아동수당을 지급하는 경우도 있다. 오스트리아는 연령이 높을수록 수당액이 올라가나, 덴마크는 연령이 높을수록 내려간다. 자녀 수에 의한 차등에서는 자녀 수에 따라 추가로 지급되는 것이 일반적인데, 자녀 수의 증가와 비례하여 증가하는 경향을 볼 수 있다. 스웨덴은 첫째 자녀와 둘째 자녀는 급여 수준이 동일하다. 셋째 자녀 이상인 경우에 추가로 보조금이 지급된다. 그러나 영국은 자녀 수 증가에 오히려 급여액이 감소하는 경향을 보이고 있다. 핀란드는 첫째, 둘째, 셋째 자녀에 지급되는 아동수당 급여의 액수 차이가 크지 않으며, 이는 아동수당 도입이 출산장려를 위한 인구정책의 수단으로 이용되고 있지 않다는 것을 의미한다. 이러한 점은 우리나라에 시사하는 바는 크다고 할 수 있다.

2017년 현재 가정양육수당사업 실시로 어린이집 · 유치원 · 종일제 돌봄서비스를 이용하지 않는 취학 전 만 84개월 미만 가정양육 아동에게 양육수당을 지원하여 부모의 양육부담을 경감하고 보육료 지원아동과의 형평성을 제고하고 있다. 즉, 지원대상으로 취학 전 만 84개월 미만의 전 계층 아동을 대상으로 소득재산 수준과 무관하게 지원하고 있으며, 장애아동 양육수당, 취학 전 만 84개월 미만의 등록 장애아동, 농어촌 양육수당을 취학 전 만 84개월 미만의 전 아동으로 농어촌 지역에 거주 하는 농어업인 가구의 아동을 대상으로 가정양육수당을 제공하고 있다(보건복지부, 2016). 아동수당 지급은 아동에게 아동수당을 지급하여 아동 양육에 따른 경제적 부담을 경감하고 건강한 성장 환경을 조성함으로써 아동의 기본적 권리와 복지를 증진함을 목적으로 한다. 2019년 9월 1일부터 0세부터 만 7세 미만(0~83개월) 아동에게 아동수당 월 10만 원씩 지급하며, 아동이 대한민국 국적을 보유(「난민법」 상 난민 인정 아동 포함)해야 하고, 주민등록번호가 부여되어야 한다. 국내 거주 중인 재외국민 또는 복수국적자도 신청 가능하다. 대부분의 OECD 국가에서 아동수당을 도입하고 있다.

아동수당은 아동의 권리 · 복지 증진, 양육부담 경감 등을 위해 미국, 터키, 멕시코를 제외한 모든 OECD 국가에서 오래 전부터 시행 중인 제도이다. 프랑스(1932), 영국(1945), 체코(1945), 일본(1972) 등에서 실시하고 있다.

2018년 9월 1일에 아동수당이 도입되었으며, 그 대상은 만 6세 미만의 일부 아동(소득재산 기준 하위 90%)이며, 보편지급은 2019년 1월 1일 만 6세 미만의 모든 아동(2019년 4월 시행으로 1월분부터 소급적용)이다. 연령확대는 2019년 9월 1일부터 만 7세 미만의 모든 아동이다. 우리나라의 난민인 경우, 아동의 난민인정증명서가 필요하다. 아동수당은 웹사이트(http://www.bokjiro.go.kr) 또는 모바일 '복지로' 앱으로 신청할 수 있다(아동복지부, 2020).

(4) 보육 · 유아교육 지원 및 정책

아동 보육 및 조기교육에 대한 예산지원과 지출로는 가족급여와 마찬가지로 현금, 현물, 세제 이전 방식으로 이루어지며, 보육서비스(시설보육, 가정보육)를 이용하는 3세 미만의 아동이 있는 가정과 보육 · 교육을 통합한 유아교육기관(어린이집, 유치원)이 수혜 대상이 된다.

이명박 정부가 예산을 편성한 마지막 해인 2013년도에 국가가 책임지는 유아교육·보육의 비전을 구현하였으나, 즉 2013년 전체 0~5세 아동을 대상으로 보육료 지원을 보편적으로 확대하였으나, 영아보육시설 이용률(0세~2세)은 다른 국가보다 저조한 것으로 나타났다(한국경제연구원, 2017).

2013년부터는 만 3~4세 유아에 대하여 가정의 소득 수준과 관계없이 유치원비, 보육비를 지원하여 유아에게 필요한 기본 소양과 능력을 제고하며, 타인을 배려하고 존중하는 역량을 기르기 위한 인성교육을 강화하였다. 정부는 유아교육기관이 누리과정을 도입한 2012년부터 지방교부금으로 단계적으로 지원하며, 현재 3~5세 전체를 지원하고 있어, 유아교육 및 보육의 공교육 기반을 위해서 더욱 지속적인 노력을 기울이고 있다(교육부, 2017). 보건복지부에서도 어린이집에 대한 누리과정(만 3~5세)를 대상으로 매월 220,000원의 보육료를 지원하고 있으며, 종일반 0세 430,000원, 1세 378,000원, 2세 313,000원을 지원하고 있으며, 맞춤반의 보육 이외 어린이집을 이용할 수 있는 시간의 긴급 보육바우처 지원으로 0세 344,000원, 1세 302,000원, 2세 250,000원을 지원하고 있다(보건복지부, 2017).

그러나 다음의 몇 가지 유아교육 및 보육정책의 과제는 여전히 남아 있는 실정이다.

첫째, 영유아교육과 보육의 통합적 접근이 필요하다. 중앙정부 부처 간의 협력 구조, 주무부처의 행정력과 전문성 제고, 기업·시민사회·지역공동체의 통합적인 ECEC(Early Childhood Education and Care System) 제도에 동참하기 등이다.

둘째, 교육·보육서비스의 질 제고가 중요하다. 유아교육시설의 증가에도 불구하고 여전히 학부모는 믿고 보낼 수 있는 기관이 부족함을 호소하고 있다. 유아교육기관에 평가인증제를 도입하여 교육·보육의 질적 제고를 주장하지만, 안전, 영양, 건강, 영유아 중심의 프로그램 개선, 교사 자격과 자질, 학부모의 의식, 수요자 욕구에 맞는 서비스 구축 등 인적·물적 환경의 변화로 더욱 개선이 요구되는 실정이다. 여전히 양질의 보육은 문제로 남아 있다.

셋째, 법적·제도적인 문제점이다. 현재 이원화된 「영유아보육법」과 유아교육법은 서로 아무리 보완한다고 하더라도 분리된 상태에서는 당연히 법적 · 제도적인 취약점이 발생한다. 우선 부처 간 행정 · 재정문제, 교육 · 보육 목적과 이념, 대상, 양 기관 명칭, 지원방법, 유치원교사와 어린이집교사의 교육 · 보육 철학 차이, 자격 조건, 교사 및 기관장의 자격연수의 차이 등 수많은 법적 · 제도적 문제점을 안고 있다.

물론 2012년 3~4세 누리과정과 관련된 관련 법령을 개정하고, 담당교사 연수 등을 실시하고 있지만 여러 가지 문제점은 여전히 존재하며, 해결 과제로 남아 있다.

(5) 빈곤아동에 대한 교육복지 지원

2002년 김대중 정부 시절부터 미미하지만 처음으로 교육복지 항목의 지출이 시작되었으며 이후 증가세를 보였으나, 다른 공공복지 서비스 영역보다는 상대적으로 낮은 편이다. 빈부격차 · 차별시정위원회에 의하면, 우리나라 아동 1인당 복지비 지출은 선진국의 1/7~1/100 수준으로 다른 OECD 국가와 비교해도 매우 열악한 상황이라고 보고한다. 선진 복지국가에 도달하기 위해서 아동복지 중 · 장기적인 관점에서 교육복지 분야의 예산을 더욱 늘려야 할 것이다. 아동복지정책의 공급 주체로서 국가의 역할이 강화되어야 하며 더욱 적극적이고 보편적이며 예방적인 서비스 체계의 수립을 위해 아동정책에 대한 예산의 획기적인 증가가 선결되어야 한다(정익중, 2008).

취약한 환경에 처한 아동 · 청소년 문제는 사회가 인지하는 수준보다 상대적으로 매년 증가하고 있다. 경제적 어려움으로 인하여 학습기회의 부족, 영양결핍과 관련된 성장 · 발달의 문제, 부모의 돌봄으로부터 방치되어 방임, 학대, 거부 등을 경험하며, 사회적 · 심리적 · 문화적 박탈감을 포함한 복합적인 문제로 반드시 해결해야 할 사안이다. 이와 같은 저소득층의 청소년 문제를 해결하기 위한 아동 · 청소년 복지정책체계에서 두드러진 변화는 2004년도에 지역아동센터가 아동복지사업을 수행하는 시설로 「아동복지법」상에서 명시되었고 저소득층의 아동 · 청소년을 위한 지역아동센터의 법제화이다. 그동안 우리나라 아동 · 청소년 복지가 생활시설 중심이었던 것에서 벗어나 지역사회 중심의 아동 · 청소년 복지로 나아가는 데 상당한 의미 있는 변화라 할 수 있다(공계순 · 서

인해, 2009). 2016년 12월말 기준으로 지역아동센터 4,107개소의 전체 이용 아동 수는 106,668명으로 집계되고 있다(보건복지부, 2020). 현재 우리나라 아동빈곤율은 14.5%로 OECD 평균(13.1%)보다 약간 높은 1.4P 수준이다(보건복지부, 2020). 아동 · 청소년의 삶의 질과 행복 수준을 높이기 위해서는 총체적으로 건강 · 물질적 수준 및 환경, 학습발달 역량, 여가활동 등 아동 · 청소년의 삶을 조망해야 한다(보건복지부, 2020). 통계청 주거실태 조사에서 지난 3년간(2017~2020년 8월까지) 18세 미만 아동실종 신고가 7만 6,464건으로 나타났으며, 그중 110명은 행방불명으로 나타났다(베이비뉴스, 2020).

아동권리보장원(2020)에 따르면 전국 아동복지기관 현황은 4,797개로 나타나고 있다. 즉, 가정위탁지원센터 17개, 다함께 돌봄센터 221개, 아동보호전문기관 68개, 아동자립전담기관(자립생활원)26개, 아동학대긴급전화 72개, 입양기관 25개, 지역드림스타트 229개, 지역아동센터 4139개로 나타났다(보건복지부, 2020).

교육복지 우선지원 사업정책으로 취약계층 학생이 밀집한 학교를 선정하여 집중지원함으로써 교육 · 문화 · 복지 수준을 높이고 교육격차를 해소하는 방법도 있다. 한부모 가족양육지원의 경우, 소득인정액(개별 가구의 소득평가액과 재산의 소득환산액을 합산한 금액)기준으로 기준 소득 52% 이하의 한부모가족 및 조손가족을 지원하고 있다. 아동 양육비는 지원대상자로 결정된 저소득 한부모가구의 만 18세 미만의 아동이며, 추가 아동양육비는 조손가족 및 만 25세 이상 미혼 한부모가족의 만 5세 이하 자녀에게 지원하고 있다. 저소득 한부모 가족, 장애부모, 장애아동에 대한 정부지원비율은 기존보다 5%p 상향 조정하며, 영아종일제 미취학시간제는 85%에서 90%, 취학시간제는 75%에서 80%로 정부지원율이 높아진다. 소년소년가정과 가정위탁아동 등에게도 자립정착금, 하계수련비 및 수학여행비, 학원비, 대학격려금 등이 지원되고 있다(보건복지부, 2019).

우리나라 빈곤가정은 줄고 있으나 아동빈곤에 관한 지원이 다각적으로 이뤄지고 있다. 그러나 지금까지 빈곤가정 아동복지정책은 거시적 정책 비전 없이 파편적으로 시행된 측면이 있기 때문에 취약계층의 아동을 위한 경제 · 교육 · 문화 · 복지를 위해 기본생활 보장을 지원해야 한다는 주장도 있다(황해익 외, 2016). 또한, 빈곤지역을 집중적으로 지원하는 교육복지 투자사업의 특수성, 서비스 지원대상 선정, 급여 방식의 특성 등으로 인한 낙인 인식의 문제는 서비스 이용을 저해하는 요인으로 끊임없이 문제제기 되고 있다.

2) 아동복지의 전반 원칙과 아동복지서비스의 활성화 및 확대

다음은 아동복지의 세부 과제로, 아동복지 전반에 관한 전제 원칙과 아동복지서비스의 활성화 및 확대를 중심으로 제시하였다(아산사회사업복지재단, 1997).

(1) 아동복지의 보장 책임

국가는 당연히 아동복지의 보장 책임을 져야 할 것이다. 사회적 위험에 직면한 아동은 그러한 사고에 대처할 능력이 없고, 최소한의 인간적인 삶마저 부정당할 수 있기에 그 책임은 사회 전체, 특히 사회 유지의 마지막 보루인 국가가 책임져야 한다.

(2) 아동복지의 법적 성격

권리로서 인정되어야 한다. 이미 국제사회는 인권 A규약(경제적 · 사회적 · 문화적 권리에 관한 국제규약)을 통해 아동에 대한 사회보장은 국가의 책임이며, 아동의 권리로 인정하고 있다. 또한, 대한민국 헌법 제10조와 제34조에서 '행복 추구권'과 '인간다운 생활을 할 권리'를 보장하고 있다. 따라서 아동복지를 국민의 권리로서 법률적으로 국가에 대한 청구권이 인정되어야 한다. 또한, 아동권과 관련된 각종 국제조약, 협약 등의 내용이 국내법에 실효성 있게 반영되어야 한다.

(3) 아동복지의 포괄 범위

아동의 모든 생활영역이 포괄되어야 한다. 아동복지는 경제적인 최저한의 소득만을 확보하는 것은 아니다. 아동복지는 한 사회의 문명화된 생활을 근거로 인간적 존엄성을 유지하면서 살아갈 수 있는 아동의 생활 영역 전반이 포함되어야 한다. 즉, 소득뿐만 아니라 우리 사회가 발전시킨 보건의료 · 주거공간 · 여가 · 각종 편의시설의 수준 등 인간 생활의 총체적인 영역이 포괄되어야 한다.

(4) 아동복지의 적용 대상

모든 아동에게 적용되어야 한다. 아동복지의 적용 대상은 우리 사회의 모든 아동이 되어야 한다. 따라서 농촌 아동이건, 도시 아동이건, 장애아동이건, 비장애아동이건 누구든지 지역이나 계층의 차이 혹은 집단의 차이에 따라 아동복지의 적용에서 배제되는 대상이 없어야 하며, 누구에게나 보편적으로 적용되어야 한다.

(5) 아동복지의 운영 원리

아동과 보호자의 민주적 참여가 이루어져야 한다. 아동복지의 계획과 적용 등 그 운영과정은 국가에 의해 온정적 차원 혹은 비민주적으로 이루어져서는 안 되며, 아동과 보호자를 포함한 전체 사회 구성원 참여가 보장되어야 한다.

(6) 아동복지서비스의 활성화와 확대

아동복지서비스 분야에서 전문화뿐만 아니라 사회제도에 필요한 활동 영역을 확대해 나가야 한다. 우리나라는 다양한 아동의 욕구를 충족시켜 줄 수 있는 복지서비스 체제가 아직도 잘 갖추어져 있지 않다. 다음과 같은 분야의 복지서비스가 빨리 이루어져야 할 것이다.

첫째, 유아교육기관의 질적 향상이 요구된다. 아동복지 맥락에서 볼 때, 양적 증가만이 목적이 되어서는 안 되며, 얼마나 질적으로 우수한 유아교육기관을 확보할 수 있을까 하는 우리의 관심이 집중되어야 할 것이다. 현재 논의되는 유아교육 · 보육통합은 영유아가 다니는 기관 유형에 관계없이 동일한 양질의 보육 · 교육서비스를 제공받을 수 있는 방향으로 이루어져야 한다(신유정, 2017).

둘째, 입양 및 가정위탁 프로그램의 적극화가 요구된다. 해마다 기아가 발생하는데, 일차적으로 이들을 위해서 가정환경이 마련되어야 한다. 이러한 관점에서 가정위탁서비스를 제공해 주며, 그다음의 대리보호 프로그램으로 시설양육 서비스를 제공할 수 있는데, 훌륭한 질의 서비스가 필요하다.

셋째, 장애아에 대한 조기진단과 조기치료가 요구된다. 아동의 신체나 정신의 크고 작은 장애에 대해서 발견되는 대로 가능한 한 빨리 조기진단과 조기치료, 적절한 서비스를 제공하여, 가정이나 사회에 복귀하여 사회적 제기능을 최대한으로 수행할 수 있게 하는 것이 중요한 과제이다. 실천 방향으로는 장애 예방 대책, 장애아가 특수학교 졸업 후 스스로 자립할 수 있는 방법 요구, 재활 서비스 등의 의료 보장, 교육보장, 사회적 인식 개선, 재활서비스 개선과 제도 도입 등이 요구된다(도미향 외, 2007). 그리고 장애아동에 대한 통합 교육이 성공적으로 이루어지기 위해서는 통합 교육에 대한 지식과 경험이 있는 교사, 통합 교육 프로그램, 시설과 교재 · 교구 구비 등 산재한 문제를 해결할 필요가 있다(Baily & McMillam, 1990).

넷째, 아동을 위한 오락과 과외 활동 시설의 확충이 요구된다. 모든 아동을 위해서는 매스미디어, 불량 독서량 추방 등이 필요하며 지역환경 개선에 만전을 기해야 한다. 놀이터, 아동회관, 아동 휴양 숙박시설, 야영장, 기타 아동이 건전하게 육성될 수 있도록 환경과 시설을 확충해 나가야 한다.

다섯째, 학교사회사업의 제도화가 요구된다. 우리나라 교육제도 내에서는 아직 학생을 위한 학교의 특별서비스가 학교사회사업의 활동으로 제도화되지 않고 있다. 앞으로 교육제도 내의 아동 · 청소년 문제 해결과 서비스의 질적 향상을 위해 노력해야 한다.

여섯째, 아동을 위한 강제 보호 서비스가 제공되어야 한다. 아동학대를 적극적으로 예방하고 치료하기 위해 법률에 의한 강제보호서비스의 제도화가 요구된다.

2 21세기 아동권리와 복지 전망

오늘날 우리 사회는 급속히 변화하고 있고 모든 변화의 궁극적인 목표가 되는 인류의 복지, 사회복지에 대해서 지대한 관심을 갖는 만큼, 21세기 아동복지의 전망을 다음과 같이 구분, 즉 아동복지에 대한 인식 전환, 다양한 아동복지 프로그램 개설, 공적 및 사적 기관 운영의 조화로운 발전, 객관적인 욕구 개발과 평가 활동의 활성화, 아동권리에 대한 인식 제고 및 협약 이행 등으로 정리해 보고자 한다(아산사회복지재단, 1997).

1) 아동복지에 대한 인식 전환

아동복지의 목적은 국가 발전의 원동력 및 국가안정의 바탕이라고 할 수 있다. 가치면에서 볼 때, 아동복지는 인격 완성의 기초를 마련해 주며, 아동의 기본권을 보장해 주는 것이다. 또한, 실천면에서도 아동복지는 사회복지의 한 분야로 사회복지사의 적극적인 활동 분야이기 때문에 좀 더 많은 정규적인 훈련과 경험을 쌓은 아동복지 전문가에 의해서 그 사업이 수행되어야 할 것이다.

2) 다양한 아동복지 프로그램 개설

오늘날 아동복지 대상은 특수아동으로부터 일반아동에 이르는 모든 아동을 포함하고 있다. 따라서 모든 아동의 건전한 성장 · 발달을 위하여 새롭고 적절한 프로그램과 서비스가 계속 개발될 것으로 보이며, 실천면에서도 아동복지 기능이나 방법이 새롭게 검토되고 활용되어 우리에게 당면한 많은 아동문제를 해결할 것이라고 생각한다. 또한, 아동 전반에 관한 가정생활, 건강, 교육, 종교, 오락 및 기타 특수한 보호 등을 종합적으로 고려하는 프로그램이나 서비스가 제공되지 않으면 안 될 것이다.

3) 공적 및 사적 기관 운영의 조화로운 발전

21세기 아동복지 흐름은 공공과 민간 부문의 조화로운 발전을 위하여 이루어져야 한다. 아동복지사업의 성격이나 경향에 따라 공공 부문의 주가 되기도 하고 민간 부문이 주가 되기도 한다. 그러나 현재 공공이어야 하는 아동복지 분야가 지나치게 민간의 책임으로 전가되고, 반대로 민간 분야는 자율성이 취약하여 지나치게 공공에 의해 통제되고 있어 문제가 된다. 아동복지 행정이 잘 이루어지고 있는 국가의 경우 가장 기본적인 프로그램은 모두 정부가 시행하며, 정부는 사적 기관에서 할 수 없는, 예를 들면 특수시설(중증 심신장애아동) 또는 새로운 분야의 프로그램 개발 등에 관심을 갖고 이들을 지원하거나 격려 · 지도 · 감독한다. 일반적으로 모든 아동이 광범위한 대상에 포함되는 보편적 사업인 경우와 민간기관에서 할 수 없는 내용일 경우는 공공 부문에서 추진되는 것이 바람직하며, 그렇지 않는 경우에는 민간 운영이 바람직할 것이다(장인협 · 오정수, 1989).

4) 객관적인 욕구 개발과 평가 활동의 활성화

참된 아동복지를 실천하기 위해서는 다양한 욕구 개발과 현재의 프로그램에 대한 정확한 평가 작업이 요구된다. 누가 아동복지의 일차적인 대상이 되며 그들의 욕구가 무엇인지, 어떠한 위탁이 어떤 아동에게 가장 적합한지, 우리가 하고 있는 일이 얼마나 훌륭한 성과를 거둘지 등을 계속 조사 · 평가하는 과학적인 방법으로 그 문제를 해결해야 한다.

5) 아동권리에 대한 인식 제고

아이는 이 세상에 불평등과 빈곤, 고통, 갈등, 자유에 대한 박탈이 존재하고 있다는 것을 이미 알고 있다. 대부분의 아이는 자신의 삶에서 때때로 이러한 것을 경험했을 것이다. 아동권리는 어떻게 하면 이러한 일이 좀 더 나아질 수 있을지 질문을 던지는 것으로부터, 보편적으로 인정된 인권과 인간적 가치에 대해 배울 권리가 있음을 배우는 것으로부터 출발할 수 있다. 상당수 개발도상국의 어린이는 초등 수준 이상에서 교육 받을 기회가 흔하지 않다. 그렇기 때문에 이 아이들이 학교를 떠나기 전에 적어도 인권에 관련된 교육을 조금이라도 받을 수 있도록 하는 것, 그것이 바로 우리의 의무이다(유네스코한국위원회, 1999).

6) 아동인권 및 협약 이행

아동인권 증진 지원 등 국제적 기준에 부합하는 유엔 아동권리협약 이행 추진율 시행으로써, 어린이날 및 어린이주간, 대한민국 아동총회 등 아동 관련 행사와 아동권리포럼 개최를 통해 아동이 권리 주체로서 인식되는 사회적 분위기를 조성하고 있다. 청소년의 경우, 옴부즈키드(Ombudskids)와 같은 조직에 직접 참여하여 아동권리 모니터링 등을 통해 협약 이행이 가능하다.

협약 제44조(국가보고서 제출)에 의하여 조문별 이행사항, 유엔 아동권리위원회 권고 이행사항 등에 대한 보고서를 작성하여 유엔 아동권리위원회에 제출, 즉 우리나라는 협약 가입 이행 1994년, 2000년에 1, 2차 국가보고서 제출, 1996년과 2003년에 유엔 아동권리위원회로부터 아동권리협약의 이행상황심의, 2008년 12월 유엔 아동권리협약 제3, 4차 국가보고서 제출, 2011년 9월 3, 4차 국가보고서를 심의받았다. 현재 아동과 관련된 다양한 문화의 전문가 및 실무자가 참여하는 포럼을 개최, 아동권리, 인권 이슈 논의를 통해 권리증진을 위한 장기발전 방향 및 제도개선사항을 도출하고 있다(보건복지부, 2020).

| 참고 문헌 |

강민주 · 전경숙(1995). 아동의 사회적 지지와 자기능력 지각에 관현 연구. 아동학회지, 16(1), 197-210.

강영배(2009). 사회적 배제의 관점에서 본 청소년문제 및 정책에 관한 고찰. 청소년복지연구, 11(4), 101-127.

강진상 · 김중원(1991). 가족치료. 경기: 하나출판.

강진호 · 유형근 · 손현동(2009). 마음 챙김 명상을 활용한 고등학생의 심리적 안녕감 증진 프로그램 개발. 중등교육연구, 57(1), 213-243.

강해자 · 이길자(2001). 청소년이 지각한 부모와의 의사소통과 가족기능. 정신건강과의 관계. 스트레스연구, 9(2), 61-60.

강현아 · 정익중(2015). 제10회 가정세미나 가정위탁아동의 양육을 위한 친권문제 해결책은 무엇인가?. 중앙가정위탁지원센터.

강혜정 · 임은미(2012). 대학생용 다문화태도 척도의 한국판 타당화 연구. 아시아교육연구, 13(4), 35-57.

건강가정지원센터(2020), 건강가정지원센터의 전달체계.

고경은(2001). 빈곤아동이 지각한 가족기능과 학교 적응과의 관계. 가톨릭대학교 석사학위논문.

고영미(2008). 우리나라 유아교육, 보육 정책의 기본 방향 및 과제. 한국유아교육 · 보육행정학회 동계전국학술대회집, 12(4-1).

고재홍 · 조기영(2003). 청소년의 긍정적 착각과 심리적 안녕감 간의 관계. 청소년상담연구, 11(1), 166-181.

고정자(1999). 결혼과 가족. 서울: 형설.

공계순 · 박현선 · 오승환 · 이상균 · 이현주(2013). 아동복지론(제4판). 서울: 학지사.

공계순 · 서인해(2009). 지역아동센터에서의 사례관리실천 방안에 관한 연구. 한국아동복지학, 14, 155-178.

곽미정 · 전미숙(2014). 다문화정책의 발전 방안. 인간복지실천학회.

곽윤영 · 정문자(2010). 부모의 양육태도 및 대학생의 경제적 자립도가 대학생의 심리적 안녕감 및 자기효능감에 미치는 영향. 한국청소년연구, 21(3), 121-141.

곽한영(2006). 법교육이 청소년의 법의식에 미치는 영향에 관한 연구: 여자비행청소년을 중심으로. 서울대학교 박사학위논문.

교육인적자원부(2017). 유치원비 · 보육비지원.

교육학사전 편찬위원회(1995). 교육학사전. 대한교육연합회.

구인회(2003). 경제적 상실과 소득수준이 청소년 교육성취에 미치는 영향. 한국사회복지학, 53, 7-29.

국가통계포털 · 여성가족부(2016). 2015년 가족실태조사.

권순용(2006). 청소년의 학교적응 관련변인의 인과적 구조분석. 중등교육연구, 54(3), 329-349.

김경순(2006).대학생의 심리적 안녕감 증진을 위한 프로그램 개발과 적용. 경성대학교 대학원 박사학위논문.

김경신(1993). 가족학의 이론적 관점과 적용. 대한가정학회지, 31(1), 137-151.

김경아(2002).청소년의 예절수행 세대전이 및 가정생활 건강성. 숙명여자대학교 대학원 박사학위논문.

김경준(2014). 한국 아동청소년 인권 실태연구IV: 한국의 유엔아동권리위원회 국가보고서 권고사항 이행실태. 한국청소년정책연구원.

김기원(2000). 공공부조론. 서울: 학지사.

김기형(2006). 고등학생과 대학생의 가족관계, 교우관계, 학교적응도와 심리적 안녕감과의 관계. 부산대학교 교육대학원 석사논문.

김두헌(1969). 한국가족제도연구. 서울: 서울대학교 출판부.

김명소 · 김혜원 · 차경호(2001). 심리적 안녕감의 구성개념분석: 한국 성인 남녀 대상으로. 한국심리학회지: 여성, 15(2), 19-39.

김명희(2009). Bennett의 다문화 교육과정 모형에 근거한 다문화 교육 프로그램이 다문화 인식과 자아존중감에 미치는 영향. 경인교육대학교 석사학위논문.

김민지(2010).가정위탁제도에 관한 법적 고찰. 가족법연구, 24(2), 167-210.

김병수(2000). 빈곤 아동의 생활 실태와 가족 기능에 관한 연구. 강남대학교 석사학위 논문.

김선미(2000). 다문화 교육의 개념과 사회과 적용에 따른 문제. 사회과교육, 4, 63-81.

김성경 · 김혜영 · 최현미(2015). 아동복지론. 경기: 양서원.

김순옥 · 박은주 · 배은영 · 원명순 · 주현경 · 최종구(2014). 아동복지론. 서울: 동문사.

김순옥 · 박은주 · 배은영 · 원명순 · 주현경 · 최종구(2016). 아동복지. 서울: 동문사.

김승권 외(2000). 한국가족의 변화와 대응방안. 한국보건사회연구원.

김양희(1993). 한국 가족의 갈등연구. 서울: 중앙대학교 출판부.

김여옥 · 한민자(1996). 가족캠프. 한국청소년개발원 편(1996). 청소년 수련거리 시연 강습회. 한국청소년개발원.

김연진 · 이상희(2012). 아동복지의 이해. 태영출판사.

김영모(1988). 현대사회보장론. 한국복지정책연구소.

김영모(1999). 한국사회의 이해. 한복연출판부.

김영모(2001). 현대사회학. 고헌출판부.

김영지 · 유설희 · 이민희 · 김진호 (2016). 한국 아동 · 청소년 인권실태 연구VI. 한국청소년정책연구원. 연구보고 16-R11. 한국청소년정책연구원.

김영화 · 이진숙 · 이옥희(2002). 성인지적 가족복지론. 서울: 양서원.

김영훈(2008). 청소년의 여가활동참여가 학교생활만족에 미치는 영향연구. 안양대학교 대학원 박사학위논문.

김유미(1996). 아동의 권리실현을 위한 관련법 고찰. 한국아동학대예방협회 발표자료집.

김유숙(2000). 가족상담. 서울: 학지사.

김유숙(2002). 가족치료 - 이론과 실제. 서울: 학지사.

김윤재 · 강영숙 · 김진환 · 박주은(2016). 아동복지. 서울: 동문사.

김정래(2002). 아동권리향연. 서울: 교육과학사.

김정옥(1999). 결혼과 가족. 서울: 학지사.

김정의(1992). 영유아보육시설 보육교사의 근무조건에 관한 연구. 중앙대학교 사회개발대학원 석사학위논문.

김정자(1991). 한국탁아사업의 정책과 방향. 한국사회복지학회, 통권 제17호.

김수아 · 류현수 · 최용득(2013). 아동복지론. 서울: 동문사.

김준호 외(2002). 가족구조 · 기능과 청소년 비행. 한국청소년연구, 13(1), 225-267.

김준호 외(2009). 청소년 비행론. 서울: 청목출판사.

김준호 · 노성호(1991). 청소년비행의 발전단계에 대한 고찰. 형사정책연구, 2(3).

김지연(1998).한국입양 현황과 정책발전방안 연구. 국민대학교 대학원 석사학위논문.

김지연(2008). 청소년기 사회화과정의 국제비교연구III: 교육, 가족, 청소년정책을 중심으로. 한국청소년정책연구원.

김진철 · 장봉석(2010). 초등 예비 교사의 다문화 태도와 다문화 효능감에 대한 연구. 시민교육연구, 42(3), 39-60.

김태성 · 송병돈(2002). 빈곤과 사회복지정책(pp. 18-23). 서울: 청목출판사.

김태수 · 백종섭 · 신희영(1998). 복지행정론. 서울: 대영문화사.

김현미 · 방희정 · 소유경 · 옥정 · 김은경(2006). 한국 남녀 대학생 집단에서 자아해석이 심리적 안녕감에 미치는 영향. 한국심리학회지, 11(4), 437-458.

김현숙 · 최송식 · 김희재(2011). 국민정체성과 다문화태도의 관계-한, 중, 일 대학생을 중심으로. 국제지역연구, 15(2), 141-168.

김현주(2010). 부모-자녀 의사소통 및 기본 심리적 욕구 척도개발을 통한 청소년 심리적 안녕감 설명변인연구. 충남대학교 박사학위논문.

김형모(2001). 미국의 복지개혁과 한국의 생산적 복지의 비교연구. 사회복지발달사의 관점에서. 사회복지정책, 13, 75-101.

김형태(1996). 가정과 청소년 문제. 한국청소년개발원 편, 청소년 문제론. 한국청소년개발원, 329-354.

김혜경 외(2015). 가족복지론. 경기: 공동체.

김혜경 외(2016). 가족복지론. 경기: 공동체.

김혜원 · 김명소(2000). 우리나라 기혼여성들의 심리적 안녕감의 구조분석 및 주관적 안녕감과의 관계분석. 한국심리학회지, 5(1), 27-41.

김혜원 · 임동훈 2004. 남녀 고등학생들의 하위유형별 비행발생의 관련성 파악: 폭력비행과의 관계를 중심으로. 한국청소년연구, 15.

김혜원 · 홍미애 (2007). 우리나라 청소년들의 삶의 질 정도와 설명요인 분석. 청소년학연구, 14(2), 269-297.

김호년 · 김성재 · 김현정 · 박윤 · 양진희 · 우수경 · 이순자 · 이시진 · 장정애 · 이인원(2011). 아동복지론. 경기: 양서원.

김희재 · 김현숙(2012). 한국과 일본 대학생의 국민정체성과 다문화태도. 동북아문화연구, 33, 83-104.

나석권(1998). 복지행정론. 경기: 대왕사.

남세진 · 조흥식(1995). 한국사회복지론. 경기: (주)나남출판.

남희경(2002). 가족관계, 자아강도 및 대인관계의 부정적 정서 간의 관계. 가톨릭대학교 석사학위논문.

대구대학교 사회복지연구소 편(1991). 사회복지사전. 서울: 경진사.

도미향 · 남연희 · 이무영 · 변미희 (2006). 아동복지론. 서울: 공동체.

동아일보(1988. 5. 4.) 대한민국 어린이헌장.

류연규 · 최현수(2003). 우리나라 빈곤율 수준과 변화 경향: 1982년~2002년 도시근로자 가구를 중심으로. 한국아동복지학, 16, 135-165.

류정희 · 이명자 (2007). 청소년의 심리적, 사회적 안녕감: 그 구조 및 주관적 안녕감과의 관계. 한국심리학회지 학교, 4(1), 55-77.

모경환 · 황혜원 (2007). 사회과 교사의 다문화교육에 대한 인식과 교사교육의 과제. 한국교원교육연구, 24(2), 199-219.

민경미 · 송현종(2004). 고등학생의 지각된 사회적 지지와 정서 표현성이 심리적 안녕감에 미치는 영향. 인문사회과학연구, 1, 35-51.

민병순(1997). 우리나라 보육정책의 형성과 발달.

박선미 · 성민선 (2011). 교사의 다문화교육 경험이 다문화적 인식에 미친 영향: 인천시 다문화교육 지정학교 교사를 대상으로. 한국사회과 교육연구학회, 50(3), 1-15.

박성길 · 리성종 · 양종국 · 김경모(1999). 특수인성검사. 법무부, (1), 167-190.

박승희(2005). 한국사회복지정책론. 서울: 성균관대학교 출판부.

박정란 · 서홍란(2001). 아동복지론. 경기: 양서원.

박정란 · 서홍란(2012). 아동복지론. 경기: 양서원.

박정란 · 서홍란 · 장수한(2014). 청소년복지론. 경기: 양서원.

박태영(2001). 가족치료 이론의 적용과 실천. 서울: 학지사.

박현선 · 이상균(2008). 청소년기 비행친구의 영향에 대한 보호요인의 조절효과. 사회복지연구, 37(37), 399-427.

방정환(1923). 소년의 지도에 관하여. 텬도교회월보, 3.

방정환(1924). 어린이 찬미. 신여성, 2(6).

방정환(1970). 소파수필선. 서울: 을유문화사.

방정환(1974). 소파수필선. 서울: 을유문화사.

배윤주(2014). 아동청소년 권리에 관한 연구. 이화여자대학교 석사학위논문.

배태순(2000). 21세기 한국 아동복지의전망과 방향. 제13회 한국아동복지학회 국제학술대회자료집, 57-86.

배화옥(2010). 아동과 복지. 서울: 신정사.

법무부(2019). 출입국 · 외국인정책 통계월보. 연도별 혼인귀화자현황.

법원행정처(2013). 2013년 사법연감. 551.

베이비뉴스(2020.10.15.). 최근 3년간 아동 110명 행방불명…사전지문등록 필요.

변화순(1996). 이혼가족을 위한 대책연구. 한국여성개발원.

보건복지가족부(2009a). 2009 아동 · 청소년 백서. 서울: 보건복지가족부.

보건복지부(1997). 1997년도 보육사업지침.

보건복지부(1998). 보건복지규제개혁 백서. 백산인쇄.

보건복지부(1999). 보건복지백서. 서울: 문영사.

보건복지부(2004). 2004년도 보육사업안내.

보건복지부(2007). 보건복지백서.

보건복지부(2012). 2012년 드림스타트 사업 안내.

보건복지부(2014). 2013 한국 아동종합실태조사.

보건복지부(2015). 보도참고자료.

보건복지부(2015). 지역아동센터 연도별 추진결과.

보건복지부(2016). 2016년도 보육사업안내.

보건복지부(2016). 공동생활가정지원 현황 통계.

보건복지부(2016). 보육사업안내.

보건복지부(2016). 입양실무 매뉴얼.

보건복지부(2016). 입양특례법 연혁과 주요 내용.

보건복지부(2017). 보건복지부-산림청-현대차정몽구재단 보호대상아동 자립지원을 위한 업무협약 체결 보도자료.

보건복지부(2017). 인구절벽 위기 속, 제5기 저출산 · 고령사회위원회 출범. 2017년 3월 6일 발표 보도참고자료.

보건복지부(2019).기초생활수급가구 지원아동 현황.

보건복지부(2020). 가정위탁보호 아동 현황(2020).

보건복지부(2020). 보육료 지원대상 및 지원수준 현황.

보건복지부(2020). 지원금액.

보건복지부 · 교육과학기술부 · 행정안전부 · 기획재정부 · 국무총리실(2012). 2012년도 보도자료.

보건복지부 · 아동권리보장원 (2020) 국내의 입양현황.

보건복지부 · 아동권리보장원 (2020) 보호대상아동 발생 및 보호조치현황.

서경훈(2013). 사회복지 용어사전. 경기: 이담북스.

서보준 · 김우호 · 박선태 · 이정미(2013). 아동복지론. 경기: 공동체.

서현아 · 천희영 · 위수정(2011). 한국과 미국 예비 유아교사의 다문화 관련 경험에 따른 다문화 이해 및 다문화 교육 관련 특성에 대한 연구. 한국보육지원학회지, 7(4), 69-94.

석말숙(1989). 문제행동청소년 가족과 일반가족 간의 가족 역동 비교 연구. 이화여자대학교 석사학위논문.

신곡유화 · 박순덕 · 이영선(2013). 한국 대학생의 다문화 인식 및 태도에 관한 연구 동향. 한국 다문화와 평화학회, 173-203.

성영혜 · 김연진(2001). 아동복지. 서울: 동문사.

송성자(1996). 청소년의 심리 · 정서적 욕구와 단기가족치료의 접근. 연세사회복지연구, 3, 77-102.

송성자(1997). 가족관계와 가족치료. 서울: 홍익재.

송성자(1999). 가족과 가족치료. 경기: 법문사.

송성자 · 정문자(1994). 경험적 가족치료. 서울: 중앙적성출판사.

송정아 · 최규련(1997). 가족치료 이론과 기법. 서울: 도서출판하우.

송정애(2013). 아동복지론 이해와 실천. 경기: 양서원.

송정애(2016). 아동복지론. 경기: 양서원.

송진영(2009). 중년 취업남성의 다중역할 몰입과 심리적 안녕감 간의 관계. 한국사회복지조사연구, 22, 59-81.

시민의 신문(1997). 아동학대방지법 입법화 추진.

신경숙(2009). 예비유아교사의 학과적응, 진로결정도 및 종교활동과 심리적 안녕감과의 관계. 교사교육연구. 48(2), 78-98.

신유정(2017). 저출산 시대, 아시아 국가의 보육정책 현황과 시사점. Keri 한국영제연구원.

신정인 · 강영걸 · 김영호(2010). 대학생의 대상관계가 분리개별화, 자기효능감, 심리적 안녕감에 미치는 영향. 청소년학연구, 17(10), 189-212.

신주연 · 이윤아 · 이기학(2005). 삶의 의미와 정서조절 양식이 청소년의 심리적 안녕에 미치는 영향. 한국심리학회지, 17(4), 1035-1057.

신현정 · 박진성(2010). 유아교사의 심리적 안녕감에 영향을 주는 관련변인 탐색연구. 유아교육학논집, 14(2), 147-170.

아동권리보장원(2020). 지역아동센터의 특화프로그램.

아산사회복지사업재단(1997). 아동복지편람. 서울: 정문출판사.

아산사회복지사업재단(1997). 아동복지편람. 충청남도: 아산출판.

아시아경제(2017). 저출산 극복 · 고령화 · 일자리 · 양극화 극복해야.

안동현 · 홍강의(1987). 한국에서의 아동학대현황. 정신건강연구.

안명자(2006). 알코올 중독치료 및 재활 서비스 개선 방안. 명지대 사회복지대학원.

안윤일(2000). 아동이 지각한 가족관계, 대인관계 해결력과 사회적 선호도와의 관계. 가톨릭대학교 석사학위논문.

안향림(1974). 가족치료를 통한 가족 역동에 관한 연구. 이화여자대학교 석사학위논문.

앤터니 기든스(1992). 현대사회학. 서울: 을유문화사.

양계민 · 정현희(1999). 학교폭력이 청소년의 심리적 적응에 미치는 영향: 가해자, 피해자, 일반학생의 비교를 중심으로. 한국심리학회지, 사회문제, 5(2), 91-104.

양정남 · 최은정 · 문란영 · 박건영 · 박순희(2011). 자기효능감, 사회복지 옹호태도가 사회복지 전공대학생의 다문화 수용성에 미치는 영향. 한국사회복지교육, 16, 24-47.

어윤빌렉(2015). 몽골빈곤 아동복지 서비스의 문제점과 개선방안연구. 개신대학교대학원.

어은주(1996). 한국도시가정의 건강성 및 관련변인고찰. 경희대학교 대학원 박사학위논문.

여성가족부(2020), 가정폭력방지 및 피해자 보호사업추진체계.

여성가족부(2020), 가족친화인증 추진체계.

여성가족부(2020), 가족친화인증의 표시.

연진영(1992). 아동학대의 실태 및 영향. 한국형사정책연구원.

오무근(2009). 알코올 중독자 가족의 스트레스와 대처방식이 가족부담감에 미치는 영향에 관한 연구. 한남대학교 행정복지대학원.

오승환(2000). 소년소녀가장의 심리사회적 특성에 관한 비교연구: 일반아동과의 비교를 중심으로. 한국아동복지학, 9, 99-126.

오정수 · 정익중(2011). 아동복지론. 서울: 학지사.

오정수 · 정익중(2013). 아동복지론. 서울: 학지사.

옥선자 · 정민자(1994). 결혼과 가족. 서울: 도서출판하우.

우채영 · 박아청 · 정현희(2010). 성별 및 학교 급별에 따른 청소년의 인간관계, 스트레스, 우울과 자살생각 간의 구조적 관계. 한국교육심리학회, 24(1), 19-38.

유네스코한국위원회(1999). 아시아의 인권교육. 사람생각.

유영주 외(2000). 가족관계학. 경기: 교문사.

유영주(1989). 한국가족의 기능 연구.

유주연 · 박경(2010). 자기애와 심리적 안녕감 간의 관계에서 감사성향의 매개효과. 청소년학연구, 17(4), 1-23.

윤계순(2000). 해결중심 단기모델을 적용한 학교부적응 청소년 집단 프로그램 연구. 가톨릭대학교 석사학위논문.

윤매자 · 신혜경 · 주정현(2014). 아동복지. 경기: 양서원.

윤찬영(2013). 사회복지법제론. 경기: (주)나남출판.

윤혜미 · 김혜래 · 신영화(2013). 아동복지론. 서울: 청목출판사.

윤혜미 · 최은희(2013). 가정위탁아동 가정보호실태조사 및 아동 · 부모용지침서 개발. 충북대학교 산학협력단 & 보건복지부.

이광규(1981). 한국의 가족구조분석. 일지사.

이광규(1997). 한국의 가족과 종족. 서울: 민음사.

이길자(2007).청소년들의 가족개념에 대한 질적 연구-중학생을 중심으로-. 중앙대학교 대학원 석사학위논문.

이두호 외(1991). 빈곤론. 경기: (주)나남출판.

이명자 · 신현숙 · 염시창(2009). 대학생의 자원과 심리적 안녕감과의 관계. 청소년학연구, 16(9), 53-79.

이문국 외(2001). 사회복지 대백과사전. 경기: 나눔의집.

이미숙(1996). 사회적 지원의 심리적 효과: 주 효과와 완충효과의 검증을 위하 이론적 모델과 방법론. 한국사회학, 30.

이미화 · 오은진 · 홍승아 · 이택면(2011). 저출산 극복을 위한 공생발전 현안과 대책. 한국여성정책연구원.

이미화 · 조중열(2003). 청소년의 인기도와 심리적 안녕감에 관련된 행동특성. 경남대학교인문과학연구소, 17, 25-38.

이민아(2010). 이민 전후의 연결망이 결혼이민자여성의 심리적 안녕감에 미치는 영향. 보건사회과학, 27, 31-61.

이성한 · 하연희 · 이기숙(2016). 아동권리와 복지. 서울: 창지사.

이소희(2002). 그것은 아동학대예요. 서울: 동문사.

이소희(2005). 아동복지론. 경기: 학현사.

이순자 · 나성식 · 김현경 · 이효숙(2015). 아동복지론. 서울: 정민사.

이순형 외(2015). 아동복지이론과 실천. 서울: 학지사.

이순형(2008). 아동복지. 서울: 학지사.

이순형 · 민하영 · 이소은 · 이완정 · 황혜신 · 이강이 · 이여미 · 이혜승 · 한유진 · 이옥경 · 권혜진 · 성미영(2012). 아동복지론. 서울: 학지사.

이연수(1999). 충동성과 가족 응집력이 청소년들의 가출의도 및 가출행동에 미치는 영향. 가톨릭대학교 석사학위논문.

이유리(2009). 청소년의 부모-자녀 의사소통, 정서지능, 부모화 경험이 심리적 안녕감에 미치는 영향. 명지대학교 대학원 석사학위논문.

이윤희(1993). 민간보육시설의 운영실태와 개선방안. 부산대학교 대학원 석사학위논문.

이은우(2005). 대학생의 정서지능, 자기효능감, 심리적 안녕감이 대학생활 적응에 미치는 영향. 계명대학교 대학원 석사학위논문.

이재연 · 박은미 · 황옥경 · 김형모 · 이은주(2013). 아동복지론. 서울: 학지사.

이재연 · 박은미 · 황옥경 · 김형모 · 이은주 · 강현아(2012). 아동복지론. 서울: 학지사.

이정덕 외(1998). 결혼과 가족의 이해. 서울: 학지사.

이정민 · 이유리(2010). 청소년의 부모-자녀의사소통, 정서지능 및 부모화경험이 심리적 안녕감에 미치는 영향. 한국가정간리학회지, 28(3), 13-26.

이종복 · 이배근(1997). 아동학대의 원인과 대책. 서울: 홍익제.

이종신 · 문혁준(2010). 장애아 어머니의 역할행동 연구. 유아교육연구, 30(3), 5-24.

이진희 · 김욱(2008). 노인교육 참여가 노인의 심리적 안녕감에 미치는 영향. 한국노년학, 28(4), 887-905.

이채호 · 고태순(2008). 보육교사의 직무만족도와 심리적 안녕감과의 관계. 아동교육, 17(3), 173-185.

이춘재 · 성현란 · 송길연 · 윤혜경 · 김혜리 · 박혜원 · 곽금주 · 장유경 · 박선미 · 황상민 · 이은희 · 이도헌 · 조정호 · 김선아 역(1998). 발달정신병리학 -영아기부터 청소년기까지-. Charles Wenar 저, Developmental Psychopathology: from infancy throuth adolescence. 서울: 중앙적성출판사.

이태수 · 김성경 · 이경림 · 이향란(2009). 2008 지역 아동센터의 현주소. 서울: 공동체.

이한우 · 정정란(2012). 아동복지론. 경기: 양서원.

이한우 · 정정란(2013). 아동복지론. 경기: 양서원.

이현주(2017). 여성 경제활동 참가율 높여야 나라 경제 산다. 아시아경제.

이현주 · 이미나 · 최인수(2008). 한국 청소년 안녕감 척도(K-WBSA)의 타당화 및 삶의 질 분석. 교육심리연구, 22(1), 301-315.

이혜진(2009). 초등학생의 다문화 인식에 영향을 미치는 변인 연구. 경인교육대학교 석사학위논문.

이화여대 사회사업학과 편. 가족치료총론. 서울: 동인출판사.

이효재(1978). 가족과 사회. 서울: 진명출판사.

장미혜 외(2008). 다민족 · 다문화사회로의 이행을 위한 정책 패러다임 구축(Ⅱ). 한국여성정책연구원, 28-29.

장은선 · 김광웅 · 조유진(2007). 청소년의 스트레스와 비합리적 신념 및 자살생각의 관계. 청소년학연구, 14(5), 27-47.

장인협 · 오정수(1989). 유아복지론. 서울: 서울대학교 출판부.

장인협 · 오정수(1993). 아동청소년복지론. 서울: 서울대학교 출판부.

장인협 · 오정수(2001). 아동청소년복지론. 서울: 서울대학교 출판부.

장인협 · 이혜경 · 오정수(2013). 사회복지학. 서울: 서울대학교 출판문화원.

장임숙 · 이원일(2012). 대학생의 다문화인식과 이주인권 정책에 대한 태도. 지방정부연구, 15(4), 177-199.

전남련 · 김재환 · 박혜경 · 전대성 · 김경희 · 이미순(2010). 아동복지론. 경기: 학현사.

전남련 · 김재환 · 이효수 · 박혜경 · 전대성 · 양경희 · 유수정 · 정아란 · 정연희 · 현영렬(2012). 아동복지론. 정민사.

전해숙(2010). 초고령 노인의 스트레스와 대처방안이 심리적 안녕감에 미치는 영향. 노인복지연구, 51-69.

정경옥(2010). 청소년의 학교관련 문제행동과 부모의 경험에 대한 질적 연구. 명지대학교 석사학위논문.

정기원 · 오미영(1994). 아동권리의 증진을 위한 법적, 제도적, 행정적 조치(정책연구자료). 한국보건사회연구원.

정대영 · 최정아(2010). 장애아동 부모와 일반아동 부모의 심리적 안녕감 비교. 한국정서 · 행동장애연구, 26(3), 319-343.

정미현 · 김태동 · 박주현 · 전영록(2015). 아동복지론. 서울: 창지사.

정민 · 노안영(2008). 대학생의 외향성 및 신경증적 경향성과 심리적 안녕감 간의 관계. 한국심리학회지, 27(2), 373-387.

정옥분 · 정순화 · 손화의 · 김경은(2012). 아동복지론. 서울: 학지사.

정원식 · 박성수 · 김창대(2002). 카운슬링의 원리. 교육과학사.

정익중(2008). 참여 정부의 아동정책 평가와 차기 정부의 정책과제. 한국사회정책, 1492, 282-313.

정주향(1993). 경계선성격 비행청소년에 대한 가족치료 사례 연구: 대상관계이론을 중심으로. 대구대학교 석사학위논문.

정혜정(2000). 청소년비행 예방 대책에 관한 연구. 경희대학교 석사학위 논문.

정혜정 · 이형실 편역(1997). 가족치료 - 체계론적 통합. 서울: 도서출판하우.

조명한 · 차경호(1998). 삶의 질에 대한 국가 간 비교. 집문당.

조윤정 · 김경신(2000). 남자청소년의 문제행동과 개인 및 가족관련 변인. 한국가족관계학회지, 5.

조정문 · 장상희(2001). 가족사회학. 서울: 아카넷.

조휘일 외(1999). 사회복지실천론. 서울: 학지사.

조흥식 외(2001). 가족복지학. 서울: 학지사.

조흥식 외(2002). 가족복지학. 서울: 학지사.

조흥식 외(2003). 가족복지학. 서울: 학지사.

주현숙 · 방희정(2006). 청소년의 관계적-상호의존적 자아해석과 대인관계 스트레스, 스트레스 대처 방식이 심리적 안녕감에 미치는 영향. 한국심리학회 논문집, 284-285.

중앙위탁가정지원센터(2016). 가정위탁업무안내서.

중앙위탁가정지원센터(2016). 위탁부모 매뉴얼.

중앙일보(2020.12.22.). 아이 낳으면 여성 경력 단절…1.8% 아빠만 육아휴직 쓴다.

중앙일보(2020.12.16.). 애 낳으면 300만 원, 부부 육아휴직 월 최대 600만 원 준다.
중앙입양원(2017). 국내외입양현황.
진옥화(2005). 알코올 중독 치료에 관한 연구-가족의 관점 중심으로. 상명대 정치경영대학원.
질병관리본부(2009). 2008청소년건강행태온라인조사 통계. 질병관리본부.
차경호(2004). 한국과 미국 대학생의 주관적 안녕감과 심리적 안녕감과의 관계. 청소년학연구, 11(3), 321-337.
청소년폭력예방재단(2007). 2007 학교폭력 실태조사 보고서. 청소년폭력예방재단.
최경석 외. 한국 가족복지의 이해. 서울: 인간과복지출판사.
최경일(2009). 학교사회복지사와 교사의 협력에 영향을 미치는 요인에 관한 현상학적 연구. 청소년복지연구, 11(2), 103-126.
최선화 외(1999). 사회문제와 사회복지. 경기: 양서원.
최선희 · 김희수(2004). 빈곤아동 · 청소년실태파악 및 정책방안연구. 빈부격차차별시정위원회.
최성학(2012). 일반청소년과 비행청소년이 지각한 가족의 의사소통비교연구. 백석대학교 상담대학원 석사학위 논문.
최연실(2003). 가족학이론: 관점과 쟁점. 서울: 도서출판하우.
최일섭 · 최성재(2000). 사회문제와 사회복지. 경기: (주)나남출판.
최재석(1982). 한국가족연구. 경기: 일지사.
최충옥(1996). 가정과 청소년 문제. 한국청소년개발원 편, 청소년 문제론. 한국청소년개발원, 16-29.
최현정 · 우민정(2012). 예비유아교사의 다문화 태도 및 다문화 효능감에 관한 연구. 유아교육학논집, 16(5), 315-338.
케슬린 M. 캘빈(1995). 가족관계와 의사소통. 서울: 도서출판하우.
통계청(2013). 통계청 가계동향조사.
통계청(2015). 보육통계.
통계청(2015). 어린이집 설치 및 운영현황.
통계청(2015). 어린이집 연도별 보육아동현황 자료.
통계청(2015). 어린이집 연도별 보육교직원현황.
통계청(2016). 2016년 출생통계자료.
통계청(2016). 요보호아동의 보호유형현황.
통계청(2020). 다문화 혼인 유형별 규모 및 비중.
통계청(2020). 이혼건수, 조이혼율 및 유배우 이혼율.
통계청(2020). 총 혼인건수 및 조혼인율.
통계청(2020). 혼인지속기간(동거기간)별 이혼건수.
통계청(2020). 어린이집 설치 및 운영현황.
통계청(2020). 어린이집 연도별 보육교직원현황.
통계청(2020). 어린이집 연도별 보육아동현황 자료.
통계청(2020). 유아 천명당 보육시설수(시도/시/군/구).

페이스 R. 엘리엣(1995). 가족사회학(안병철 · 서동철 역). 서울: 을유문화사.

표갑수(1986). 청소년비행원인 이론. 한국복지연구소.

표갑수(2010). 아동청소년복지론. 경기: (주)나남출판.

하상락(1989). 한국사회복지론. 서울: 박영사.

한국가족학회(1994). 현대가족과 사회. 서울: 교육과학사.

한국경제연구원(2017). 저출산시대, 아시아 국가의 보육정책현황과 시사점.

한국보건사회연구원(2013). 상대별 빈곤율 변화 추이, 연령에 따른 상대적 빈곤율. 빈곤통계연보.

한국여성복지연구회(2005). 가족복지론. 서울: 청목출판사.

한국여성복지연구회(2008). 가족복지론. 서울: 청목출판사.

한국유아교육학회 편(1996). 유아교육사전. 한국사전연구사.

한국음주문화연구센터(2002). 알코올백과.

한국청소년상담원(2000). 청소년문제 유형분류체계 개발연구 VII. 한국청소년상담원.

한국청소년연구원(1992). 청소년 심리학. 한국청소년연구원.

한남제(1994). 현대한국가족연구. 경기: 일지사.

한미현 외(2011). 아동복지. 서울: 창지사.

한미현 · 문혁준 · 강희경 · 공인숙 · 김상희 · 안선희 · 안효진 · 양성은 · 이경열 · 이경옥 · 이지숙 · 천희영 · 조한숙(2016). 아동권리와 복지. 서울: 창지사.

한성심 · 송주미(2014). 아동복지론. 서울: 창지사.

한성심 · 송주미(2015). 아동복지론. 서울: 창지사.

함인희(1995). 가족과 한국사회. 서울: 경문사.

허남순(2000). 가정위탁보호제동의 활성화 방안에 관한 연구. 한국아동복지학, 9, 263-287.

허남순 · 오정수 · 홍순혜 · 김혜란 · 박은미(2005). 빈곤아동의 삶의 질. 서울: 학지사.

허승연(2009). 청소년의 행복에 영향을 미치는 생태체계 변인. 숙명여자대학교 대학원 박사학위논문.

홍봉선 · 남미애(2010). 청소년복지론(pp. 19-42). 경기: 공동체.

황옥경(2013). 영아 무상 보육정책 분석. 한국보육지원학회지, 9(1), 81-100.

Ablon A. & Bemporad, S. (2000). Child care, parenting, and public policy. In J. Osofsky and H. Fitzgerld (Eds), *Infant Mental Health III*, pp. 3-23. Word Association for Infant Mental Health. New York: John Wiley & Sons, Inc.

Adams, D. M., Overholster J. C., & Spirito, A. (1994). Stressful life events associated with adolescent suicide attempts. *Canadian Journal of Psychology*, *39*, 43-48.

Adelmann, P. K. (1994). Multiple Role and Psychological Well-being in a National Sample of Older Adults. *Journal of Gerontology: Social Sciences*, *49*(6), 227-285.

Ahrens, C. J., & Ryff, C. D. (2006). *Multiple Roles and Well-being: Sociodemographic and Psychological Moderators.*

Springer Science Business Media, Inc.

Bailey, D. B. & McMillam, R. A. (1990). Normailization early intervention. *Topics in Early Childhood Special Education, 10*(2), 53-65.

Bandura, A. (1977). Self-efficacy: Toward a Unifying Theory of Behavioral Change. *Psychological Review, 84*, 191-215.

Barth, R. P.(1999). Risks and rates of disruption. In W. Pierce & C. Marshner(Eds.), *Adoptionactbook* III(pp. 381-392). Washington, D.C.: national Committee on Adoption).

Bourm, R. 2000. Assessing Violence Risk among Youth. *Journal of Clinical Psychology, 56*(10), 1268-1288.

Butcher, D. A. (2000). The relationship among engagement in youth development programs, risk and protective factors, and problem behaviors: An exploratory study. Unpublished doctoral dissertation, Utah university.

Caplan, G. (1974). *Support Systems and Community Mental Health: Lectures on Concept Development*. New York: Behavioral Publications.

Children' s Defense Fune, Family Support . *CDF Report, 15*, p.7.

Creswell, J. W. (2007). *Qualitative Inquiry and Research Design: Choosing Among Five Approaches*. Sage Publications, Inc.

Diener, E., Suh ,E. M., Smith, H., & Shao, L.(1995). National differences in subjective well-being: Why do the occur?. *Social Indicators Research, 34*, 7-32.

Diener, E., Suh, E. M., Lucas, R. E., & Smith, H. L. (1999). Subjective well-being: Three decades of progress. *Psychological Bulletin, 125*, 276-302.

Downs, S. E., Ernestine Moore, E., J. M., & Costin, L.B. (2000). *Child Welfare and Family Services*. Boston: Allyn and Bacon.

Dunn, E. W., Aknin, L. B., & Norton, M. I. (2008). Spending money on others promotes happiness. *Science, 319*, 1687-1688.

EU(2009). The costs of raising children and effectivesness of policies to support parenthood in European cointries a literature review. Kontos, S. Machida, S.

Farrington, D. P. (2003). Developmental and Life-course Criminology Key Theoretical and Empirical Issues. *The 2002 Sutherland Award Address, Criminology, 41*(2), 221-255.

Friedlander, W, A, & Apte, R. (1980). *Introduction to social welfare*. Englewood Cliffs NJ: Prentice Hall.

Gottfredson, M. R. & Hirschi, T. (1990). *A general Theory of Crime*. Stanford, Calif, Stanford University Press.

Harris, B. M. (1985). *Supervisory behavior in education* (3rd ed.). Englewood Cliffs, NJ: Prentice-Hall.

Hirschi, T. (1969). *Causes of Delinquency*. Berkeley: Univ. of California Press.

Hoghughi, M. (1992). *Assessing Child and Adolescent Disorders: A Practice Manual*. London: Sage Publications.

Irene Levin & Jan Trost(1992). Understanding the Concept of Family. *Family Relation, 41*(3), 348-351.

Jahoda, M. (1959). *Current concepts of positive mental health*. New York: Basic Books.

Kadushin, A. (1974). *Child welfare services*. New York: Macmillan Publishing Co. Inc.

Kadushin, A. (1980). *Child welfare services*. New York : Macmillan Publishing Co. Inc.

Kahneman, D., & Deaton, A. (2010). High income improves evaluation of life but not emotional well-being. *Proceedings of the National Academy of Sciences*, *107*, 16489-16493.

Kazdin, A. E. (1987). Parent management training evidence, outcomes and issues. *Journal of American Academy of Child and Adolescent Psychiatry*, *36*, 1349-1356.

Kleiman, J. (1981). Optimal and normal family functioning. *The American Journal of Family Therapy*, *19*, 37-44.

Klein, K., Forehand, R., Armastead, L., & Long, P. (1997). Delinquency during the transitionto early adulthood : Family and parenting predictors from early adolescence. *Adolescence*, *32*(125), 61-80.

Korea Youth Counselling & welfare Institute (2000). Youth Problem Type Divided System Development Studies VII. Korea Youth Counselling Institute.

Lyubomirsky, S., Sheldon, K. M., & Schkade, D. (2005). Pursuing happiness : The architecture of sustainable change. *Review of General Psychology*, *9*, 111-131.

Maslow, A. H. (1954). *Motivation and Personality*. New York : Harper & Row.

Matsueda, R. L. (1992). Reflected appraisals, parental labeling, and delinquency : specifying a symbolic interaction theory. *American Journal of Sociology*, *97*, 1577-1611.

Matz, S. C., Gladstone, J. J., & Stillwell, D. (2016). Money buys happiness when spending fits our personality. *Psychological Science*, *0956797616635200*.

McDowell, I., & Newell, C. (1990). *Measuring Health. A Guide to Rating Scales and Questionnaires*. Oxford.

Ministry of Gender Equality & Family(2008). Chung So Nyun Baek Su.

Ministry of Gender Equality & Family(2011). Chung So Nyun Baek Su. Publish Register Number 11-1383000-000102-10.

Mistry of Health & Welfare (2010). Ministry of Health and Welfare Year Book.

Munroe, A. & Perarson, C.(2005). The multicultural attitude scale questionnaire : A new instrument for multicultural studies. *Education and Psychological Measurement*, *66*(5), 819-834.

Nestmann & Hurrelmann (1994). Child and Adolescent Research as a Challenge and Opportunity for Social Support Theory, Measurement, and Intervention : And Vice Versa. In Nestmann & Hurrelmann (eds.), *Social Networks and Social Support in Childhood and Adolescent*. New York : de Gruyter.

Nolten, Patrick, W. (1994). *Conceptualization and Measurement of Social Support: The Development of the Student Social Support Scale*. Doctoral Dissertation, University of Wisconsin-Madison.

Park, N. (2004). *The Role of Subjective Well-being in Positive Youth Development*.

Pecora, P., Whiittaker, K., Maluccio, A. N., & Bath, R. P. (2000). *The Child Welfare Challenge. Policy, Practic, and Research* (2nd ed.). New York : Walter de Gruyter.

Ponterotto, J. G., Baluch, S., Greig, T., & Rivera, L. (1998). Development and initial schore validation of the teacher multicultural attitude survey. *Educational and Psychological Measurement*, *58*(6), 1002-1016.

Randall, T. D. (1995). Assessing Family Strengths Using the Family Profile : Study for Validate and Evaluate Constructs Across Four Models of Family Functioning. Utah State University. M. S.

Rosenthal, B. S. (1995). The Influence of Social Support on School Completion among Haiitians. *Social Work in Education*, *17*(1), 30-39.

Ryff, C. D. & Keyes, C. L. M. (1995). The structure of psychological well-being revised. *Journal of Personality and Social Psychology*, *69*, 719-727.

Ryff, C. D. & Singer, B. (1996). Psychological well-being : Meaning, measurement, and implications for psychotherapy research. *Psychotherapy and Psychosomatics*, *65*, 14-23.

Ryff, C. D. & Singer, B. (1998). The contours of positive human health. *Psychological Inquiry*, *9*(1), 1-28.

Ryff, C. D. (1989). Happiness is everything, or is it? Explanations on the meaning of psychological well-being. *Journal of Personality and Social Psychology*, *57*(6), 1069-1081.

Scharlach, A. E., Lowe, B. F., & Schneider, F. L. (1991). *Elder care and the work force : Blueprint for action*. Lezingtion, MA : D.C. Health.

Shireman, J. (2003). *Critical Issues in Child Welfare*. New York : Columbia University Press.

Smith (2009). *Exploring family theory*. Oxford.

Sokol-Katz, J., Dunham, R., & Zimmerman, R. (1997). Family structure versus parental attachment in controlling adolescent deviant behavior : A social control model. *Adolescence*, *32*(125), 199-215.

Sprinthall, N. A., & Collins, W. A. (1995). *Adolescent Psychology : A developmental view*(third ed.). New York : McGraw-Hill, Inc.

Strauss, A., & Corbin, J. (1998). Basics of qualitative research : technique and procedures for developing ground.

Thoits, P. A. (1986). Social Support as Coping Assistance. *Journal of Consulting and Clinical Psychology*, *54*.

Toprak, Cetin, Can & Demircan (2010). Suicidal Ideation and Suicide Attemps among College Students. Psychiatry Research.

Traub, Stuart H., & Craig B. Little (1975). *Theories of Deviance*. Itasca, Illinois : F. E. Peacock Publisher, Inc.

Triplett, R. A. & Jarjoura, G. R. (1994). Theoretical and Empirical Specification of a Model of Informal Labeling. *Journal of Quantitative Criminology*, *10*(3), 241-276.

Van Boven, L., & Gilovich, T. (2003). To do or to have? That is the question. *Journal of Personality and Social Psychology*, *85*, 1193-1202.

Yoshikawa, H.(1999). Welfare Dynamics, Support Service, Mothers' Earning, and Child Cognitive Development. *Child Development*, *70*(3), 779-801.

대한민국헌법 27조(헌법 제10호 전부 개정 1987. 10. 29.).

유아교육법 제24조(법률 제14602호 일부 개정 2017. 3. 21.).

초중등교육법 제13조(법률 제14603호 일부 개정 2017. 3. 21.).

국회도서관 전자도서관. https://u-lib.nanet.go.kr/dl/SearchIndex.php.
보건복지부. http://www.mw.go.kr.
건전한 음주 캠페인 미니홈피. http://www.cyworld.com/nomoredrink.
국가법령정보센터. http://www.law.go.kr
드림스타트. http://www.dreamstart.kr.
디딤씨앗통장. http://www.adongcda.or.kr.
법제처(2017). http://www.moleg.go.kr에서 영유아보육법, 실종아동 등의 보호 및 지원에 관한 법률, 아동 · 청소년 성보호에 관한 법률, 아동복지법, 입양특례법 시행령, 입양특례법 시행규칙, 입양특례법, 보호소년 등의 처우에 관한 법률, 한부모 가족지원법, 가족건강기본법 인출
보건복지부(2015). http://www.adongcda.or.kr.
보건복지부(2015). http://www.dreamstart.kr.
보건복지부(2015). http://www.jarip.or.kr.
보건복지부(2015). http://www.kostat.go.kr.
여성가족부. http://www.mogef.go.kr.
위키백과. https://ko.wikipedia. org.
유니세프한국위원회. http://www.unicef.or.kr.
중앙육아종합지원센터. http://www.educare.or.kr.
한국보건사회연구원. http://www.kihasa.re.kr.
한국보육시설연합회. www.educare.or.kr.
한국음주문화연구센터. http://www.karf.or.kr.
OECD. http://srat.oecd.org.

저자 소개

김재환

학력 숙명여자대학교 대학원 석사 졸업(교육학 석사학위: 유아교육전공)
숙명여자대학교 대학원 박사과정 졸업(문학박사학위: 유아교육전공)

경력 현) 숙명여자대학교 부속 풍무숙명유치원 원장
숭의여자대학교 겸임교수 역임, 숙명여자대학교 강사 역임
한양여자대학교 강사 역임, 외국어 대학교 대학원 강사 역임
제주 한라대학교 교수 역임, 한중대학교 교수 역임
김포대학교 교수 역임

저서 영유아놀이지도(공저), 영유아프로그램개발과 평가(공저), 영아발달(공저),
유아발달(공저), 부모교육(공저), 아동발달심리, 교육의 실천적 지식 외 다수

논문 유아교육기관의 교직문화 진단연구
유아교사의 인사관리실태에 관한 조사연구
유아교사의 수업설계요소에 대한 인식과 실행 간 차이연구
예비교사의 실습전 · 후 자기평가에 대한 비교연구
서울형 어린이집 공인기준 · 평가에 대한 인식조사
보육실습지도교사와 예비보육교사의 실습평가비교 외 다수

최진원

학력 부산대학교 대학원 교육학 석사(유아교육전공)
숙명여자대학교 대학원 이학박사(유아교육전공)

경력 현) 제주관광대학교 유아교육과 교수
제주관광대학교 보육교사교육원 원장

저서 유아교육개론, 보육학개론, 보육과정, 영유아복지, 놀이지도, 유아교수매체 및 교육공학,
아동미술, 유아전통교육의 이해와 활용, 영유아교육기관 운영관리, 영유아 안전관리 및 응급처치,
보육교사(인성)론, 영유아보육프로그램(1~8권), 제주 생태자원을 활용한 보육프로그램(1~3권),
보육교사 보수교육교재(승급2급, 원장 사전직무, 원장 일반직무) 외 다수

논문 아동의 심리적 복지 척도개발과 타당화 연구
폭력노출 아동의 심리적복지감 비교연구
유아기 어머니의 심리적 복지 척도개발 연구
어머니의 가족복지감이 양육책임감에 미치는 영향
유아기 양성평등교육을 위한 제주설화의 의미고찰
유아교사의 심리적 안녕감 구성요인 탐색연구
예비유아교사를 위한 인성교육 모형 개발 외 다수

곽미정

학력 상명대학교 대학원 행정학 박사

경력 현) 김포대학교 사회복지과 교수
사단법인 사회복지개발원 수석연구자문위원

저서 노인복지론, 사회복지실천론, 사례관리

논문 청소년 임파워먼트 프로그램의 효과성 분석(2014) 외 다수

제2판

아동권리와 복지

초 판 1쇄 발행 2018년 2월 9일
제2판 3쇄 발행 2023년 3월 2일

지 은 이 | 김재환 · 최진원 · 곽미정
펴 낸 이 | 김기섭
편 집 인 | 김민수, 이혜란
펴 낸 곳 | 창지사 www.changjisa.com
08589 서울시 금천구 가산디지털 1로 83 파트너스타워 1차 9층
전화 (02)719-2211~3
팩스 (02)701-9386
등 록 | 1977년 4월 28일 · 제1-421호

ISBN 978-89-426-1433-2 (93370)

값 21,000원